Margherita Zander (Hrsg.)

Kinderarmut

Margherita Zander (Hrsg.)

Kinderarmut

Einführendes Handbuch für Forschung und soziale Praxis

2. Auflage

VS VERLAG

Bibliografische Information der Deutschen Nationalbibliothek
Die Deutsche Nationalbibliothek verzeichnet diese Publikation in der Deutschen Nationalbibliografie; detaillierte bibliografische Daten sind im Internet über <http://dnb.d-nb.de> abrufbar.

1. Auflage 2005
2. Auflage 2010

Lektorat: Frank Engelhardt

VS Verlag für Sozialwissenschaften ist eine Marke von Springer Fachmedien.
Springer Fachmedien ist Teil der Fachverlagsgruppe Springer Science+Business Media.
www.vs-verlag.de

Umschlaggestaltung: KünkelLopka Medienentwicklung, Heidelberg
Gedruckt auf säurefreiem und chlorfrei gebleichtem Papier
Printed in Germany

ISBN 978-3-531-17267-5

Inhalt

Einleitung

Warum ein neues Buch zu Kinderarmut?

In der Bundesrepublik hat das Problem der „Kinderarmut" – verglichen mit anderen Ländern wie z.B. den USA oder Großbritannien – erst mit einiger Verspätung öffentliche Aufmerksamkeit erregt. Auch die sozialwissenschaftliche Forschung hat das Thema lange links liegen gelassen; erst seit der zweiten Hälfte der 1990er Jahre hat sich das geändert, ja ist es fast zu einem Boom von Veröffentlichungen gekommen. Mittlerweile haben auch einige Fachzeitschriften das Thema aufgegriffen, d.h. es ist in den wissenschaftlichen und praxisbezogenen Fachdiskurs eingeflossen und es hat eine Reihe von Fachtagungen gegeben, auf denen sozialpädagogische und sozialpolitische Handlungsperspektiven auf der Agenda standen.[1] Selbst die Bundesregierung hat mittlerweile ein brisantes Dossier zu „Kinderarmut" (BMFSJ 2008) veröffentlicht und 2010 ist auf europäischer Ebene als Jahr „gegen Armut und Ausgrenzung" ausgerufen worden. Auch wissenschaftlich wird das Thema mittlerweile in aufwendigen Studien bearbeitet; so berücksichtigt das Deutsche Jugendinstitut (DJI) in Armutsauswirkungen auch in seinem aktuellen Kinderpanel und die ISS-Studie zu Kinderarmut – bisher einzige Längsschnittuntersuchung der Bundesrepublik – wurde ein weiteres Mal verlängert, um die Untersuchungsgruppe nun auch am Ende der Sekundarstufe I im Blick zu haben.

Warum eine Neuauflage dieses Buches? Oder was ist das Spezifische und Weiterführende an der vorliegenden Veröffentlichung? Sie will ein „Einführendes Handbuch" für Wissenschaft und Praxis sein und erhebt damit den Anspruch, den bisherigen Kenntnisstand zu „Kinderarmut" systematisch zusammenzufassen. Gleichzeitig will sie auf die Notwendigkeit einer konzeptionellen Weiterentwicklung, sowohl in der Forschung als auch in der Praxis hinzuweisen.

---

1 Es handelt sich hierbei um die neue Untersuchungswelle: 4. AWO-ISS-Langzeitstudie, Kinder- und Jugendarmut IV, Am Ende der Sekundarstufe I, Frankfurt a.M. (2009 – 2012), die letztes Jahr angelaufen ist. BMFSFJ (Hrg.): Dossier – Armutsrisiken von Kindern und Jugendlichen in Deutschland, erstellt durch Prognos (Böhmer/Heimer), Mai 2008. Zum Kinderpanel des DJI werden die verschiedenen Erhebungswellen sukzessive veröffentlicht, z.B.: Alt, Christian (Hrg.): Kinderleben, Bd. 3, Start in die Grundschule, Opladen 2007.

Mit diesem Sammelband sollen vor allem folgende Akzente gesetzt werden:

a) Anschluss an den europäischen Forschungsdiskurs, der bisher von der deutschen Kinder-Armutsforschung kaum berücksichtigt worden ist,
b) systematischer Überblick über die bundesrepublikanischen Forschungsergebnisse entlang der Abfolge kindlicher Lebensphasen (Vorschule, Grundschule, Übergang zu weiterführenden Schulen),
c) Darstellung unterschiedlicher Handlungsperspektiven, die sich an verschiedenen Dimensionen kindlicher Lebenslagen und ihren Lebenswelten orientieren (Früh- und Gesundheitsförderung, Schule und Bildung, Familie und Haushaltsführung, Stadtteil- und Elternarbeit).

Kinderarmut in entwickelten Wohlfahrtsstaaten ist – wie die UNICEF Berichte (zuletzt UNICEF 2005) oder der umfassende Sammelband zu „Child Well-Being, Child Poverty and Child Policy in Modern Nations" (Vleminckx/Smeeding 2001) nachvollziehbar belegen – ein bedenklich verbreitetes Phänomen. Die durch die UNICEF Berichte angeschobenen Diskussionen über „Kinderarmut in reichen Ländern" nehmen vor allem Bezug auf Ursachen- und Sozialstrukturanalysen sowie auf eine vergleichende Betrachtung des quantitativen Ausmaßes in den verschiedenen Sozialsystemen. Dabei sind Fragestellungen erkenntnisleitend wie: Was sind – im Vergleich – jeweils die Ursachen für das geringere oder höhere Ausmaß von Kinderarmut? In welcher Weise bekämpfen die unterschiedlichen Sozialsysteme die Ursachen des Problems? Wie effizient sind die jeweils eingesetzten Instrumente und Maßnahmen? Diese Diskurse zielen also in erster Linie auf eine Bekämpfung von (Kinder-)Armut auf politischer Ebene, und dies ist grundsätzlich auch der Kontext, in dem es Armut als gesellschaftspolitisches Problem anzugehen gilt. Inzwischen gibt es mehrere politische Initiativen auf EU-Ebene wie z.B. die „Nationalen Aktionspläne zur Bekämpfung von Armut und Ausgrenzung" oder z.B. die Projekte der „Lobby for Children", die in verschiedenen Ländern aktiv sind.[2]

Demgegenüber hat die *qualitative Forschung zu Kinderarmut* – im Gegensatz zur Kindheitsforschung generell – bisher kaum den diesbezüglichen Stand in europäischen Nachbarländern zur Kenntnis genommen. Allenfalls wurde auf die Ergebnisse der US-amerikanischen Kinderarmutsforschung hingewiesen, so z.B. durch Sabine Walper (1999) in ihrer

2 siehe: http://www.lobby-for-children.org/html/project/ und http://europa.eu.int/comm/employment_social_inclusion/

Expertise für den 10. Kinder- und Jugendbericht. In der Tat haben die USA eine längere empirische Forschungstradition zu Armut generell (O'Conner 2002) und zu Armut von Kindern, was sicherlich auf die Tatsache zurückzuführen ist, dass Kinderarmut in den USA bereits seit Mitte der 1970er/Anfang der 1980er Jahre ein zunehmend gravierendes gesellschaftliches Problem darstellt. Jedenfalls sind dort schon seit längerem Kinder als eigenständige Gruppe in die Sozialberichterstattung integriert, was das Problem öffentlich sichtbarer macht. Von Interesse ist in diesem Zusammenhang zudem, dass sich in den USA spätestens seit den 1980er Jahren auch die entwicklungspsychologische Forschung der Thematik angenommen hat (vgl. Luthar 1999), was in der Bundesrepublik bisher kaum der Fall war. Dabei gibt es durchaus auch in der deutschsprachigen psychologischen Forschungstradition Vorgängeruntersuchungen aus den 1920er/1930er Jahren, an die die aktuelle Kinderarmutsforschung hätte anknüpfen können.[3]

Der vorliegende Sammelband lenkt den Blick nun auf den europäischen Kontext und stellt in seinem *ersten Teil* vier Beiträge aus europäischen Nachbarländern vor. Dabei orientiert sich die Auswahl an der in der vergleichenden Wohlfahrtsdiskussion entwickelten Typologie, indem jeweils ein Beitrag aus einem skandinavischen Land (Finnland), einem Land des liberalen Wohlfahrtsstaatstypus (Großbritannien) und aus einem südeuropäischen Land (Italien) aufgenommen wurde (Esping-Andersen 1990 und Leibfried 2001). Zusätzlich wurde ein Beitrag aus einem osteuropäischen Nachbarland (Polen) eingeworben, da die Armutsproblematik gerade in diesen zuletzt aufgenommenen EU-Ländern quantitativ und qualitativ spezifische Dimensionen aufweist, was vor allem eine entsprechende politische Brisanz in sich birgt. Die Beiträge dieses Teils – von namhaften internationalen Autorinnen wie Tess Ridge, Elżbieta Tarkowska, Aila-Leena Matthies und Chiara Saraceno – lassen aber auch unterschiedliche Herangehensweisen an die Thematik erkennen, die den jeweiligen sozialpolitischen Traditionen einerseits und Forschungstraditionen andererseits geschuldet ist. Selbstredend kann damit nur ein erster Einblick in die politischen und wissenschaftlichen Debatten zu „Kinderarmut in diesen Nachbarländern" gegeben werden. Es geht um erste Annäherungen und um den Gewinn vergleichender Erkenntnisse.

3 Siehe z.B. die Studie von Hildegard Hetzer „Kindheit und Armut". Psychologische Methoden in der Armutsforschung und Armutsbekämpfung, Leipzig 1929. Darauf gehe ich in meinem Beitrag in diesem Band ausführlich ein.

Der *zweite Teil* soll einen systematischen Überblick über den bisher in der Bundesrepublik erarbeiteten Forschungsstand zu Kinderarmut liefern. Wie eingangs erwähnt, sind in den letzten Jahren mehrere Veröffentlichungen zu diesem Themenkomplex erschienen, die vorwiegend auf empirischen Studien beruhen. Die Auswahl der hier aufgenommenen Beiträge orientiert sich an der Zielsetzung, Ergebnisse zu präsentieren, die zu den verschiedenen kindlichen Entwicklungsphasen (Vorschule, Grundschulalter, Übergangsphase in weitergehende Schulen) vorliegen. Alle hier aufgenommenen Beiträge stammen von Autorinnen und Autoren, die die Thematik in mehrjährigen Forschungsprojekten bearbeitet und dazu auch bereits publiziert haben: Gerda Holz, Margherita Zander, Karl August Chassè und Peter Rahn. Des weiteren wird in diesem Teil eine Fokussierung auf den *Aspekt von Armutsbewältigung* – weitgehend aus der Perspektive der in Armutslagen lebenden oder aufwachsenden Kinder – vorgenommen. Mit dieser thematischen Zuspitzung wird zweierlei intendiert, eine Vertiefung dieses Aspekts unter Berücksichtigung interdisziplinärer Herangehensweisen und eine Weiterführung der Diskussion über Forschungsperspektiven.

In diesem Teil wurde auch ein Beitrag von Ursula Boos-Nünning zur Armutsproblematik von Kindern und Jugendlichen mit Migrationshintergrund aufgenommen. Die gesonderte Berücksichtigung dieser Gruppe erscheint insofern angebracht, als sie in allen mir bekannten Studien zu Kinderarmut nicht oder nicht ausreichend berücksichtigt wird.[4] Nicht nur die Tatsache, dass Mädchen und Jungen aus Migrantenfamilien wesentlich häufiger in Armutsverhältnissen leben, rechtfertigt eine gesonderte Betrachtung. Es geht dabei vielmehr darum, die spezifischen Merkmale der Armutsproblematik im Migrationskontext herauszuarbeiten und dabei sowohl auf spezifische Risiken als auch auf spezifische Schutzfaktoren zu verweisen.

Den *dritten Schwerpunkt* bildet eine *interdisziplinäre Sichtweise auf Handlungsperspektiven*, die sich an den Lebenslagedimensionen der Kinder und unterschiedlichen beruflichen Handlungsfeldern orientieren. Hierfür konnten Autorinnen und Autoren aus unterschiedlichen wissenschaftlichen Disziplinen oder Praxisbereichen wie Hans Weiß (Frühförderung), Antje Richter (Gesundheitsförderung), Marita Kampshoff (Schule und Bildung), Irmhild Kettschau (Haushaltsführung) sowie Rosie Divivier

4 Eine gewisse Ausnahme bilden diesbezüglich die ISS-Studien (1998–2005) zu Kinderarmut, auf die im Folgenden mehrfach Bezug genommen wird, und soeben ist eine erste Monografie zu dem Thema erschienen: Butterwegge, Carolin: Armut von Kindern und Jugendlichen mit Migrationshintergrund, Wiesbaden 2010.

und Dirk Groß (Soziale Arbeit im Gemeinwesen) mit entsprechenden Beiträgen gewonnen werden. Sicherlich werden Präventions- und Interventionsmaßnahmen teilweise bereits im vorausgegangenen Analyseteil zu den Bewältigungsaspekten angesprochen. Im letzten Teil des Buches werden entsprechende Konzepte systematischer entfaltet und in ihren Wirkungsweisen ausführlicher erörtert. Auch hierbei musste eine Auswahl vorgenommen werden, da sich das Spektrum von professionellen Handlungsmöglichkeiten in der Praxis wesentlich breiter darstellt, allein schon im Bereich der Kinder- und Jugendhilfe bzw. der Sozialen Arbeit. Die Grundidee hierfür war, möglichst unterschiedliche Bereiche vorzustellen, um so in verschiedenen Berufsfeldern eine breite – längst überfällige – Diskussion über Möglichkeiten und Grenzen von Armutsprävention und konkrete Konzepte auszulösen oder weiterzuführen. Grundsätzlich gilt dabei die Frage: Wie können Kinder gestärkt werden? Wie können Eltern unterstützt werden? [5]

Wie jedes Gemeinschaftsprojekt ist auch das vorliegende durch enge Kooperation und regen Austausch mit allen Beteiligten entstanden. Nur so konnte aus den verschiedenen Teilen ein Ganzes entstehen. Dafür möchte ich an dieser Stellen allen danken, die dabei mitgewirkt haben, den Autorinnen und Autoren, die ja namentlich bekannt sind, aber auch allen denjenigen, die mir bei der Erstellung des Manuskripts und der Korrektur der Texte behilflich waren. Ein besonderer Dank geht an Magdalena Megler, die die mühsame Arbeit des Korrekturlesens übernommen hat.

Noch ein paar Worte zur Neuauflage:

Für die hier nun vorliegende Neuauflage zu der erstmals im August 2005 erschienenen Publikation haben die meisten Autorinnen und Autoren Aktualisierungen, v.a. von Statistiken und Literaturhinweisen, vorgenommen. Weitgehend unverändert sind die Beiträge des internationalen Teils geblieben.

Margherita Zander *Münster, Juni 2010*

5 Vgl. Gintzel/Clausnitzer u.a.: Kinderarmut und kommunale Handlungsoptionen, Opladen 2008 und Lutz/Hammer (Hrg.): Wege aus der Kinderarmut. Gesellschaftspolitische Rahmenbedingungen und sozialpädagogische Handlungsansätze, Weinheim/München 2010

Teil 1

Kinderarmut in europäischer Sicht – Ein Blick über die Grenzen

1. Kinderarmut und soziale Ausgrenzung in Großbritannien*

Tess Ridge

In Großbritannien ist das Thema Kinderarmut besonders dringlich, und es herrscht zunehmende Besorgnis über das Ausmaß von Kinderarmut, da eine wachsende Zahl von Kindern in Großbritannien soziale und materielle Nachteile in ihren Kindheitstagen erfahren. Die zunehmende Anzahl von Kindern, die unterhalb der Armutsgrenze leben, hat ein neues politisches Interesse am Wohlergehen von Kindern und ihren Familien erzeugt und gewährleistet, dass das Thema Kinderarmut schließlich von der Peripherie ins Zentrum der Regierungspolitik gerückt ist. Dieser Beitrag untersucht die aktuelle Situation von Kindern, die in Großbritannien in Armut leben und umreißt die Schlüsselfaktoren, die ausschlaggebend dafür sind, ob ein Kind vermutlich Armut erleben wird. Er untersucht die Politik der füheren Labour Regierung, Armut und Benachteiligung in der Kindheit zu bekämpfen, und diskutiert die Auswirkungen dieser Politik auf die Anzahl der Kinder, die unterhalb der Armutsgrenze leben.

Daran anknüpfend stellt der Beitrag zwei Schlüsselfragen:

Erstens, sind diese politischen Maßnahmen auch tatsächlich geeignet, um Kindheitsarmut zu bekämpfen, treffen sie die Nöte und Interessen der Kinder mit niedrigem Einkommen auch wirklich? Und zweitens, was bedeutet es, ein Kind mit niedrigem Einkommen in einer Wohlstandsgesellschaft wie Großbritannien zu sein?

Es wird der Standpunkt vertreten, dass es wichtig ist, sich direkt mit Kindern, die ein niedriges Einkommen haben, über ihr Leben und die Themen, die sie berühren, zu unterhalten, um ein Verständnis für Armut in der Kindheit zu entwickeln, das auf den Erfahrungen der Kinder und deren Wahrnehmungen/Deutungen beruht. Ohne tieferes Verstehen von Armut als erlebter Kindheitserfahrung laufen Strategien, die darauf abzielen, Kindheitsarmut auszumerzen, Gefahr, die Kinder zu verfehlen. Bei der Erörterung dieser Themen stützt sich der Beitrag auf Ergebnisse einer Studie, die in Großbritannien bezogen auf Kinder mit niedrigem

* Übersetzung aus dem Englischen von Rudolph Müllan.

Einkommen durchgeführt wurde. Die Studie benutzte qualitative Tiefen-Interviews, um die Themen und Sorgen, die die Kinder mit niedrigem Einkommen selbst als bedeutsam identifiziert haben, zu erforschen (Ridge 2000). Auf diese Weise gewährt sie einen wertvollen Einblick in die täglichen Herausforderungen, denen sich arme und benachteiligte Kinder in Großbritannien stellen müssen. Der Beitrag schließt mit einer Diskussion über einige Schlüsselthemen, die sich aus der Studie ergeben, und deren Auswirkungen auf Regierungsstrategien.

1.1 Kinderarmut in Großbritannien und Armutspolitik der Labour-Regierung

1997 erbte die neu gewählte Labour Regierung eine der armseligsten Bilanzen bezogen auf Kinderarmut in den Industrieländern (Bradbury/Jäntti 2001). Während der vergangenen zwei Jahrzehnte der konservativen Regierung waren es die Kinder, die die Wirtschaftspolitik des freien Marktes, den Konjunkturrückgang und Veränderungen in den demographischen Strukturen am stärksten zu spüren bekamen (Oppenheim/Harker 1996; Walker/Walker 1997). Dieser Zeitraum war gekennzeichnet durch größer werdende Ungleichheiten bei Einkommen und Wohlstand, stark zunehmende Arbeitslosigkeit und niedrige Bezahlung. Wirtschaftliche und demographische Veränderungen führten zu einem starken Anwachsen der Zahl von Kindern, die in Familien lebten, in denen die Tatsache des allein Erziehens, chronische Krankheiten, Erwerbsunfähigkeit und Arbeitslosigkeit ernsthafte Auswirkungen auf ihre wirtschaftlichen Aussichten haben konnten. Während dieser Zeit gab es eine dreifache Zunahme bei der Anzahl von Kindern, die in Armut lebten: von 1,4 Millionen im Jahr 1979 auf 4,3 Millionen in den Jahren 1992/93 (Oppenheim/Harker 1996). Obwohl sich diese dramatische Zunahme bis in die späten 1990er Jahre ab 1998 verlangsamt hatte, als der damalige Premierminister der Labour Partei, Tony Blair, sein historisches Versprechen gab, die Kinderarmut innerhalb von zwanzig Jahren auszumerzen, gab es etwa 4,5 Millionen Kinder (35 % aller Kinder in Großbritannien), die mit weniger als 50 % des durchschnittlichen Haushaltseinkommens nach Abzug der Mietkosten lebten (DSS 2000).

Das Risiko und die Armutsbetroffenheit von Kindern hängt in Großbritannien von einer Anzahl von Faktoren ab wie soziale Klasse, Beschäftigungsstatus, Familienstruktur, Ethnie, Anzahl der Geschwister, Krankheit und Behinderung (Adelman/Bradshaw 1998; Gordon u. a., 2000; Howard u. a. 2001; Millar/Ridge 2001). Veränderungen der Familienstruktur, Familienbildung und -auflösung haben zu einer zunehmenden Anzahl von Kindern geführt, die in Ein-Eltern-Haushalten leben. Dies sind meist von Frauen geführte Haushalte, die oft ohne Arbeitseinkommen sind. Folge davon ist, dass die Familie wahrscheinlich für längere Zeit auf die nie -drigsten Sätze staatlicher Fürsorge angewiesen ist (Ford/Millar 1998; Millar/Ridge 2001). Arbeitslosigkeit der Eltern ist ebenso eine häufige Ursache, dass Kinder in Ein- oder Zwei-Elternfamilien in Armut leben. Arbeitslosigkeit und andere Ungleichheiten des Arbeitsmarktes wie z.B. schlechte Bezahlung und Rassendiskriminierung können ebenfalls Auswirkungen auf Kinder in Familien ethnischer Minderheiten haben; Kinder aus ethnischen Minderheiten machen nur 10 % aller Kinder aus, aber 19 % derer, die unterhalb der Armutsschwelle leben. Kinder aus Pakistan und Bangladesch sind besonders armutsgefährdet, wobei drei Viertel aller Kinder aus Pakistan und Bangladesch unterhalb der Armutsschwelle leben (Millar/Ridge 2001). Des weiteren ist in Großbritannien eine feste Verbindung von Armut und Arbeitsunfähigkeit gegeben. Langzeitkrankheit und Arbeitsunfähigkeit können zu schlechten Aussichten auf Beschäftigung, schlechter Bezahlung und Langzeitabhängigkeit von Sozialhilfezahlungen führen, die unzureichend sein können, um die besonderen Kosten zu tragen, die mit Behinderung einhergehen (Berthoud u. a. 1993; Burchardt 2000; Zaidi/Burchardt 2003).

Eine Phase der Armut während der Kindheit kann im Leben der Kinder einen hohen Tribut fordern. Obwohl die Auswirkungen von Armut auf das Leben der Kinder sowohl in ihrer unmittelbaren Wirkung auf ihr aktuelles Leben als auch in ihren potenziellen negativen Folgen für das Erwachsenleben betrachtet werden müssten, hat es bisher beträchtlich weniger Forschung zu den Auswirkungen von Armut während der Kindheit gegeben und wurde den schädigenden Folgen im späteren Erwachsenenleben größere Beachtung geschenkt. Was wir aufgrund der Forschung wissen ist, dass sich sowohl chronische als auch vorübergehende Zeiträume der Armut schädlich auf das Leben und das Wohlergehen der Kinder auswirken. Außerdem zeigt Beweismaterial aus quantitativen Studien, dass Kinder mit niedrigem Einkommen oft Obdachlosigkeit, ärmliche Wohnbedingungen und ein armes soziales Umfeld erfahren. Mit ziemlicher Sicherheit leiden sie an schlechter Gesundheit, unzureichender kognitiver Entwicklung, niedrigem Selbstwertgefühl und mangelhaften schulischen Leistungen (Gregg u. a. 1999; Hobcraft 1998; Machin 1999; Bradshaw 2001; Ermisch u. a. 2001).

Gemäß dem Versprechen der Labour Party, Kinderarmut innerhalb von 20 Jahren zu beseitigen, wurde ein radikales Programm an Wohlfahrtsreformen und ein weites Spektrum an Maßnahmen eingeleitet, um diese Verpflichtung zu erfüllen (Cm. 4445, 1999 = Regierungsvorlage 4445, 1999). Diese Strategien zur Bekämpfung von Kinderarmut konzentrieren sich im Allgemeinen auf drei Hauptbereiche:

- Unterstützung für Kinder primär durch das Schulsystem, aber auch durch deutlich verstärkte Bereitstellung von Dienstleistungen für Kinder in ihren frühen Jahren;
- Unterstützung für Eltern bei der Suche von Arbeit, die sich lohnt, Kinderbetreuung und Förderung von Elterninitiativen;
- Änderungen bei der öffentlichen Unterstützung für Kinder und ihre Familien durch das Steuer- und Beihilfesystem (Regierungsvorlage 4445, 1999).

Diese Maßnahmen sind begrüßt worden, und insgesamt haben Kinder und ihre Familien von einem größeren Transfer an Geldmitteln an sie und ihrem zunehmend erkennbaren Stellenwert im politischen Geschehen profitiert (Millar und Ridge, 2002). Bei der Verringerung der Anzahl von Kindern, die unterhalb der Armutsgrenze leben, sind Fortschritte erzielt worden und die Regierung näherte sich sogar ihrem Ziel, die Kinderarmut bis 2004/5 um ein Viertel zu verringern (Stewart 2005). Jedoch muss noch ein weiter Weg gegangen werden, und beträchtliche Sonderinvestitionen werden benötigt, wenn das Niveau der Kinderarmut weiterhin fallen soll (ebd.). Es gab auch Bedenken, dass die Maßnahmen der Labour Regierung zu sehr auf Programme für Erwachsene, wie z.B. „Welfare to Work", konzentriert waren, und weniger auf die Verbesserung von Kindheit, welche Kinder mit geringem Einkommen erleben.

1.2 Die Kinder zu Wort kommen lassen

Erst in verhältnismäßig jüngster Vergangenheit haben sowohl Forschung als auch Politikgestaltung in Großbritannien die Ansichten und Erfahrungen von Kindern und jungen Leuten in unterschiedlichen Politikbereichen eingeholt. Auf Kinder bezogene Forschung und Beratung zu betreiben erfordert, dass Kinder nicht lediglich als Erwachsene in Wartestellung angesehen werden, sondern als soziale Akteure mit eigenen Rechten, mit ihren eigenen Themen und Anliegen (James u. a. 1998, Christensen/James 2000). Ebenso muss Kindheit als Lebensphase an sich bewertet werden mit den ihr eigenen Normen und Kulturen, in der die Ansprüche auf Teilnahme und Einbeziehung beträchtlich sein können, ebenso wie die Kosten der Ausgrenzung (Ridge/Millar 2000). Während quantitative Forschungsarbeiten in großem Umfang zu unserem Verständnis der möglichen Folgen von Kinderarmut im späteren Erwachsenenleben beigetragen haben, hat es sehr wenig qualitative Studien gegeben, die mit den betroffenen Kindern die Erfahrung von Armut während der Kindheit erforschen. Um jedoch die Bedeutung von erlebter Armut für Kinder in ihrer Kindheit zu begreifen und ein Verständnis dafür zu gewinnen, wie Kinder ihre diesbezüglichen Erfahrungen verarbeiten und in ihnen einen Sinn finden könnten, ist es wichtig, fundiertes Wissen über das Erleben der Kinder zu erlangen, Wissen, das in den Lebensverhältnissen und Erfahrungen der Kinder gründet und sich direkt mit ihren eigenen Ansichten und Sorgen befasst. Um einige dieser Themen zu erörtern, legt dieser Abschnitt nun Ergebnisse aus einer qualitativen Forschungsstudie mit Kindern und jungen Leuten aus Familien mit niedrigem Einkommen in Großbritannien vor.

Die Forschungsarbeit bestand aus Tiefen-Interviews mit einer Gruppe von 40 Kindern und jungen Leuten, die in Familien lebten, die Sozialhilfe bezogen (die niedrigste Stufe staatlicher Unterstützung nach Bedürftigkeitsüberprüfung in Großbritannien). Sie wurden sowohl aus städtischem als auch aus ländlichem Umfeld ausgewählt und kamen aus zwei verschiedenen Familientypen: entweder aus Ein-Elternteil-Familien oder aus Zwei-Eltern-Familien mit einem behinderten Erwachsenen oder einem behinderten Kind. Diese beiden Familientypen sind anfällig dafür, über lange Zeiträume in Armut und Abhängigkeit von Sozialhilfe zu leben (DWP 2001). Das Alter der Kinder bewegte sich zwischen 10 und 17, wobei die Mehrheit der Stichprobe zwischen 10 und 15, und mehr als die Hälfte der Stichprobe zwischen 10 und 12 Jahre alt war. Um die Bedürfnisse und Sorgen von Kindern mit niedrigem Einkommen zu erforschen und um einen Einblick in ihr Leben und die Themen, die sie bewegen, zu gewinnen, wurden kindbezogene Forschungsmethoden angewandt, welche die Ansichten und Interessen der Kinder in den Mittelpunkt des Forschungsprozesses stellten. Kindgerechte Forschungspraxis erfordert gut informiertes und wohl überlegtes Vorgehen in jedem Stadium des Forschungsvorgangs, das Entwickeln von Geschicklichkeit und Sensibilität nicht nur in den praktischen methodologischen Techniken bei der Erzeugung von Einverständnis, Offenheit und Vertrauen, sondern auch beim Anerkennen und Ansprechen ethischer Überlegungen und von Themen wie Macht und Kontrolle (siehe Alderson 1995; Morrow/Richards 1996; Hogan/Gilligan 1998).

Die Auswirkungen von Armut können sich durch alle Lebensbereiche der Kinder hindurch bemerkbar machen, wobei sie ihre geistige und körperliche Gesundheit beeinflusst, ihre sozialen Beziehungen und ihre Wahrnehmung von den Gelegenheiten und Wahlmöglichkeiten, die ihnen offen stehen. Bei der Erörterung dieser Aspekte erforschte die Studie das wirtschaftliche Umfeld und die materielle Situation der Kinder, ihre sozialen Beziehungen zu Hause und in der Schule und ihre eigene Wahrnehmung davon, wie Armut ihr Leben beeinflusst hatte. Die Befragungen erfolgten innerhalb der Wohnungen der Kinder und wurden so kindgerecht wie nur möglich konzipiert. Ein flexibler unstrukturierter Befragungsbogen wurde ausgewählt, der jederzeit offen war, um neue Interessensgebiete und Sorgen – wie sie von den Kindern in die Studie eingebracht wurden – aufzunehmen. In diesem Beitrag werden wir uns auf drei Schlüsselgebiete konzentrieren: die wirtschaftlichen und materiellen Verhältnisse der Kinder, ihre sozialen Beziehungen mit besonderer Berücksichtigung ihres Sozialverhaltens in der Schule und ihr persönliches Familienleben.

1.3 Wirtschaftliche und materielle Lebensbedingungen der Kinder

Kinder erfahren die Wirklichkeit ihrer wirtschaftlichen Lebenslage innerhalb ihrer Familien, aber sie sind auch verschiedenen wirtschaftlichen Realitäten ausgesetzt: durch Interaktion mit Gleichaltrigen, durch ihre Befassung mit der weiten Welt und durch die Medien. Für Kinder in Familien mit niedrigem Einkommen sind finanzielle Mittel und materielle Güter knapp. Der Zugang zu eigenen finanziellen Mitteln, über die man eigenverantwortlich verfügt, ist für Kinder aus Familien mit geringem Einkommen problematisch, dennoch kann der Zugang zu solchen Mitteln in Form von Taschengeld, oder für jene, die im arbeitsfähigen Alter sind, in Form von Arbeitslohn, eine ganz besondere Rolle in ihrem Leben spielen.

Das Forschungsprojekt untersuchte den Zugang dieser Kinder zu Einkommen, und ihre Berichte enthüllen die finanziellen Schwierigkeiten, mit denen sie sich konfrontiert sehen und die Strategien, derer sie sich bedienen, um diese Nachteile zu überwinden.

1.3.1 Taschengeld

Als erstes gilt das Interesse dem Zugang der Kinder zu Taschengeld und seiner Verwendung. Wir leben in einer wirtschaftlich hoch entwickelten Gesellschaft, in der die Erfahrung der Kinder im Umgang mit Taschengeld als wesentlicher Entwicklungsschritt in ihrer wirtschaftlichen Sozialisation betrachtet wird (Lewis u. a. 1995). Den meisten Kindern in Großbritannien wird Taschengeld regelmäßig zur Verfügung gestellt, und es ist etwas, das sie für selbstverständlich halten in ihrem Leben. Jedoch für die Kinder in unserer Studie waren die Gelegenheiten, mit Geld umzugehen sowie ausreichenden und selbstsicheren Umgang beim Ausgeben und Einteilen des Geldes zu entwickeln, ernsthaft durch die begrenzten wirtschaftlichen Umstände ihrer Familien eingeschränkt. Nur ein Viertel der Kinder in der Studie erhielt regelmäßiges Taschengeld in irgendeiner Form, der Rest erhielt wenig oder nichts.

Jene Kinder, die Taschengeld erhielten, verwendeten es als „lebenswichtiges Mittel", das ihnen ein geringes Ausmaß an wirtschaftlicher Kontrolle innerhalb eines Umfelds knapper finanzieller Verhältnisse gestattete. Kinder, die Taschengeld erhielten, verwendeten es nicht nur für Süßigkeiten und Extravaganzen, sondern auch, um ihr soziales Leben zu pflegen, indem sie für Busfahrten zahlten, Kleider kauften und wesentliche Gegenstände für den Schulbesuch anschafften. Großeltern, und im Fall von Ein-Eltern-Familien die nicht im Haushalt wohnenden Elternteile, stellten mögliche alternative Quellen unregelmäßigen Einkommens bereit. Durch Geldzuwendungen zu besonderen Anlässen schienen sie einige der Spannungen zwischen den Kindern und deren Eltern zu beheben, vor allem wenn sich außergewöhnliche Ereignisse ankündigten.

> *„Manchmal, wenn ich kein Geld habe, um am Wochenende was zu machen, frage ich meine Ma nicht, weil ich sie nicht fragen will ... Ich würde – mmm – irgendwie versuchen irgendwelches Geld zu kriegen oder so. Ich weiß nicht, denn meine Oma könnte mir etwas Geld geben – ein Pfund – oder so".* Laura, 15 Jahre

Einige Kinder verrichteten auch Arbeiten in ihrem familiären Umfeld für Geld, obwohl letzteres nur selten verfügbar war und dies ganz klar von der Zahlungsfähigkeit ihrer Eltern abhing.

> *„Ich helfe Mum im und ums Haus und sie gibt mir dann und wann ein paar Pfund, so ist es eben so viel wie sie sich leisten kann, wissen Sie".* Clarke, 15 Jahre

Kinder ohne regelmäßiges Taschengeld erlebten es als große Unsicherheit, nicht zu wissen, ob sie in der Lage sein werden, Zugang zu ausreichenden Mitteln zu bekommen, um mit ihren Freunden auszugehen und mit ihnen etwas zu unternehmen. Ein Schlüsselbereich, in welchem Kinder und junge Leute ihre eigene Identität und ihren Lebensstil aufzubauen versuchen, ist der Konsum. Kindheit hat ihre eigenen sozialen und kulturellen Ansprüche, und das Bedürfnis, mit den Trends und Moden der Gruppe von Gleichaltrigen verbunden zu bleiben, ist ein bedeutendes soziales Thema für Kinder. Ihr Bedarf an finanziellen Mitteln und ihr

Wunsch, gewisse Waren zu erhalten, spiegeln nicht nur eine „allgemeine Kultur des Erwerbens“ wider (Middleton u. a. 1994), sondern auch die Bedeutung von Konsumgütern als Kommunikationsmittel unter jungen Leuten (Willis u. a. 1990; Miles 2000). Für Kinder und Jugendliche, die keinerlei regelmäßiges Taschengeld bekamen, wurde bezahlte Arbeit ein notwendiges Ziel. Kinder, die ohne Taschengeld oder Arbeit waren, schienen besonders benachteiligt zu sein, da sie weder das kleine Ausmaß an Freiheit und sozialer Lebensfähigkeit hatten, das mit Taschengeld einhergeht, noch die Fähigkeit, sich ihre eigenen autonomen Ressourcen durch Arbeit zugänglich zu machen.

1.3.2 Kinderarbeit

Es war aus unserer Studie klar ersichtlich, dass dort, wo Taschengeld nicht verfügbar war, bezahlte Beschäftigung eine Hauptrolle dabei spielte, die finanziellen Bedürfnisse vieler Kinder zu befriedigen. Obwohl wir wissen, dass ein hoher Prozentsatz von Kindern und jungen Leuten in Großbritannien arbeiten, ist die Situation der Kinder (aus Familien) mit niedrigem Einkommen weniger untersucht (Mizen u. a. 2001). Es gibt einige Anhaltspunkte dafür, dass arbeitende Kinder aus ärmeren Familien mehr Jobs annehmen und länger arbeiten als ihre wohlhabenderen Altersgenossen (Middleton u. a. 1997). In unserer Studie arbeiteten viele der Kinder, die kein Taschengeld erhielten, in Teilzeitjobs zwischen den Schulstunden und an Wochenenden. Dies traf sowohl für Kinder oberhalb als auch unterhalb des gesetzlich vorgeschriebenen Alters für Kinderbeschäftigung in Großbritannien (13 Jahre) zu. Beschäftigung stellt eine Gelegenheit zu Freiheit und Unabhängigkeit dar und auch eine Schlüsselstrategie für das Handeln der Kinder in ihren begrenzten wirtschaftlichen, sozialen und milieugeprägten Welten. Einkommen aus bezahlter Arbeit befreit sie bis zu einem gewissen Grad von den wirtschaftlichen Zwängen ihres Familienumfelds und macht sie zu eigenständig wirtschaftlich Handelnden.

Im Allgemeinen gaben Kinder in der Studie an, dass sie zur Arbeit durch das Bedürfnis motiviert wurden, an der Konsumkultur ihrer wohlhabenderen Gleichaltrigen teilzuhaben, und es zeigte sich, dass die sozialen und kulturellen Ansprüche von Kindheit sehr großen Druck auf Kinder ausüben. Wenn Kinder arbeiteten, spielte für sie dabei eine wesentliche Rolle, ein gewisses Ausmaß an Autonomie und Sicherheit zu gewinnen. Verdientes Geld wurde benutzt, um an Gesellschafts- und Freizeitaktivitäten mit anderen Kindern und jungen Leuten teilzunehmen, um an gesellschaftlichen Ereignissen teilzuhaben und um sich bedeutende Statussymbole der Kindheit wie Kleider oder Sportschuhe anzueignen und käuflich zu erwerben. Jedoch, obwohl Beschäftigung eine wichtige Rolle im Leben einiger Kinder spielte, war das nicht ohne Risiko. Es zeigte sich, dass Arbeit auch negative Auswirkungen auf das Leben einiger Kinder hatte, infolge niedriger Bezahlung, von Zeitverlust für soziale Interaktion, und Spannungen zwischen der Arbeit und den Ansprüchen der Schule, was mehrere Kinder und junge Leute dazu gebracht hatte, ihre Beschäftigung aufzugeben. Die unten angeführten Zitate von Kevin und Andy illustrieren einige der Spannungen, die das Arbeiten von Kindern mit sich bringt. Kevin ist unterhalb des gesetzlichen Mindestalters, hat aber erkannt, dass Arbeit sein Leben beträchtlich verändern könnte.

> *„(Zuvor) hatte ich nicht viel Geld und ich konnte mir nicht kaufen was ich wollte ... (Nun) bekomme ich 9 Pfund pro Woche, und ich kann damit im Grunde kaufen was ich will, und wenn ich etwas für mein Fahrrad haben will, muss ich dafür sparen".* Kevin, 12 Jahre

Andy arbeitet schon seit seinem 14. Lebensjahr und verwendet das Geld, um seine häuslichen und schulischen Bedürfnisse zu finanzieren. Aber er gibt zu, dass es für ihn ein kompliziertes Jonglieren ist, die Balance zwischen Arbeit, Schule und Freunden zu finden, und er befürchtet, dass es seiner schulischen Arbeit zu einem kritischen Zeitpunkt schaden könnte.

> *„Ich arbeite gut ein paar Stunden mehr als empfohlen, und zudem kenne ich Leute, die nicht arbeiten, Während ich für Geld arbeite, machen sie ihre Hausaufgaben und dann wollen sie gerade dann ausgehen, wenn ich mit der Arbeit fertig bin. Das lässt mir nicht viel Zeit für meine Hausaufgaben".* Andy, 16 Jahre

Viele Kinder zeigten großen Ideenreichtum beim Beschaffen von Arbeit und beim Versuch, ihre Benachteiligung zu beheben; sie zeigen auch beachtliches Verständnis für die finanzielle Lage ihrer Familie. In einigen Familien spielt der Arbeitslohn der Kinder eine wichtige Rolle für den Unterhalt ihrer Familien, entweder indem sie direkt mit Geld aushelfen oder Haushaltsgeld für andere dringende Bedürfnisse freisetzen, indem sie zur Deckung des eigenen Bedarfs beitragen. Jedoch, obwohl Kinder durch Arbeit Zugang zu eigenen finanziellen Mitteln hatten, waren diese selten ausreichend, um sich angemessen in der zunehmend anspruchvoller werdenden Konsumentenkultur ihrer Altersgenossen zu bewegen.

1.3.3 Freundschaften und soziale Netzwerke

Die Entwicklung von Freundschaften und weiterreichenden sozialen Netzwerken spielt eine wichtige Rolle für die Entwicklung des menschlichen und des sozialen Kapitals der Kinder (James u. a. 1998). In einer zunehmend komplexen und anspruchvollen sozialen Umgebung können Freundschaften und informelle Beziehungen wie „sozialer Kitt" wirken, Freundschaften und soziale Netzwerke werden in zunehmendem Maße als bedeutsame soziale Aktivposten erkannt, die eine wichtige Rolle für die Entwicklung und den Erhalt sozialen Kapitals spielen (Silva/Smart 1999; Pahl 2000). Die Bedeutung von Freundschaften liegt für Kinder nicht nur in der Erweiterung und Entwicklung von sozialen Kompetenzen und sozialer Identität, sondern auch darin, dass man lernt, andere zu verstehen und zu akzeptieren. Kinder müssen nicht nur lernen wie man Freundschaften schließt, sondern, was entscheidend ist, wie man selbst ein Freund ist (Furnham 1989). Kindern wie Erwachsenen verschaffen Freundschaften auch Zugang zu weiteren gesellschaftlichen Beziehungen, das spielt eine Rolle als sozialer Aktivposten – als Quelle sozialen Kapitals – sowohl in der Kindheit als auch im Erwachsenenleben. Umgekehrt können Schwierigkeiten beim Schließen und Pflegen sozialer Beziehungen Kinder für soziale Ausgrenzung anfällig machen (Ridge/Millar 2000).

Das Forschungsprojekt untersuchte Bedeutungen und Werte, die Freundschaften für Kinder (aus Familien) mit geringem Einkommen hatten. Dies sollte es ermöglichen, einen gewissen Einblick in die Rolle von Freundschaften für das Wohlbefinden der Kinder und ihre soziale Integration zu gewinnen. Wie man aufgrund früherer Forschungen erwarten mußte (Brannen u. a. 2000), können Freundschaften verschiedene Bedeutungen für Kinder haben, und das spiegelte sich in der Reichhaltigkeit der Antworten der Kinder auf die Frage, warum sie Freundschaften schätzten, wider. Ebenso wie die offensichtlicheren Gründe, warum Kinder Freundschaften schätzen, Spiel und Geselligkeit sind, haben sie auch beträchtlich komplexere Gründe erkennen lassen. Berichte der Kinder enthüllten, dass Freundschaften eine wichtige beschützende Wirkung haben, indem sie sie vor Isolierung und Drangsalierung bewahren. Kinder wie Jim zeigten einen ausgeprägten Sinn für die Werte, die sich aus der Pflege sicherer Freundschaften ergeben.

> *„Wenn du keine (Freunde) hast, wirst du nicht ausgehen und spielen können ohne drangsaliert zu werden."* Jim, 10 Jahre

Obwohl die idealisierten Vorstellungen der Kinder von Freundschaft das Gefühl von Glück, Geborgenheit und Halt beinhaltete, war ihre soziale Wirklichkeit ganz anders. Beinahe die Hälfte der Kinder in der Studie erzählte uns, dass sie schon irgendwann einmal drangsaliert worden sind. Das hatte deutlich erkennbaren Einfluss darauf, wie sie zu ihrer Schule standen, und in einigen Fällen zu sich selber. Ebenso wie viele Kinder die Ängste und die Erfahrung von Einschüchterung schilderten, berichteten sie auch über Schwierigkeiten beim Schließen von Freundschaften und ihrer Pflege. Beförderungs- und Teilnahmekosten verschwören sich gegen diese Kinder und hinterlassen bei ihnen das Gefühl, dass sie an der Peripherie vieler gesellschaftlicher und Freizeiterfahrungen stehen, die für ihre wohlhabenderen Altersgenossen selbstverständlich sind. Der Mangel an erschwinglichen und zugänglichen Transportmöglichkeiten überschnitt sich mit der Erfahrung eines eingeschränkten sozialen Raumes und beschränkter Ressourcen im häuslichen Umfeld der Kinder. Dies beeinflusste die alltägliche Gegenseitigkeit von Freundschaften, ebenso wie den Austausch von Aufmunterungen, Hilfeleistungen und Gefälligkeiten, welche einen Großteil des Soziallebens der Kinder ausmachen. Mikes Zitat illustriert einige der Frustrationen, welche von Kindern zum Ausdruck gebracht wurden, die sich von ihrer häuslichen Umgebung gefangen und gelangweilt fühlten.

> *„Ich möchte mehr mit meinen Freunden unternehmen, wenn sie ausgehen, etwa in die Stadt und so. Aber wir können es uns nicht immer leisten. So muss ich daheim bleiben und so, und gerade hier zu Hause ist es langweilig. Ich kann nichts tun."* Mike, 12 Jahre

Das Schließen und Pflegen von Freundschaften war ein Gebiet, auf welchem diese Kinder eindeutig besonders hart zu kämpfen haben, um ihren sozialen Status zu wahren und mit ihren Altersgenossen in Verbindung zu bleiben. Einfache Dinge wie Kleiderwünsche und Teilnahme an gemeinschaftlich erlebten Freizeitaktivitäten, die Erwachsene vielleicht nicht als wichtig wahrnehmen, beeinflussen die Beziehungen der Kinder (Middleton u. a. 1997; Miles 2000). Die richtigen Kleider zu haben, schien ein entscheidendes Erkennungszeichen für Zugehörigkeit zu sein. Die Kinder zeigten hochgradige Besorgnis hinsichtlich der Wahrung ihres sozialen Status und befürchteten, als andersartig oder arm angesehen zu werden.

> *„Wenn du nicht die richtigen Klamotten hast und alle deine Freunde all' die hübschen Klamotten haben, fühlst du dich außen vor, denn du denkst dir: ‚Oh, die haben alle die guten Klamotten und sie haben alle das ganze Geld, um sie zu kaufen', und du fühlst dich außen vor gelassen ... Manchmal wohl mache ich mir richtig Sorgen, wenn ich alle diese altmodischen Kleider trage und ich mag sie nicht, und jedermann hat modische."* Sue, 11 Jahre

Angesichts der offensichtlichen Ängste der Kinder davor, Stigma und Anderssein in Folge von Armut und Benachteiligung zu erleben, kommt den Gelegenheiten, starke und tragfähige soziale Netzwerke zu entwickeln und zu pflegen, ganz besondere Bedeutung zu.

1.3.4 Soziales Leben der Kinder in der Schule

Sowohl bildungsmäßig als auch sozial ist Schule ein besonders wichtiges Milieu für Kinder. Innerhalb der schulischen Umgebung begegnen Kinder einer weiteren und breiter gefächerten Gruppe ihrer Altersgenossen als zu Hause und in ihrer Nachbarschaft. Kontakt und Erfahrung im Umgang mit Kindern verschiedener kultureller und sozioökonomischer Herkunft verbessern die Möglichkeit der Kinder, sich ein umfassenderes soziales Netz aufzubauen; deshalb sollte der Stellenwert der Schule für den Aufbau von sozialem und humanem Kapital nicht unterschätzt werden.

Die Labour-Regierung nahm es sehr ernst mit ihrer Verpflichtung, das Leistungsniveau bei Lesen, Schreiben und Rechnen anzuheben und Schulausschlüsse sowie unentschuldigtes Fehlen bei schulpflichtigen Kindern zu reduzieren. Jedoch, so wünschenswert diese Initiativen auch sind, sie sprachen nicht viele der Schlüsselthemen und Sorgen des Schulalltags an, die von den Kindern in der Studie genannt wurden. Die Berichte von ihrem Schulalltag ließen erkennen, dass sie innerhalb ihrer Schulen beträchtliche Benachteiligungen hinnehmen mussten. Dabei berichteten viele, dass sie sich drangsaliert fühlten, isoliert und allein gelassen in kritischen Stadien ihrer schulischen Laufbahn. Die Kosten zur Wahrung eines angemessenen Schulprofils und der Beschaffung geeigneter Materialien für Prüfungen und schulische Aktivitäten wurden von vielen Kindern als unerschwinglich beschrieben.

Brad war in seinem Abschlussjahr und hatte sich bemüht, ein erschwingliches Projekt für seine Prüfung in Designtechnik im Rahmen des GCSE (General Certificate of Secondary Education, entspricht Sekundarstufe I-Abschluss oder Mittlerer Reife) zu finden. Er war sich der Tatsache äußerst bewusst, dass andere Jungs in der Lage gewesen waren, mehr für ihre Projekte auszugeben und er befürchtete, dass er bei der Benotung seiner Arbeit im Verhältnis zu den anderen benachteiligt würde.

> *„Also wir fertigen gerade dieses Ding für meine Prüfung in Designtechnik, und du musst etwas planen und es machen. Und so gibt es Leute, die wohl Sachen planen, die sie etwa 300 Pfund oder so kosten werden, und meine kosten mich 12 Pfund neunundneunzig um sie zu bauen."*
> Brad, 15 Jahre

Ein besonderes Gebiet der Benachteiligung, das von den Kindern benannt wurde, war die Teilnahme an Schulfahrten. In zunehmendem Maße wird erkannt, dass diese eine bedeutende Rolle für die Verbesserung des Lehrplans einer Schule spielen, aber mehr als die Hälfte der Kinder in der Studie konnte es sich nicht leisten, auch nur irgendwie regelmäßig an Schulfahrten teilzunehmen. Kinder wie Bella fühlten sich von den vorteilhaften

Gelegenheiten, die viele ihrer Altersgenossen wahrnahmen, ausgeschlossen.

> *„Ich wollte nach Deutschland fahren, und es kostete etwa 100 Pfund und Mama sagte ‚Nein'. Es ist als ob wir an Bord einer Fähre gehen, mit dem Reisebus, an Bord einer vornehmen Fähre mit Hotel; wir werden dort Freunde treffen. Und Mama sagte ‚Nein'. So habe ich das verpasst ... Ich fehle immer bei den Schulfahrten und allem!"* Bella, 12 Jahre

Unser besonderes Interesse galt Kindern wie Martin, die sich selbst von Schulaktivitäten ausschlossen. Enttäuscht von dem Vorgang nahmen sie die Briefe, in welchen um Geld für Fahrten und andere Aktivitäten gebeten wurde, nicht mit nach Hause, weil sie wussten, dass ihre Eltern sie sich nicht leisten konnten.

> *„Ich gehe gewöhnlich nicht auf Schulfahrten, weil sie teuer sind und so ... An unserer Schule bieten sie eine Menge Aktivitäten an und man fährt an viele verschiedene Orte ... Ich mache mir nicht einmal die Mühe zu fragen."* Martin, 11 Jahre

Insgesamt stellten die Berichte der Kinder über ihren Schulalltag einige fundamentale Ungleichheiten im Schulsystem Großbritanniens deutlich heraus und ließen Besorgnis über das Ausmaß an nicht gewährter sozialer und bildungsmäßiger Gleichheit und Integration aufkommen, die Kinder aus einkommensschwachen Familien dabei erfahren.

1.3.5 Leben zu Hause mit Familie und Freunden

Bei Gesprächen über ihr Leben zu Hause und in ihren Gemeinden ließen die Kinder ebenfalls ihre inneren Sorgen und Ängste bezüglich gesellschaftlicher Unterschiede und gesellschaftlichen Makels erkennen. Sie berichteten, dass sie spürten, wie ihre Erfahrungen mit der Armut sich auf ihr Selbstwertgefühl, ihr Vertrauen und ihre persönliche Sicherheit auswirkten. Kindern fällt es schwer über diese schwierigen Themen nachzudenken, zumal Schwierigkeiten mit Freundschaften und Sorgen um gesellschaftliche Anerkennung für Kinder besonders schwer zu artikulieren sein können. Jedoch waren sich die Kinder der Auswirkungen von Armut auf ihr Leben und auf das ihrer Eltern sehr wohl bewusst.

> *„Ich mache mir Sorgen wegen meiner Mutter, wenn sie derart unglücklich ist und so. Manchmal mache ich mir Sorgen, ob wir nicht genug Geld haben. Ich mache mir deshalb Sorgen".* Carrie, 15 Jahre

Wie das nachfolgende Zitat von Nicole illustriert, waren die Ängste der Kinder vor sozialer Vereinzelung und sozialer Verschiedenheit sehr real, und sie waren äußerst empfindlich hinsichtlich der Gefahr, von den Aktivitäten ihrer Freunde und sozialen Gruppe ausgeschlossen zu werden.

„Man kann nicht soviel tun, und ich mag meine Kleider nicht und so. So schaffe ich es wirklich nicht, viel zu tun oder ich mache Zeugs wie meine Freunde ... Ich mache mir Sorgen darüber, was die Leute von mir denken werden, etwa dass ich traurig (jämmerlich) oder so etwas bin". Nicole, 13 Jahre

Wir überlassen das Schlusswort zur Studie Lisa, die über das nachdachte, was sie ändern würde, wenn sie es könnte. Dabei erklärt sie, warum sie ein wenig mehr Geld in ihrem Leben haben möchte, damit sie mit ihren Freundinnen shoppen gehen könnte und sich dabei selbstsicherer fühlen könnte.

„Weil ich in der Lage wäre, Sachen selber zu kriegen. Ich weiß nicht. Ich fühle mich, als sei etwas in mir, das nur darauf wartet herauszubrechen, sobald ich das Geld habe, um es zu tun. Beispielsweise beim Einkaufen, wenn ich etwas anprobiere, wissen Sie, kann ich es anprobieren und sagen: ‚Das nehme ich mit nach Hause'." Lisa, 15 Jahre

1.4 Übergreifende Themen aus der Studie

In unserer Studie tauchten mehrere übergreifende Schlüsselthemen auf, die uns helfen, unser Verständnis für die Armutserfahrungen der Kinder zu bereichern. Drei von ihnen, der Beschützerinstinkt der Kinder gegenüber ihren Eltern, Kinder in ihrer Eigenschaft als soziale Akteure und die Bedeutung des Ausschlusses von der Schule werden nachfolgend diskutiert.

1.4.1 Kinder beschützen ihre Eltern

Uns ist aus der Forschung in Großbritannien bekannt, dass sich Eltern mit geringem Einkommen darum bemühen, ihre Kinder – so weit es geht – vor den schlimmsten Folgen der Armut zu bewahren (Kempson u. a. 1994; Middleton u. a. 1997; Goode u. a. 1998). Vor allem Mütter, ganz besonders allein erziehende Mütter verzichten auf Dinge und Aktivitäten, um sich für ihre Kinder etwas leisten zu können. (Middleton u. a.1997). Was jedoch in dieser Studie auffallend deutlich wird, ist die Art und Weise, wie das Bedürfnis zu beschützen auf Gegenseitigkeit beruht. Kinder mühen sich deutlich ab, um ihren Eltern die sozialen und emotionalen Kosten zu ersparen, die Armut den Kindern abverlangt. Das kann viele Formen annehmen: Selbstbeschränkung bei Bedürfnissen und Wünschen, Mäßigung bei Ansprüchen und Selbstausschluss von geselligen Veranstaltungen, Schulfahrten und Aktivitäten an der Schule. In einigen Fällen waren sich die Eltern im Klaren über die Strategien ihrer Kinder und willigten widerstrebend ein, angesichts drastisch eingeschränkter Alternativen. In anderen Fällen regelten Kinder ihre Bedürfnisse eher verdeckt.

Des weiteren ist von Interesse, dass dieses Verhalten stark geschlechtsspezifisch geprägt war, und dass es hauptsächlich Mädchen waren, die am ehesten ihre Besorgnis zum Ausdruck brachten und den Wunsch, ihre Eltern zu schützen, obwohl einige Jungs in Familien mit allein erziehenden Müttern ebenfalls äußerst fürsorglich waren. Im Fall der Mädchen gibt es Anlass zur Sorge, dass sie genau die geschlechtsspezifischen Muster der Selbstbeschränkung erlernen, die in vorherigen Untersuchungen bei Müttern mit geringem Einkommen erkannt wurden.

1.4.2 Kinder als soziale Akteure

Unser Verständnis und unsere Wahrnehmung von armen Kindern sind oft von Unkenntnis geprägt und stereotyp. Während die Lebensläufe der Kinder sehr verschieden sind und arme Kinder keine homogene Gruppe bilden, werden ihre Erfahrungen mit Armut durch viele andere Faktoren einschließlich Geschlecht, Ethnie und Alter vermittelt. Kinder in verschiedenen Verhältnissen werden ihre jeweils eigenen Erfahrungen und Anliegen zu erzählen und ihre eigenen Wahrnehmungen davon haben, wie Armut ihr Leben beeinflusst hat. Aber aus unseren Ergebnissen geht klar hervor, dass die in der Studie beteiligten Kinder aktive soziale Akteure sind; sie sind keine passiven Opfer ihrer Armut oder ihrer Umgebung. Sie nehmen es mit ihrem Leben und ihren Lebensverhältnissen auf, entwickeln Mittel und Wege der Teilnahme, wo und wann sie können, und wenden alternative Strategien des Überlebens sowie der Teilnahme am gesellschaftlichen Leben durch Arbeit und Spiel an. Dabei bringen sie auch intensive soziale und persönliche Anstrengungen auf, um gesellschaftliche Anerkennung und Einbeziehung innerhalb der anerkannten kulturellen Ansprüche moderner Kindheit zu verteidigen. Sie führen dabei einen Kampf, der durch die materiellen und sozialen Gegebenheiten ihres Lebens bestimmt und begrenzt wird. Um die komplexe Dynamik der Armut im Leben der Kinder und ihre Fähigkeit zur Selbstverwirklichung wirklich zu verstehen, müssen wir größeres Verständnis für die Kommunikation unter Kindern und deren Handeln entwickeln, und für die Bedeutungen und Sichtweisen, die sie ihrem Leben und ihren Erfahrungen im Zusammenhang mit einem eingeschränkten sozialen, materiellen und strukturellen Umfeld geben.

1.4.3 Ausschluss vom Schulbetrieb und schulische Ausgrenzung

Das Erziehungswesen ist ein Schlüsselbereich für Interventionen in das Leben von Kindern, und statistische Daten liefern hierbei die Grundlage für einen Großteil dieses Eingreifens. Die Verwendung qualitativer Daten gewährt uns einigen Einblick in das, was sich hinter den Statistiken verbirgt und in die Folgemaßnahmen. Qualitative Daten können dabei helfen zu enthüllen, wie arme Kinder möglicherweise Schule erleben. Sie ermöglichen es uns, die soziale und beziehungsrelevante Dynamik zwischen Kindern mit niedrigem Einkommen und ihren Lehrern sowie von Kindern mit geringem Einkommen und ihren Altersgenossen zu verstehen.

Sie können auch dabei helfen, Einblick in die Art und Weise zu gewähren, wie sich die strukturellen und institutionellen Praktiken von Schulen, denen die Kinder regelmäßig ausgesetzt sind und über die sie auch verhandeln mögen, auf ihr Wohlergehen auswirken können. Aus der Studie ging klar hervor, dass im Besonderen für diese Kinder die Schulen offensichtlich dabei versagt haben, sie mit einem einbeziehenden und bereichernden sozialen oder bildungsmäßigen Umfeld zu versorgen, in dem sie gedeihen können. Eine Reihe struktureller und institutioneller Faktoren innerhalb der Schulen wirkten zusammen, um die wirtschaftlichen und sozialen Nachteile, welche die Kinder erlebten, zu verschlimmern. Finanzielle Barrieren wie Gebühren für Schulfahrten und die Kosten für Lernmittel wurden durch institutionelle Vorgänge angehoben: anspruchsvolle Prüfungskriterien, das Bestehen auf Schuluniformen, Ausschlussfristen für Zahlungen bei außerplanmäßigen Schulfahrten und Aktivitäten; all dies gab Eltern, die nicht rechtzeitig zahlen konnten, wenig Spielraum. Hinzu kommenTreffen nach der Schule ohne Beförderungsmöglichkeit nach Hause und die stigmatisierenden bürokratischen Vorgänge bei der Gewährung und der Aushändigung von Sozialleistungen wie freie Schulmahlzeiten. Das, was die Kinder aus Familien mit niedrigem Einkommen beschäftigte, war nicht die Gefahr, von der Schule ausgeschlossen zu werden, – ein Schlüsselanliegen der Regierung – sondern eher die Gefahr, innerhalb der Schule ausgegrenzt zu werden.

1.5 Schlussfolgerungen für eine Armutsbekämpfungspolitik in Großbritannien

Insgesamt fand die Studie heraus, dass Armut und Benachteiligung jeden Aspekt des Lebens der Kinder durchdringen, „von den materiellen und eher in Zahlen ausdrückbaren Aspekten ihrer Bedürfnisse bis zu den sozialen und emotionalen Voraussetzungen, die für Kinder so wichtig sind, sowohl in der Kindheit als auch darüber hinaus" (Ridge 2002, 131).

Eine der Schlüsselfragen, die sich aus dem Anti-Armuts-Programm der Labour-Regierung ergeben hat, ist, ob die Regierung tatsächlich genug für Kinder in Armut getan hat. Viele der politischen Maßnahmen, für die sich Labour stark machte, spiegeln Erwachsenensorgen wider, und die hauptsächliche Stoßrichtung der Politik richtete sich gegen Arbeitslosigkeit bei Erwachsenen, z.B. durch Maßnahmen zur Wiedereingliederung in die Arbeitswelt („Welfare to Work"). Die Gefahr sozialer Ausgliederung und Armut von Kindern während ihres Aufwachsens ist weniger oft auf der politischen Tagesordnung aufgetaucht, und wenn, dann lag der Schwerpunkt unabänderlich auf einer Betrachtung der Kinder als zukünftige Erwachsene, als Zukunftsinvestition. Wie Prout (2000) argumentierte, berief sich die Regierung massiv auf Armutsstudien, die Kinderarmut mit Armut bei Erwachsenen verbunden sahen; dies prägte ihre Strategien gegen Kinderarmut. Das Hauptaugenmerk ihrer Strategien richtete sich auf das bessere Leben als Erwachsene, das, wie vorhergesagt wird, aus einer Verringerung von Kinderarmut entstehen soll. Es richtete sich nicht auf das bessere Leben, das Kinder als Kinder führen werden (Prout 2000, 305).

Im Großen und Ganzen hat es wenig Würdigung dafür gegeben, dass Kinder in Armut ganz besondere soziale Bedürfnisse in ihrem alltäglichen Leben verspüren, die die aktuelle Sozialfürsorge so gut wie nicht berücksichtigt. Daher laufen Politikgestalter und Ausführende ohne ein Maßnahmenprogramm, das die Erfahrungen der Kinder versteht und berücksichtigt, Gefahr, die sehr reale und subjektive Wahrnehmung dessen, was es bedeutet, als Kind arm zu sein, zu übersehen und verdunkeln.

Viele Sorgen der Kinder, die in der Forschungsstudie erkannt wurden, werden von den Regierungsmaßnahmen nicht direkt angesprochen. Beispielsweise hat die Besorgnis der Regierung bezüglich des schulischen Versagens von Kindern aus Familien mit niedrigem Einkommen zu einer Reihe von Maßnahmen geführt, die darauf abzielen, die schulischen Leistungen dieser Kinder zu verbessern (Regierungsvorlage 4445/1999). Diese Maßnahmen konzentrieren sich weitgehend auf zwei Gebiete: zum einen auf die schulische Leistung durch die Setzung anspruchsvoller Ziele im Lesen, Schreiben und Rechnen und zum anderen auf Probleme beim Schulbesuch und Betragen. Dabei handelt es sich um Maßnahmen, die zur Beendigung von Schuleschwänzen und zur Reduzierung von Ausschlüssen vom Schulbetrieb führen sollen (ebd.). Diese Maßnahmen spiegeln das Erwachsenen-Modell des mündigen Bürgers und Arbeiters wider (Lister 2003). Kinder werden hauptsächlich als künftige Staatsbürger und Arbeiter gesehen, und die auf sie gerichteten Maßnahmen zielen eher darauf ab, bessere Leistungen im Erwachsenenalter zu garantieren, als das Alltagsleben der Kinder in ihrer Kindheit zu verbessern. Die Kinder unserer Forschungsstudie haben eine ganz andere Rangordnung von Schulsorgen geäußert. Diese konzentrierten sich hauptsächlich auf ihre Wahrnehmungen von Ungleichheit und sozialer Ausgrenzung in der Schule, wo die Kinder spürten, dass sie eine qualitativ andere Erfahrung des Schullebens machten als ihre wohlhabenderen Altersgenossen. Sie sorgten sich nicht so sehr um den Ausschluss von der Schule als vielmehr um Ausgrenzung innerhalb der Schule, da wirtschaftliche, soziale und institutionelle Benachteiligung sich auf ihre Chancen auswirkten, eine faire schulische Laufbahn in einem sozial einbeziehenden schulischen Umfeld zu erleben.

Die Höhe finanzieller und sozialer Unterstützung, die für Kinder geleistet wird, wirkt sich zu Hause und in der Schule problematisch auf die Möglichkeit der Kinder aus, sich ihren Altersgenossen „anzupassen" und „anzuschließen" (Ridge 2002). Zunehmende finanzielle Umverteilung und kindbezogene, nicht stigmatisierende Wohlfahrtszuwendungen, die sich direkt an die Kinder richten und von deren Bedarfswahrnehmungen geprägt sind, sollten eine wichtige Rolle spielen, wenn es darum geht, Kindern aus niedrigen Einkommenslagen Chancen zur Teilnahme, Einbeziehung und Integration mit ihren Altersgenossen zu ermöglichen (ebd.).

Indem man den Kindern zuhört, ist es möglich, ihre Sichtweise in die Analyse von Kinderarmut und sozialer Ausgrenzung einzubringen und einen wertvollen Einblick in das Leben der Kinder und in die Themen, die ihnen etwas bedeuten, zu gewinnen. Die in der Studie untersuchten Kinder waren sich hinsichtlich der wirtschaftlichen, sozialen und materiellen Nachteile, denen sie und ihre Familien sich zu stellen hatten äußerst bewußt; sie waren keine passiven Opfer der Armut, sondern tätige nachdenkende soziale Akteure, die versuchten, Sinn und Bedeutung in ihren Erfahrungen zu sehen; dabei gestalteten sie ihr Leben in einer Reihe von wohl überlegten und dynamischen Denkansätzen immer wieder neu. Jedoch ihre Kindheit vollzog sich rund um die Zwänge der Armut, und die Herausforderungen, die die Armutslage ihrem allgemeinen Wohlbefinden zumutet, müssen erkannt und angegangen werden. Es ist klar, dass ein Verstehen von Armut in der Kindheit, das auf dem Erleben und den Erfahrungen von Kindern beruht, eine wesentliche Voraussetzung ist, um die hartnäckige Natur von Kinderarmut anzugehen und beträchtlich dazu beitragen kann, soziale und strukturelle Ungleichheiten innerhalb der Kindheit zu bekämpfen. Nicht zuletzt durch ein ausgeprägtes Bewusstsein um die Prozesse und Faktoren, die sich gegen Kinder in niedrigen Einkommenslagen richten wie um jene, die dazu dienen, sie zu schützen und zu unterstützen. Ohne diesen eher ganzheitlichen Ansatz, das Leben der Kinder zu verstehen, laufen Maßnahmen mit dem Ziel, Kinderarmut zu lindern, Gefahr, nicht angemessen auf die Bedürfnisse dieser Kinder einzugehen.

Literatur

Adelman, L./Bradshaw, J. (1998): Children and Poverty in Britain: An Analysis of the FRS 1994/9., York: University of York

Alderson, P. (1995): Listening to Children. Ilford: Barnados

Berthoud, R.,/Lakey, J./McKay, S. (1993): The Economic Problems of Disabled People. London: Policy Studies Institute

Bradbury, B./Jantti, M. (2001): ‚Child Poverty Across the Industrialised World: Evidence From the Luxembourg Income Study'. In: Vleminckx, K./ Smeeding, T. M. (eds.): Child Wellbeing, Child Poverty and Child Policy in Modern Nations. Bristol: Policy Press pp.11–32

Bradshaw, J. (2001): Child Poverty Under Labour. In: Finnister, G.: An End in Sight. London: Child Poverty Action Group

Brannen, J./Heptinstall, E./Bhopal, K. (2000): Connecting Children Care and Family Life in Later Childhood. London: Routledge Falmer

Burchardt, T. (2000): Enduring Economic Exclusion: Disabled People, Income and Work. Joseph Rowntree Foundation Report. York: York Publishing Services

Cm 4445 (1999): Opportunity for All: Tackling Poverty and Social Exclusion. London: The Stationery Office

Christensen, P./James, A. (2000): Introduction: Researching Children and Childhood: Cultures of Communication. In: Christensen, P./James, A.: Research with Children: Perspectives and Practices. London: Routledge Falmer pp. 1–9

Department of Social Security (DSS) (2000): Households Below Average Income: A Statistical Analysis 1994/5–1998/9. Leeds: Corporate Document Services

Department of Work and Pensions (DWP) (2001): Income Support Quarterly Statistical Enquiry. August 2001, Analytical Services Division. London: Department for Work and Pensions

Ermisch, J./Francescanii, M./Pevalin, D. (2001): Outcomes for Children of Poverty, Department of Work and Pensions Research Report No. 158. Leeds: Corporate Document Services

Ford, R./Millar, J. (eds.) (1998): Private lives and public costs: lone parents and the state. London: Policy Studies Institute

Furnham, A. (1989): Friendship and Personal Development. In: Porter, R./Tomaselli, S. (eds.): The Dialectics of Friendship. London: Routledge

Goode, J./Callender, C./Lister, R. (1998): Purse or Wallet. Gender Inequalities and Income Distribution within Families on Benefits. London: Policy Studies Institute

Gordon, D./Adelman, L./Ashworth, K./Bradshaw, J./Levitas, J./Middleton, S./Pantazis, C./Patsios, D./Payne, S./Townsend, P./Williams, J. (2000): Poverty and Social Exclusion in Britain. York: Joseph Rowntree Foundation

Gregg, P./Harkness, S./Machin, S. (1999): Child Development and Family Income. York: Joseph Rowntree Foundation

Hobcraft, J. (1998): Intergenerational and Life-Course Transmission of Social Exclusion: Influences and Childhood Poverty, Family Disruption and Contact with the Police, Centre for the Analysis of Social Exclusion CASE Paper 15. London: London School of Economics

Hogan, D./Gilligan, R. (1998): Researching Children's Experiences: Qualitative Approaches. Dublin: The Children's Research Centre. Trinity College

Howard, M./Garnham, A./Finnister, G./Viet-Wislon, J. (2001): Poverty: The Facts. London: Child Poverty Action Group

James, A./Jenks, C./Prout, A. (1998): Theorizing Childhood. Cambridge: Polity Press

Kempson, E./Bryson, A./Rowlingson, K. (1994): Hard Times. London: Policy Studies Institute

Lewis, A./Webley, P./Furnham, A. (1995): The New Economic Mind. London: Harvester Wheatsheaf

Lister, R. (2003): 'Investing in the Citizen-workers of the Future: Transformations in Citizenship and the State under New Labour'. In: Social Policy and Administration. October 2003, Vol. 37 No. 5 pp. 427–443

Machin, Stephen (1999): 'Intergenerational Transmissions of Economic Status'. In: Paul Gregg (ed.) Jobs, Wages and Poverty: Patterns of Persistence and Mobility. Centre for Economic Performance. London: London School of Economics

Middleton, S./Ashworth K./Walker, R. (1994): Family Fortunes. Pressures on Parents and Children in the 1990s. London: Child Poverty Action Group

Middleton, S./Ashworth, K./Braithwaite, I. (1997): Small Fortunes. York: Joseph Rowntree Foundation

Miles, S. (2000): Youth Lifestyles in a Changing World. Buckingham: Open University Press

Millar, J./Ridge, T. (2001): Families, Poverty, Work and Care. Department of Work and Pensions. Research Report No. 153. Leeds. Corporate Document Services

Millar, J./Ridge, T. (2002): 'Parents, Children, Families and New Labour: Developing Family Policy?'. In: Powell, M. (ed): Evaluating new Labours Welfare Reforms. Bristol: Policy Press

Mizen, P./Pole, C./Bolton, A. (2001): 'Why be a School Age Worker?' In: Mizen, P./Pole, C./Bolton, A.: Hidden Hands: International Perspectives on Children's Work and Labour. London: Routledge Farmer pp. 37–54

Morrow, V./Richards, M. (1996): 'The Ethics of Social Research with Children: An Overview'. Children and Society 10 pp. 90–105

Oppenheim, C./Harker, L. (1996): Poverty the Facts. London: Child Poverty Action Group

Pahl, R. (2000): On Friendship. Cambridge: Polity Press

Prout, A. (2000): Children's Participation: Control and Self-realisation in British Late Modernity Children and Society 14 pp. 304–315

Ridge, T./Millar, J. (2000): Excluding Children: Autonomy, Friendship and the Experience of the Care System. Social Policy & Administration 34 (2) pp. 160–175

Ridge, T. (2002): Childhood Poverty and Social Exclusion: From a Child's Perspective. Bristol: Policy Press

Silva, E./Smart, C. (1999): The "New" Practices and Politics of Family Life. In: Silva, E./Smart C. (eds.): The "New" Family?". London: Sage pp. 1–12

Stewart, K. (2005): 'Towards an equal start? Addressing childhood poverty and deprivation'. In: Hills, J./Stewart, K.: A More Equal Society: New Labour, Poverty, Inequality and Exclusion. Bristol: Policy Press

Walker, A./Walker, C. (1997) (eds.): Britain Divided. The Growth of Social Exclusion in the 1980s and 1990s. London: Child Poverty Action Group

Willis, P./Jones, S./Cannan, J./Hurd, G. (1990): Common Culture. Symbolic Work at Play in the Everyday Cultures of the Young. Milton Keynes: Open University Press

Zaidi, A./Burchardt, T. (2003): Comparing Incomes When Needs Differ: Equivalisation for the Extra Costs of Disability in the UK, CASE paper 64. London: London School of Economics and Political Science

2. Kinderarmut und soziale Ausgrenzung in Polen*

Elżbieta Tarkowska

2.1 Armut in Polen

Armut, ebenso wie Arbeitslosigkeit, stellt das hauptsächliche gesellschaftliche Problem im heutigen Polen dar, sowohl aufgrund ihrer Tragweite als auch ihrer Natur. Hinsichtlich ihrer Tragweite schwanken die Schätzwerte von Armut je nach den angewandten Armutsmaßstäben und Armutsgrenzen. Ende 2003 lebten 12 % der Bevölkerung in extremer Armut, d.h. unterhalb des Existenzminimums[6], während 20 % der Bevölkerung unterhalb der relativen Armutsgrenze anzusiedeln waren (GUS 2003)[7]. Das Syndrom der „strengen Armut" charakterisiert Familien, die von Arbeitslosigkeit, niedrigem Bildungs- und Qualifizierungsniveau des Familienoberhauptes, großer Kinderzahl in der Familie, dem Leben in ländlichen Gebieten und Kleinstädten geprägt sind, besonders in den Regionen strukturell bedingter Massenarbeitslosigkeit (Gebiete in Nordost- und Nordwest-Polen).

Zeitgenössische Armut in Polen ist, wie anderswo, ein komplexes, vielschichtiges und differenziertes Phänomen. Sie unterscheidet sich in vieler Hinsicht sowohl von der vergangenen Armut in unserem Land als auch von der Armut in anderen Ländern, in post-kommunistischen wie in westlichen.

Die wichtigsten Charakteristika und Dimensionen der heutigen Armut in Polen sind folgende:

(1) ihr ländlicher Charakter,
(2) Armut als eine lang anhaltende, chronische oder sogar generationsübergreifende Lebensbedingung;
(3) Konzentration der Armut und mit ihr verbundener negativer Phänomene, die zu sozialer Ausgrenzung führen (wie beispielsweise Ar-

* Übersetzung aus dem Englischen von Rudolph Müllan.

6 Das Existenzminimum ist die absolute Armutsgrenze; sie berücksichtigt ausschließlich jene Bedürfnisse, die ohne Verzug befriedigt werden müssen – jegliches niedrigere Niveau an Konsum führt direkt zu biologischer Zerstörung (Poverty Indicators 1997, 51)

7 Die relative Armutsgrenze liegt bei 50 % der durchschnittlichen Haushaltsausgaben pro Kopf (Äquivalenzgrößen), geschätzt für die Gesamtzahl der Haushalte in dem Land (Poverty Indicators 1997, 52)

beitslosigkeit, niedriges Bildungs- und Qualifizierungsniveau, etc.) in bestimmten Gebieten und Orten auf der sozialen Landkarte Polens;

(4) Armut, die eng mit Arbeitslosigkeit zusammenhängt und dem Phänomen der „working poor"

(5) die spezifische Form der Feminisierung von Armut wie sie sich auf der Mikroebene von Familie und Haushalt bemerkbar macht, und schließlich

(6) die Verlagerung der polnischen Armut auf Jugendliche (Armut bei Kindern, Armut bei kinderreichen Familien, Jugendarbeitslosigkeit, etc.).

Der vorliegende Beitrag betrifft das letzt genannte Phänomen: das niedrige Alter der polnischen Armen, Armut bei Kindern, die Armut zahlreicher Familien und die Jugendarmut. Es ist eng verbunden mit anderen Merkmalen und Aspekten der polnischen Armut: mit ihrem ländlichen Charakter (die Armut der Kinder vom Land), mit der Konzentration und Regionalisierung von Armut (die besonders schwierige Situation von Kindern, die sowohl in städtischen als auch in ländlichen Armutsenklaven leben). Auch die zeitliche Dimension von Armut als einer länger anhaltenden Lebenslage der Familie oder sogar als eine Lebenslage, die von einer Generation auf die nächste übertragen wird, ist eng mit Armut bei Kindern verbunden. Die Übertragung der Armut von Generation zu Generation, die so genannte soziale Vererbung von Armut betrifft meistens Kinder.

2.2 Armut bei Kindern als unsichtbares soziales und schwieriges Forschungsproblem

Zu Zeiten des Kommunismus traf Armut meistens alte Leute; das Klischee des armen Ruheständlers und älteren Pensionärs ist immer noch weit verbreitet (Wciórka 1999) und verdeckt auf diese Weise das tatsächlich niedrige Alter der Armen. Armutsforscher und -forscherinnen betonen schon seit langem, dass „das relative Wachstum der Armut bei Kindern ein charakteristischer Trend der Übergangsperiode in Polen ist" (Golinowska u. a. 1996, 26). Alle Studien und Statistiken zeigen, dass einer der charakteristischen Züge der heutigen Armut in Polen das niedrige Alter der Armen ist: Kinderarmut und Armut junger Leute. Forscher weisen auf eine Überrepräsentanz von Kindern unter den Armen hin: 2001 betrug die Armutsquote in Polen 16,2 %, während sie bei Kindern 29,5 % erreichte. Damals gab es 24,1 % Kinder im Alter von 0 bis 17 Jahren in der gesamten polnischen Bevölkerung, aber der Prozentsatz an Kindern unter der armen Bevölkerung war viel höher und erreichte 43,9 % (Warzywoda-Kruszyńska/Grotowska-Leder 2002, 30). Gemäß der Aussage eines früheren Sprechers des Zentralen Statistischen Amtes waren Kinder „eine soziale Gruppe, welche von keinerlei sozialem Fortschritt während der Übergangsperiode profitierte" (Łagodziński 2003, 99).

Kinderreiche Familien und Familien mit nur einem Elternteil profitierten von staatlicher Unterstützung öfter als jeder andere Typ von Familie (Czapiński/Panek 2003). Die Wahrscheinlichkeit, arm zu sein, stieg mit der Anzahl der Kinder in der Familie, ohne Rücksicht auf angewandte Armutsmaßstäbe und Kriterien (GUS 2003; Czapiński/Panek 2003). Kinderreiche Familien, d.h. jene mit 4 oder mehr Kindern, waren die am meisten von Armut bedrohten. Beinahe 42 % der Leute aus diesen Familien lebten unter dem Existenzminimum, während diese Zahl für Haushalte insgesamt 12 % und für Familien mit einem Elternteil 13 % betrug (GUS 2003). Kinderreiche Familien neigten dazu, erheblich anfälliger für Armut zu sein als Familien mit nur einem Elternteil, die in den westeuropäischen Ländern oder in den Vereinigten Staaten zu den armutsanfälligsten gehören. In Polen sind kinderreiche Familien ein „Synonym für Armut" (ein weiteres Zitat eines ehemaligen Sprechers des Zentralen Statistischen Amtes, Wieslaw Łagodzinski).

Aber es gab auch von Armut geprägte Gebiete – z.B. städtische Enklaven der Armut – wo nicht nur Kinder aus kinderreichen Familien, sondern aus Familien jeder Art und Zusammensetzung Armut und extreme Armut erfuhren (Warzywoda-Kruszyńska 1999).

Armut bei Kindern ist ein besonders ernstes soziales Problem, weil sie sowohl ihre Gegenwart als auch ihre Zukunft betrifft. Die Gefahr der Verlängerung ihrer Armut ist ganz real; es ist möglich, dass „arme Kinder in der Zukunft arme Erwachsene werden" (Warzywoda-Kruszyńska 1999, 140) und, dass diese Armut auf die nächste Generation übergehen und sich in eine „Erblastsituation" verwandeln wird (Tarkowska 2000a).

Trotz der Ernsthaftigkeit des Problems ist Armut bei Kindern in Polen nicht richtig erkannt und bekannt. Sie ist ein schwerwiegendes Sozial- und Forschungsproblem, sowohl aus ideologischen, politischen als auch aus wissenschaftlichen Gründen. Armut bei Kindern ist eine Anklage gegen die Welt der Erwachsenen. Es ist unmöglich, die Kinder zu beschuldigen – so wie manche die erwachsenen Armen beschuldigen (die berühmte „Beschuldigung des Opfers") –, sie seien verantwortlich für ihre Armut, dass Armut aus ihrer Fahrlässigkeit, Faulheit oder anderem Versagen resultiere. Kinder sind immer die Opfer der Armut und nie ihre Verursacher. In Polen gab und gibt es einige bedeutende Initiativen, die

die Praxis der zu geringen Beachtung, der Vernachlässigung oder der Unterbewertung dieses dramatischen Phänomens zu verändern versuchen. Dabei denke ich an den landesweiten „Kinder-Gipfel", der 2003 unter der Schirmherrschaft von Children's Rights Spokesman organisiert wurde, oder an Initiativen von Nicht-Regierungsorganisationen, wie die Konferenz zur Unterernährung bei Kindern im April 2003 der Polnischen Humanitären Aktion (Polish Humanitarian Action), der führenden Organisation, die Kinder aus armen Familien mit Nahrungsmitteln versorgt, an Konferenzen über Bildungsbarrieren im Leben armer Kinder, veranstaltet vom Verband für Soziale Wiedereingliederung (Federation for Social Reintegration) und an Konferenzen über alternative Formen der Vorschulerziehung in armen Gebieten, die von der Stiftung für das Wachstum bei Kindern (Foundation for Child Growth) organisiert wurden.

Was Forschungsarbeiten betrifft, ist Armut bei Kindern ein „blinder Fleck". Das gilt nicht nur für Polen (siehe: Roker/Coleman 2000). Das ergibt sich teilweise aus gewissen anerkannten Sichtweisen in der tradierten Forschungspraxis, die Familie und Haushalt als Forschungseinheit zugrunde legen und die unterschiedlichen Situationen der Individuen vernachlässigen – nämlich ihren verschiedenen Zugang zu Ressourcen und ihre unterschiedlichen Möglichkeiten der Bedürfnisbefriedigung. Alle Statistiken und der überwiegende Teil der Forschungsarbeiten beziehen sich auf Familie und Haushalt als Einheit. Auf diese Weise nehmen sie an, dass Armut innerhalb der Familie gleichmäßig erfahren wird, dass sie alle Familienmitglieder auf dieselbe Art und Weise und im selben Ausmaß betrifft. Diese Tradition der Forschung hat sich erst in jüngster Vergangenheit geändert, hauptsächlich als Folge des feministischen Ansatzes bei Armutsstudien. Diese neue Perspektive deckte die verborgenen Formen der Armut bei den verschiedenen Mitgliedern innerhalb der Familien und innerhalb der Haushalte auf, zuerst bei Frauen – Ehefrauen und Müttern (siehe z.B. Daly 1989; Millar/Glendinning 1989; Glendinning/Millar 1992; Lister 1995), aber auch bei Männern und natürlich bei Kindern. Studien auf der Mikro-Ebene von armen Familien und Haushalten und insbesondere die differenzierte geschlechtsspezifische Betrachtung innerhalb der Haushalte bilden einen relativ neuen Gegenstand der Forschung auch in Polen (Tarkowska 2002).

Die familienzentrierte Orientierung von Armutsstudien lief darauf hinaus, dass Kinder als Armutsrisiko für die ganze Familie identifiziert wurden. Eine entgegengesetzte Perspektive war angesagt: ein Herangehen an die Familie als ein Milieu, das das Armutsrisiko für das Kind darstellt (Warzywoda-Kruszyńska 1999, 140). Sehr wenige Forschungsarbeiten wenden solche Sichtweisen an. Sehr wenige beruhen auf direkten

Kontakten zwischen der Forscherin oder dem Forscher und den Kindern, die in Armut leben, und sehr wenige versuchen, deren Armutserfahrung zu rekonstruieren. Wir lernen Armut bei Kindern meistens aufgrund der Interviews, die mit Eltern, Lehrern, Sozialarbeitern und anderen Experten geführt werden, kennen. Armut bei Kindern ist ein schwieriger Forschungsgegenstand, und Kinder und Heranwachsende sind schwierige Partner bei soziologischen Forschungsarbeiten. Das ist wahrscheinlich einer der vielen Gründe für unsere unvollständigen und unzureichenden Kenntnisse auf diesem Gebiet.

Es gab einige Zentren in Polen, die das Thema Kinderarmut berücksichtigten: eine Forschergruppe der Universität Lódz, die städtische Armut untersuchte (Warzywoda-Kruszyńska 1999; Warzywoda-Kruszyńska/Grotowska-Leder 2002); Forscherinnen und Forscher, die mit dem Institut für Öffentliche Angelegenheiten verbunden sind, befassten sich am Institut für Philosophie und Soziologie der Polnischen Akademie der Wissenschaften in Warschau mit Problemen wie Reform des Bildungssystems und sozial bedingte Ungleichheiten, Barrieren der Vorschulerziehung, Situation allein erziehender Mütter usw. Des Weiteren befasste ich mich in Kooperation mit anderen mit Problemen, die mit Kinderarmut, der Armut ländlicher Kinder (Tarkowska 2000a), der sozialen „Vererbung" von Armut (Tarkowska 2000a) sowie Armut und Bildung verbunden sind (Tarkowska 2002b).

Meine hier vorgelegte Rekonstruktion der Armut bei Kindern beruht hauptsächlich auf zwei empirischen Forschungsarbeiten, die in Polen zwischen 1997 und 2000 durchgeführt wurden.

Ich beziehe mich dabei auf das Projekt „Alte und Neue Armut in Polen" als Teil eines internationalen Forschungsprojekts zur „Sozialgeschichte der Armut in Zentraleuropa" unter der Leitung von Julia Szalai (72 Tiefeninterviews mit drei Generationen armer Familien) und auf den polnischen Teil eines weiteren internationalen Forschungsprojekts „Armut, Ethnie und Geschlecht in der Übergangsgesellschaft", unter Leitung von Iván Szelényi (Einzeldarstellung der Armengemeinschaft – ein ehemaliges Staatsgut-Dorf, 26 Tiefeninterviews mit Mitgliedern armer Familien)[8].

8 Die Ergebnisse der ersten Untersuchung wurden in polnischer Sprache in einem Sammelband veröffentlicht (Tarkowska 2000b) und in Englisch auf der Web-Seite des Institute for Human Sciences in Wien (Tarkowska 1999). Die Ergebnisse der zweiten Untersuchung wurden ebenfalls in polnischer Sprache veröffentlicht (Korzeniewska/Tarkowska 2002) und einige davon in englischer Sprache (Tarkowska 2002).

Das Ziel dieser Projekte bestand darin, die Lebensweise armer Familien und das Alltagsleben ihrer Mitglieder zu rekonstruieren: der Frauen, der Männer, der Kinder, der Jugendlichen und der Alten. Ich beziehe mich auch auf die jüngst unternommene Forschungsarbeit über „Bildungssystem gegen Armut und soziale Ausgrenzung".

In diesem kurzen Beitrag kann ich nur sehr wenige Probleme berücksichtigen: (1) Entbehrungen bei der Befriedigung der Alltagsbedürfnisse von Kindern, (2) Bildungsbarrieren, (3) die Rolle der Arbeit, (4) die häuslichen Pflichten und die familienbezogenen Pflichten der Kinder.

2.3 Befriedigung der Alltagsbedürfnisse

Die Armut bei Kindern besteht primär darin, wie Wielislawa Warzywoda-Kruszyńska (1999), die angesehene polnische Armutsforscherin feststellte, „dass ihre Alltagsbedürfnisse vernachlässigt werden". Für Familien, die in Armut leben, ist alles ein bedeutsames Problem, angefangen bei der Befriedigung täglicher Bedürfnisse – Nahrung, Kleidung, Wohnung, Kinderpflege. Diese Grundprobleme zu lösen ist das Ziel alltäglicher Bemühungen, primär für die Mütter. Obwohl die Bedürfnisse der Kinder meistens im Vordergrund stehen („nur die Kinder bekommen die besseren Stücke"), sofern die Familien nicht pathologisch sind, ist es in den meisten Fällen nicht möglich, jene Bedürfnisse vollständig zu befriedigen. Viele arme Familien sind nicht in der Lage, die Nahrungsbedürfnisse zu befriedigen: „Manchmal ist kein Brotbelag vorhanden", „heutzutage müssen wir manchmal ganz ohne Brot auskommen". Aus Ersparnisgründen werden Mahlzeiten minderer Qualität zubereitet – stark mit Wasser verdünnte Milch, Teigwaren, Pfannkuchen, Kartoffeln, Kohl, Brot mit Schweineschmalz. Die Versorgung von Kleinkindern mit geeigneter Nahrung wie Milch, Breisorten, Säften und Eiern ist eine sehr teuere und schwierige Aufgabe. Meistens gibt es nicht genug Geld für Obst und Säfte. Eine der Mütter (mit 8 Kindern) sprach von einer einzigen Apfelhälfte, die sie hat. Sie versteckt sie vor ihren älteren Kindern, damit sie sie verwenden kann, um Saft für ihre wenige Monate alte Tochter zu machen. In den meisten Fällen geht Armut in Polen nicht mit Hunger einher – wir sprechen generell nicht von absoluter Armut in Polen –, und die heldenhaften Bemühungen und die Umsicht der Mütter („ich ziehe es vor, selber nicht zu essen, aber ich muss jeden füttern") gestatten es nicht, dass der Hunger spürbar wird. Dennoch sind Kinder aus Familien, die in Armut leben, unterernährt und anfällig für verschiedene Arten von Krankheiten und Infektionen. Einer der Gründe für diese Anfälligkeit ist die Tatsache, dass Kinder für die Jahreszeit ungeeignete Kleidung tragen, aus Ersparnisgründen und wegen anderer ungünstiger Bedingungen sich in Räumen aufhalten, die nicht ausreichend beheizt sind. Angesichts der Tatsache, dass kein Geld für ärztliche Behandlung vorhanden ist („ich achte darauf, dass meine Kinder nicht krank werden, weil kein Geld für Behandlung vorhanden wäre"), versuchen die Mütter das Ausbrechen von Krankheiten zu verhindern, was ihnen aber nicht immer gelingt. Kinder werden mit Hausmitteln kuriert (Beispiele aus unseren Untersuchungen: Zwiebelsirup gegen Erkältungen, Karotten als Vitaminbehandlung, Urinkompressen gegen Halsschmerzen). Die Familien haben einfach kein Geld, um die teueren Medikamente zu bezahlen, die der Hausarzt verschreibt („ich kaufe nur Antibiotika, als unerlässlich wichtiges Medikament"). Die Tatsache, dass eine große Anzahl Kinder aus armen Familien längere Zeit im Krankenhaus verweilen, erregt Aufsehen. Fälle kommen vor, wo mehrere Kinder aus einer Familie während mehrerer Herbstmonate im Krankenhaus sind; es kommt auch vor, dass dasselbe Kleinkind drei bis viermal pro Jahr mit Lungenentzündung oder anderen schwer heilbaren Komplikationen ins Krankenhaus zurückkommt. Kinder mit Behinderungen oder chronischen Krankheiten wie Allergien, Asthma, Diabetes, Hörstörungen, Ausspracheproblemen (um nur einige Fälle aus unseren Untersuchungen zu nennen) oder Behinderungen wie z.B. Down Syndrom können nicht mit regelmäßiger systematischer Behandlung, Rehabilitation oder teueren Diätkuren rechnen.

Die Wohnverhältnisse von Familien, die mit Armut zu kämpfen haben, sind meistens durch Raummangel gekennzeichnet, besonders im Fall kinderreicher Familien. Im Winter wird der Raummangel verstärkt, wenn einige Teile der Wohnung wegen Einsparung von Heizkosten abgeschlossen werden. Das ist oft bei Familien der Fall, die auf dem Lande oder in kleinen Städten leben. Die Wohnverhältnisse sind oft geprägt durch eine minderwertige Ausstattung, welche es den Kindern nicht erlaubt, Hygiene-Regeln zu befolgen. Folglich ist es auch nicht möglich, ihnen die Grundbegriffe von Hygiene bewusst zu machen. Sowohl an Hygiene-Produkten als auch an Wasser wird gespart. Gebadet wird einmal pro Woche, wobei mehrere Kinder aus Ersparnisgründen im selben Wasser gewaschen werden. Das Fehlen eines Badezimmers schränkt die Hygiene-Praxis und Sauberhaltung erheblich ein. Zwei, drei oder manchmal mehr Leute schlafen in einem Bett. In unseren Untersuchungen teilte die Mutter einer kinderreichen Familie das Bett mit vier ihrer jüngsten Kinder: ihrem achtjährigen Sohn, ihrer fünfjährigen Tochter und ihren zweijährigen

Zwillingen. Das Fehlen von Raum zum Spielen und später zum Lernen wird von Kleinkindern wahrscheinlich weniger stark empfunden als von älteren, die zur Schule gehen und ihre Hausaufgaben an zufallsbedingten Orten anfertigen, die ihren Bedürfnissen nicht entsprechen und die es nicht leicht machen, sich zu konzentrieren.

Die Situation bei der Bekleidung ist ähnlich. Kleider für die kleineren Kinder sind viel leichter zu bekommen – es sind meistens abgelegte Kleider der älteren Geschwister oder anderer Kinder in der weiteren Familie, von Freunden, von kirchlichen Hilfsdiensten oder der Sozialen Fürsorge. Im Gegensatz zu älteren Kindern fühlen die kleineren nicht die stigmatisierende Wirkung gebrauchter und unmodischer Kleidung. In dieser Hinsicht sind ihre Bedürfnisse leichter erfüllbar. Das niedrigere Alter beschützt das Kind vor Demütigung und anderen negativen Erfahrungen, die Kinder und Jugendliche in Verbindung mit Armut machen. Debi Roker und John Coleman (2000) schreiben darüber, und unsere Untersuchungen belegen es auch.

Eltern kämpfen, um das Ehrgefühl ihrer Kinder zu beschützen, besonders das der älteren. Deshalb verbergen sie ihre Armut vor der Außenwelt („iss trockenes Brot zu Hause, nicht auf dem Hof") und geben sich Mühe, damit sie sich nicht von anderen unterscheiden. Es gibt viele Eltern, die manchmal Aktionen unternehmen, welche ihre finanziellen Möglichkeiten zu überschreiten scheinen, um ein Grundgefühl von Würde und Selbstachtung bei ihren Kindern zu sichern. In einer Welt des Konsums, wo Werbung allgegenwärtig ist, ist das keine leichte Aufgabe. „Weihnachten ist die schlechteste Zeit für mich. Jedermann ist in einem Kaufrausch, die Fernsehreklame führt uns in Versuchung. Die Armen erleiden einen gewaltigen Stress" schreibt eine Mutter dreier Kinder. „Wenn ich an das nahende Weihnachtsfest denke und an die unsinnigen Werbespots, die meine Kinder im Fernsehen sehen, laufen mir Schauer den Rücken hinunter" (Pamiętniki 2003, vol. 2, 201, 213).

Das Fehlen finanzieller Mittel spiegelt sich deutlich im ganzen Lebensstil der Familie, die sich allmählich in vielerlei Hinsicht aus der Gemeinschaft zurückzieht, sich in ihrem eigenen Kreis einschließt. Das soziale Umfeld, in dem die Familie lebt, wird allmählich kleiner. Das macht sich bei den Kindern bemerkbar: Es gibt Fälle von sich zu Hause „Selbst-Einschließen" und die Weigerung von Kindern aus armen Familien, an Schulfahrten oder kostenlosen Sommerlagern teilzunehmen. Es ist schwer zu ermitteln, was der Grund für derartiges Benehmen ist – ob es das Fehlen geeigneter Kleidung oder Schwierigkeiten der Kontaktaufnahme mit Gleichaltrigen oder etwa Scham und Unbehagen, verursacht durch Armut oder andere frühere negative Erfahrungen, sind. Was auch immer der Grund sein mag, es ist eine Tatsache, dass die Kinder sich von Aktivitäten zurückziehen, die ihren Horizont erweitern und ihre sozialen und anderen Erfahrungen bereichern könnten.

In Polen sind Familien, die in Armut leben, oft von Arbeitslosigkeit betroffen, und das macht sich bei allen Familienfunktionen bemerkbar, einschließlich ihrer sozialisierenden Funktion. Die Tatsache, dass die Erwachsenen arbeitslos sind, heißt nicht, dass sie mehr Zeit für ihre Kinder haben. Arbeitslose Mütter und Väter sind mit Arbeitssuche beschäftigt, klammern sich an jegliche Möglichkeit, eine befristete Beschäftigung zu bekommen, besorgen die Mittel, die sie zum Leben benötigen, durch Arbeit im Garten oder Schrebergarten, und schließlich erledigen sie die nie endende Hausarbeit. Einige ertränken ihre Frustrationen im Alkohol. Die Tatsache, dass Eltern keine Zeit für ihre Kinder haben und wenig Interesse an dem zeigen, was diese tun, ist noch ein weiteres Merkmal einer Kindheit in Armut. Das fehlende Geld ist auch einer der Hauptgründe für Auseinandersetzungen und Streit in der Familie. Ein Leben in Armut ist sehr schwierig, und das gilt auch für ein Kind, das in Armut aufwächst. Deshalb überrascht es kaum, dass in Interviews mit Leuten, die in Armut aufwuchsen, Sätze vorkommen wie: „Ich hatte praktisch keine Kindheit", „Kindheit war, als hätte es sie nie gegeben". Das Fehlen der Kindheit ist eines der charakteristischen Merkmale des Lebens in Armut, gemäß der Theorie der Kultur der Armut wie sie von Oscar Lewis beschrieben wird (1970).

2.4 Bildung armer Kinder

Die Haltung des Bildungssystems gegenüber der Armut und armen Schülern und Schülerinnen ist ein weiterer „Schwachpunkt" in Armutsstudien. Ein wichtiger Nebeneffekt des „Bildungsbooms", der sich in jüngsten Jahren in Polen vollzieht, ist die Verstärkung sozialer Unterschiede und Ungleichheiten. Das beinhaltet eine relative Diskriminierung derer mit schwierigem Zugang zu Bildungseinrichtungen: Die Einwohner unterentwickelter Regionen, Dörfer und Kleinstädte sind, ebenso wie die Armutspopulation, die ersten Verlierer im Bildungswettlauf (Szpociński/ Ziółkowski 2001, 188).

Das kann man auf verschiedenen Ebenen des Bildungssystems erkennen, angefangen beim Vorschulbereich, der in Polen einen sehr geringen Prozentsatz von Kindern erfasst – von den Kindern im Alter von drei bis fünf Jahren waren das am 30. Dezember 2003 nur 34,3 %; in den Städten waren es 58,9 %, wogegen auf dem Lande und in Kleinstädten, d.h., wo es die größten Armutsenklaven gibt, der Anteil jeweils 8 % und 14 % betrug (Herbst 2005).

Ein schwieriger Zugang zu Vorschulen macht es unmöglich, gleiche Chancen für Kinder aus armen, vernachlässigten Milieus bereitzustellen. Das Kleinkind ist üblicherweise gezwungen, sich auf sein familiäres Milieu zu verlassen; es wird durch seine Familie aufgezogen und verbringt die meiste Zeit mit seiner Familie und seinen Geschwistern. Armut isoliert und marginalisiert die Familie, begrenzt ihre Kontakte mit der Außenwelt. Das soziale Umfeld des Kleinkindes ist also begrenzt. Armut gewährleistet nicht, dass das Kind eine Vielfalt an Anregungen erhält und Erfahrungen macht, und sie bietet auch keine geeigneten Bedingungen für seine intellektuelle, emotionale und soziale Entwicklung. Kinder mit derartig beschränkten Sozialerfahrungen haben später Kontaktprobleme mit Gleichaltrigen; in der Schule machen sie einen eingeschüchterten und verlorenen Eindruck. Sie werden manchmal von ihren Mitschülern und Lehrern als dumm und geistig zurückgeblieben angesehen. Studien belegen die Notwendigkeit einer frühen Vorschulbildung, besonders für Kinder aus Familien mit niedrigem sozioökonomischem Status. Im Alter von 6 Jahren (dem Pflichtalter für den Schuleintritt in Polen) ist es zu spät, um die Mängel auszugleichen (Murawska 2004, 78). Auf der Grundlage von Untersuchungsergebnissen stellt Murawska fest, dass „die bildende Tätigkeit der Schule weitgehend auf dem kulturellen Hintergrund des Schülers aufbaut. ... Kinder, die von ihrem Zuhause keine direkte Unterstützung erhalten, haben erhebliche Probleme in der Schule. Mindestens in den ersten drei Jahren des Lernens erfüllt die Schule ihre kompensatorische Funktion nicht." (Murawska 2004, 77).

Auf den nächsten Bildungsebenen zeigen sich die Effekte der geringeren Chancen von Kindern aus Familien mit niedrigem sozialem und ökonomischem Status und aus armen Milieus. Untersuchungen weisen darauf hin, dass Schülerinnen und Schüler nach sozialer Position und Vermögen ihrer Familie separiert und dass arme Kinder diskriminiert werden (Murawska 2004). Das Bildungssystem verliert Jugendliche mit Startschwierigkeiten ins Erwachsensein, wie jene, die aus verschiedenen Gründen die Schule abbrechen, nicht nur aus den Augen, sondern es grenzt sie sogar aus. Aufgrund von Forschung ebenso wie aus meiner eigenen Erfahrung in der Arbeit mit Jugendlichen aus so genannten benachteiligten sozialen Milieus und Gebieten kann ich belegen, dass die Schule eine diskriminierende und ausgrenzende Rolle gegenüber armen Schülern spielt. Lehrerinnen und Lehrer sind nicht darauf vorbereitet, mit armen Kindern zu arbeiten, ihnen zu helfen und deren schwach entwickeltes Selbstwertgefühl zu stärken – und so geschieht genau das Gegenteil: In einigen Fällen baut die Schule ihr Selbstwertgefühl ab. Eine Analyse, die von Zbigniew Kwieciński, einem berühmten polnischen Bildungssoziologen geleitet wurde, zeigt die Diskriminierung von Kindern aus unteren Gesellschaftsschichten. Das sieht oft so aus, dass sie schlechtere Zensuren erhalten als sie sie verdienen, wogegen gleichzeitig die Leistungen von Kindern aus Familien mit hohem Sozialstatus überbewertet werden (Kwieciński 2002, 43). Analysen des sogenannten „geheimen Lehrplans" polnischer Schulen zeigen, dass die Schule keine Institution ist, die sich darum bemüht, Ausgrenzung zu überwinden, Solidarität und soziale Bindungen aufzubauen oder gegenseitige Hilfe zu fördern. Das Schulsystem bewirkt eher das Gegenteil – anstatt Ungleichheiten abzubauen tendiert es dazu, sie zu verstärken. Anstatt Ungleichheiten, Polarisierung und tiefe soziale Trennungslinien zu bekämpfen, neigen die Schulen dazu, sie zu vertiefen. Obwohl es schwer ist, das Ausmaß solcher Phänomene einzuschätzen, ist das Problem ernst, unabhängig von seinem Ausmaß.[9]

Das Bildungssystem in Polen unterliegt zurzeit grundlegenden Reformen, deren Ziel es ist, Kindern und Jugendlichen aus armen Milieus und Familien mit niederem Sozialstatus gleiche Bildungschancen zu geben. Bewertungen dieser Reformen fallen unterschiedlich aus, und ihre Resultate sind noch nicht klar. Die Schule hilft armen Kindern – versorgt sie mit zusätzlicher Nahrung, finanziert Schulbücher und mehr. Solche Notmaßnahmen sind wichtig und notwendig und haben den Vorrang vor langfristigen Aktivitäten. Stipendien werden in sehr begrenztem Umfang vergeben: 1999 erhielten nur 1,8 % der ländlichen Grundschüler und 3 % der Sekundarstufenschüler die so genannten Sozialstipendien (Biała księga 2004, 55). Studierende der höheren Berufsschulen erhalten die meisten Stipendien, d.h. 15,4 % (Biała księga 2004, 91).

Kinder aus armen Familien stellen sich vielen Bildungsbarrieren – wirtschaftlichen, kulturellen und psychologischen. Eine davon ist das verfrühte Übernehmen von Erwachsenenpflichten, z.B. Arbeit und Hausarbeit. Das gilt weitgehend für Kinder, die auf dem Land und in kinderreichen Familien leben.

9 Diese Probleme sind Gegenstand der Forschungsarbeit über „Bildungssystem gegen Armut und soziale Ausgrenzung" erst kürzlich von Katarzyna Górniak, Agnieszka Kalbarczyk und Elżbieta Tarkowska durchgeführt.

2.5 Kinderarbeit

Das Phänomen der arbeitenden Schulkinder, ein neuer Trend von breiterem sozialem Ausmaß, stellt in jeder historischen Epoche – egal ob in den Vorkriegsjahren, zur Zeit der Volksrepublik Polen oder jetzt – eine typische Bewältigungsstrategie von Familien, die in Armut leben, dar. Kinder, die in ländlichen Gebieten leben, haben – im Gegensatz zu ihresgleichen in der Stadt – immer, seit ihrer frühesten Kindheit, auf dem Bauernhof und auf den Feldern gearbeitet. Die Kinderarbeit auf dem Land wird als ein Element des Sozialisierungsprozesses wahrgenommen, „Erziehung durch Arbeit" (Lachowski/Bujak/Zagórski 1998) und ist nicht zwangsläufig mit Armut verbunden.[10] Die Erforschung der Arbeitsbelastung bei Kindern aus bäuerlichen Familien zeigt die Vielfalt dieser Bürde: Die meiste Arbeit wird von Kindern aus Familien allein erziehender Elternteile verrichtet, mehr von älteren (13–14) als von jüngeren Kindern (11–12), deren Eltern durchschnittliche Höfe (5–10 Hektar) oder große Höfe (über 20 Hektar) haben. 20 % der Kinder arbeiten viel oder sehr viel, aber – wie die zitierten Forscherinnen und Forscher schreiben – beeinträchtigt das ihre Bildung nicht, weil sie meistens an Samstagen arbeiten (Lachowski/Bujak/Zagórski 1998, 96). Es kommt jedoch vor, dass sie Schultage auslassen (jedes 16. Kind einen Tag pro Woche; ein Drittel der Kinder wenigstens einen Tag pro Jahr), und als Ergebnis haben „Kinder, die viel Zeit auf dem im Familienbesitz befindlichen Hof arbeiten, die schlechtesten Zensuren in der Schule" (Lachowski/Bujak/Zagórski 1998, 97).

Ein weiteres Thema ist die Arbeit von Kindern aus armen, kinderreichen Familien sowohl ländlicher als auch städtischer Herkunft, die gegen Bezahlung arbeiten. Das ist gewöhnlich Saisonarbeit, die während der Ferien bei entfernten Verwandten oder Nachbarn verrichtet wird. Auch Kräuter-, Schnecken-, Beeren- und Pilzesammeln in den Wäldern gehören dazu. In städtischen Gebieten handelt es sich um Autowaschen, Aushelfen in Geschäften, Werbematerial verteilen. Das auf diese Weise verdiente

---

10 Das Phänomen der verkürzten Kindheit, das so typisch ist für Armut, ist auch ein Merkmal zeitgenössischer Hyperkultur, wie von Steven Bertman beschrieben (1998, 73). Während des IV Kongresses der Europäischen Soziologischen Vereinigung (Amsterdam, August 1999) wurde die Sitzung „Arbeitende Kinder" der Kinderarbeit in zwei völlig verschiedenen Zusammenhängen gewidmet: einerseits Kinderarbeit als Ergebnis von Armut und bitterer Armut, (z.B. der Beitrag von V. Mansurov „Kinderarbeit in Russland"), andererseits als Beweis für Unternehmertum und modernen Lebensstil (Beitrag von M. Leonard „Kinder als Arbeiter: eine Fallstudie über Kinderbeschäftigung in Belfast").

Geld (oder jegliche Naturalienzahlung) wird teilweise den Eltern gegeben, die es für die Bedürfnisse der Familie verwenden, oft für die allerwesentlichsten (Nahrung, Heizmaterial, Arznei). Das Kind behält nur das übrig gebliebene Geld.

Egal wie diese unbestreitbaren „Sozialisierungsfunktionen" von Kinderarbeit bewertet werden, Hausarbeit gehört auch dazu, besonders in kinderreichen Familien. Unabhängig davon, ob die Arbeit auf einem mittelgroßen oder großen bäuerlichen Familienbetrieb erbracht wird oder ob es sich um Arbeit gegen Bezahlung handelt, verursacht durch eine schwierige finanzielle Situation der Familie, wird Zeit beansprucht, die sonst zum Lernen hätte genutzt werden können.

2.6 Familien- und Haushaltspflichten

Unter polnischen Bedingungen bringt das Fehlen der Kindheit nicht nur den Einstieg ins Arbeitsleben in einem sehr jungen Alter mit sich und beschränkt so Aussichten auf Bildung, sondern es umfasst auch andere Pflichten, einschließlich der Betreuung jüngerer Geschwister. Das gilt ganz besonders für kinderreiche Familien. Der Autor eines Buches, das ganz und gar diesen Familientypen gewidmet ist, schreibt: „Der Tribut der Kinder für das Funktionieren solcher Familien scheint zu hoch zu sein, wenn man die geringe Teilhabe dieser Kinder (besonders derer aus ländlichen Familien) an Freizeit und Kultur in Betracht zieht." (Balcerzak-Paradowska u. a. 1997, 91).

In kinderreichen armen Familien ist Kindheit ein hartes Schicksal. Die Situation des ältesten Kindes (und besonders der ältesten Tochter) in einer solchen Familie ist besonders schwierig. Aufgrund des stark ausgebildeten traditionellen Modells der geschlechtsspezifischen Aufteilung von Hausarbeit („Ich war das einzige Mädchen, alle anderen waren Jungen, folglich war ich diejenige, die es tun musste.") fällt die Pflicht, sich um die jüngeren Geschwister zu kümmern hauptsächlich der ältesten Tochter zu. Umfang und Gestalt der Familienarbeit der ältesten Tochter sind manchmal gewaltig. „Als die Kinder (die jüngeren Geschwister) mich ‚Mama' nannten, war Mama nicht beleidigt, weil ich mit ihnen mehr Zeit verbrachte als sie", erinnert sich eine dieser ältesten Töchter. Sie hatte zehn jüngere Geschwister. „Direkt von einer Windel zur nächsten", sagt eine andere. „Ich war die älteste meiner Geschwister, so musste ich waschen, weil Mama arbeiten ging. Ich ging geradewegs von ihren Kindern zu meinen über, weil ich unmittelbar danach eine Tochter bekam." Wir haben es hier mt dem Phänomen der Ausbeutung der ältesten Tochter zu tun. Sie muss oft ihre eigenen Pläne aufgeben wie Fortsetzung der eigenen Bildung oder eine Anstellung, um den Platz ihrer Mutter im Verhältnis zu den jüngsten Geschwistern einzunehmen oder nur, um ihrer Mutter zu helfen. „Ich kam hierher zurück, obwohl ich es bedauere, weil ich dort erfolgreich war ... Aber ich kam zurück, weil Mama mir schrieb, dass ich ein neues Schwesterchen hatte ... Sie schrieb einen so netten Brief, also erbarmte ich mich ihrer. Als Tochter musste ich ihr offensichtlich helfen ... Ich bereue es immer noch, weil ich (später) mit Schweinen und Kühen sehr schwer arbeiten musste, obwohl ich meinen eigenen Beruf gehabt hätte." (Schwester von zehn Geschwistern, Mutter von acht).

Aus verschiedenen Gründen – wegen der finanziellen Grenzen, aber auch aus kulturellen (das stark wirksame Vorbild des frühen Eintritts in die Arbeitswelt und früher Familiengründung) und aus psychologischen Gründen (niedriges Selbstwertgefühl) – beenden Kinder aus armen ländlichen Familien ihre Ausbildung meistens in Grund- oder Berufsschulen, was sie unter den heutigen polnischen Bedingungen zu Kandidaten für Arbeitslosigkeit macht. Kinder aus armen ländlichen Familien schließen nur selten eine höhere Schulbildung oder Hochschulausbildung ab. Trotz einer großen Zunahme an Bildungsbestrebungen in der gesamten Gesellschaft haben junge Leute aus ländlichen Gebieten und aus Armenmilieus nur begrenzte Möglichkeiten, solche wahrzunehmen. Unter polnischen Bedingungen bedeutet niedriges Bildungsniveau heute dauernden Ausschluss vom Arbeitsmarkt und führt zu Reproduktion von Armut und anderen verwandten negativen Phänomenen in der Zukunft.

Das Leben der Familien, die mit der Armut kämpfen, birgt die Gefahr, dass sich dieselben Muster, Bestrebungen, dieselben Lebensstile voller Einschränkungen und Entbehrungen wiederholen. Hilfe, die von verschiedenen Institutionen und Personen geleistet wird, ermöglicht ihnen, in schwierigen Situationen zu überleben, jedoch gibt sie ihnen keinerlei Chance, den Teufelskreis der Armut zu verlassen. Die Aktionen, die von Hilfsorganisationen unternommen werden, sind zuallererst kurzfristige Hilfen und zielen darauf ab, die allernotwendigsten Grundbedürfnisse zu befriedigen. Diese Art Hilfe ist äußerst wichtig, aber ungenügend. Langfristige Hilfe wird armen Familien in weit geringerem Umfang gewährt. Hilfen für Kinder und Jugendliche sollten langfristig sein, damit die jungen Leute Bildung erwerben und Qualifikationen erlangen können, so dass sie aus dem durch Armut und Hoffnungslosigkeit aufgezwungenen Teufelskreis herausgezogen werden.

2.7 Armut bei Kindern und Ausgrenzung

Es gibt gewisse Kategorien von Familien und Gruppen von Kindern, die sich in einer besonders schwierigen Situation befinden. Dies sind behinderte Kinder, Kinder aus pathologischen Familien und ausgebeutete Kinder.

Ein behindertes Kind in einer armen Familie ist auf verlorenem Posten. Seine Krankheit oder Behinderung ist eine gewaltige finanzielle und organisatorische Belastung für die Familie, etwas, das die Familie nicht bewältigen kann. Es gibt jedoch auch Fälle, wo die Behinderung eines Kindes und beispielsweise seine Mitgliedschaft im Kreis der Kinder mit Down Syndrom ein „Fenster zur Welt für die ganze Familie" ist, dank der Möglichkeit zu Rehabilitationsferien, die die Familie unter anderen Umständen weder organisieren noch sich leisten könnte. Aber generell stehen behinderte Kinder aus armen Familien, besonders jene, die auf dem Lande oder in Kleinstädten leben, voll und ganz auf verlorenem Posten: Sie haben keine Aussicht auf Bildung oder Beruf und – in der Zukunft – auf einen angemessenen Arbeitsplatz. Sie sind nicht nur arm, sondern auch ausgegrenzt.

Eine weitere besonders schwierige Situation ist die Pathologie von Familien, die unter polnischen Lebensverhältnissen meistens die Form von Alkoholabhängigkeit eines Elternteils annimmt (meistens des Vaters, manchmal der Mutter oder sogar beider Eltern) und die damit einhergehende Aggressivität und Gewalt. Alkoholabhängigkeit ist in manchen Familien ein „Vorbild", das von Generation zu Generation weitergegeben wird. Aber wir begegnen in unseren Untersuchungen auch gegenteiligen Beispielen – Fällen, wo die Alkoholabhängigkeit der Eltern zu völliger Enthaltsamkeit bei Kindern führt. In pathologischen Familien werden die Kinder oft Zeugen von Gewalt, wenn „Vater Mutter verprügelt" und wenn sie manchmal auch selber geschlagen werden. Es muss jedoch festgestellt werden, dass das Schlagen von Kindern in Polen in größerem Umfang als Erziehungsmittel eingesetzt wird und nicht einzig auf pathologische Familien beschränkt ist.

Schließlich sollte man der Tatsache Aufmerksamkeit schenken, dass Kinder zum Geldverdienen benutzt werden, indem man sie zum Betteln oder zur Prostitution abrichtet. Dies sind bedeutsame, jedoch nicht anerkannte soziale Probleme wie auch die Obdachlosigkeit von Kindern (vgl. Łagodziński 2003). Das zeigt, dass Armut in Polen viele Dimensionen hat, einschließlich zahlreicher unerforschter Aspekte.

2.8 Schlussbemerkungen

Kinder, die in Armut leben, sind unterprivilegierte Kinder – „Kinder ohne Hoffnung", wie sie immer wieder mit Bitterkeit genannt werden. Kinder, die in armen Familien aufgewachsen sind, sind unterernährt, unzureichend gekleidet, sie leben unter schlechten Bedingungen, haben schlechtere Zensuren und sind für das Erwachsensein schlecht vorbereitet. Sie haben auch weitaus schlechtere Zukunftsperspektiven.

Der dramatische Aspekt der gegenwärtigen Situation besteht notwendigerweise nicht in einer Bedrohung von Gesundheit oder Leben (obwohl derartige Fälle vorkommen), sondern hauptsächlich in der Gefahr der Verfestigung von Armut und der negativen Phänomene, die sie begleiten. Er besteht ebenso in der Gefahr, dass in den nächsten Generationen Mechanismen reproduziert werden, die die wirtschaftlich und sozial schwächeren Individuen und Familien an den Rand des gemeinschaftlichen Lebens drängen und ausgrenzen. Deshalb ist es so wichtig, den Mechanismus der „Vererbung" eines niedrigen Niveaus der Bedürfnisbefriedigung, eines niedrigen Bildungsniveaus und einer niedrigen sozialen Stellung abzustellen. Entscheidende strategische Maßnahmen sind Investitionen in die Bildung der Jugend, Stipendien, kostenfreie Internate, Busfahrscheine, um zur Schule und zurück zu gelangen und alle anderen Formen der Hilfe, die Bildungsfortschritte bei armen Kindern ermöglichen.

Dieser Typus von Hilfe ist nicht nur für die Kinder selbst, sondern auch für ihre Familien wichtig. Unsere Untersuchungen belegen, dass die Armut der Familien, in denen es Kinder gibt, die über das Pflichtniveau der Schule hinausgelangen, frei ist von Apathie und Hoffnungslosigkeit. Das ist es, was ich „Armut mit Hoffnung" nenne.

Literatur

Balcerzak-Paradowska, Bozena/Graniewska, Danuta/Kolaczek, Bozena /Glogosz, Dorota (1997): Rodziny wielodzietne w Polsce. Teraźniejszosc i przyszlość [Numerous families in Poland. The past and the present], Warszawa: IPiSS

Bertman, Stephen (1998): Hyperculture. The Human Cost of Speed, Westport, Conn: Praeger

Biala ksiega. (2004): „Biala księga" mlodziezy polskiej [White book of the Polish youth], Warszawa: MENiS

Daly, Mary (1989): Women and Poverty. Dublin: Attic Press

Czapiński, Janusz/Panek, Tomasz (eds.) (2003): Diagnoza spoleczna 2003. Warunki i jakość zycia Polaków [Social diagnosis 2003. Conditions and quality of life of the Poles], Warszawa: Wyższa Szkola Finansów i Zarządzania

Glendinning, Caroline/Millar Jane (eds.) (1992): Women and Poverty in Britain in the 1990s. Hemel Hempstead: Harvester Wheatsheaf.

Golinowska, Stanislawa/Balcerzak-Paradowska, Bozena/Kolaczek, Bozena/Głogosz, Dorota (1996): Dzieci w trudnych sytuacjach. Raport IPiSS [Children in difficult situations. Raport], nr 10, Warszawa: IPiSS

GUS (2003): Sytuacja gospodarstw domowych w 2003 r. w świetle wyników badań budzetów gospodarstw domowych [Situation of households in 2003 in the light of Household Budget Survey results], www.stat.gov.pl

Herbst, Jan (2005): Uwarunkowania dostępu do wychowania przedszkolnego [Conditions of access to the preschool education], paper presented at the conference "Alternative forms of preschool education", March 5th, 2005

Korzeniewska, Katarzyna/Tarkowska Elżbieta (2002): Lata tłuste, lata chude. Spojrzenia na biede w społecznościach lokalnych [Lean years, years of plenty... Looking at poverty in local communities], Warszawa: Wyd. IFiS PAN

Kwieciński, Zbigniew (2002): Wykluczanie [Exclusion], Torun: Wyd. UMK

Lachowski, Stanislaw/Bujak, Franciszek/Zagórski, Jerzy (1998): Obciazenie praca dzieci z rodzin rolniczych. Raport z badan [Work burden in farmer children. Research report], Lublin: Instytut Medycyny Wsi

Łagodziński, Wieslaw (2003): Dzieci w statystyce [Children in Statistics], in: Polska dla dzieci. Ogólnopolski Szczyt w Sprawach Dzieci, Warszawa 23–24 maja 2003. Materialy i dokumenty [Poland for Children. Polish Summit Concerning Children] Warszawa: Rzecznik Praw Dziecka

Lewis, Oscar (1970): The Culture of Poverty, in: Anthropological Essays by Oscar Lewis, New York: Random House

Lister, Ruth (1995): Women in Poverty, in: Funken, Klaus/P.Cooper Penny (eds.) Old and New Poverty. The Challenge for Reform. London: Rivers Oram Press

Millar, Jane/Glendinning Caroline (1989): Gender and Poverty, "Journal of Social Policy", vol. 18, part 3

Murawska, Barbara (2004): Segregacja na progu szkoły podstawowej [Segregation at the threshold of the primary school], Warszawa: ISP

Pamiętniki (2003): Pamietniki bezrobotnych [Memoirs of the unemployed], vol. 1–2, Warszawa: SGH

Poverty Indicators (1997): Poverty Indicators (in View of Household Budget Survey), Warszawa: GUS

Roker, Debi/Coleman, John (2000) 'The Invisible Poor': Young People Growing up in Family Poverty, in: Bradshaw, Jonathan/Sainsbury, Roy (eds.) Experiencing Poverty, Aldershot: Ashgate

Szpocinski, Andrzej/Ziółkowski, Marek (2001): Przemiany w sferze edukacji, nauki, mediów i kultury [Change in education, science, media and culture], in: Wnuk-Lipiński, Edmund/Ziółkowski, Marek (eds.) Pierwsza dekada niepodległości. Próba socjologicznej syntezy [The first decade of independence. Towards a sociological synthesis], Warszawa: ISP PAN

Tarkowska, Elzbieta (1999): Social History of Poverty in Central Europe: the Polish Case. Rural Poverty on Former State Farms, www.univie.ac.at/iwm/publ/soco69pp.pdf

Tarkowska, Elzbieta (2000a): Dziedziczenie biedy [Poverty inheritance], "Kronika", No. 5, Warszawa: Instytut Lecha Wałęsy

Tarkowska, Elżbieta (ed.) (2000b): Zrozumieć biednego. O dawnej i obecnej biedzie w Polsce [To understand the poor. On past and present poverty in Poland]. Warszawa: Typografika.

Tarkowska, Elżbieta (2000c): Wiejska bieda i dzieci [Rural poverty and children], in: K.Gorlach and A.M.Pyrc (eds.), Węzłowe kwestie społeczne wsi polskiej u progu XXI wieku [The crucial social problems of Polish countryside at the threshold of XXI century], Kraków: Instytut Socjologii UJ

Tarkowska, Elżbieta (2002a): Intra-household gender inequality: hidden dimensions of poverty among Polish women, "Communist and Post-Communist Studies", vol. 35 (2002)

Tarkowska, Elżbieta (2002b): Poverty and Education. Risk of "Inheritance" of Poverty in the Former State Farms in Poland, "Polish Sociological Review", No 2 (138)

Tarkowska, Elżbieta (forthcoming): Diversity of poverty in Poland in the light of qualitative research studies. A preliminary synthesis of findings

Warzywoda-Kruszyńska, Wielislawa (1999): Kwestia ubóstwa dzieci (na przykładzie Łodzi), [The problem of child poverty (an example of Lódz), "Problemy polityki społecznej", no I/1999
Warzywoda-Kruszyńska, Wielislawa/Grotowska-Leder, Jolanta (2002): Bieda wsród dzieci (diagnoza na poziomie globalnym i lokalnym) [Poverty among children (global and local diagnosis)], in: Prawo dziecka do godziwych warunków socjalnych [Right of the child to the dissent social conditions], Warszawa: Rzecznik Praw Dziecka
Wciórka, Bogna (1999): Ludzie biedni w Polsce [Poor people in Poland], "Serwis Informacyjny CBOS", No 2

3. Was wirkt gegen Kinderarmut? Finnland – Ein Beispiel des nordischen familienpolitischen Modells

Aila-Leena Matthies

3.1 Kinderarmut und Machbarkeit von (sozial)politischen Lösungen

Seit einiger Zeit plagt sich Deutschland mit der Erkenntnis, dass sich das Land auf den eher hinteren Plätzen in mehreren als objektiv geltenden international vergleichenden Studien befindet, unabhängig davon, ob dabei das Schulsystem, Kinderarmut, Gleichstellung, wirtschaftliche Konkurrenzfähigkeit oder Erwerbslosenquoten im Betracht stehen. Folglich mobilisiert sich in vielen Bereichen des gesellschaftlichen Lebens eine mehr oder weniger glaubwürdige Suche nach besseren Lösungen. Beim Blick in das Ausland wird oft übersehen, dass sich gewünschte Ergebnisse anderer Länder nicht durch beliebige Einzelaktionen oder Teilreformen erklären lassen, sondern aus einer langfristigen konsequenten Politik resultieren, die gleichzeitig in mehreren Bereichen der Gesellschaft vorangetrieben wurde. Dass solche Entwicklungen in anderen Ländern zwar auch auf politischen Widerstand gestoßen sind, aber schließlich konsensfähig waren, weil sie aus einer gemeinsamen Wahrnehmung eines nationalen Notstandes entsprangen, mag im heutigen Deutschland als Ausgangslage noch befremdend erscheinen. Zu viel kritisches Potential, zu viel Zynismus und durchaus nachvollziehbare Antihaltung gegen jegliche Euphorie von „Zusammenhalt" sowie Zweifel an der Integrationskraft von „gemeinsamen Zielen" in einer Gesellschaft blockieren auch realistische Verbesserungen. Inzwischen stellt sich jedoch die pragmatische Frage, wann die Anarchie der Einzelinteressen oder des Tot-Kritisierens längst ein Maß der Verantwortlichkeit überschritten hat und zum intellektuell-politischen Selbstzweck geworden ist. Jedenfalls im Hinblick auf Kinderarmut müsste in einem Land des Überflusses allen Verantwortlichen bewusst sein, dass das individuelle Leiden der Kinder sich unmittelbar und täglich als gesellschaftlicher Schaden und als Kosten summieren und dies mit dem Heranwachsen dieser Kinder bereits in die nächste Generation hineingesät wird, nicht nur als individuelles, sondern auch als gesellschaftliches Entwicklungshindernis (s. dazu u. a. Otto 1997).

Für die Interpretation der aktuellen Ergebnisse der von UNICEF vorgelegten Studie zur Kinderarmut in den reichen Ländern der Welt (UNICEF 2005) ist es meines Erachtens sinnvoll, auch eine historisch-politische Perspektive mit einzubeziehen. So zeigt beispielsweise der Fall Finnlands, dass auch recht arme Länder, wie Finnland es noch kürzlich war, durchaus in der Lage sein können, ihre sozialen Probleme zu lösen, wenn diese in der Politik einen zentralen Stellenwert erhalten. Noch viele der heute erwachsenen Finnen haben Bilder aus ihrer Kindheit von ärmlich gekleideten kinderreichen Familien vor kleinen Holzhäuschen in tiefster Peripherie in Nord- und Ostfinnland in Erinnerung. Bis in die 30er und 40er Jahre des 20. Jahrhunderts war es auch in Friedenszeiten normal, dass ein Teil der Geschwister im Kleinkindalter wegen Unterernährung, mangelnder medizinischer Versorgung oder auch an Unterversorgung starb. Die durchgehend hohe, je nach Lebensmittelernte schwankende Kindersterblichkeit reduzierte sich erst gegen Ende der 1940er Jahre auf ein normales europäisches Niveau (Turpeinen 1987, 405–4114)). Noch Anfang der 1970er Jahre wurden insbesondere uneheliche finnische Kinder in das wohlhabende Ausland adoptiert, in der Hoffung, sie dadurch vor Armut zu schützen (Pelastakaa Lapset/Rädda Barnen 2002, 28). Tausende Familien sind gerade in den 1960er Jahren mit ihren Kindern nach Schweden ausgewandert, um dort eine bessere Zukunft zu finden als auf ihren kleinen Höfen (wo sie zudem schwere Kinderarbeit erwartet hätte). Höhere Bildungschancen gab es nur für wohlhabende Schichten und in den größeren Städten. Diese historischen Tatsachen lassen zunächst eher Vergleiche mit der Dritten Welt als mit einem Technologie- und Wohlstandswunderland zu. Durch die folgende Analyse der Entwicklung von Kinderarmut in Finnland soll aber keinesfalls bloß eine „unglaubliche" Erfolgsgeschichte dargestellt werden, sondern soll möglichst konkret die Machbarkeit anderer sozialpolitischer Wege demonstriert werden, als sie die Phantasielosigkeit der gegenwärtigen ökonomisch-politischen Zwänge in Europa in der Regel zulassen.

3.2 Zur Fragestellung und Betrachtungsweise des Beitrages

In diesem Beitrag wird aus einer europäisch vergleichenden Perspektive analysiert, welche Faktoren in den nordischen Ländern, insbesondere in Finnland, zu dem relativ schnellen und wirksamen Abbau der Kinderarmut geführt haben. Dass in einem Land innerhalb von 30 bis 40 Jahren ein Sprung vom beschriebenen Zustand eines Entwicklungslandes europäischer Variante zu einer europäisch beispielhaften Kinderwohlstandsgesellschaft stattgefunden hat, zeigt an sich, dass man doch einiges gegen Kinderarmut tun kann. Sicherlich haben praktisch alle westlichen Länder während der letzten 40 Jahre eine vergleichbare Wohlstandsentwicklung und Verbesserung der Lebenssituation der Familien erlebt. Aber warum war eine relativ rasche positive Entwicklung bezüglich der Situation von Kindern in solchen Ländern möglich, die noch vor kurzem von einer tiefen Unterentwicklung geprägt waren, und warum haben dagegen Länder, die schon immer zu den führenden Industrieländern gehörten, kaum einen Abbau der Kinderarmut erreicht? Dies soll in diesem Beitrag eine der Leitfragen sein. Gibt es eventuell einen Zusammenhang zwischen der späten Entwicklung und dem raschen Wachstum des Wohlstandes? Können aus einem solchen Vergleich Rückschlüsse auf die künftige Entwicklung der „neu-europäischen" Länder (im Osten) gezogen werden? Oder muss man auch mit einem genauso raschen Rückfall des Fortschrittes in den „alt-reichen" Industrieländern oder selbstzufriedenen nordischen Wohlfahrtsstaaten rechnen – bedingt beispielsweise durch ungünstige Wirtschaftslage oder ideologischen Gegenwind? Diese Fragen können nur spekulativ in den Raum gestellt werden. Insgesamt soll mit diesem Beitrag die dynamische Gesamtwirkung derjenigen Faktoren aufgezeigt werden, die in einer Gesellschaft Kinderarmut beseitigen bzw. hartnäckig hervorrufen.

Zur Diskussion über die Definition von Armut sei hier nur kurz erwähnt, dass in den vergleichenden Armutsstudien wie auch in der genannten UNICEF-Studie die *relative Armut* betrachtet wird. Demnach ist arm, wem weniger als 50 % des nationalen mittleren Einkommens (Einkommensmedian) zur Verfügung steht (UNICEF 2005, 11; Forssén 1998; Joos 1997). Wenn in einem Land wie Finnland wenig Kinderarmut registriert wird, heißt das nicht, dass Kinder in Finnland im internationalen Vergleich außergewöhnlich reich wären. Die niedrige Kinderarmutsrate zeigt vielmehr, dass sich das Einkommen im Land insgesamt relativ gleichmäßig verteilt und *Familien mit Kindern* kaum von dem mittleren Einkommen nach unten abweichen. Zur Klärung der Definition sei zudem erwähnt, dass es bei der Betrachtung von Kinderarmut wörtlich genommen um Armut von Familien mit Kindern geht, d.h. dass es sich im Endeffekt um eine Perspektive der Erwachsenen handelt. Der Ansatz einer emanzipatorischen Kindheitsforschung oder Kinderpolitik würde wohl primär versuchen, die Armut aus einer möglichst authentischen Position der Kinder selbst zu betrachten und eine Analyse der Armutsfolgen aus der Perspektive von Kindern zum Ziel haben (vgl. dazu z.B. Alanen/Mayall 2001).

Der Schwerpunkt der Betrachtung liegt auf einer Analyse der Frage, was in der finnischen Familienpolitik der Aufbauphase des Wohlfahrtsstaates anders gemacht wurde, womit der niedrige Stand der Kinderarmut heute erklärt werden kann. Übersehen darf man dabei jedoch nicht, dass auch Finnland zu den Ländern zählt, in denen die Armut der Kinder heute zunimmt (UNICEF 2005). Ebenfalls soll nicht ausgeblendet werden, dass in der aktuellen wirtschaftspolitischen Debatte Finnlands gerade die erfolgreichen Elemente der wohlfahrtstaatlichen Politik wegen des angeblich unvermeidbaren globalen Steuersenkungswettkampfes zunehmend unter Druck geraten und in die Defensive getrieben werden. Diese Tendenzen werden abschließend diskutiert.

3.3 Wohlfahrtstaatlicher Vergleich: Grad der Kinderarmut als Widerspiegelung der Familienpolitik

Wie aus der vorhandenen Forschung hervorgeht, gibt es ausreichend Gründe, das Thema Kinderarmut nicht als Einzelphänomen sondern in einem umfangreicheren Kontext der Familienpolitik zu untersuchen. Auch die UNICEF-Studie (2005) zur Kinderarmut in den reichen Ländern der Welt kommt zu dem Ergebnis, dass die staatlichen Ausgaben für Familien sich generell als das wirkungsvollste Mittel gegen Kinderarmut gezeigt haben. Jedoch ist nicht nur die reine monetäre Höhe der Transferleistungen entscheidend, sondern die Gesamtkonzeption der Familienpolitik, und die Frage, was und wer konkret gefördert wird. So sind zum Beispiel das Kindergeld und die Familienfreibeträge in Deutschland erheblich höher als in Finnland, dennoch hat dies nicht zum Abbau von Kinderarmut geführt (s. z.B. Dienel 2002, 183–196).

Gemeinsam ist den meisten Ländern, dass sich die expliziten Ziele der nationalen Familienpolitiken im Zeitverlauf öfter geändert haben. In ihren Anfängen Ende des 19. Jahrhunderts richteten sich die öffentlichen bzw. privatwohltätigen familienpolitischen Bemühungen auf die Linderung der Not in den allerärmsten Familien mit Kindern. Die öffentlich-patriarchale Familienpolitik konzentrierte sich vor allem auf Frauen mit unehelichen Kindern, die kaum Unterstützung von ihrer Umgebung erhielten und deren Notlage öffentliches Aufsehen erregte. Bis heute ist die Lage der allein erziehenden Mütter bzw. Familien mit einem Elternteil immer wieder ein besonderer Gegenstand und eine Herausforderung der Familienpolitik (Forssén 1998, 23). In der ersten Hälfte des 20. Jahrhunderts war die Familienpolitik in den meisten westlichen Ländern recht offensiv bevölkerungspolitisch motiviert und zielte auf die Erhöhung der Geburtenrate. Die moderne Familienpolitik von heute wird – von einigen unterschiedlichen nationalen Gewichtungen abgesehen – mit einem Familienkostensausgleich und mit der Gleichstellung der Frau sowie mit dem allgemeinen Wohlergehen (welfare) der Kinder bzw. dem Kindeswohl begründet (Forssén 2002).

Im Vergleich der westlichen Wohlfahrtsstaaten (Forssén 1998, 22) von heute finden wir teilweise sogar gegensätzliche Konzeptionen von Familienpolitik, deren Konsequenzen sich wiederum in dem Ausmaß von Kinderarmut widerspiegeln. Als extreme Beispiele können das *liberal-residuale* Wohlfahrtsstaats-Modell der USA und das *nordisch-universale* Modell verglichen werden. In den USA ist die Familienpolitik von dem Leitbild des unabhängigen Bürgers geprägt, und eine universale Versorgung aller „wäre für einen Durchschnittamerikaner kein Wert an sich, sondern ein moralisches Schreckensbild“ (Anttonen/Sipilä 2000, 265). Demzufolge zielt auch die Familienpolitik, die sich nur selektiv an die allerärmsten Familien in Form von bedarfsgeprüfter Hilfeleistung richtet, darauf, eine Abhängigkeit vom Staat abzubauen. In den nordischen Ländern gilt das Ziel, dass die durch die Kinder entstehenden Kosten bis zu einem gewissen Grad innerhalb der Gesellschaft zwischen Haushalten mit und ohne Kinder ausgeglichen werden müssen. Einkommensunterstützende staatliche Leistungen richten sich an Individuen – also auch an Kinder – und beruhen allein auf dem Status als Staatsbürger/in bzw. Einwohner/in des Landes. Als ebenso wichtig gilt das Ziel, dass Familie und Erwerbstätigkeit ohne Hindernisse mit einander zu vereinbaren sein müssen. Zwischen dem US-amerikanischen und dem nordischen Modell steht das *mitteleuropäisch-korporative Modell* (u. a. Deutschland, Österreich) des Wohlfahrtsstaates, dessen Familienpolitik auf einem arbeitsmarktzentrierten Familieneinkommen einerseits und korporativ vereinbarten, leistungsbasierten Ansprüchen der Sozialversicherung anderseits aufbaut. Das *südeuropäisch-traditionelle Modell* (Italien, Spanien, und auch Irland) ist noch stärker an den familiär-verwandtschaftlichen Strukturen orientiert und statt staatlicher Leistungen haben z.B. Kirchen eine zentrale Bedeutung bei der Bereitstellung von Dienstleistungen. [11]

11 Die in den 1980er Jahren skizzierten Wohlfahrtsstaatsmodelle können heute nur noch als grobe Idealtypen und tendenzielle Theoreme für eine vergleichende Analyse verwendet werden, denn bei genauerer Analyse kommen zu viele Ausnahmen, abweichende Entwicklungen und Kehrtwendungen vor, abgesehen davon, dass die osteuropäischen Länder in der Typologie gar nicht erfasst sind, und der familienpolitisch hochrelevante Ost-West-Unterschied Deutschlands unberücksichtigt bleibt.

Tab. 1: Kinderarmut in reichen Ländern (UNICEF 2005)

Dänemark	2,4
Finnland	2,8
Norwegen	3,4
Schweden	4,2
Schweiz	6,8
Tschechien	6,8
Frankreich	7,7
Belgien	7,7
Ungarn	8,8
Luxemburg	9,1
Niederlande	9,8
Deutschland	10,2
Österreich	10,2
Griechenland	12,4
Polen	12,7
Spanien	13,3
Japan	14,3
Australien	14,7
Kanada	14,9
Großbritannien	15,4
Portugal	15,6
Irland	15,7
Neuseeland	16,3
Italien	16,6
USA	21,9
Mexiko	27,7

Quelle: UNICEF Informationen März 2005, S. 1

In der feministischen Forschung wurde das nordische Modell lange als frauenfreundlich, analog auch als kinderfreundlich bezeichnet (u. a. Lewis/Ostner 1994, Gerhard/Knijn/Weckwert 2003). Obwohl die theoretisch vorgenommene Typisierung der Wohlfahrtsstaaten inzwischen sehr stark kritisiert worden ist (z.B. von Anttonen/Sipilä 2000), weil sie oft oberflächlich und ideologisch motiviert dargestellt wurde, scheinen die genannten Ländergruppen sich ziemlich exakt – zumindest in der Rangfolge der OECD-Länder – in der UNICEF-Studie zur Kinderarmut (2005, 4) widerzuspiegeln: Kinderarmut ist mit Abstand am stärksten in den liberalen USA und in Mexiko anzutreffen, gefolgt von den südeuropäisch-traditionellen Ländern. Mit einem geringeren Anteil folgen die mitteleuropäisch-korporativen Länder und schließlich mit dem geringsten Anteil von Kinderarmut die nordischen Länder.

3.4 Kinderarmut und familienpolitische Elemente des nordischen Wohlfahrtsstaatsmodells

Es liegt also nahe, die Ursachen für die großen Unterschiede in der Kinderarmut der reichen Länder nicht in der wirtschaftlichen Prosperität, sondern in dem Typus der wohlfahrtstaatlichen Familienpolitik zu suchen. Als relevante Faktoren für das Ausmaß der Kinderarmut wurden von Katja Forssén (1998) die Art und der Umfang der staatlichen Leistungen an Familien, die Familienstrukturen (Ein- oder Zwei-Elternfamilien) sowie die Erwerbstätigkeit der Eltern in den jeweiligen wohlfahrtstaatlichen Modellen der OECD-Länder herausgearbeitet. Diese Faktoren sind auch in der UNICEF-Studie von 2005 zentral miteinbezogen. In ihrer länderübergreifenden Studie kommt Forssén (ebd.) zu dem Ergebnis, dass – außer in Schweden und Finnland – sich die Armut in allen OECD-Ländern nicht nur verweiblicht, sondern auch infantilisiert hat[12]. In der Art und Weise der familienunterstützenden Maßnahmen zeichnet sich eine Differenz zwischen verschiedenen Ländergruppen ab: In den nordischen Ländern werden staatliche Unterstützungsmaßnahmen sowohl durch Einkommenstransfers als auch mit umfangreichen universalen sozialen Dienstleistungen gefördert. In den Ländern des liberal-residualen

12 Allerdings ist zu berücksichtigen, dass die Zunahme des relativen Anteils von Kindern an der armen Bevölkerung sich teils dadurch erklärt, dass der Anteil der älteren Bevölkerung daran durch den Ausbau der Rentensysteme in allen Ländern abgenommen hat.

Modells dagegen – mit einer Kinderarmutsrate von über 20 % – werden nur die armen Familien und diese nur durch bedarfsbasierte finanzielle Leistungen unterstützt. Auch in den Ländern des korporativen Modells wie Deutschland muss man sich fragen, was man sonst noch für Familien tun kann, wenn die teilweise recht hohen finanziellen Leistungen an Familien weder wirksam gegen Kinderarmut noch gegen Kinderlosigkeit zu sein scheinen (vgl. auch Dienel 2002, 183–196). Darüber hinaus unterscheidet sich das nordische Modell dadurch, dass gesellschaftsmoralisch betrachtet die Verantwortung für Kinder, d.h. ihre Finanzierung, Erziehung, Ausbildung, Freizeit – also generell das Wohlergehen der Kinder – als eine gesellschaftliche Aufgabe und nicht als Privatsache der Eltern aufgefasst wird. Dagegen hat die Unantastbarkeit der familiären Selbstbestimmung scheinbar einen nicht so hohen Stellenwert wie beispielsweise in Deutschland.

Es ist jedoch wichtig zu erkennen, dass die Armut von Kindern auch in den nordischen Ländern bedeutend höher läge, würde man diese nicht durch staatliche Transferleistungen und Steuern ausgleichen. Durch staatliche Abhilfe und Umverteilungsmaßnahmen wird beispielsweise in Finnland der eigentliche Grad der Kinderarmut von 18 % auf 2,8 % reduziert, in Dänemark von 11,8 % auf 2,4 % (UNICEF 2005, 21). Die Abhängigkeit von öffentlichen Leistungen und somit von dem jeweiligen politischen Klima lässt das Wohlergehen der Kinder entsprechend prekär und risikoreich erscheinen.

In vielen Ländern scheint sich der Anstieg von Kinderarmut durch den Anstieg des Anteils von Familien mit einem Elternteil erklären zu lassen, zumal dieser Familientypus in der Regel überproportional vom Armutsrisiko betroffen ist. Jedoch bilden auch in dieser Hinsicht die nordischen Länder eine Ausnahme: trotz des Anstiegs der Zahl von allein Erziehenden hat sich ihr Anteil an armen Haushalten nicht vermehrt. In den nordischen Ländern betrifft das Armutsrisiko sowohl die Ein- als auch die Zweielternfamilien gleichmäßig – d.h. die staatlichen Maßnahmen gleichen die Lasten auch zwischen diesen Familientypen aus (Forssén ebd., 12–114).

Die Nicht-Beteiligung am Arbeitsmarkt von Eltern, insbesondere von Müttern, ist weltweit ein zentraler Faktor für die Erklärung von Kinderarmut. Die Unterschiede zwischen den nordischen und sonstigen Wohlfahrtsstaatsmodellen sind in diesem Punkt nicht mehr so deutlich, da die Berufstätigkeit der Mütter überall zunimmt, und teilweise sich schon dem nordeuropäischen Niveau annähert (UNICEF 2005, 16–17). Auch in den Ländern des liberal-residualen Modells kommt die Erwerbstätigkeit beider Eltern fast genau so häufig vor, wie in den nordischen Ländern (UNICEF 2005, ebd.). Dass die Kinderarmut in den USA in der Zeit von 1991 bis 2000 um 7,3 % reduziert werden konnte, wird hauptsächlich auf die verbesserte Beschäftigungslage der Mütter zurückgeführt (UNICEF 2005, 18). Jedoch zeigt sich, dass auch die hohe Erwerbsquote der Mütter die Kinder nicht vor Armut schützen kann, wenn die Mütter zu der Klasse der Niedrigstbezahlten gehören, wie z.B. in den USA, wo Mütter zwar bis 83,2 % berufstätig sind, von ihnen gehören aber 60 % zu den 10 % der Arbeitnehmerinnen und Arbeitnehmer mit dem niedrigsten Lohneinkommen. Auch in den nordischen Ländern wie Schweden und Norwegen ist die Erwerbstätigkeit der Mütter sehr hoch (82,7–83,2 %), sie sind jedoch im hohen Maß in Teilzeit beschäftigt und verdienen dadurch weniger. Dagegen sind die finnischen Mütter bis zu 75,3 % berufstätig und in der Regel in Vollzeit beschäftigt. Dadurch gehören nur 0,5 % von ihnen zu der Klasse der 10 % mit dem niedrigsten Lohneinkommen (UNICEF ebd.). Dass die Kinder in Norwegen und Schweden trotz der Teilzeitarbeit der Mütter nicht unter Armut leiden, wird durch andere Faktoren wie dem Einkommen des Vaters und Transferleistungen des Staates kompensiert.

Interessanterweise bilden die nordischen Länder auch eine Ausnahme, was die Arbeitszeit und Erwerbslosigkeit von allein Erziehenden angeht. In den meisten Ländern ist die Erwerbslosigkeit von allein erziehenden Eltern in der Regel höher als in Familien mit zwei Elternteilen, bzw. allein erziehende Eltern arbeiten nur in Teilzeit. Dagegen sind die allein erziehenden Eltern in Dänemark und Finnland meistens in Vollzeit beschäftigt und die Erwerbslosigkeit der allein Erziehenden liegt in Finnland niedriger als bei der Gesamtbevölkerung (Forssén 1998, 115–116). Wie in allen Ländern, sind auch in den nordischen Ländern – außer in Schweden – die Familien mit einem Elternteil ohne Erwerbstätigkeit von einem höheren Armutsrisiko betroffen (ebd.). Finnland und Schweden sind die einzigen OECD-Länder, in denen der Anteil der Familien mit einem Elternteil in der Gruppe der armen Haushalte nicht höher ist als der Anteil dieser Familien in der Gesamtbevölkerung. (Forssén, ebd.). Das Armutsrisiko für Familien mit zwei Elternteilen, die nur ein Gehalt beziehen, hat sich in Finnland reduziert, weil der nicht-erwerbstätige Elternteil oft aufgrund von Elternzeit vorübergehend auf die Erwerbstätigkeit verzichtet, und entsprechende staatliche Leistungen erhält. Somit hat auch die- oder derjenige, der zu Hause bleibt, in der Regel eine Einnahmequelle, auch wenn in Form einer Sozialleistung.

Insgesamt kann resümiert werden, dass die staatlichen Transferleistungen und sozialen Dienste (wie wir noch sehen werden) in den nordischen Ländern am effektivsten die Kinderarmut reduzieren. In den anderen OECD-Ländern haben die Transferleistungen einen ähnlichen Effekt nur für die Familien mit einem Elternteil. Die Erwerbstätigkeit der Mütter hat auch eine zentrale Bedeutung, setzt aber ergänzende Dienstleistungen wie Kindertagesbetreuung, Ganztagsschulen, und natürlich auch ausreichend vergütete Arbeitsstellen voraus. Dass die relativ hohen Steuern und umfangreichen öffentlichen Ausgaben nicht die Wirtschaft ruinieren, sondern sogar – wenn sinnvoll eingesetzt – fördern, zeigen die wirtschaftlichen Wachstumsraten der nordischen Länder (Matthies 2005).

3.5 Bestandteile und Funktion der familienpolitischen Transfers und Dienstleistungen in Finnland

Der relativ geringe Anteil von Kinderarmut in den nordischen Ländern wird in der Fachliteratur vor allem mit der Bedeutung und Wirkung der staatlichen Familienpolitik erklärt. In diesem Kapitel soll detailliert erläutert werden, aus welchen Elementen sich die Familienpolitik in Finnland zusammensetzt. Die Leistungen sollen aber nicht nur aufgezählt, sondern dabei soll auch kritisch analysiert werden, wie diese auf das Wohlergehen der Kinder wirken und welche abbauenden bzw. erweiternden Änderungen bezüglich dieser Leistungen während der 1990er Jahre unternommen wurden. Dadurch sollen weder die grundsätzliche Überlegenheit des nordischen wohlfahrtsstaatlichen Modells noch die relativ positiven Ergebnisse der finnischen Sozial- und Bildungspolitik in Zweifel gezogen werden. Vielmehr soll ihre Glaubwürdigkeit und Nachvollziehbarkeit verstärkt werden, indem auch die problematischen Tendenzen diskutiert werden. Damit soll der Mythos Finnland ein Stück realistischer dargestellt werden, als es in den bundesrepublikanischen Medien in den letzten Jahren üblich war.

Als Hintergrundinformation sei darauf verwiesen, dass die finnische Ökonomie in den Jahren 1993–1996 die tiefste Rezession seit den Kriegsjahren erlitt, verursacht vor allem durch den Wegbruch des osteuropäischen Absatzmarktes für die Exportindustrie und durch die Umstellung der Volkswirtschaft auf die EU-Vorgaben. Die Wirtschaftskrise führte zu enormen Sozialkürzungen und einem Abbau im öffentlichen Sektor, der aber die Grundstruktur des Wohlfahrtstaates nicht verändert hat. Während der Wirtschaftkrise und der Kürzungen im sozialen Bereich verschob sich die Armut jedoch vor allem auf die Gruppe der Einpersonhaushalte (Forssén 1998, 109). Aber wie Hannele Sauli, Marjatta Bardy und Minna

Salmi (2002, 36–37) konstatieren, hat sich trotz der noch positiven internationalen Bilanz die Situation von Familien mit Kindern – im Vergleich zu allen Einkommensgruppen – in Finnland während der 1990er Jahre generell verschlechtert. Mehr Kinder als vorher leben in den Haushalten, die nur die niedrigsten 10 % der Einkommen erreichen, und weniger Kinder gehören zu der Gruppe der 10 % bestverdienenden finnischen Haushalte als dies noch Anfang der 1990er Jahre der Fall war. Das Risiko, in die unteren Einkommensklassen zu rutschen, ist generell größer bei Haushalten mit Kindern, wobei Haushalte ohne Kinder häufiger zu der höchsten Einkommensklasse aufsteigen (ebd. 40). Immerhin lebten 11 % der Kinder im Jahr 2000 in Familien, die Sozialhilfe bezogen[13]. Die Ursache für das Armutsrisiko der Familien mit geringem Einkommen – also die statistisch noch nicht zu den „armen" Familien gezählt werden –, liegen vor allem in einer Gleichzeitigkeit von heterogenen Aspekten. Sauli, Bardy und Salmi (ebd., 46–47) haben u. a. erkannt, dass niedrige Bildung und nichtkontinuierliche Arbeitsverträge oft in diesen Familien zusammen kommen. Gleichzeitig findet man oft Familien mit relativ hoher Bildung, aber mit befristeten Arbeitsverträgen und niedriger Bezahlung, was gerade für viele Frauenbranchen des Arbeitsmarktes typisch ist. Eine verlängerte Ausbildungszeit, kombiniert mit Erziehungszeiten und erschwertem Anschluss zum Arbeitsmarkt verursacht ebenfalls ein Armutsrisiko. Da einige Sozialleistungen wie Arbeitslosengeld und Elternschaftsgeld sich nach dem vorherigen Einkommensniveau richten, multipliziert sich das Risiko des geringen Einkommens gerade in diesen Familien. Eltern reagieren auf das geringe Einkommen gerade dann mit der Suche nach weiteren Gelegenheitsjobs mit längerer Arbeitszeit, wenn die Kinder klein sind (ebd.).

Wenn Familienpolitik als ein Lastenausgleich aufgefasst wird, sind deren Bestandteile alle auf Familien mit Kindern ausgerichteten Transfer- und Dienstleistungen. In Finnland zählen dazu Steuerentlastungen, Kindergeld, Elternschaftsleistungen, Erziehungsgeld, Kindertagesbetreuung, Wohngeld sowie gesonderte Leistungen an allein erziehende Eltern. Nach Heikki Hiilamo (2002, 215) haben diese Leistungen in den nordischen Ländern eine ausgleichende Wirkung in mehrfacher Hinsicht: horizontal (zwischen Haushalten mit und ohne Kinder, bzw. zwischen den Lebensphasen), vertikal (zwischen den gesellschaftlichen Klassen), zwischen den Geschlechtern, zwischen den verschiedenen Familientypen (Ein- bzw.

13 In der UNICEF-Studie (2005) wurde also nicht der Sozialhilfebezug, sondern das Familieneinkommen unterhalb von 50 % des nationalen Durchschnitteinkommens als Armutsgrenze aufgefasst.

Zweielternfamilien) und zwischen den Familien mit unterschiedlicher Größe (Anzahl der Kinder). Nach der Analyse von Hiilamo (2002) war gerade die Untersuchungsperiode der UNICEF-Studie, die zeitlich mit der finnischen Wirtschaftskrise zusammen fällt, familienpolitisch eine dynamische Phase, in der sich zwar die Gesamtausgaben für Familienpolitik nicht änderten, jedoch einige bedeutende Verschiebungen stattfanden.

Die *steuerlichen Entlastungen* der Familien mit Kindern (Kinderfreibetrag, Kinderbetreuungsabzug) wurden 1994 gänzlich abgeschafft mit der Begründung, sie würden nur die Familien mit höheren Einkommen begünstigen, allein Erziehende benachteiligen und indirekt das Ein-Ernährer-Modell, d.h. das männliche Erwerbsmodell fördern. Im Gegenzug wurde das Kindergeld erhöht, das universal an alle Kinder im Alter von 0 bis 17 Jahren in gleicher Höhe und unabhängig vom elterlichen Einkommen gezahlt wird (Hiilamo, ebd.).

Das erhöhte *Kindergeld* wurde allerdings schon zwei Jahre später gekürzt und die lange geforderte Erweiterung des Kindergeldes über das 17. Lebensjahr hinaus wurde nicht umgesetzt. Momentan beträgt das monatliche Kindergeld für das erste Kind 100 €, und steigt um 10–20 € für jedes weitere Kind. Ein allein erziehendes Elternteil erhält pro Kind 36,60 € zusätzliches Kindergeld (KELA 2005). Eine finnische Besonderheit, die sich seit 1937 bewährt hat, ist das so genannte *„Mutterschaftspaket"*: eine praktische, ursprünglich der gesundheitlichen Aufklärung dienende Grundausstattung für das neugeborene Kind, die alle werdenden Mütter erhalten. Sie enthält heute u. a. Wäsche vom Schneeanzug bis zu Windeln, Bettwäsche sowie Babypflegeartikel und Spielzeug. Die Voraussetzung für den Erhalt des Pakets ist ein rechtzeitiger und regelmäßiger Besuch in der Mutterberatungsstelle (KELA 2005).

Hinsichtlich der *Kindertagesbetreuung*[14] fand dagegen im Jahr 1995 eine bedeutende Erweiterung statt, da das subjektive Recht des Kindes auf Tagesbetreuung (entweder in vorwiegend kommunalen Kindertagesstätten oder bei kommunal beaufsichtigten Tagesmüttern) auf alle Kinder bis zum Schulalter (7 Jahre) ausgeweitet wurde; bisher bestand dieses Recht nur für Kinder unter 3 Jahren. Nun sollten alle Kinder unabhängig von Alter und elterlicher Erwerbsituation einen Betreuungsplatz erhalten. In der Praxis bringen die meisten Eltern ihre Kinder aber selten in die Vollzeitbetreuung, wenn sie selbst zu Hause sind, z.B. aufgrund von Erwerbslosigkeit oder während des Erziehungsurlaubs. Hinsichtlich der

14 Mehr über das finnische System der Kindertagesbetreuung, s. u. a. Matthies 2003

Gestaltung der elterlichen Betreuungsbeiträge wurden mehrere Reformen durchgeführt mit der Absicht, den Anreiz, erwerbstätig zu werden, nicht mit zu hohen Kinderbetreuungskosten zu blockieren. Generell sind die Beiträge bis zu einem Maximum von 1000 € im Monat gestiegen, und sind nach Einkommen und Größe der Familie gestaffelt.

Die ursprünglich als eine Alternative zur Kindertagesbetreuung konzipierte Förderung der häuslichen Betreuung durch *Erziehungsgeld*, das nach dem 11-monatigen bezahlten *Elternschaftsfrei* an das Elternteil bezahlt wird, das die Kinder zu Hause betreut, wurde während der 1990er Jahren drastisch gekürzt und stellt praktisch keine echte finanzielle Alternative zum Erwerbseinkommen mehr dar. Das Erziehungsgeld kann so lange bezogen werden, bis das jüngste Kind 3 Jahre alt ist und kann durch zwischenzeitliche Rückkehr auf den Arbeitsmarkt unterbrochen werden. Die Höhe des staatlichen Erziehungsgeldes richtet sich nach der Anzahl der Kinder, nach dem sonstigen Einkommen der Familie und beträgt heute 463 € für ein Kind, mit Zuschlägen von 50–84 € für weitere Kinder (KELA 2005). Einige wirtschaftlich eher gut stehende Kommunen bezahlen freiwillig pro Kind 150–404 € zusätzliches Erziehungsgeld, vor allem um die große Nachfrage nach gesetzlicher Kindertagesbetreuung zu entlasten. Der Tendenz nach wird das Erziehungsgeld im erweiterten Umfang entweder von Familien mit geringem Einkommen und niedrigerem Ausbildungsniveau als Ergänzung zur Sozialhilfe oder von Familien mit besonders hohen Einkommen in Anspruch genommen. Die breite Mittelschicht kann bzw. möchte nach der Geburt der Kinder nicht länger als maximal 2 Jahre auf Erwerbstätigkeit verzichten (Hiilamo 2002, 220).

Zu den bedeutenden Mitteln der Armutsvorbeugung gehört auch das *Wohngeld*, zumal sich die Wohnkosten in Finnland im internationalen Vergleich auf einen hohen Anteil des Familieneinkommens belaufen. Jedoch hat sich der Anteil der Familien mit Kindern unter den Beziehern von Wohngeld während der 1990er Jahre im Vergleich zu Alleinlebenden, Rentnerinnen und Rentnern sowie Studierenden reduziert (Hiilamo, ebd.).

Neben der Kindertagesbetreuung zählen zu den für das Wohlergehen der Kinder wichtigen staatlichen Leistungen im finnischen familienpolitischen System zudem die kostenlosen *Mütter- und Familienberatungsstellen*, die bereits während der Schwangerschaft und nach der Geburt bis zum Schulalter praktisch alle Kinder erfassen und gesundheitliche, präventive und psycho-soziale Betreuung anbieten. Die in der Schule angebotene gesundheitliche und psycho-soziale Versorgung sowie das warme Mittagsessen, Lernmittelfreiheit und kostenlose *Bildung* für alle bis zum 16. Lebensjahr zählen zwar nicht zu den direkten Transferleistungen, haben aber neben der Realisierung von Chancengleichheit auch eine wichtige materielle Bedeutung für die Kinder und beugen Kinderarmut vor.

3.6 Spuren der Wirtschaftskrise in der finnischen Familienpolitik: Vieles gerettet, vieles bedroht

Wenn man von Deutschland aus die umfangreichen Sozialausgaben Finnlands betrachtet, wird oft etwas frustriert abgeleitet, solche Systeme seien eben nur in einem wirtschaftlich florierenden Wohlfahrtstaat in guten Zeiten möglich. Solchen Schlussfolgerungen kann die historische Entwicklung des finnischen Sozialsystems entgegengehalten werden[15]. Viele der heutigen Leistungen an Familien mit Kindern sind historisch gerade aufgrund der tiefen Armut und unterentwickelten Lebenslage des Großteils der Bevölkerung entstanden und zwar in einer Zeit, bevor Finnland eine wirtschaftliche Entwicklung zu einer Industrienation eingeschlagen hatte und noch ein von Kriegen geplagtes, relativ zurückgebliebenes Agrarland war. So wurde u. a. das Mutterschaftspaket 1937 zur Aufklärung der Mütter und zum Abbau der Kindersterblichkeit aufgrund unhygienischer Zustände eingeführt. Die Schulmahlzeit – 1921 für arme Schulkinder, seit 1948 gesetzlich für alle Schulkinder – hatte allein den Hintergrund, dass die hungernden Kinder mit langen Schulwegen (zu Fuß) sonst kaum etwas hätten lernen können. Das 1948 eingeführte Kindergeld ersetzte den von einigen Arbeitgebern geleisteten Kinderzuschlag, was für die kinderreichen Arbeiterfamilien auf Grund der sonst niedrigen Löhne notwendig war. Die Mütterberatungsstellen wurden ebenfalls wegen der hohen Kindersterblichkeit notwendig und wurden erst von einem Kinderschutzverbund, und im Jahr 1944 per Gesetz als kommunale Pflichtaufgabe flächendeckend gegründet. Auch das Mutterschaftsgeld wurde als ökonomische Dringlichkeit vor allem für kinderreiche Familien im Jahre 1964 eingeführt. Das Kindertagesbetreuungsgesetz von 1973 kam vorrangig nicht aus dem Grund zustande, dass die finnischen Mütter etwa unbedingt emanzipiert und erwerbstätig werden wollten. Die Mütter waren schon lange aus ökonomischer Notwendigkeit zu Erwerbstätigkeit gezwungen – vor diesem Gesetz lag ihre Erwerbsquote schon bei 65,6 % (Stand: 1970); die Verwahrlosung und die teilweise abenteuerlichen Betreuungsumstän-

15 Abgesehen davon, dass Deutschland sich für Besucherinnen und Besucher – egal aus welcher Himmelsrichtung Europas – nicht gerade als ein Land zeigt, wo Geld fehlen würde.

de ihrer Kinder regten nicht nur die Eltern, sondern auch die Arbeitgeber dazu an, auf ein öffentlich geregeltes zuverlässiges System der Kindertagesbetreuung zu insistieren (vgl. Forssén 2002, 10; auch Julkunen 1992).

Nach den „goldenen 1980er Jahren" der finnischen Wohlfahrtsstaatspolitik kann die Entwicklung der 1990er Jahre familienpolitisch ambivalent interpretiert werden. Hiilamo (2002) kommt zu dem Ergebnis, dass einige, noch vor der wirtschaftlichen Krise beschlossene Verbesserungen, trotz der Krise umgesetzt wurden – wie im Jahre 1995 die Erweiterung der Kindertagesbetreuung oder im Jahre 1991 die Einführung der freiwilligen Vorschule für alle sechsjährigen Kinder. Dagegen wurden viele, mit der Krise begründete drastische Kürzungen in der Familienpolitik, trotz eines wirtschaftlichen Aufschwungs nach der Krise nicht zurückgenommen. Einige familienpolitische Leistungen, wie die Höhe des Kindergeldes oder des niedrigsten Elternschaftsgeldes bleiben gegenwärtig schon recht stark hinter ihrer ursprünglichen Zielsetzung zurück. Hiilamo (ebd. 226) erkennt daher eine zunehmende Spaltung der Familien mit Kindern je nach dem, ob die Eltern einer angemessen bezahlten und qualifizierten Erwerbstätigkeit nachgehen oder von dem im Niveau sinkenden Mindesteinkommen der Transferleistungen leben.

Laut Sauli, Bardy und Salmi (2002, 55) wurden während und nach der Wirtschaftskrise erhebliche quantitative Kürzungen und Qualitätssenkungen auf der kommunalen Ebene in solch elementaren Dienstleistungen wie Kindertagesbetreuung, Mütterberatung, Jugendarbeit und Schule in Kauf genommen. Diese haben in ihrer Gesamtwirkung einen komplexen Risikozuwachs an Armut und Ausgrenzung gerade bei Familien mit Kindern und mit geringem Einkommen ausgelöst. Forssén (2002, 16) stellt fest, dass eine quantitative Ausweitung des Umfangs der Kindertagesbetreuung bei gleichzeitigen Kürzungen der diesbezüglichen Finanzen nur zur Reduktion der Qualität führen konnte.

Studien über Langzeitarmut in Finnland (z.B. Penttilä u. a. 2003) zeigen allerdings, dass nur 1 % der Familien mit Kindern zu der Gruppe gehören, deren Armut von längerer Dauer ist. Langzeitarmut betrifft in Finnland Einpersonen-Haushalte oder Haushalte ohne Kinder, und sogar 10 % der allein lebenden Männer gehören zu dieser Kategorie. Auch stellt eine Erwerbslosigkeit ein höheres Armutsrisiko als eine hohe Kinderzahl dar.

Wie Matti Heikkilä und Mikko Kautto (2002) resümieren, konnte die finnische Wirtschaft und der Wohlfahrtsstaat sich im europäischem Vergleich recht gut auf die ökonomischen Zwänge der Wirtschaftskrise einstellen und die Ausgaben des Staates konnten trotz Krise erfolgreich gedämpft werden. Staatliche Gelder wurden in dem Sinne effektiv eingesetzt, als dadurch die wohlfahrtsstaatliche Grundstruktur erhalten blieb, einige Erneuerungen durchgeführt wurden, und in vielen Bereichen auch internationale Erfolge möglich waren – wie in Fragen der Bildung, Bekämpfung von Kinderarmut oder der Gleichstellung von Frauen. Dennoch darf nicht übersehen werden, dass viele Familien mit Kindern in extrem harter Lebenslage kämpfen, die Einkommensunterschiede zunehmen und die Erwerbstätigkeit der Mütter – die direkten Einfluss auf das Wohlergehen der Kinder hat – zunehmend erschwert wird (ebd. 428–429). Zunehmend wird auch argumentiert, dass die Interessen der Bessersituierten ebenfalls in der Sozialpolitik berücksichtigt werden müssen, damit ihre Loyalität gegenüber dem Wohlfahrtsstaatsmodell weiterhin gesichert ist (Penttilä u. a. 2003, 94).

Wie stark die Familienpolitik die Armut der Kinder auch in eine umgekehrte Richtung beeinflussen kann, zeigt sich in den neuen dramatischen Zahlen der Kinderarmut, als Folge einer neoliberalen politischen Gratwanderung. Seit 2003 wächst der Anteil der Kinderarmut schneller als in den weiteren Altersgruppen der Bevölkerung (Moisio 2006) und hat sich bis heute bereits verdreifacht (STM 2010, 4). Ursachen dafür sind vor allem die Kürzungen der Sozialleistungen für Familien, die zunehmende Polarisierung der Einkommensunterschiede zwischen den Haushalten und Änderungen auf dem Arbeitsmarkt wie befristete Arbeitsverträge und niedrige Löhne. Mit anderen Worten: Die heutige finnische Politik hat gerade die in diesem Beitrag erläuterten Faktoren geschwächt, die gegen die Kinderarmut schützen könnten.

3.7 Vergleichende Forschung und Bürgergesellschaft wird immer notwendiger

Insgesamt ist aus der heutigen Debatte tendenziell zu erkennen, dass gerade die besonderen „nordischen Vorteile", für die Finnland in internationalen Vergleichen Lob erhält, durch die zunehmend neoliberale Politik Finnlands bedroht sind: Universalität der Leistungen, Gleichstellung der Frau, gute Qualität der öffentlichen Dienstleistungen – all dies hat zu der geringen Kinderarmut beigetragen. Auch wenn es den Kindern – und ihren Müttern – in Finnland heute und international betrachtet noch relativ gut geht, sind sie gleichzeitig diejenigen, die am meisten von der nationalen Familienpolitik und ihren Priorisierungen abhängig und somit verwundbar sind. Die konsequente Fortsetzung der nordischen

Wohlfahrtspolitik ist in Zeiten des globalen Steuerwettbewerbs eben keine Selbstverständlichkeit mehr. Umso wichtiger ist es, durch international vergleichende Forschung immer wieder auf die langfristigen Vorteile der nordischen Politik aufmerksam zu machen. Bis jetzt wurde das finnische Modell noch durch die breiten Schichten der Bevölkerung und zwar aller politischer Richtungen vor schlimmerem Abbau geschützt; dies muss aber nicht automatisch Bestand haben, wenn die soziale Schere stärker auseinander geht.

Auch wenn Finnland und Deutschland in ihrer wohlfahrtsstaatlichen Situation nicht direkt vergleichbar sind, stehen beide – zusammen mit den meisten westlichen Gesellschaften – in grundlegenden Fragen der Familienpolitik vor wichtigen Entscheidungen. Entweder zielt die Politik konsequent auf eine nachhaltige und ausgeglichene gesellschaftliche Entwicklung, welche die Chancen aller Gesellschaftsmitglieder von Anfang an systematisch fördert und entsprechende familien- und bildungspolitische Investitionen in Kauf nimmt. Das finnische Beispiel zeigt, dass dieses nicht nur aus ethischen und wohlfahrtsstaatlich-ideologischen Gründen, sondern auch aus einer langfristigen ökonomischen Perspektive sinnvoll ist. Oder aber die Politik der westlichen Wohlfahrtsstaaten lässt sich von der zunehmend hemmungsloser werdenden Ökonomie im Namen einer kurzsichtigen Wettbewerbsfähigkeit einen weiteren Abbau von sozialen Sicherheiten diktieren. Beide Wege sind gleichzeitig nicht möglich, obwohl dies von der neuen Politik der „Mitte" oft signalisiert wird. Allerdings ist die Rechnung noch in keinem zivilisierten Land aufgegangen, derzufolge das Sparen an den Bedürfnissen der Kinder und die Inkaufnahme einer hohen Kinderarmut zu einem wirtschaftlichen Erfolg der Nation führen soll.

Literatur

Alanen, Leena/Mayall, Berry (ed.) (2001): Conzeptualizing Child-Adult-Relations. Routlegde. London /New York.

Anttonen, Anneli/Sipilä, Jorma (2000): Suomalaista sosiaalipolitiikkaa. Vastapaino. Tampere.

Dienel, Christiane (2002): Familienpolitik. Eine praxisorientierte Gesamtdarstellung der Handlungsfelder und Probleme. Juventa. Weinheim und München.

Forssén, Katja (1998): Children, families and the welfare state. Studies on the outcomes of the Finnish family policy. University of Turku. Department of Social Policy /Stakes – National Research and Development Centre for Welfare and Health. Research Report 92. Gummerrus. Jyväskylä.

Forssén, Katja (2002): Families with Children and the Welfare State. Development of Family Policy in Finland. University of Turku. Department of Social Policy. Series B: 24/2000. Turku

Gerhard, Ute/Knijn, Trudie/Weckwert, Anja (Hrsg.) (2003): Erwerbstätige Mütter. Ein europäischer

Vergleich. Verlag C.H. Beck. München

Heikkilä, Matti/Kautto, Mikko (2002): Suomalaisten hyvinvointi vuosituhannen alussa. In: Heikkilä, M./Kautto, M. (toim.) Suomalaisten hyvinvointi 2002. Stakes. Helsinki, S. 428–434

Hiilamo, Heikki (2002) : Perheiden taloudellinen tukeminen. In: Heikkilä, M. Kautto, M. (toim) Suomalaisten hyvinvointi 2002. Stakes. Helsinki, S. 214–228.

Joos, Magdalena (1997): Armutsentwicklung und familiale Armutsrisiken von Kindern in den neuen und alten Bundesländern. In: Otto, U. (Hrsg.): Aufwachsen in Armut. Erfahrungswelten und soziale Lagen von Kindern armer Familien. Leske+Budrich. Opladen. S. 47–78

Julkunen, Raija (1992): Hyvinvointivaltio käännekohdassa. Vastapaino. Tampere

KELA (Kansaneläkelaitos) (2005): Elämässä mukana – muutoksissa tukena. (Internetseiten der finnischen Sozialversicherungsanstalten) www.kela.fi

Lewis, Jane/Ostner, Ilona (1994): Gender and the evolution of European social policies. ZeS-Arbeitspapiere Nr. 4/94. Bremen: Center for social Policy Research

Matthies, Aila-Leena (2003): Nicht mehr infrage gestellt – Kindertagesbetreuung in Finnland, Rahmenbedingungen – Personal – Fort- und Weiterbildung – pädagogische Konzepte. In: KiTa – KinderTageseinrichtungen aktuell. Fachzeitschrift für Leiter/innen der Tageseinrichtung für Kinder. Ausgabe Brandenburg, Mecklenburg-Vorpommern, Sachsen, Sachsen-Anhalt, Thüringen, Berlin. Ausgabe Nr. 6. S. 125–128

Matthies, Aila-Leena (2005): Die Wirtschaft braucht Familien – Familien brauchen Dienstleistungen. Die Bedeutung sozialer Dienste am Beispiel Finnlands. Blätter der Wohlfahrtspflege. Themenheft 1. Demographie.

Moisio, Pari (2006) suhteellinen käyhyys Suomessa (Relative ARmut in Finnland) YHTEISKUNTAPOLITIIKKA 71 (2006):6

Otto, Ulrich (Hrsg.) (1997): Aufwachsen in Armut. Erfahrungswelten und soziale Lagen von Kindern armer Familien. Leske+Budrich. Opladen

Pelastakaa Lapset – Rädda Barnen (2002): Lapsen kanssa. Pelastakaa lapset 80 vuotta. Historiikki. Toim. Jukka Niva. Helsinki

Penttilä, Irmeli/Kangas, Olli/Nordberg, Leif/Ritakallio, Veli-Matti (2003): Suomalainen köyhyys 1990-luvun lopulla – väliaikaista vai pysyvää. Sosiaali- ja terveysministeriön julkaisuja 2003:7. Helsinki

Sauli, Hannele/Bardy, Marjatta/Salmi, Minna (2002): Elinolojen koventuminen pikkulapsiperheissä. In: Heikkilä, M./Kautto, M. (toim) (2002) Suomalaisten hyvinvointi 2002. Stakes. Helsinki. S. 32–61.

STM (Sosiaali- ja terveysministeriö) (2003): Sosiaaliturvan haasteet ja ongelmat. http://pre20031103.stm.fi/suomi/tao/julkaisut/sometausta/luku4.pdf

STM (2010) Sosiaali- ja terveyskertomus 2010. Sosiaali- ja terveysministeriön julkaisuja 2010:1. Helsinki (Sozial- und Gesundheitsministerium, Sozial- und Gesundheitsbericht 2010). Abgerufen am 2.6.2010 von (http://www.stm.fi/c/document_library/get_file?folderId=1087414&name=DLFE-11163.pdf

Turpeinen, Oiva (1987): Lastensuojelu ja väestökehitys. In: Pulma, P./Turpeinen, O.: Suomen lastensuojelun historia. Lastensuojelun Keskusliitto. Kouvola.

UNICEF (2005): Child poverty in rich countries 2005. Report Card No. 6. UNICEF Innocenti Research Centre. Florence www. unicef.org/irg

4. Kinderzahl und Armut in italienischen Familien*

Chiara Saraceno

4.1. Armut in Italien in der zweiten Hälfte der 1990er Jahre

In den letzten Jahren ist das Ausmaß von Armut in Italien sowohl bei Heranziehung der relativen Armut (nach der arm ist, wer Zugang zu einem Konsumniveau hat, das der Hälfte des durchschnittlichen Pro-Kopf-Verbrauchs entspricht oder sogar darunter liegt) wie auch der absoluten Armut (nach der arm ist, wer keinen Zugang zu einem Warenkorb findet, der heutzutage in unserem Land als Mindeststandard betrachtet wird) im Wesentlichen stabil geblieben. Es handelt sich um zwei Maßstäbe, die nicht nur unterschiedliche Schwellen (die erste höher, die zweite niedriger), also Auswirkungen verschiedener Armutsformen, sondern auch verschiedene Auffassungen von Armut erkennen lassen. Im ersten Fall bezieht man sich auf den durchschnittlichen Lebensstandard, im zweiten auf einen Warenkorb notwendiger Güter, auch wenn dieser in Orientierung an einer bestimmten Gesellschaft und somit an einem spezifischen und nicht an einem universell und dauerhaft geltenden Lebens- und Konsumstil aufgestellt wurde. Beide sind, wie alle Maßstäbe, partiell und anfechtbar. Es ist kein Zufall, dass in der internationalen Armutsforschung die Debatte hinsichtlich der Erhebungsmethode nach allen Seiten hin offen ist: Soll eine absolute oder, im Gegenteil, relative Definition angewendet werden? Ist es besser das Einkommen oder den Konsum als Vergleichsmaßstab heranzuziehen? Ist ein einziger Maßstab ausreichend? Welcher Äquivalenzmaßstab (um die Situation verschieden großer Familien vergleichen zu können) ist angemessen, um die unterschiedlichen Größenordnungen des Verbrauchs zu berücksichtigen usw.

Es handelt sich um Probleme einer nicht nur oder insbesondere technisch relevanten Betrachtungsweise, sondern eben auch um eine Definition von Armut und einer eventuellen Politik um dieser entgegenzuwirken. Trotzdem ist dies nicht der Ort um dies hier weiter zu erörtern[16].

* Übersetzung aus dem Italienischen von Alexander Hienz.

16 Es ist allerdings notwendig, darauf hinzuweisen, dass die Verschiedenartigkeit von Daten über Armut, je nach erhebender Quelle, sowohl von der Verschiedenartigkeit der Quellen als auch der Erhebungskriterien abhängt. So gibt es in Italien Unterschiede

Hier interessiert es viel mehr aufzuzeigen, dass man bei Anwendung der gleichen Maßstäbe (relative und absolute Armutsgrenze[17]), der gleichen Datenquelle (die jährliche Konsumerhebung des ISTAT) und, natürlich, des gleichen Äquivalenzmaßstabs, seit Mitte der 1990er Jahre keine signifikante Veränderung hinsichtlich des Ausmaßes von Armut in unserem Land erkennen kann. Genauer, wie man in Tab. 1 sehen kann, ist im Zeitraum 1997–2003 das Ausmaß der relativen Armut von Familien mit rund 12 % konstant geblieben, die absolute liegt bei rund 4 %. Die territoriale Verteilung von Armut und ihre starke Konzentration im Süden, wo 62,7 % der armen Bevölkerung lebt, blieben unverändert. Die Quote armer Familien betrug in den südlichen Regionen während des gesamten Zeitraumes etwa 24 % (relative Armut) bzw. 20 % (absolute Armut); in den nördlichen Regionen lag die Quote bei 5–6 % bzw. unter 2 %. In den mittelitalienischen Regionen gab es während des Zeitraums größere Schwankungen. Schließlich lag auch die Intensität der Armut – d.h. der durchschnittliche Abstand zur Armutsschwelle bei den Konsumausgaben armer Familien – stabil bei etwa 21–22 %. Die regionalen Unterschiede sind hierbei weniger markant als die des Verbreitungsindex: beispielsweise lag 2003 die relative Armut bei 19,1 % im Norden, 18,2 % im Zentrum und 22,8 % im Süden.

In allen Landesteilen ist die Armut höher unter den Haushalten mit fünf oder mehr Mitgliedern: Während des gesamten untersuchten Zeitraumes, ist mehr als ein Fünftel der großen Familien arm. Aber schon bei vier Mitgliedern ist man einer stärkeren Gefährdung ausgesetzt, da der prozentuale Anteil armer Familien dieser Größe ebenfalls höher – wenn

zwischen den auf der jährlichen Untersuchung des Konsums basierenden Daten des ISTAT (und der Commissione di Indagine sulla povertà [Kommission zur Armutsermittlung]), den auf der Untersuchung von Familienbilanzen basierenden der Banca d'Italia und den auf dem European Community Household Panel basierenden des EUROSTAT. Deswegen ist es umso wichtiger über periodische Schätzungen verfügen zu können, welche die eigenen Kriterien konstant beibehalten; damit ist es möglich Tendenzanalysen zu machen. In diesem Artikel werden die auf der jährlichen Untersuchung des Konsums basierenden Daten des ISTAT/Commissione di Indagine sulla esclusione sociale [Kommission zur Untersuchung sozialer Ausgrenzung] verwendet, einer Untersuchung mit einem weitaus größeren Datensatz als die der Banca d'Italia über die Familienbilanzen. Sie erlaubt feinere territoriale und nach Familientyp geführte Unterscheidungen als die zweite Ermittlung. Schließlich gilt es anzumerken, dass man sich auf Surveydaten bezieht und kleinere jährliche Schwankungen in der Armutsverteilung mit Vorsicht zu betrachten sind. (vgl. auch ISTAT 2004)

17 Die relative Armut bezeichnet einen familiären (oder individuellen) Haushaltskonsum, der unter der Hälfte des durchschnittlichen jährlichen Pro-Kopf-Verbrauchs liegt. Die absolute Armut bezeichnet eine Situation, in der man nicht über einen Warenkorb mit den als wesentlich definierten Gütern verfügen kann. Seit 2002 berechnet das ISTAT die absolute Armut nicht mehr, weil es den Warenkorb neu aufzustellen plant.

Tab. 1: Relative und absolute Armut in den verschiedenen Landesteilen.
(Haushalte 1997–2003, Anteile in Prozent)*

	1997		1998		1999		2000		2001		2002	2003
	Rel.	*Abs.*	*Rel.*	*Abs.*	*Rel.*	*Abs.*	*Rel.*	*Abs.*	*Rel.*	*Abs.*	*Rel.*	*Rel.*
Armutsquote												
Italien	**12,0**	**4,6**	**11,8**	**4,5**	**11,9**	**4,8**	**12,3**	**4,3**	**12,0**	**4,2**	**11,0**	**10,6**
Norden	6,0	1,6	5,7	1,7	5,0	1,4	5,7	1,6	5,0	1,3	5,0	5,3
Zentrum	6,0	1,8	7,5	2,2	8,8	2,6	9,7	2,7	8,4	2,3	6,7	5,7
Süden	24,2	10,5	23,1	9,8	23,9	11,0	23,6	9,4	24,3	9,7	22,4	21,3
Armutsdichte (Intensität)												
Italien	**21,5**	**18,6**	**22,4**	**20,0**	**22,9**	**19,6**	**22,5**	**19,3**	**21,1**	**19,3**	**21,4**	**21,4**
Norden	18,6	17,3	18,9	15,9	19,2	18,5	19,2	15,4	17,5	15,5	19,3	19,1
Zentrum	18,5	16,5	19,1	16,7	19,5	18,9	20,4	20,1	17,8	15,8	20,0	18,2
Süden	22,9	19,1	24,2	21,2	24,7	19,8	24,2	19,9	22,9	20,5	22,3	22,8

* absolute Armut geschätzt nur bis 2001

Quelle: Commissione di Indagine sull'esclusione sociale, 2002 und ISTAT 2004

auch geringfügig – als der Durchschnitt ist. Deswegen sind Familien, in denen von zwei oder drei Kindern auszugehen ist, stärker als andere dem Armutsrisiko ausgesetzt. Ein niedrigeres Armutsrisiko weisen kleine Haushalte auf: Alleinstehende, kinderlose Paare, Paare mit nur einem Kind. Dennoch trifft dies nur zu, wenn diese Haushalte keine älteren Menschen mit einschließen. Alt sein und in einer Familie zu leben, in der es ältere Menschen gibt, birgt in der Tat weiterhin ein überdurchschnittliches Armutsrisiko, auch wenn sich dies in den letzten Jahren tendenziell stabilisiert hat und im Vergleich zu den frühen 1980er Jahren, als Senioren und Familien mit Senioren die prozentual stärkste Gruppe unter den von Armut betroffenen Personen und Familien bildeten (Commissione di indagine sulla povertà e l'emarginazione[18], 1996), stark zurückgegangen ist.

Wie Tab. 2 (auf die Jahre 2002 und 2003 begrenzt) veranschaulicht, weisen, nach den großen Familien, Seniorenpaare den höchsten prozentualen Anteil an Armut auf. An dritter Stelle rangieren mit einer dem nationalen Durchschnitt nahezu gleichen Quote Senioren, die allein wohnen (mehrheitlich Frauen) und Paare mit zwei Kindern. Alleinstehende und kinderlose Paare, die noch nicht im Rentenalter sind, weisen umgekehrt die geringste Quote auf.

In einem Alter zu sein, in dem man keinen Zugang zum Arbeitsmarkt mehr hat, führt dazu, dass eine Reihe von Senioren, trotz vorhandener Maßnahmen zur Einkommenssicherung, die speziell diesem Teil der Be-

18 Kommission zur Untersuchung von Armut und Ausgrenzung

Tab. 2: Relativer Armutsanteil nach Familiengröße und -typus, nach geographischer Zugehörigkeit. (2002–2003, Angaben in Prozent)

	Nord		Zentrum		Mezzogiorno		Italien	
	2002	2003	2002	2003	2002	2003	2002	2003
Familiengröße								
1 Mitglied	4,9	5,0	3,7	3,1	20,0	19,6	8,8	8,7
2 Mitglieder	4,7	5,5	7,4	7,2	20,4	21,9	10,7	10,3
3 Mitglieder	3,9	3,8	5,8	5,2	19,5	17,3	8,9	8,1
4 Mitglieder	5,7	6,1	8,0	6,2	21,1	21,5	12,5	12,5
5 oder mehr Mitglieder	11,6	10,3	15,0	10,0	32,4	29,8	23,4	20,9
Familientypen								
Single unter 65	1,7	2,4	*	*	8,9	9,3	3,1	3,9
Single über 65	7,7	7,4	6,7	4,2	26,4	25,7	13,3	12,7
Paar mit B.p.* unter 65 Jahren	1,8	1,9	*	*	12,7	10,5	4,8	3,5
Paar mit B.p.* ≥ 65 Jahre	7,3	9,3	10,9	11,8	32,5	28,2	15,7	15,6
Paar mit 1 Kind	3,5	3,4	4,8	4,8	18,6	15,4	8,1	7,2
Paar mit 2 Kindern	5,4	5,6	8,2	5,8	20,2	21,1	12,2	12,2
Paar mit 3 oder mehr Kindern	13,0	11,1	11,7	*	31,8	28,1	24,4	20,9
allein Erziehende/r	6,0	5,9	7,1	6,8	21,4	22,4	11,5	11,4
Andere Typen	7,3	8,3	11,4	9,7	35,0	31,6	15,7	16,2

* Bezugsperson = Haushaltsvorstand

Quelle: ISTAT 2004

völkerung gelten (Renten, Sozialhilfe, Aufstockung auf die Mindestrente) Armut erleben müssen. Dennoch bildet Arbeitslosigkeit im erwerbsfähigen Alter, wenn sich in dieser Situation die Bezugsperson[19], das so genannte Familienoberhaupt, befindet, den vorhersehbarsten Armutsfaktor. 2003 waren 28 % der Familien arm, in denen das Familienoberhaupt arbeitslos war (36,4 % im Süden) gegenüber 12 % der Familien mit einem Familienoberhaupt in Rente bzw. 8,2 % und 6,7 % wenn das Familienoberhaupt angestellt oder selbständig war. Diese Zahlen verdeutlichen sowohl die Unzulänglichkeit der Arbeitslosenunterstützung, besonders im Falle von Langzeitarbeitslosen, als auch die Tatsache, dass wir uns wohl vor einer Steigerung von Langzeitarbeitslosigkeit befinden. Dies gilt insbesondere für Arbeitslose mit niedrigem Bildungsgrad, die deutlich überdurchschnittlich Armut ausgesetzt sind (17,5 %), vor allem gegenüber denjenigen mit einem höheren Bildungsgrad. Zugleich zeigt die Anzahl armer Familien, deren Familienoberhaupt berufstätig ist, dass Arbeit nicht immer vor Armut schützt, sei es, weil es sich um unterbezahlte oder

19 Die Autorin spricht in diesem Zusammenhang von „Bezugsperson", meint damit „Familienoberhaupt".

prekäre Arbeit handelt oder weil ein Missverhältnis zwischen Einkommen und den Bedürfnissen der Familie bzw. zwischen Einkommen und konsumierenden Familienmitgliedern besteht. Im Falle Italiens erklärt eher das zweite Phänomen die Tatsache, dass Familien arm sind, obwohl das Familienoberhaupt berufstätig ist: Dies wird in dem Maße deutlich, in dem Erhebungen über so genannte „working poor", d.h. Arbeiter, deren Arbeitszeiten und/oder Lohnniveau deutlich unter dem Durchschnitt liegen, ergeben, dass es sich dabei in den meisten Fällen um Jugendliche oder Frauen handelt, die nicht die einzigen oder die Hauptverdiener der Familie sind.

Um diese Gesamtbetrachtung der Merkmale von Armut in Italien abzuschließen, muss man unterstreichen, dass diese in ihrem Erscheinungsbild vor allem Familienarmut ist: Es sind eben Familien im eigentlichen und nicht nur im meldetechnischen Sinne, vor allem Familien mit Kindern und ältere Paare, die arm sind. Im Gegensatz zu anderen Ländern hingegen sind Alleinstehende, insbesondere Jugendliche und Erwachsene, keinem besonderen Armutsrisiko ausgesetzt. Vielleicht, weil in Italien Jugendliche mit unzureichendem Einkommen dazu neigen, weiterhin bei den Eltern zu wohnen.

4.2 Armut von Familien mit minderjährigen Kindern und von Jugendlichen

Vor diesem Bild substantieller Kontinuität sticht die Verschlechterung der Situation von Familien mit minderjährigen Kindern hervor, bei denen sich das Ausmaß von Armut von 14 % im Jahr 1997[20] auf 15,1 % im Jahr 2000, dem Jahr, in dem der höchste Stand erreicht wurde, verschoben hat (vgl. Commissione di Indagine sulla esclusione sociale 2002). Danach ist der Anteil bis auf 13 % in 2003 gesunken (vgl. Tab. 3, S. 76).

Das Phänomen des Armutsanstiegs in der zweiten Hälfte der 1990er Jahre bei Familien mit minderjährigen Kindern ist nicht nur ein italienisches Phänomen. Es ist auch verschiedenen internationalen Berichten zu entnehmen und ergibt sich auch aus jüngsten Studien (z.B.: Vleminckx/

20 Es ist nicht möglich, genaue Vergleiche mit der Zeit vor 1997 zu ziehen, da in diesem Jahr die Konsumanalyse tief greifend verändert wurde, auch vom Sample her. Trotzdem bleibt festzustellen, dass sich Anfang der 1980er Jahre die Armut deutlich auf Senioren und Familien mit Senioren konzentrierte, während man nachfolgend und vor allem seit Anfang der 1990er Jahre eine leichte Verbesserung der Situation bei Senioren, dafür aber eine progressive Verschlechterung bei Familien mit Kindern hat beobachten können.

Smeeding 2001). Dennoch weist es in unserem Land mindestens zwei besondere Merkmale auf. Das erste betrifft die Tatsache, dass, obwohl es in Italien eine relativ geringe Anzahl von Familien mit minderjährigen Kindern ohne mindestens einen Erwerbstätigen gibt, dies die Familien mit minderjährigen Kindern nicht vor Armut schützt. Mit anderen Worten, während in den meisten entwickelten Ländern die Armut von Familien mit minderjährigen Kindern und Jugendlichen von der Arbeitslosigkeit beider Eltern, oder im Falle von Familien mit einem Elternteil, von der Arbeitslosigkeit oder Nichterwerbstätigkeit dieses Elternteils (vor allem der Mutter) abhängt, schützt in Italien weder die Erwerbstätigkeit mindestens eines Elternteils, noch die höhere Stabilität der Ehen, noch die Tatsache, dass die Quote von Kindern, die unehelich geboren werden, sehr gering ist – allesamt Bedingungen, die im Vergleich zu anderen Ländern ein geschützteres Umfeld vermuten lassen – Kinder und Jugendliche nicht wirksam vor dem Armutsrisiko (OECD 1998). Teilweise kann dies anhand des in Italien vergleichsweise ungünstigen Verhältnisses von Bevölkerung und Beschäftigung erklärt werden. Dies hat zur Folge, dass auf jeden Erwerbstätigen eine im Vergleich zu anderen Ländern durchschnittlich höhere Anzahl abhängiger Personen kommt. Tatsächlich ist die Erwerbsquote von Frauen in Italien eine der niedrigsten in der EU und der OECD. Außerdem verlassen Jugendliche in Italien später als ihre Altersgenossen in anderen Ländern das Elternhaus und werden somit weiter von den Eltern unterstützt. Darüber hinaus ist die finanzielle Anerkennung von Kindererziehung über Umverteilungsmaßnahmen – wie Kindergeld oder Steuerabschreibungen – substantiell von geringer Bedeutung.

Das zweite Merkmal hatte zur Folge, dass Italien zusammen mit England, Mitte der 1990er Jahre das Land mit der höchsten Armutsquote unter den Minderjährigen war (Bradbury/Jäntii 1999). Dies bedeutete nicht nur einen Anstieg der Armutsgefahr bei Familien mit Minderjährigen, somit bei den Minderjährigen, sondern auch, dass diese Familien das höchste Armutsrisiko trugen und die Minderjährigen den Senioren das zweifelhafte Privileg streitig machten, die Gruppe zu sein, die die höchste Armutsquote aufweist.

Wie aus Tab. 2 und 3 zusammen hervorgeht, ist, trotz der Abnahme der Armut bei Familien mit minderjährigen Kindern nach dem Höchststand von 2000, die Wahrscheinlichkeit höher, dass Kinder in armen Familien leben, wenn die Kinder, bei gleicher Anzahl, minderjährig sind. Im Süden war 2003 fast ein Viertel aller Familien mit minderjährigen Kindern arm.

Der Anteil armer Kinder und Minderjähriger ist noch höher als der von Familien, da sich die Armut auf große Familien konzentriert (vgl.

Tab. 3: Armut von Familien je nach Alter der Kinder (2003)

	Italien	Norden	Zentrum	Süden
Familien mit Kindern unter 15 Jahren	13,5	6,1	7,0	23,9
Familien ohne Kinder unter 15 Jahren	9,6	5,1	5,3	20,1
Familien mit Kindern unter 18 Jahren	13,0	5,8	6,3	23,4
Familien ohne Kinder unter 18 Jahren	9,6	5,1	5,5	20,1
Italien	**10,6**	**5,3**	**5,7**	**21,3**

Quelle: ISTAT 2004, Ausarbeitungen für die Verfasserin

Tab. 4). Die Erfahrung relativer Armut schließt ca. 15 % aller italienischen Minderjährigen ein (ein Viertel im Süden), verstärkt die der unter 15–Jährigen. Es gilt anzumerken, dass auch in den nördlichen Regionen die Armut unter den Jüngsten der Minderjährigen über 2 % höher als in der übrigen Bevölkerung ist.

Im Jahr 2000 hat die „Commissione di Indagine sulla esclusione sociale" eine spezifische Analyse über Familien mit Minderjährigen und über Minderjährige, die sich in Armut befinden (Commissione di Indagine sulla esclusione sociale 2002) durchgeführt, die dann aber leider nicht mehr mit den gleichen Details wiederholt wurde. Dies erlaubt es aber immerhin, einige besondere Merkmale der Gefährdung von Familien, in denen arme Minderjährige leben, herauszustellen.

Wie Tabelle 6 (S. 78) veranschaulicht, ist das Armutsrisiko für Minderjährige offensichtlich am höchsten, wenn keiner der Erwachsenen, mit denen sie leben, berufstätig ist oder wenn das Familienoberhaupt, arbeits-

Tab. 4: Armut von Einzelpersonen, nach Alter (2003)

Armutsquote	Italien	Norden	Zentrum	Süden
Minderjährige unter 15 Jahre	15,2	7,4	7,7	25,4
≥ 15 Jahre	11,2	5,3	6,2	21,8
Minderjährige unter 18 Jahre	14,7	6,8	7,0	25,0
≥ 18 Jahre	11,2	5,4	6,2	21,7
Italien	**11,8**	**5,6**	**6,4**	**22,4**

Quelle: ISTAT 2004, Ausarbeitungen für die Verfasserin

Tab. 5: Armutsverbreitung unter Familien und Beschäftigungsstatus der Bezugsperson (2000 – Angaben in Prozent)

	Abhängig-beschäftigt	**Selbst-ständig**	**Arbeits-suchend**	**Andere***	**Italien**
allein stehende Person oder kinderloses Paar	2,8	**	15,9	13,9	**10,3**
Paar oder allein erziehende Person mit mind. einem minderjährigen Kind	12,6	10,7	43,7	19,3	**14,0**
Paar oder allein erziehende Person mit mind. einem volljährigen Kind	9,1	6,4	29,2	13,6	**11,5**
Andere Familienformen	16,3	12,9	37,8	21,3	**18,2**
Gesamt	**9,8**	**7,9**	**33,1**	**14,6**	**12,3**

* beinhaltet Haushalte mit folgenden Bezugspersonen: Rentner/in, Hausfrau, Wohlhabende/r, Soldat, Student/in.

** nicht signifikanter Wert , auf Grund begrenzter Anzahl.

Quelle: ISTAT, Indagine sui consumi delle famiglie 2000.

los ist. Somit gefährdet die Arbeitslosigkeit der Väter in starkem Maße vor allem die Kinder dadurch, dass ihnen finanzielle Ressourcen und, im weiteren Sinne, eine Teilhabe an gesellschaftlichen Ressourcen, Anerkennung und Wertschätzung vorenthalten wird. Dennoch bleibt, wie der Tab. 5 zu entnehmen ist, das Armutsrisiko auch dann hoch, wenn nur ein Elternteil beschäftigt ist.

Umgekehrt sinkt es beträchtlich, wenn beide Elternteile arbeiten: bei Familien mit einem oder zwei Kindern wird es um ein Drittel gemindert, zu einem Viertel im Falle von Familien mit drei oder mehr Kindern. In anderen Worten, die Armut dieser Familien wird durch das Missverhältnis zwischen der Anzahl entlohnter Beschäftigter (oder Einkommensbezieher) und der Anzahl von Konsumenten verursacht. Somit scheint die Beschäftigungsförderung von Müttern sowohl in Familien, in denen es beide Elternteile gibt als auch in denen mit allein erziehenden Müttern, ein fundamentales Mittel zur Armutsabwehr zu sein.

Auch eine spätere, ebenfalls von der „Commissione di Indagine sulla esclusione sociale" (2003) für das Jahr 2002 durchgeführte Analyse zeigte, wie sehr junge Familien mit kleinen Kindern, insbesondere wenn sie mehr als ein Kind und vor allem, wenn sie mehr als zwei Kinder haben, eine Realität darstellen, in der sich verschiedene Gefährdungsfaktoren bündeln. Tendenziell findet man in diesen Familien sowohl einige dem jungen Alter entsprechende benachteiligende Merkmale (relativ bescheidene Einkommen, begrenzte Sparmöglichkeiten und Vermögensbildung), vor allem in Verbindung mit geringer Bildung, als auch ein Missverhältnis zwischen der Anzahl von Einkommensbeziehern und der Anzahl von Konsumenten,

Tab. 6: Armutsverbreitung unter Familien mit Kindern nach Familienform, Präsenz und Beschäftigungssituation des Partners (2000 – Angaben in Prozent)

Familienform	Abwesender Partner	Arbeitender Partner	Partner in anderer Situation	Italien
Paar mit einem minderjährigen Kind	-	5,8	15,7	**10,0**
Paar mit zwei minderjährigen Kindern	-	8,3	23,0	**15,9**
Paar mit drei oder mehr minderjährigen Kindern	-	8,4	35,3	**26,0**
allein Erziehende/r mit nur minderjährigen Kindern	11,4	-	-	**11,4**
allein Erziehende/r mit nur volljährigen Kindern	12,7	-	-	**12,7**
Paar mit nur volljährigen Kindern	-	5,0	13,6	**11,1**
Andere Familienformen mit minderjährigen Kindern	24,1	8,7	25,5	**19,4**
Andere Familienformen ohne minderjährige Kinder	16,3	4,3	20,1	**15,7**
Gesamt Familien	**10,9**	**5,7**	**17,3**	**12,3**

Quelle: Istat, Indagine sui consumi delle famiglie 2000 e Commissione di indagine sulla eslusione sociale, Rapporto annuale sulle politiche contro la povertà e l'esclusione sociale, Roma, 14 novembre 2001.

das damit begründet ist, dass Mütter häufig ihre Erwerbsarbeit aufgeben, vor allem, wenn sie mehr als ein Kind haben, einen niedrigen Bildungsstand aufweisen oder im Süden leben (vgl. auch Sabbadini 2004).

Daraus folgt, dass Familien mit Minderjährigen, vor allem mit Minderjährigen unter 15 Jahren, 74 % der Familien mit nur einem Einkommen und 76 % der mit niedrigem Einkommen und nur einem Berufstätigen bilden. Insbesondere Familien mit einem Kleinkind haben zu 42 % nur einen Lohnempfänger; sind es zwei Kinder, steigt diese Quote auf 48 % und erreicht 61 % im Falle von drei Kleinkindern. Familien mit Minderjährigen (alle, nicht nur die armen) legen im Durchschnitt den Schwerpunkt ihrer Ausgaben auf den essentiellen Konsum (Lebensmittel und Wohnraum) zu Lasten der Ausgaben für Luxusgüter, Freizeit, Kultur (außer den schulisch bedingten Kosten). Dies bedeutet, dass besonders in den ärmeren Familien viele im Leben als normal, wenn auch nicht als notwendig geltende Aktivitäten und Ausgaben stark eingeschränkt werden. Familien mit Minderjährigen haben tendenziell nicht nur kinderlosen Familien, sondern auch Familien mit älteren Kindern gegenüber geringere Sparmöglichkeiten und können deswegen im Bedarfsfall nicht auf „Reserven" zurückgreifen. Was jedoch Familien, die keine Sparmöglichkeiten haben, von allen anderen Familien mit Kleinkindern unterscheidet, ist ein besonders ungünstiges Verhältnis von Lohnempfängern zu Familienmitgliedern und ein geringer Durchschnittslohn. In der Tat fällt bei ihnen eine geringere Anzahl an Lohnempfängern mit der höheren Wahrscheinlichkeit von Empfängern niedriger Einkünfte zusammen. Es ist nicht verwunderlich, dass Familien mit kleinen Kindern und überzogenen Konten größtenteils im Süden anzutreffen sind, wo diese Familien bei einer demographischen Quote von 23 % einen überproportionalen Anteil (47 %) an den Familien mit unausgeglichenem Kontensaldo ausmachen.

Wie der Bericht der „Commissione di Indagine sulla esclusione sociale" für das Jahr 2002 veranschaulicht, weisen Familien mit Minderjährigen in Italien generell unausgeglichene Salden auf, weil sich dort Ressourcen und Bedürfnisse nur schwer in Einklang bringen lassen. Sobald Familien an Größe zunehmen und das Verhältnis Lohnempfänger/Mitglieder sich verschlechtert, wird jegliches Gleichgewicht unmöglich. „Somit stehen wir Familien gegenüber, die, am Rande des Überlebens, Formen starker finanzieller Einschränkung durchleben, da ihr Einkommen wenig mehr als 30 % des Durchschnitts von Haushalten mit Kindern ausmacht, der Gesamtkonsum 35 % und der für Lebensmittel ca. zwei Drittel. Die Untergruppe großer Familien – mit im Allgemeinen nur einem Niedriglohnbezieher – lebt zu 75 % im Süden, 45 % wohnen zur Miete und 16 % auf Freundschaftsbasis. Der Mietzins beträgt 22 % des verfügbaren Einkommens" (Commissione di Indagine sulla esclusione sociale, 2003).

Auch diese Analyse bestätigt somit, wie die Nichtberufsfähigkeit der Mutter signifikant dazu beiträgt, Familien mit Minderjährigen finanziell zu gefährden, insbesondere, wenn sie mehr als ein Kind haben.

Die Relevanz der Berufstätigkeit der Mutter als Instrument der Armutsabwehr wird indirekt durch die Tatsache bestätigt, dass in Italien, im Gegensatz zu den meisten europäischen Ländern und den Vereinigten Staaten (mit Ausnahme der skandinavischen Länder), Familien von allein Erziehenden mit minderjährigen Kindern keine überdurchschnittliche Armutsquote aufweisen, im Gegenteil.[21] Dies erklärt sich mit den sozialen Merkmalen von Familien allein Erziehender in unserem Land. Wie in den anderen Ländern, handelt es sich mehrheitlich um Familien, deren einziger präsenter Elternteil die Mutter ist. Allerdings handelt es sich im Gegensatz zu den meisten anderen Ländern, größtenteils entwe-

21 Die diesbezügliche Literatur ist sehr umfangreich. Für eine Vergleichsanalyse auf europäischer Ebene siehe Lewis 1997 und Pedersen/Weise/Jacobi/White 2000.

der um Witwen oder um Getrenntlebende und Geschiedene. Außereheliche Geburten kommen in Italien eher selten vor. Dies gilt noch mehr für uneheliche Geburten minderjähriger Mütter – ein Phänomen, welches besonders in England und den Vereinigten Staaten anzutreffen ist. Dies bedeutet, dass diese Familien oftmals mit einer mehr oder weniger angemessenen Unterstützung des abwesenden Elternteils rechnen können. Des Weiteren waren es bis vor kürzester Zeit vornehmlich Paare aus der Mittel- und Oberschicht, bei denen außerdem beide Partner arbeiten, die von ehelicher Instabilität betroffen waren.[22] Erst in den letzten Jahren hat sich dies in den Regionen Mittel- und Norditaliens geändert, in denen die eheliche Instabilität sich sozusagen demokratisiert hat, also zunehmend die unteren Schichten mit einbezogen hat. Diese Charakteristika ehelicher Instabilität haben dazu geführt, dass in den meisten Fällen Frauen, die eine Ehe verlassen, eine Minderung finanzieller Ressourcen erleiden, da sie nicht mehr auf die des Ehemannes zählen können.

Doch da sie einer eigenen und meist qualifizierten Arbeit nachgehen, leiden sie und ihre Kinder seltener unter Armut. Auch ist für eine Reihe von getrennt lebenden Frauen und ihre Kinder ein Leben in Armut mehr oder weniger vorübergehender Natur. Dies hat somit nicht – oder noch nicht – zur Folge, dass sie unter den armen Familien überrepräsentiert sind, auch wenn sie häufig die Hauptgruppe unter den Empfängern von Sozialhilfe bilden, da sie als eine im besonderen Maße gefährdete Kategorie anerkannt sind. Diese Zahl wird nach und nach steigen, solange der Prozess der ehelichen Instabilität sich ausweitet und dann auch eine steigende Anzahl von Hausfrauen und prekär beschäftigten Arbeiterinnen einbezieht.

Familien mit Minderjährigen haben im Vergleich zu allen anderen Familien nicht nur eine höhere Wahrscheinlichkeit arm zu sein, sondern auch dies für lange Zeit zu bleiben. Dies ist eine beunruhigende Tatsache, die aus der auf den Daten des „Panel Europeo delle Famiglie" basierenden dynamischen Analyse von Familienarmut hervorgeht. Armut betrifft somit Minderjährige in doppelter Hinsicht: indem sie die Situation während der Kindheit und des Heranwachsens verschlechtert und die Chancen als Erwachsene verringert.

22 Über die Charakteristika der ehelichen Instabilität in Italien und die unterschiedlichen Verarmungsrisiken von Männern und Frauen vgl. Barbagli/Saraceno 1998. Aktuellere Daten, die den Prozess der oben erwähnten „Demokratisierung" bestätigen, finden sich in ISTAT 2001 und 2002a.

4.3 Armut als Kind erleben

Doch was bedeutet es als Kind arm zu sein? Auf internationaler Ebene diskutiert man über die Unangemessenheit traditioneller Armutsindikatoren, auch der subjektiven Indikatoren, um die Armut Minderjähriger, insbesondere die von Kindern zu beschreiben. In Italien fehlt es völlig an systematischen Untersuchungen auf diesem Gebiet. Trotzdem geben partielle und oft sehr ortsgebundene Recherchen einige Indizien. Zu den interessantesten gehören die über die Wechselwirkung von sozialem Status und Gesundheit. Die relevantesten davon beziehen sich auf die Konsequenzen für die Gesundheit. Verschiedene epidemiologische Studien haben deutliche Zusammenhänge zwischen niedrigem sozialen Stand und niedriger Bildung der Eltern und einigen negativen Auswirkungen auf die Gesundheit von Kindern, von Geburt an, herausgearbeitet (für eine Zusammenfassung der unterschiedlichen Ergebnisse siehe Spadea/Cois 2004; Vannoni/Cois 2004). Noch heute gibt es in den südlichen Regionen im Vergleich zu den mittleren und nördlichen signifikante Unterschiede bei den Kindersterblichkeitsquoten mit jeweils 6,25 %, 4,6 % und 3,9 %. Kinder von Frauen mit niedrigem Bildungsstand und niedrigem sozialökonomischen Status unterliegen einem höheren Geburts- und Kindersterblichkeitsrisiko als die von Müttern in besseren Verhältnissen, auch bei Gleichheit wichtiger biologischer Faktoren. Kinder aus weniger privilegierten Schichten neigen öfter als andere zu Übergewicht, was zu negativen, empirisch belegten Folgen für ihre Gesundheit als Erwachsene führt.

Die vom ISTAT in den Jahren 1999–2000 durchgeführte Gesundheitserhebung hat ergeben, dass die negative Beurteilung des Gesundheitszustandes eines Kindes mit der Arbeitslosigkeit der Eltern, oder des einzigen anwesenden Elternteils (Vannoni/Cois 2004) im Zusammenhang steht. Darüber hinaus gehen Kinder seltener regelmäßigen sportlichen Aktivitäten nach, wenn beide Eltern arbeitslos sind, aber auch wenn die Mutter nicht berufstätig ist; außerdem zeigt sich eine Abnahme der zahnärztlichen Untersuchungen, die im italienischen Gesundheitssystem kostenpflichtig sind.

Neuere Schätzungen zeigen, dass Mißhandlung und Gewalt gegenüber Minderjährigen mehrheitlich in den niedrigeren sozioökonomischen Schichten auftreten. Diesen Schätzungen zufolge, sind 5 % der Minderjährigen in irgendeiner Form Opfer von Gewalt. Bei 12 % dieser Fälle handelt es sich um direkte körperliche Gewalt, bei 88 % um Vernachlässigung innerhalb der Familie. Solche Vernachlässigung kann starke negative Auswirkungen nicht nur in Bezug auf den physischen Gesundheitszustand und das Wachstum von Minderjährigen haben, sondern auch auf deren gesamte Entwicklung, auch ihre psychologische Entwicklung und Beziehungsfähigkeit. Ein Viertel der misshandelten Kinder kommt aus Familien, die in Armut leben; die restlichen aus Familien, in denen schwere Missstände herrschen (wie Alkoholismus, Drogenkonsum und Ähnliches).

Das Leben in Armut, insbesondere im Zusammenhang mit einem zerrütteten Umfeld, hat oftmals – noch vor Beendigung der Schulpflicht – den vorzeitigen Schulabbruch zur Folge. Eine 1998 erfolgte parlamentarische Untersuchung zeigte, wie sehr das Phänomen des Schulabbruchs auf den Süden, insbesondere auf die großen städtischen Gebiete und die heruntergekommensten Viertel, konzentriert ist. Das sind Jugendliche, die nicht zur Schule gehen oder auf der Straße leben oder frühzeitig in der – manchmal auch kriminellen – Schatten-Wirtschaft landen. Auch wenn die Arbeit Minderjähriger ein Phänomen zu sein scheint, das in allen Regionen des Landes verbreitet ist und nicht nur arme Minderjährige betrifft, so ist sie besonders verbreitet sowohl im reichen Nordosten, wo einer Schätzung nach 20 % der Minderjährigen schon vor dem Mindestalter (15 Jahre) Erfahrungen auf dem Arbeitssektor gemacht haben, als auch im Süden, wo die Quote von minderjährigen „Kinderarbeitern" bei 13–14 % liegt (ISTAT 2002b; Rusconi/Saraceno o.J.). Es sind jedoch die ärmsten Minderjährigen, welche die schwerste und am geringsten qualifizierte Arbeit verrichten. Dies bedeutet, dass sie im Falle von Unfällen nicht nur nicht versichert sind, sondern dass sie auch sehr früh in einen Kreislauf ungenügender oder gänzlich fehlender beruflicher Qualifikation geraten, der ihnen nicht nur die Zeit für Spiel und Erholung raubt, sondern auch ihre Zukunft aufs Spiel setzt.

4.4 Die Rolle der Politik

Es gibt keinen Zweifel daran, dass der erste Armutsschutz für Minderjährige und deren Familien die Berufstätigkeit der Eltern ist, genauer die der Mutter. Auf dem Hintergrund dieser Betrachtungsweise stellt die Förderung der Berufstätigkeit von Frauen mit Familien sowie die Politik der Vereinbarkeit familiärer und beruflicher Pflichten ein politisches Instrument zur Unterstützung von Familien mit Kindern dar. Es ist bekannt, dass wir in Italien in der Hinsicht noch weit entfernt von einer optimalen Situation sind. Obwohl die Berufstätigkeit von Frauen, besonders Frauen mit Kindern, in den letzten Jahren signifikant gestiegen ist, überschreitet sie noch nicht einmal in den Regionen von Mittel- und Norditalien mit dem höchsten Anteil weiblicher Beschäftigter und der höchsten Arbeitsnachfrage die 50 %. Mehr noch, das Phänomen der Arbeitsplatzaufgabe aus familiären Motiven ist weit verbreitet: Hochzeit, Geburt eines Kindes, Kinderbetreuung. Familiäre Gründe sind die häufigsten für Frauen, die ihren Arbeitsplatz aufgeben, und die Situation ändert sich nicht von einer Kohorte zur nächsten (vgl. ISTAT 1998). Dies kann natürlich von kulturellen Beweggründen und Wertvorstellungen abhängen. Aber es hängt auch von der fortdauernd ausgeprägt geschlechtsspezifischen Arbeitsteilung in der Familie ab, die die Koordination fast ausschließlich den Müttern überlässt, abgesehen von den wenig familienfreundlichen Zeiten und der Organisation entlohnter Arbeit und vom Mangel an Betreuungsdienstleistungen, sowohl für sehr kleine Kinder[23] als auch für pflegebedürftige Personen bis hin zu den Schulzeiten, die die Anwesenheit eines Erwachsenen während eines großen Teils des Tages oft als selbstverständlich voraussetzen usw.

Wenn auch die Förderung der Berufstätigkeit von Erwachsenen, von Eltern, das zentrale Instrument zur Bekämpfung der Armut von Minderjährigen und deren Familien ist, so erscheint sie jedoch nicht ausreichend zu sein: sei es, weil das Phänomen niedrig entlohnter (und manchmal auch wenig geschützter) Arbeit noch nicht einmal alle Beschäftigten vor Armut schützt und, weil nicht nur allein der Entlohnung die Aufgabe überlassen werden darf, die Erziehungskosten der Eltern auszugleichen. Allgemeiner gesagt geht es darum, das Missverhältnis zwischen Ressourcen und Bedürfnissen, die bei der Geburt eines weiteren Kindes auftreten können, zu mildern – ein aus der Erforschung des Kreislaufes familiären Lebens in traditionellen Agrargesellschaften wohl bekanntes Phänomen, doch merkwürdigerweise von unserer politischen Kaste gänzlich ignoriert wird.

Im Gegensatz zu den meisten europäischen Ländern hat Italien auf die Frage der Kosten für Kindererziehung noch keine effiziente und dauerhafte Antwort gefunden, obwohl in den letzten Jahren kleine Schritte in diese Richtung gemacht worden sind: neben dem Kindergeld, ein gleichermaßen populäres wie auch aufgrund der Eingeschränktheit seiner Empfängerzahl und der geringen Zweckmäßigkeit der es regulierenden Mechanismen[24] stark kritisiertes und kritisierbares Instrument, wurden

23 Die Deckungsquote von Vorkindergärten liegt auf nationaler Ebene bei 7,6 %, nicht einmal in den Regionen mit höherer Frauenbeschäftigungsquote erreicht sie 12 %.

24 zur weiteren Einschätzung dieser Maßnahme vgl. z.B. Donatello/Roberti 1997; Toso 1997; Toso 2000.

in den letzten Haushaltsbeschlüssen zwei weitere Instrumente auf den Weg gebracht: die Erhöhung der Steuerabschreibungen (2005 im Haushaltsgesetz in Steuererlasse umgewandelt) und die Einführung einer neuen Form von Kindergeld für Familien mit sehr bescheidenem Einkommen und mindestens drei minderjährigen Kindern. Die erste Maßnahme hat sicherlich ein gewisses horizontales Gleichgewicht zwischen denen herbeigeführt, die – bei gleichem Einkommen – Kinder haben oder keine. Trotzdem hat die Maßnahme aufgrund des Fehlens eines Instruments vom Typ der Negativsteuer – wegen des wohl bekannten Problems der Steuerbefreiung – auf die Situation der armen und sehr armen Familien kaum Auswirkungen. Die zweite Maßnahme, das Kindergeld für große Familien, wurde 1999 eingeführt und erwies sich umverteilungstechnisch als wirkungsvoll: Die Verteilung an die Begünstigten entspricht fast genau der Verteilung der Armut von Minderjährigen (Commissione di Indagine sulla esclusione sociale, 2002). Aber es handelt sich eben um eine sehr partielle Maßnahme, die es nur begrenzt schafft, das Ausmaß an Armut bei Familien mit zwei oder mehr minderjährigen Kindern zu verringern. Weil der Betrag – abnehmend bei zunehmendem Einkommen – gering ist; weil er überhaupt nicht Familien mit zwei Kindern berücksichtigt, obwohl dort Armut stark verbreitet ist; weil er nicht die Differenz zwischen Einkommen und Bedürfnissen in armen Familien mit drei oder mehr Kindern überbrückt, außer bei denen, die sich sehr nah an der Armutsschwelle befinden. Nur eine Ausweitung der Bezugsberechtigten, die auch Familien mit zwei Kindern mit einbeziehen würde und eine Erhöhung des Betrages für Familien mit drei Kindern könnte diese Maßnahme als Versuch, der Armut von Familien mit Minderjährigen zu begegnen, wirkungsvoller machen.

Allgemeiner gesagt, glaube ich, bedarf es einer umfassenden und zusammenhängenden Überprüfung des Systems der steuerlichen Abschreibungen/Umverteilungen und des Ausgleichs der Kinderkosten (bei den Kindergeldformen), um es letztendlich insgesamt transparenter und gerechter zu machen. Dies betrifft sowohl die horizontalen und universell wirkenden Instrumente zur Abfederung der Kindererziehungskosten (d.h. einkommensunabhängig, für alle gültig, somit auch für arme und nicht steuerpflichtige Personen), als auch die vertikalen Instrumente zur Einkommensaufbesserung armer Familien. In den meisten Ländern der Europäischen Union gibt es beiderlei Formen, während sie in Italien fragmentiert und miteinander vermischt sind, mit dem paradoxen Resultat, dass gerade die Armen außen vor gelassen werden. Diesbezüglich lohnt es sich zu unterstreichen, dass Länder wie beispielsweise die frankophonen, in denen es großzügige horizontale (also allgemeingültige) Maßnahmen zur Übernahme von Kinderkosten über direkte Transferleistungen anstelle von steuerlichen Abschreibungen gibt, eine bemerkenswerte Effizienz aufweisen, auch hinsichtlich der Armutsprävention im Falle von Familien mit Kindern. Dies trifft zumindest für Familien „armer Arbeiter" zu, d.h. jener, deren Arbeitslohn nicht ausreicht, um das durch die Präsenz von einem weiteren Kind oder weiterer Kinder verursachte Missverhältnis von Bedürfnissen und Ressourcen zu überbrücken.

Andererseits gibt es in Italien nicht einmal eine letztinstanzliche Maßnahme zur Einkommensunterstützung für jemanden, der sich in Armut befindet, außer für arme Senioren und Schwerbehinderte. Eine Maßnahme dieser Art, ähnlich der des französischen RMI (Revenu minimum d'insertion) wurde 2–4 Jahre lang in einigen Kommunen[25] erprobt und war im 2000 verabschiedeten Gesetzespaket (L. 238/2000) zum integrierten System der sozialen Dienstleistungen und Interventionen vorgesehen. Allerdings hat der Regierungswechsel zusammen mit der Verfassungsreform, die die Autonomie der Regionen gerade auf diesem Gebiet verstärkt hat, die Einführung von Maßnahmen dieses Typs unterbrochen.

Es ist hier nicht der Ort für eine detaillierte Analyse dieses Instruments (d.h. des RMI), seines Potenzials, aber auch seiner Risiken und der Notwendigkeit einer Verbesserung in organisatorischer Hinsicht. Dafür sei auf die Berichte sowohl der „Commissione di indagine sulla esclusione sociale" (2002) als auch auf die des „Istituto di valutazione" verwiesen. Hier soll, in der Kürze dieses Artikels unterstrichen werden, dass der RMI sich als ein besonderes wichtiges Instrument erwiesen hat, gerade für Familien mit Minderjährigen und die Minderjährigen selbst: nicht nur, weil der RMI mittellosen Familien ein Mindesteinkommen garantiert hat, sondern auch, weil er ein effizientes Mittel zur Abwehr des Schulabbruches geworden ist, indem er die Eltern dazu gebracht hat, die eigene Verantwortung und Verpflichtung zu reflektieren und auch Jugendliche ermutigt hat, zur Schule zurückzukehren, die sie viel zu früh verlassen hatten. Mit anderen Worten, er hat sich als ein zumindest vom Potenzial her wichtiges Mittel

25 Die Erprobung war Bewertungsgegenstand seitens eines unabhängigen Betrachters: ein temporärer Unternehmungsverbund, bestehend aus dem Istituto per la Ricerca Sociale (IRS) [Institut für soziale Forschung] in Mailand, der Fondazione Zancan [Zancan Stiftung] in Padua und dem Centro di Ricerche sui problemi del lavoro, dell'Economia e dello sviluppo (CLES) [Zentrum, für Erforschung von Problemen der Arbeit, der Wirtschaft und der Entwicklung] aus Rom. Der Bericht wurde Ende Mai 2001 fertig gestellt und sollte Teil des Berichtes an das Parlament seitens des Ministers für Arbeit und Sozialpolitik sein, aber während ich dies schreibe, ist dem noch so nicht geschehen und der Bericht ist noch nicht in seiner Gesamtheit veröffentlicht worden.

erwiesen, sowohl um auf den Zustand extremer Armut, als auch auf die zukünftigen Möglichkeiten vieler Minderjähriger einzuwirken, indem es Sozialarbeiter wie auch Familien gezwungen hat, in deren Ausbildung zu investieren und sie ganz allgemein als Personen zu betrachten, die in besonderem Maße Aufmerksamkeit und Investitionen verdienen.

Literatur

Barbagli, M./Saraceno, C. (1998): Separarsi in Italia. Bologna, il Mulino

Bradbury, B./Jäntti, M. (1999): Child Povery across Industrialized Nations, Innocenti Occasional Papers, Economic and Social Policy Series, n.o. 71, Firenze, International Child Development Centre

Centro Nazionale di documentazione e analisi per l'infanzia e l'adolescenza (2001): I nidi d'infanzia e gli altri servizi educativi per i bambini e le famiglie. Firenze, Istituto degli Innocenti

Commissione di indagine sulla esclusione sociale (2002): Rapporto sulle politiche contro la povertà e l'esclusione sociale. 1997–2002 a cura di Chiara Saraceno. Carocci, Roma

Commissione di indagine sulla esclusione sociale (2003): Rapporto sulle politiche contro la povertà in Italia. Anno 2003, mimeo, Roma

Commissione di indagine sulla povertà e l'emarginazione (1996): La povertà in Italia. 1980–1994, Roma, Poligrafico dello Stato

Donatiello, G./Roberti, P. (1997) Disuguaglianze distributive e standards di vita delle famiglie italiane, ISPE, Ottobre, mimeo,

ISTAT (1998): Indagine Multiscopo "Famiglia, soggetti sociali e condizioni dell'infanzia"

ISTAT (2001): L'instabilità coniugale in Italia: evoluzione e aspetti strutturali, ISTAT, Roma

ISTAT (2002a): Separazioni, divorzi, provvedimenti emessi. Anno 2000, Statistiche in breve, 19 luglio

ISTAT (2002b): Sistema informativo sul lavoro minorile. Progetto Silm, Convenzione ISTAT-Ministero del lavoro e delle politiche sociali, 2002

ISTAT (2003): "La povertà in Italia nel 2002", Statistiche in breve, ottobre 2003

ISTAT (2004): "La povertà in Italia nel 2003", Statistiche in breve, 13 ottobre 2004

Lewis, J. (ed.) (1997): Lone Mothers in European Welfare Regimes. London, Jessica Kingsley Publishers

OECD (1998): Employment Outlook. Paris, OECD

Pedersen, L./Weise, H./Jacobs S./White M. (2000): "Lone Mothers' Poverty and Employment". In: Gallie, D./Paugam, S. (eds.),Welfare Regimes and the Experience of Unemployment in Europe, Oxford, Oxford University Press

Rusconi, M./Saraceno C. (o.J., erscheint in Kürze): Il lavoro dei bambini, in Musso (ed.)

Saraceno C. (a cura) (2002): Social Assistance Dynamics in Europe. National and local poverty regimes. Bristol, Policy Press

Spadea, T./Cois, E. (2004): "I primi anni di vita". In: Costa, G./Spadea, T./Cardano, M. (eds.): Disuguaglianze di salute in Italia, numero speciale di Epidemiologia & Prevenzione, maggio-giugno 2004, pp. 26–31

Toso S. (ed.) (2000): Selettività e assistenza sociale. Milano, F. Angeli.

Toso S. (1997): Selettività e universalismo nel ridisegno delle politiche della spesa di Welfare, Ministero del Tesoro, Commissione tecnica per la spesa pubblica, Roma

Vannoni, F./Cois E. (2004): "L'emarginazione sociale". In: Costa, G./Spadea, T./Cardano, M. (eds.): Disuguaglianze di salute in Italia, numero speciale di Epidemiologia & Prevenzione, maggio–giugno 2004, pp.32–39

Vleminckx, K./Smeeding, T. (a cura) (2001): Child Well-Being, Child Poverty and Child Policy in Modern Nations. What do we know?, The Policy Press, Bristol

Teil 2

Armut von Kindern in unterschiedlichen Lebensphasen – Wie bewältigen Kinder Armutserfahrungen?

1. Frühe Armutserfahrungen und ihre Folgen – Kinderarmut im Vorschulalter

Gerda Holz

1.1 Armut bei Kindern im Fokus von Wissenschaft, Politik und Praxis

Armut von und Armutsfolgen bei Kindern wurden von der deutschen Armutsforschung ab den 1980er Jahren zunächst nicht als eigenständiges soziales Problem thematisiert. Das heißt, Kinder wurden allenfalls als Ursache von Familienarmut, als Angehörige von einkommensarmen und sozial benachteiligten Haushalten, nicht aber als eigenständige Subjekte in ihrer spezifischen Armutsbetroffenheit in den Blick genommen. Dies änderte sich erst im Laufe der 1990er Jahre – zuerst im Kontext der Sozialberichterstattung –, als zunächst in der Fachöffentlichkeit die zunehmende Armutsproblematik zur Kenntnis genommen wurde. Einhergehend damit wuchs das Erkenntnisinteresse in der Armuts- und der Kindheitsforschung. In der Folge gesamtgesamtgesellschaftlicher Diskussionen über Kinderrechte und Kindeswohl einerseits und unterschiedlicher sozialwissenschaftlicher wie gesellschaftlicher Diskurse über Armutskonzepte andererseits lässt sich Ende der 1990er Jahre ein Perspektivenwechsel feststellen: Kinder werden nun als eigenständige Subjekte wahrgenommen. Parallel dazu wurde in den sozialwissenschaftlichen Disziplinen die Subjektperspektive und damit auch die Kindperspektive betont, was zur Folge hatte, dass die kindliche Wahrnehmung der Lebenslage und die kindlichen Deutungs-, Bewältigungs- und Handlungsmuster verstärkt zum Thema gemacht wurden. Während die deutsche Kindheitsforschung einen solchen Ansatz seit längerem propagiert, musste dieser Perspektivenwechsel in die Armutsforschung erst grundsätzlich eingehen.

Zwischenzeitlich kann auf ein differenziertes mehrdimensionales Konzept zur Erfassung von Wirkung und Bewältigung von Armut bei Kindern und einen kindgerechten Armutsbegriff zurückgegriffen werden. Vor allem zwei Forschungsperspektiven bildeten sich heraus:

– Zum einen liegt der Akzent auf der Erforschung von Umfang, Ursachen und Folgen von Armut bereits ab dem frühen Kindesalter. Zentrale Ansätze sind hier das ressourcen- und lebenslageorientierte

Kinderarmutskonzept von Beate Hock, Gerda Holz und Werner Wüstendörfer (2000a+b)[1] und das lebenslageorientierte Spielraum- und Handlungskonzept von Karl A. Chassé, Margherita Zander und Konstanze Rasch (2003).
- Zum anderen geht es um die Erforschung der Armutsbewältigung durch die Kinder, wiederum ab dem Vor- und Grundschulalter. Hierfür legte Antje Richter (2000) entscheidende Erkenntnisse über die am kindlichen Entwicklungsprozess orientierte Wahrnehmung und Bewältigung von Armut vor, ebenso Sabine Walper (2001) über das familiäre Bewältigungshandeln und seine Auswirkungen auf die Kinder. Auch das Autorenteam Chassé/Zander/Rasch (2003) hat eine Typologie zu den Bewältigungsstrategien von Grundschulkindern entwickelt.

Zeichnete sich die Forschungstätigkeit zunächst durch eine intensive Auseinandersetzung mit den negativen Folgen von Armut auf die kindliche Lebenslage und Entwicklung aus, so findet mehr und mehr die Erforschung von kindspezifischen Ressourcen trotz Armut das wissenschaftliche Interesse (vgl. Holz/Skoluda 2003; Richter/Holz/Altgeld 2004). Die Resilienzforschung bezogen auf „arme Kinder" gewinnt an Konturen (Wustmann 2005; Walper 2005). Parallel dazu steigen Interesse und Bedarf an der Entwicklung und Erprobung von kindbezogenen Armutspräventionsansätzen[2]. Zwischenzeitlich liegen hierzu verschiedene Broschüren und Evaluationsberichte vor (vgl. Bundesjugendkuratorium 2009; Holz 2010a; Holz/Richter-Kornweitz 2010). Allen Ansätzen ist gemein, dass sie Armut bei Kindern mehrdimensional definieren, komplexe Folgen der Unterversorgung und sozialen Ausgrenzung belegen, auf eine differenzierte Betrachtung der Wahrnehmung und Bewältigungsmöglichkeiten durch Kinder sowie auf komplexe handlungsfeld- und ressortübergreifende Präventionsmaßnahmen hinweisen.

---

1 Synonym verwendet werden hierfür auch die Bezeichnungen AWO-ISS-Studie oder AWO-ISS-Kinderarmutskonzept. Die seit 1997 im Institut für Sozialarbeit und Sozialpädagogik (ISS) und im Auftrag des Bundesverbandes der Arbeiterwohlfahrt (AWO) durchgeführte Studie vereint zwischenzeitlich quer- und längsschnittliche Betrachtungen zu kindspezifischen Armut(swirkungen). Sie bildet die wesentliche Grundlage dieses Beitrages.

2 Best-practice-Beispiele und Hinweise für viele: Deutscher Kinderschutzbund „Starke Eltern – Starke Kinder"; Mo.Ki – Monheim für Kinder; Armutspräventionsprogramm des Bundesministeriums für Familien, Senioren, Frauen und Jugend; vgl. dazu auch den Beitrag von Divivier/Groß in diesem Band.

1.2 Armutsbetroffenheit und Armutsrisiko

Armut wird zunächst als relative Einkommensarmut definiert. Als arm gilt entsprechend der allgemeinen EU-Definition, wer über weniger als 50 % (Mittelwert) bzw. 60 % (Median) des durchschnittlichen Nettoeinkommens (nach Haushaltsgröße gewichtet)[3] im jeweiligen Land verfügt. In konkreten Zahlen[4]: Die Armutsrisikoschwelle lag 2008 für einen Ein-Personen.-Haushalt bei 965 Euro und für einen Haushalt mit zwei Erwachsenen und zwei Kindern bei 1.943 Euro (DIW 2010, S.4).

In Deutschland leben derzeit rund 14,9 Mio. Kinder und Jugendliche unter 18 Jahren in rund 9,4 Mio. Familienhaushalten. Um Armutsbetroffenheit und Armutsrisiko in etwa quantifizieren zu können, werden hierzulande generell zwei Bezugsgrößen verwendet: zum einen das Einkommen von Familienhaushalten, denn in der Regel leben Kinder in einem solchen. Die Auswertung der Einkommens- und Verbraucherstichprobe (EVS) für das 1. Halbjahr 2003 ergab, dass rund 15 % der Haushalte mit Kindern unter 16 Jahren einem Armutsrisiko unterliegen (BMGS 2005, 76). Die Auswertung des Sozialökonomischen Panels (SOEP) durch das Deutsche Institut für Wirtschaftsforschung ergab jüngst, dass zwischen

3 Die 50%-Mittelwert-Armutsgrenze wird auf EU-Ebene sowie in fachpolitischen Diskussionen verstärkt durch die 60%-Median-Grenze ersetzt. Des Weiteren ist die Verwendung einer modifizierten Skala zur Berechnung des gewichteten Haushaltseinkommens nach Haushaltstypen auf EU-Ebene in der Umsetzung. Um Einkommen von Haushalten verschiedener Größen vergleichen zu können, werden sogenannte Äquivalenzgewichte verwendet. Annahme hierbei ist, dass durch gemeinsame Haushaltsführung Kosten eingespart werden („economies of scale"). Deshalb wird das verfügbare Haushaltseinkommen nicht durch „Köpfe" respektive die Anzahl der Haushaltsmitglieder, sondern durch die Summe von sogenannten Personengewichten geteilt. So erhält bei der „alten" OECD-Skala der Haushaltsvorstand das Gewicht 1, während andere Haushaltsmitglieder, die älter als 15 Jahre sind, das Gewicht 0,7 erhalten und Kinder (15 Jahre und jünger) das Gewicht 0,5. Bei der „neuen" OECD-Skala erhält der Haushaltsvorstand das Gewicht 1, während andere Haushaltsmitglieder, die älter als 15 Jahre sind, das Gewicht 0,5 erhalten und Kinder (15 Jahre und jünger) das Gewicht 0,3. Beide – wie alle anderen Äquivalenzskalen – sind, wie die Prozentgrenze selbst, letztlich normativ begründet. Gleichwohl haben sie entscheidende Auswirkungen auf die statistische Ermittlung der Armutsgrenze und der betroffenen Haushaltstypen. In der Kindheits- und Armutsforschung wird für die Anwendung der alten OECD-Skala plädiert, um Kinderarmut in Deutschland realitätsgetreu zu erfassen. Die Bundesregierung verwendet im Rahmen der Armuts- und Reichtumsberichterstattung und der Nationalen Aktionspläne zur sozialen Integration beide Skalen.

4 Die Zahlen wurden den verschiedenen Berichten entnommen (BMGS 2005; UNICEF 2005; ZUMA 2005) bzw. im Rahmen der AWO-ISS-Studie auf Basis des SOEP ermittelt.

1998 und 2008 ein kontinuierlicher Anstieg des Armutsrisikos für Minderjährige zu verzeichnen ist. Je nach Altersgruppe ist bei ihnen ein unterschiedliches aber stets über dem allgemein Durschnitt liegendes Risiko gegeben: Es lag 2008 für die Gruppe der 0 bis unter 3-Jährigen bei ca. 18 Prozent und für die Gruppe der 15- bis unter 18-Jährigen bei rd. 21 Prozent (DIW 2010, S. 6).

Zum anderen werden Armutsbetroffenheit und –risiken an der Zahl der Bezieherinnen und Bezieher von Sozialgeld/-hilfe gemäß SGB II/XII betrachtet (umgangssprachlich Hartz IV). Danach haben Menschen Anspruch auf Unterstützung, wenn sie entweder nicht erwerbsfähig sind (z.B. per se Kinder unter 15 Jahren) oder langzeiterwerbslos und keine Ansprüche auf Arbeitslosengeld I haben. Im November 2009 bezogen in Deutschland rund 15 Prozent oder 1,746 Millionen unter 15-Jährige Sozialgeld, wobei regional unterschiedlich jedes 3. bis 7. Kind von Hartz IV leben muss (BA 2010).

Die vermehrt vorliegenden repräsentativen, national und international angelegten Datenauswertungen über Umfang und Entwicklung der Armutsrisiken in Deutschland weisen zwar je nach gewählter Datenbasis, Definition und Messgrundlage unterschiedliche Prozentwerte aus, doch kommen sie in ihren strukturellen Aussagen zu ähnlichen Erkenntnissen (ZUMA 2005; BMGS 2005, OECD 2009; UNICEF 2010):

- Die Bevölkerungsgruppen sind unterschiedlich von Armut und Armutsrisiken betroffen. Familien mit Kindern, und hier besonders allein Erziehende, Familien mit Migrationshintergrund und Familien mit mehr als drei Kindern, unterliegen einem überdurchschnittlichen Armutsrisiko, Seniorenhaushalte dagegen einem unterdurchschnittlichen.
- Als Hauptrisiken gelten (Langzeit-)Arbeitslosigkeit, Niedrigeinkommen, Alleinerziehen und Migrationshintergrund. Kinder, die in Familien mit diesen Merkmalen aufwachsen, sind erheblich stärker armutsgefährdet.
- Die Entwicklung des Armutsrisikos ist differenziert zu betrachten. So skizziert eine Studie des Rheinisch-Westfälischen Instituts für Wirtschaftsforschung (RWI): Die Diskrepanz zwischen Haushalten mit hohem und mit niedrigem Einkommen hat leicht zugenommen, ohne bereits massive Polarisierungen zu bestätigen. Das Armutsrisiko betrifft zunehmend auch Gruppen in der Mitte der Gesellschaft, gleichwohl sind hiervon wiederum besonders allein Erziehende und Menschen mit Migrationshintergrund betroffen (ZUMA 2005). Zudem ist das Armutsrisiko seit 2000 vor allem bei den unter 18-Jährigen sowie

Tab. 1: Armutsquote relativer Einkommensarmut nach sozio-demographischen Merkmalen[1]

	Jahr			
	2000	**2001**	**2002**	**2003**
Alter				
Unter 18 Jahre	14,9	15,9	16,2	18,8
18 bis 64 Jahre	11,5	11,3	12,3	13,8
Über 65 Jahre	10,3	8,9	11,9	9,6
Haushaltsform				
Ein-Personen-Haushalt	17,3	16,2	17,9	17,3
Ehepaare ohne Kinder	6,6	5,7	7,2	7,6
allein Erziehende	28,6	32,9	30,6	31,6
Paare mit Kindern	10,3	9,7	11,2	13,0
Ausländischer Haushaltsvorstand	27,2	26,8	24,1	28,2

1 < 60 % Median gesamtdeutsch, bedarfsgewichtetes Haushaltsnettoeinkommen neue OECD-Skala.

Datenbasis SOEP. Quelle: ZUMA 2005, S. 5.

bei Paaren mit Kindern gewachsen (vgl. Tab. 1).

– Mit Blick auf Kinder stimmen die Auswertungen hinsichtlich des hohen Niveaus und der weiteren Zunahme der Armutsquoten überein (BMGS 2005, 75). Weiterhin besteht breites Einvernehmen darüber, dass Kinder deutlich häufiger als Erwachsene arm und armutsgefährdeter sind. Sie stellen aber nicht per se ein Armutsrisiko dar; vielmehr wird in Abhängigkeit von einzelnen Familienhaushaltstypen und stets in Kombination mit anderen Faktoren (z.B. allein erziehend und erwerbslos) deutlich, dass Kinder allein Erziehender nicht nur häufiger in relativer Einkommensarmut leben, sondern es auch über längere Zeiträume bleiben, und dass Kinder aus Zuwandererfamilien weiter zunehmend armutsbetroffen sind. Bei letzteren verdreifachte sich beispielsweise in den 1990er Jahren der Anteil armer Kinder von 5 % auf 15 %. Dieser Anstieg liegt weit über dem Durchschnitt und trägt maßgeblich zum Gesamtanstieg von Kinderarmut in Deutschland bei (ZUMA 2005; DIW 2010).

1.3 Armutsbetroffenheit bei Kindern im Vorschulalter

Die bisherigen Ausführungen skizzieren Erkenntnisse mit Bezug auf (Familien-) Haushalte sowie für die Gruppe der Erwachsenen und der Minderjährigen insgesamt. Welches Bild aber zeigt sich innerhalb der Gruppe der Minderjährigen und hier besonders der Kinder im Vorschulalter? Die beschriebenen Armuts- und Armutsrisikoverteilungen treffen auch für sie fast deckungsgleich zu (vgl. Tab. 2). Das bedeutet, wir haben es mit einem strukturellen Risikomuster zu tun, das höchst unterschiedliche Lebenslagen und damit verbunden ungleiche Entwicklungs- bzw. Zukunftschancen von Kindern belegt.

Die Angaben zur Anzahl und Verteilung der minderjährigen Sozialhilfebezieherinnen und Sozialhilfebezieher bieten wiederum einen altersspezifischen Überblick auf die „Armutsstruktur" bei Kindern. Pointiert zeigt sich: Je jünger die Kinder, desto höher ist die Sozialhilfequote. 2002 lag sie für Kleinkinder bei 10,4 % und für Kindergartenkinder bei 7,5 % im

Tab. 2: Armutsrisiko[1] bei Kindern und Jugendlichen nach Haushaltstyp, Alters- und Bevölkerungsgruppen im Jahr 2001 (in Prozent)

Haushaltstyp/Nationalität	Unter 7 Jahre	7 bis 10 Jahre	11 bis 18 Jahre	Alle[2]
Deutsche	13,3	14,6	14,0	8,0
Nicht- Deutsche[3]	29,1	29,4	28,4	23,9
Kinder/Jugendliche[4] aus Zwei-Eltern-Haushalt	11,7	14,9	13,1	11,6
Kinder/Jugendliche aus Ein-Elternfamilie	46,4	36,6	31,1	34,5
Kinder/Jugendliche ohne Geschwister	9,7	9,6	10,1	9,3
… mit einem Geschwister	13,1	12,6	12,1	12,2
… mit zwei Geschwistern	21,9	21,2	22,5	21,8
… mit drei oder mehr Geschwistern	54,3	55,9	44,8	50,4

1 < 50 % Mittelwert gesamtdeutsch, bedarfsgewichtetes Haushaltsnettoeinkommen, alte OECD-Skala.
2 Bezogen auf die jeweilige Bezugsgruppe.
3 Kind lebt in einer Familie mit einem nicht-deutschen Haushaltsvorstand.
4 Kind lebt mit beiden Eltern oder mit einem Elternteil plus Partner/-in zusammen.

Datenbasis SOEP.
Quelle: Berechnung des DIW im Auftrag des ISS-Frankfurt a.M.; eigene Darstellung.

Abbildung: Armutsrisiko in Deutschland – 1998 und 2008

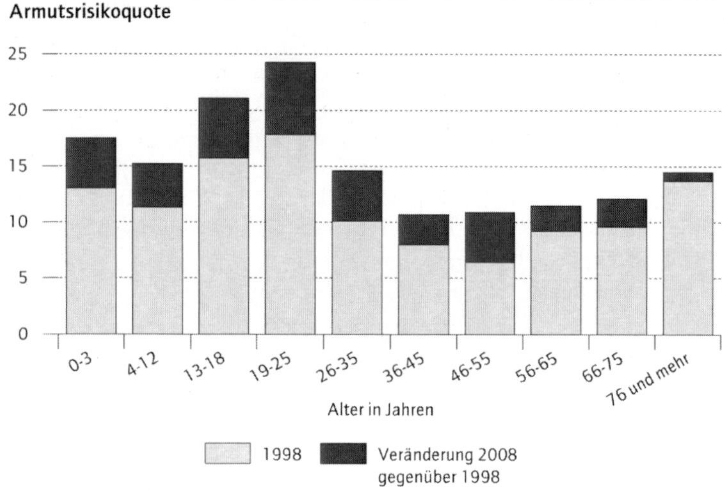

1 Personen mit weniger als 60 Prozent des Median der verfügbaren Einkommen, bedarfsgewichtet je Person in privaten Haushalten.

Quellen: SOEP; Berechnungen des DIW Berlin. **DIW** Berlin 2010

Quelle: http://www.diw.de/documents/publikationen/73/diw_01.c.347305.de/10-7.pdf

Vergleich zu 3,3 % für die Gesamtbevölkerung. Ein Großteil der Kinder lebt in einem Ein-Eltern-Haushalt, vorrangig mit ihren Müttern.

Die neusten Auswertungen des DIW weisen zudem auf einen in den letzten Jahren rasant gewachsenen Trend hin: Immer mehr junge Erwachsene zwischen 18 und 25 Jahren sind arm. Ihnen gelingt immer weniger der Einstieg in den Arbeitsmarkt im Allgemeinen und im Besonderen in einen Beruf mit existenzsichernden Löhnen und Gehältern (DIW 2010, vgl. Abb. 3). Heute weisen sie in Deutschland mit fast 25 Prozent das höchste Armutsrisiko aller Altersgruppen auf.

1.4 Einflussfaktoren auf die Lebenslage von (armen) Kindern

Die konkrete Lebenslage des (armen) Kindes und seine zukünftigen Lebenschancen sind von verschiedenen Einflussfaktoren/-ebenen abhängig, die – neben den in Abschnitt 5 skizzierten zentralen Lebenslage- oder so genannten „outcome"-Dimensionen – ebenfalls konzeptionell berücksichtigt werden müssen. Im Wesentlichen handelt es sich um vier Ebenen:

- *Gesellschaftliche Rahmenbedingungen:* Ein wichtiger Faktor ist die Arbeitsmarktlage. Arbeitsplatzabbau und strukturelle Arbeitslosigkeit erhöhen das Armutsrisiko von Familien. Kinder und Jugendliche sind auf vielerlei Weise negativ von der Arbeitslosigkeit betroffen. Arbeitslosigkeit ihrer Eltern, besonders Langzeitarbeitslosigkeit, bedeutet materielle Einschnitte. Kinder sind außerdem mit all den Folgeproblemen, die sich durch die Arbeitslosigkeit bei den Erwachsenen einstellen, direkt und indirekt konfrontiert. Ebenso wichtig für den konkreten Einzelfall sind sozial- und familienpolitische Regelungen und bestimmte Gesetze, aber auch die Bildungspolitik und deren Umsetzung.
- *Lebenssituation in der Familie:* Nicht weniger bedeutsam sind die Ressourcen bzw. die Probleme innerhalb der Familie. Neben dem Einkommen fallen dabei andere materielle Ressourcen ins Gewicht, wie Wohnsituation und Wohnumgebung, aber auch die sozialen und kulturellen Kompetenzen der Eltern, der Erziehungs- und „Management"-Stil, das Familienklima und die emotionale Zuwendung, die das Kind erhält. Zu berücksichtigen sind ferner Familiengröße bzw. Kinderzahl und Familientypus (vgl. Abschnitt 6 dieses Beitrages).
- *Privates Umfeld/Netzwerk:* Ebenso sind (private) soziale Netze bedeutsam, die die Selbsthilfepotenziale der Familie stärken können. Freunde, Verwandte und Nachbarn können über private Hilfestellungen für Eltern und/oder Kinder vieles kompensieren und damit die Auswirkungen von Armut mildern helfen. Gleichzeitig kann das Umfeld (z.B. über soziale Vergleiche) zu einer Verschärfung der Situation beitragen.
- *Professionelle Unterstützung:* Des Weiteren spielt eine Rolle, welches Angebot an sozialen Hilfen (z.B. Erziehungsberatung, Schuldnerberatung) vor Ort vorhanden ist und welche Zugangsmöglichkeiten zu professionellen institutionellen (Unterstützungs-)Angeboten bestehen. Große Bedeutung haben dabei die KiTas und Schulen, aber auch andere professionelle Hilfen für Kinder und Familien. Es kommt sehr darauf an, wie solche Institutionen mit der Armutsproblematik umgehen – das kann die Folgewirkungen von Armut bei Kindern wesentlich beeinflussen.

Ein ressourcen- und lebenslageorientiertes, mehrdimensional angelegtes Konzept wie das beschriebene ermöglicht es, die Lebenssituation, die Entwicklungsmöglichkeiten, die inner- und außerfamiliären Sozialisationsbedingungen sowie die Teilhabe- und Lebenschancen armer wie nicht-armer Kinder besser zu erfassen und differenzierter einzuschätzen, als dies „traditionelle“ erwachsenen-, haushalts- oder familienbezogene Konzepte tun können.

1.5 Ein kindbezogenes Armutskonzept – Studie zu Kindern im Vorschulalter

Armut dezidiert mit Blick auf Kinder zu betrachten, ist ein erst in den letzten Jahren entwickelter Ansatz, der unter anderem durch die Forschungsarbeit im Institut für Sozialarbeit und Sozialpädagogik (Forschungsprojekt im Auftrag des Bundesverbandes der Arbeiterwohlfahrt) seit 1997 verfolgt wird. Im Rahmen dieser AWO-ISS-Studie wurde der Anspruch formuliert, einen erweiterten, „kindgerecht(er)en“ Armutsbegriff zu entwickeln und empirisch umzusetzen. Wie beim Lebenslagenansatz, der Armut als Unterversorgung und Benachteiligung in einem umfassenderen als dem rein ökonomischen Sinne begreift, kam es auch in diesem Forschungsvorhaben darauf an, einen mehrdimensionalen Zugang zu realisieren. Nicht nur die materielle Lage des Haushalts bzw. der Familie des Kindes wird betrachtet, sondern vor allem auch die Lebenssituation und Lebenslage des Kindes selbst. Die Leitfrage lautete: Was kommt (unter Armutsbedingungen) beim Kind an?[5]

Armut aus der Perspektive von Kindern zu sehen setzt folgende Betrachtungsweise voraus:

- Es ist auf die spezifische Lebenssituation der Altersgruppen (z.B. frühes, mittleres, spätes Kindesalter) einzugehen. Dabei sind die jeweils anstehenden Entwicklungsprozesse zu berücksichtigen. Genauso sind die subjektive Wahrnehmung der Kinder und der Sozialraum einzubeziehen.
- Gleichzeitig ist der familiäre Zusammenhang, die Gesamtsituation des Haushaltes, in dem das Kind lebt, zu berücksichtigen. Die kindliche Lebenslage ist von der elterlichen abhängig.
- Es ist ein mehrdimensionales, nicht allein auf das (Familien-)Einkommen bezogenes Verständnis von Armut notwendig. Ein rein materielles Armutsverständnis geht an der Lebenswelt von Kindern vorbei. Vielmehr müssen die betrachteten Dimensionen dazu geeignet sein, etwas über die Entwicklung, die Zukunfts- und die Teilhabechancen der Kinder auszusagen.

---

5 Vgl. Hock/Holz/Wüstendörfer 2000a+b. Dort ist auch eine detaillierte Beschreibung des Forschungsdesigns und der verwendeten Instrumente zu finden.

- Die spezifische Problemlage „Armut“ darf nicht verwischt und nicht als Sammelbegriff für alle benachteiligenden Lebenslagen von Kindern verwendet werden.

So verstanden werden Armut – oder besser deren Folgen – bei Kindern empirisch sichtbar: „Kinderarmut“ basiert auf familiärer Einkommensarmut, zeigt sich in Auffälligkeiten bzw. Beschränkungen in den Lebenslagedimensionen (d.h. materielle Grundversorgung, soziale, gesundheitliche und kulturelle Lage) und führt zu Entwicklungs- und Versorgungsdefiziten sowie zu sozialer Ausgrenzung. Sie beschränkt massiv ein Aufwachsen im Wohlergehen und ermöglicht den Kindern nicht, ihre Potentiale und Ressourcen optimal zu entwickeln. Daraus resultieren Langzeitfolgen für das Individuum und die Gesellschaft. Die folgenden fünf Dimensionen sind zu berücksichtigen.

(1) Materielle Situation des Haushalts („familiäre Armut“)	
(2–5) Dimensionen der Lebenslage des Kindes	
(2) Materielle Versorgung des Kindes:	Grundversorgung, d.h. Wohnen, Nahrung, Kleidung; materielle Partizipationsmöglichkeiten
(3) „Versorgung“ im kulturellen Bereich:	kognitive Entwicklung, sprachliche und kulturelle Kompetenzen, Bildung
(4) Situation im sozialen Bereich:	soziale Kontakte, soziale Kompetenzen
(5) Psychische und physische Lage:	Gesundheitszustand, körperliche Entwicklung

Der Operationalisierung dieses „kindgerechten“ Armutskonzepts – wie sie in verschiedenen Teilstudien erfolgreich erprobt wurde – liegen folgende Definitionen zugrunde:

- (Familiäre) Armut wird verstanden als die Unterschreitung einer relativen Einkommensgrenze. Armut ist damit definiert als relativ zum gesellschaftlichen Standard. Bezogen auf das Gesamteinkommen des Haushalts wird berechnet, ob dieser unter einer bestimmten Armutsschwelle bleibt (gemäß 50 % EU-Definition und alter OECD-Skala).
- Zusätzlich zur materiellen Lage des Gesamthaushalts bzw. der Familie wird ermittelt, ob beim Kind selbst materielle Armut vorliegt,

das heißt, ob eine ausreichende *materielle Grundversorgung* beim Kind – wie beispielsweise adäquate Bekleidung und Ernährung – vorhanden ist.

- Neben der materiellen Dimension werden die *kulturelle und die soziale Dimension* von Armut miteinbezogen. Diese umfassen u. a. sprachliche Kompetenzen, das Spielverhalten, soziale Kontakte, Sozialverhalten und Umgang mit Konflikten.
- Eine weitere Dimension ist der Gesundheitszustand. Zugrunde liegt der WHO-Gesundheitsbegriff, demzufolge Gesundheit (vollständiges) körperliches, geistiges und soziales Wohlbefinden und nicht nur das Freisein von Krankheit und Gebrechen bedeutet. In diesem Sinne wurden beispielsweise bei der Erhebung „Armut im Vorschulalter" auch die motorische und die körperliche Entwicklung des Kindes miteinbezogen.

Für die Abgrenzung „armer Kinder" bedeutet das: Von „Armut" wird immer und nur dann gesprochen, wenn „familiäre Armut" vorliegt, das heißt, wenn das Einkommen der Familie des Kindes bei maximal 50 % des deutschen Durchschnittseinkommens liegt. Kinder, bei denen zwar Einschränkungen bzw. eine Unterversorgung in den oben genannten Lebenslagedimensionen (2–5) festzustellen sind, jedoch keine familiäre Armut vorliegt, sind zwar als „arm dran" oder als benachteiligt zu bezeichnen, nicht jedoch als „arm".

Die genanten vier Dimensionen lassen es also auch zu, den Spielraum der Entwicklungsmöglichkeiten und damit allgemein die Teilhabechancen des Kindes – bezogen auf seine Lebensbedingungen und orientiert an der jeweiligen Altersstufe – einzuschätzen. Analytisch kann dies durch die Ermittlung beobachtbarer *Auffälligkeiten* des Kindes im Vergleich zur Gruppe der anderen Kinder geschehen. Dazu sind die unterschiedlichen Bereiche der kindlichen Entwicklung und Versorgung zu erfassen: das soziale und emotionale Verhalten, das Spiel-, Sprach und Arbeitsverhalten, die Motorik und gesundheitliche/körperliche Entwicklung sowie die materielle Grundversorgung des Kindes.

Die Ermittlung kindlicher Auffälligkeiten geschah im Rahmen der AWO-ISS-Studie über eine Erzieherinnen-/Erzieherbefragung in KiTas, fragebogengestützt und voll standardisiert, sowie anhand einer Reihe von Fragen/Items. Diese sind bezogen auf die Komplexe 2 und 4 weitgehend dem Beobachtungsbogen von Duhm/Althaus (1980) entnommen und bezogen auf Dimensionen 3 und 5 selbst entwickelt worden. Die Antwortvorgaben zu den Fragen war „sehr selten/nie", „manchmal", „teils/teils", „oft" und „sehr oft/immer". Für die sozial erwünschten bzw. „normalen" entwicklungsgerechten Verhaltensweisen des Kindes wurde eine Maximalpunktzahl von fünf vergeben, für die anderen absteigend jeweils ein Punkt weniger. Je höher der so ermittelte Summenwert, desto „unauffälliger" ist das Kind in diesem Bereich (z.B. der gesundheitlichen Lage), je niedriger der Summenwert, desto „auffälliger". Da einerseits konstruierte Summenwerte schlecht weiter zu bearbeiten sind und andererseits stets die Gefahr besteht, dass arme Kinder (auch) von Fachkräften schlechter bewertet werden, ist das Etikett „Auffälligkeit" sehr eng zu fassen. Als sinnvoll erwies sich die Anwendung eines Qunitilverfahrens. Nur solche Kinder werden als auffällig betrachtet, die – bezogen auf die Punktwerte – den untersten 20 % (unterstes Quintil) der Verteilung angehören. Anders formuliert: ein „auffälliges" Kind gehört zu den 20 % Kindern mit den schlechtesten Ergebnissen in der jeweiligen Lebenslagedimension und es gibt 80 % Kinder, die bessere Ergebnisse erreichten.[6] Dieser Bezug auf das unterstes Fünftel stellt eine relativ gängige „Extremgruppenlösung" dar. Die Erkenntnisse der AWO-ISS-Studie belegen sowohl die methodische Sinnhaftigkeit als auch einen zielführenden Forschungs- und Praxisnutzen eines solchen Verfahrens.

Um einen umfassenden Blick auf die kindliche Lebenssituation zu erhalten, also die Komplexität des Aufwachsens analytisch zu erfassen und zu bewerten, werden im weiteren die vier zentralen Lebenslagedimensionen des Kindes zu einem Index zusammengefasst und drei Lebenslagetypen gebildet: „Wohlergehen", „Benachteiligung" und „multiple Deprivation".

- „Von *„Wohlergehen"* wird dann gesprochen, wenn in Bezug auf die zentralen (Lebenslage-)Dimensionen aktuell keine „Auffälligkeiten" festzustellen sind, das Kindeswohl also gewährleistet ist.
- Eine *„Benachteiligung"* liegt gemäß Definition dann vor, wenn in einigen wenigen Bereichen aktuell „Auffälligkeiten" festzustellen sind. Das betroffene Kind kann in Bezug auf seine weitere Entwicklung als eingeschränkt bzw. benachteiligt betrachtet werden.
- Von *„multipler Deprivation"* schließlich ist dann die Rede, wenn das Kind in mehreren zentralen Lebens- und Entwicklungsbereichen „auffällig" ist. Das Kind entbehrt in mehreren wichtigen Bereichen die notwendigen Ressourcen, die eine positive Entwicklung wahrscheinlich machen." (Hock/Holz/Wüstendörfer 2000b, 38)

6 Vgl. ausführlicher dazu: Hock/Holz/Wüstendörfer 2000b, S. 30–39.

So wird ein breites Spektrum kindlicher Lebenslagen sichtbar. Einkommensarmut stellt dabei die zentrale, aber nicht die alleinige Determinante dar. Zudem ist von einem höchst komplexen Zusammenspiel verschiedener individueller, familiärer und sozialer Faktoren auszugehen. Zusammengefasst: Wird von Armut bei Kindern gesprochen, dann gilt Folgendes:

- Ausgangspunkt ist die *(relative) Einkommensarmut.*
- Das Kind lebt in einer einkommensarmen *Familie.*
- Es zeigen sich *kindspezifische Erscheinungsformen* von Armut in Gestalt von materieller, kultureller, gesundheitlicher und sozialer Unterversorgung.
- Die *Entwicklungsbedingungen* des Kindes sind beeinträchtigt, wobei dies ein Aufwachsen im Wohlergehen, mit Benachteiligung oder in multipler Deprivation umfassen kann.
- Die *Zukunftsperspektiven* des Kindes sind eingeschränkt.

1.6 Armut im frühen Kindesalter – Zwischen Wohlergehen und Multipler Deprivation

Die Betrachtung der Lebenslage von jüngeren Kindern und die Frage des Zusammenhangs zwischen (familiärer) Armut und der konkreten kindlichen Lebenslage sind vor allem aus zwei Gründen von großem Interesse: zum einen, weil frühzeitig erkannte Einschränkungen mit geringerem Aufwand aufgefangen werden können; zum anderen, weil die in diesem Alter kaum vorhandenen (Problem-)Bewältigungsmöglichkeiten nicht nur den Eltern, sondern auch der Gesellschaft eine hohe Verantwortung für die Förderung der kindlichen Entwicklung aufgeben.

Es gibt zwar einen deutlichen Zusammenhang zwischen der materiellen Lage der Familie und der Lebenslage des Kindes – erwartungsgemäß schneiden in unserer Untersuchung arme Kinder in allen vier untersuchten Lebenslage-Dimensionen schlechter ab (vgl. Tab. 4). Aber auch Vorschulkinder aus nicht-armen Familien leiden zum Teil unter vielfältigen Einschränkungen: Mehr als jedes dritte arme Kind, aber auch etwa jedes siebte nicht-arme Kind gehörte zur Gruppe der multipel deprivierten Kinder (30,7 % vs. 19,7 %).

Zur materielle Grundversorgung: Rund 40 % der armen gegenüber ca. 15 % der nicht-armen Kinder wiesen Mängel auf. Am deutlichsten äußerte sich familiäre Armut im verspäteten und unregelmäßigen Zahlen von

Tab. 4: Anteil der Kinder mit Einschränkungen[1] in den vier zentralen Dimensionen der kindlichen Lebenslage (arme/nicht-arme Kinder im Vergleich)

Dimension	Arme Kinder	Nicht-arme Kinder
Materielle Grundversorgung	40,0 %	14,5 %
Kultureller Bereich	36,0 %	17,0 %
Sozialer Bereich	35,6 %	17,6 %
Gesundheitliche Lage	30,7 %	19,7 %

1 Jede der vier genannten zentralen Lebenslagedimensionen wurde über mehrere Items erfasst, und es wurde jeweils ein Summenscore gebildet. Wer von den Werten her zum untersten Fünftel (= Quintil) gehörte, wurde als in diesem Bereich „eingeschränkt" respektive „auffällig" bezeichnet.

N = 893. Quelle: Hock/Holz/Wüstendörfer 2000b, S. 33-38.

Essensgeld und sonstigen Beiträgen für Aktivitäten in der KiTa. Häufiger kamen arme Kinder hungrig in die Einrichtung und/oder dem Kind fehlte die körperliche Pflege. Relativ selten dagegen zeigte sich ein Mangel an notwendiger Kleidung.

Zum kultureller Bereich: Mehr als die Hälfte der armen Kinder waren im Hinblick auf ihr Spiel- und Sprachverhalten auffällig, knapp die Hälfte hinsichtlich ihres Arbeitsverhaltens[7]. Arme Kinder wurden nicht nur insgesamt häufiger als nicht-arme Kinder vom Schulbesuch zurückgestellt, sondern auch bei vergleichbarer Ausgangslage bzw. dem gleichen Maß an „Auffälligkeiten" hatten sie geringere Chancen für einen regulären Übertritt in die Regelschule als nicht-arme Kinder. So wurden „nur" 69 % der armen, aber rund 88 % der nicht-armen Kinder aus der 1. AWO-ISS-Studie[12] regulär eingeschult (Vgl. Hock/Holz/Wüstendörfer 2000 a und b).

Zum sozialen Bereich: Die armen Kinder suchten zum Beispiel weniger häufig den Kontakt zu anderen Kindern in der KiTa, nahmen weniger aktiv am Gruppengeschehen teil, äußerten seltener ihre Wünsche und waren weniger wissbegierig als nicht-arme Kinder. Zugleich war eine beginnende Ausgrenzung zu beobachten: So wurden arme Kinder häufiger als nicht-arme Kinder von den anderen Kindern in der KiTa gemieden.

Zur gesundheitlichen Lage: Auch hier wiesen die armen Kinder häufiger Einschränkungen bzw. Auffälligkeiten als die nicht-armen Kinder auf, der Unterschied war aber im Vergleich zu den anderen drei Lebenslagedi-

7 Zu den Einzelfragen für die Ermittlung des Spiel-, Sprach- und Arbeitsverhaltens vgl. Hock/Holz/Wüstendörfer 2000b, S. 36–37

mensionen am geringsten ausgeprägt. Arme Kinder hatten häufiger als nicht-arme Kinder gesundheitliche Probleme bzw. waren in ihrer körperlichen Entwicklung zurückgeblieben.

Wie bereits zuvor theoretisch abgeleitet, weisen also auch die empirischen Befunde darauf hin, Armut bei Kindern als komplexes Geschehen und als Zusammenspiel verschiedener Faktoren und Prozesse zu betrachten. Mit der AWO-ISS-Studie wurde der empirische Nachweis erbracht, dass das Spektrum kindlicher Lebenslagen ein sehr breites ist und Kinder sowohl im Wohlergehen trotz Armut als auch in multipler Deprivation trotz Nicht-Armut aufwachsen können.

Familiäre Armut führt bei Kindern im Vorschulalter nicht zwangsläufig zu Beeinträchtigungen oder Auffälligkeiten (vgl. Tab. 5): Etwa ein Viertel der untersuchten armen Kinder lebte im Wohlergehen (23,6 %), war also in keinem der zentralen Lebensbereiche eingeschränkt. Jedoch lebten prozentual doppelt so viele nicht-arme Kinder im Wohlergehen wie arme Kinder (23,6 % vs. 46,4 %). Demgegenüber weisen dreimal so viele arme wie nicht-arme Kinder multiple Deprivationserscheinungen auf (36,1 % vs. 13,7 %).

Die Spreizung zwischen Wohlergehen und multipler Deprivation bei armen wie nicht-armen Kindern sind Ergebnis von Sozialisationsprozessen und -bedingungen ab der Geburt und in frühester Kindheit, sie bilden zugleich die Grundlage für den weiteren kindlichen Entwicklungsprozess. Dieser kann zu einer Verfestigung von Defiziten, aber auch genauso zu einer Verbesserung oder Verschlechterung der Lebenslage und Zukunftschancen der Betroffenen führen. Das bei den 1999 erforschten Kindern im Vorschulalter nachgewiesene Spektrum an Lebenslagetypen ist erneut im späten Kindesalter, also beim Übergang der Kinder von der Grund- zu den weiterführenden Schulen, nachweisbar (Holz/Puhlmann 2005).

Vertiefende Analysen im Rahmen der AWO-ISS-Studie haben für Kinder im Vorschulalter mehrere Faktoren herausgefiltert, die die potentiell

Tab. 5: Kindspezifische Lebenslagen von Vorschulkindern (1999, in %)

Lebenslagetyp	Arme Kinder	Nicht-arme Kinder	Gesamt
Wohlergehen	23,6	46,4	40,0
Benachteiligung	40,3	39,8	40,0
Multiple Deprivation	36,1	13,7	19,8
Gesamt	100,0	100,0	100,0

N = 893. Quelle: „Armut im Vorschulalter 1999“. Vgl. Hock/Holz/Wüstendörfer 2000b, S. 77.

ungünstigen Wirkungen familiärer Armut offensichtlich abfedern können. Dabei wurden zwei sehr gegensätzliche Gruppen genauer betrachtet: zum einen die Kinder, deren Situation als multipel depriviert bezeichnet werden muss und zum anderen arme Kinder, die im Wohlergehen aufwachsen. Im Ergebnis lassen sich wichtige belastende oder stützende Faktoren erkennen (vgl. Abschnitt 7 dieses Beitrages).

Auch mit Blick auf die gesamte Lebenslage des Kindes erweist sich gerade das Ausmaß der gemeinsamen familiären Aktivitäten als ein wichtiger Faktor für eine förderliche Entwicklung in dieser frühen Altersphase. Es zeigt sich auch, dass die aktive Ausübung elterlicher Pflichten (einschl. ihrer sozialen und kulturellen Ressourcen) und die elterliche Fähigkeit, für das Wohl der Kinder zu sorgen, große Wirkung auf die kindliche Situation hat. Das bedeutet: Neben der Säule „familiäre Einkommenssituation“ muss das „Familienleben“ (Klima, kindzentrierte Alltagsgestaltung, Erziehungsverhalten usw.) als zweite große Säule der Gefährdung oder Förderung kindlicher Entwicklung im frühen Kindesalter betrachtet werden; dies gilt für arme wie nicht-arme Kinder. Beide Säulen stehen in wechselseitiger Abhängigkeit zueinander und es besteht ein Geflecht unterschiedlicher Verknüpfungen zwischen ihnen, was entscheidend positive oder negative Entwicklungsprozesse prägt.

1.7 Risiko- und Schutzfaktoren – Ressourcen und Bewältigungshandeln

Über welche individuellen, sozialen und kulturellen Ressourcen ein Kind verfügt und welche Handlungsstrategien respektive welches Bewältigungshandeln bei Belastungen entwickelt werden, rückt in Deutschland mehr und mehr in den Blick von Forschung und Praxis. Die Forschung zeigt, dass persönliche, familiäre und außerfamiliäre Ressourcen auf die (früh-)kindliche Entwicklung einwirken und eine Vielzahl von intervenierenden Variablen beinhalten. Ebenso sind außerfamiliäre Förderangebote und Sozialisationsinstanzen wie Tageseinrichtungen für Kinder (KiTa) sowie der unmittelbare Lebensraum entscheidende Einflussfaktoren. Sie wirken als Risiko- und/oder Schutzfaktoren (Wustmann 2005; Walper 2005; Holz 2004). Viele offene Fragen bestehen allerdings noch hinsichtlich des Zusammenwirkens der einzelnen Risiko- wie Schutzfaktoren.

Als Risikofaktoren für Kinder im Vorschulalter können unter anderem folgende angenommen werden.

Risikofaktoren für Kinder im frühen Kindesalter	
Sozioökonomische/-strukturelle Faktoren	*Familiäre und soziale/emotionale Faktoren*
• Familiäre Einkommensarmut • (Langzeit-)Arbeitslosigkeit der Eltern • Geringer Bildungs- und Berufsstatus der Eltern • Migrationshintergrund • Trennung/Scheidung der Eltern • Aufwachsen in Familien mit vielen Geschwistern • Aufwachsen in einer Ein-Eltern-Familie • Aufwachsen in belasteten Quartieren • Aufwachsen in Multiproblemfamilien/problematischen Sozialmilieus	• Gestörtes Familienklima • Schlechte Eltern-Kind-Beziehung • Wenig kindzentriertes Familienleben • Geringe Erziehungs-, Bildungs-, Versorgungskompetenzen der Eltern • Geringes fehlendes familiäres und soziales Netzwerk • Elternabhängige Belastungen, z.B. – ungünstiges (Gesundheits-/Sozial-)Verhalten – psychosomatische Beschwerden – geringe Nutzung von sozialen Dienstleistungen
Quelle: „Armut im Vorschulalter 1999“. vgl. Holz 2004, S. 48.	

Als Schutzfaktoren, die bereits im frühen Kindesalter in Ansätzen sichtbar werden, entwicklungsbedingt aber erst im Grundschulalter eine deutliche Ausprägung erfahren, werden in der AWO-ISS-Studie folgende erkennbar (siehe Auflistung auf S. 105).

Bedeutsam ist vor allem das *elterliche Bewältigungshandeln*. Gerade bei armen Familien besteht ein Zusammenhang zwischen dem elterlichen Gefühl von weitgehender Kontrolle – finanziell, sozial, emotional - über ihr Leben und ihrer Fähigkeit, Belastungen zu bewältigen. Für alle Familien gilt: Je besser den Eltern die Gestaltung des sozialen Netzwerkes und die Teilhabe an gesellschaftlichen Prozessen gelingt, desto stärker tritt ein Entlastungsgefühl ein. Beide Empfindungen stehen wiederum im Zusammenhang mit einer Vorbildfunktion für die Kinder und mit innerfamiliärer Ver-/Zuteilung von Ressourcen. Die elterlichen Bewältigungsmuster reichen von eigenem Verzicht und Einschränkungen über selbstbezogene

Schutzfaktoren für Kinder im frühen und mittleren Kindesalter	
Kindliche Faktoren	*Inner-/außerfamiliäre Faktoren*
• Soziale und intellektuelle Kompetenz • Kreativität und Talent • Im Temperament tendenziell flexibel und in der Beziehungsgestaltung annäherungsorientiert • Befriedigende soziale Unterstützung • Selbstwirksamkeitserwartung und Leistungsmotivation • Positives Selbstwertgefühl und Selbstsicherheit • Emotional warmherzige Beziehung zur Mutter • Erziehungsklima positiv, wenig konflikthaft, offen und die Selbständigkeit der Kinder fördernd • Vorhandensein eines besten Freundes oder einer besten Freundin • Gute und enge Kontakte zu einem außerfamiliären Erwachsenen • Soziales Netzwerk • Aktiv-problemlösender Copingstil • Vielfältige Lern- und Erfahrungsräume	• Situationsgerechtes Handeln der Eltern, das möglichst erfolgreich ist und keine zusätzliche Belastung darstellt • Positives Familienklima, aufbauend auf einer guten Partnerbeziehung • Positive Eltern-Kind-Beziehung mindestens eines Elternteils • Einbindung in ein stabiles Beziehungsnetzwerk zu Verwandten, Freunden, Nachbarn • Vorhandensein von Zukunftsvorstellungen und -perspektiven für sich und das Kind • Investition in die Zukunft der Kinder, vor allem durch Förderung ihrer sozialen Kontakte und Kompetenzen • Gewährleistung von außerfamiliären Kontaktmöglichkeiten und von Teilhabe an kindlichen Alltagsaktivitäten • Nutzung von außerfamiliären Angeboten zur Entlastung, Reflexion und Regeneration

Quelle: „Armut im Vorschulalter 1999", „Armut im frühen Grundschulalter 2001". vgl. Holz, Puhlmann 2005, S. 38.

Kompensation bis hin zum Erschließen von zusätzlichen Ressourcen. Die Kinder selbst nehmen Armut früh wahr und entwickeln vor dem Hintergrund des familiären Umgangs ein *eigenes Bewältigungsverhalten*. Zutrauen, Selbstbewusstsein und offensive, von Erwachsenen fördernd und positiv gestaltete Prozesse zur „Aneignung der Welt" (vgl. Elschenbroich 2002) sind dabei wichtige Determinanten, um Grundlagen für den weiteren Entwicklungsprozess und die Förderung von (Selbst-)Kompetenz zu schaffen. Hierin sind arme Kinder häufiger und massiver eingeschränkt.

Fehlen innerhalb der Familie die Ressourcen sowie die elterlichen Kompetenzen oder Potenziale, um den eigenen Kindern ein Aufwachsen im Wohlergehen zu ermöglichen, dann ist es umso wichtiger, eine Kompensation oder Ergänzung durch außerfamiliäre Förderung zu erhalten. Folglich sind arme Kinder in doppelter Weise von dem Vorhandensein und den tatsächlichen Aneignungsmöglichkeiten solcher Faktoren – im Sinne sozialer Ressourcen – abhängig. Daher sind die Lebenswelt, vor allem der Lebensraum von (armen) Kindern zu berücksichtigen. Als Lebenswelt im Vor- und Grundschulalter gelten in erster Linie die Familie, die KiTa bzw. Schule und die Beziehungen zu Gleichaltrigen (peers). Als Lebensraum geraten entsprechend dem kindlichen Entwicklungsprozess das direkte Wohnumfeld, das Quartier, der Stadtteil, die Stadt usw. ins Blickfeld. Typisch ist, dass arme Kinder überdurchschnittlich häufig in einem sozial benachteiligten, das heißt unterdurchschnittlich mit sozialen Ressourcen ausgestatteten, Quartier groß werden. Hier kann von einer doppelten Benachteiligung und Belastung von armen im Vergleich zu nicht armen Kinder ausgegangen werden.

1.8 Notwendigkeit und Ansätze einer kindbezogenen Armutsprävention

Materielle Armut geht mit einer Verringerung von humanen und sozialen Ressourcen einher und bedeutet einen Verlust an gesellschaftlicher Partizipation. Folglich muss Armutsprävention primär darauf ausgerichtet sein, (noch) vorhandene Ressourcen des Menschen wahrzunehmen und zu sichern bzw. auszubauen. Armutsprävention beinhaltet insofern, den Erhalt eines existenzsichernden Einkommens zu erlangen, den Betroffenen die gesellschaftliche Teilhabe zu ermöglichen sowie die Aktivierung des Selbsthilfepotentials und die Stabilisierung des Selbstwertgefühls im Kontext ihrer Lebenswelt und ihres Alltags (vgl. Palentin 2004, 229–248). Wird ein kindbezogenes Armutskonzept zugrunde gelegt, dann sind

bisherige Konzepte der Armutsprävention und Armutsbewältigung zu überdenken und weiterzuentwickeln.
Eine kindbezogene Armutsprävention beginnt spätestens in der KiTa, sollte aber eigentlich schon während der Schwangerschaft der Frau oder mit Geburt des Kindes beginnen. Sie hat die Familie und die Sozialisationsbedingungen allgemein und speziell vor Ort in den Blick zu nehmen. Sie wird besonders durch die Arbeit von Fachkräften in Einrichtungen und Projekten ermöglicht bzw. gesichert. Daneben kommt dem Engagement von Einzelnen im sozialen Netzwerk der Kinder große Bedeutung zu. Eine präventiv ausgerichtete Arbeit mit in Armut lebenden Kindern muss also auf die Schaffung und Gestaltung von existentiellen Entwicklungsmöglichkeiten für die Kinder sowie auf die Stützung und Stärkung des kindlichen Umfeldes, ganz besonders der Familie, abzielen. Hier kommt der Förderung von Angeboten zur Gesundheits- und Sprachförderung besondere Bedeutung zu. Elemente einer kindbezogenen Armutsprävention lassen sich heute wie folgt benennen:

Elemente einer kindbezogenen Armutsprävention:

- Begonnen wird zum (jeweils) *frühestmöglichen Zeitpunkt.*
- Die existentiellen *Lebens- und Entwicklungsmöglichkeiten* des Kindes werden gesichert.
- Die Förderung von *Teilhabe, Integration, Bildung und Gesundheit* ist wichtiger Bestandteil.
- Das „Aufwachsen des Kindes im Wohlergehen" im Hier und Jetzt sowie sein Wohlergehen in der Zukunft sind das *Hauptziel.*
- Die *Eltern und die Familie* sind erste Adressaten.
- Die *Lebenswelt* der Kinder (KiTa, Schule, Nachbarschaft, Stadtteil usw.) ist zu berücksichtigen.
- Die Förderung und Stärkung der *Potentiale und Ressourcen* des Kindes werden umgesetzt.
- Mögliche kindliche *Entwicklungsdefizite* werden verhindert oder bewältigt.
- Die Kinder werden gestärkt durch das Erlernen von *Problem lösendem Bewältigungshandeln.*
- Die *zentralen Garanten* für den Zugang zu sozialen Ressourcen sind umfassende außerfamiliäre Angebote (Bildung und Erziehung, Be-

treuung sowie Beratung). Diese müssen jedem Kind finanziell zugänglich und emotional ansprechend sein.

- *Träger und Fachkräfte* des Bildungs-, Sozial-, Gesundheitswesens usw. sind mitverantwortlich für bedarfsgerechte und passgenaue Förderangebote.
- *Politik und Verwaltung* auf kommunaler, Landes- und/oder Bundesebene gestalten primärpräventiv wirkende gesellschaftliche Rahmenbedingungen.

Eine ausführliche Beschreibung des Konzeptes haben Holz/Richter-Kronweitz vorgelegt (vgl. Holz/Richter-Kornweitz 2010). Beispiele zur Umsetzung finden sich zwischenzeitlich in vielen Kommunen (vgl. eine Übersicht von Holz 2010b). Es zeigt sich, vieles ist möglich, aber es ist systematischer vorzugehen.

Literatur

BA = Bundeagentur für Arbeit (2010) : Grundsicherung für Arbeitssuchende. Bedarfsgemeinschaften und ihre Mitglieder im November 2009. Nürnberg Online verfügbar: http://www.pub.arbeitsagentur.de/hst/services/statistik/detail/l.html?call=l

BJK = Bundesjugendkuratorium: Kinderarmut in Deutschland: Eine drängende Handlungsaufforderung an die Politik. München. Online verfügbar. http://www.fruehehilfen.de/fileadmin/user_upload/fruehehilfen.de/pdf/Kinderarmut_in_Deutschland_2009.pdf

Bundesministerium für Gesundheit und Soziale Sicherung (BMGS) (2005): Lebenslagen in Deutschland – Der 2. Armuts- und Reichtumsbericht der Bundesregierung 2005. Köln.

Chassé, Karl August/Zander, Margherita/Rasch, Konstanze (2003): Meine Familie ist arm. Wie Kinder im Grundschulalter Armut erleben und bewältigen. Opladen.

DIW = Deutsches Institut für Wirtschaftsforschung (2010): Weiterhin hohes Armutsrisiko in Deutschland: Kinder und junge Erwachsene sind besonders betroffen. DIW-Wochenbericht 7/2010. Online verfügbar: http://www.diw.de/documents/publikationen/73/diw_01.c.347307.de/10-7-1.pdf

Duhm, Erna/Althaus, Dagmar (1980): Beobachtungsbogen für Kinder im Vorschulalter (BKK)". Braunschweig.

Elschenbroich, Donata (2002): Weltwissen der Siebenjährigen. Wie Kinder die Welt entdecken können. München.

Hock, Beate/Holz, Gerda/Wüstendörfer, Werner (2000a): Folgen familiärer Armut im frühen Kindesalter – Eine Annäherung anhand von Fallbeispielen. Dritter Zwischenbericht zu einer Studie im Auftrag des Bundesverbandes der Arbeiterwohlfahrt. Frankfurt am Main.

Hock, Beate/Holz, Gerda/Wüstendörfer, Werner (2000b): Frühe Folgen – Langfristige Konsequenzen? Armut und Benachteiligung im Vorschulalter. Vierter Zwischenbericht zu einer Studie im Auftrag des Bundesverbandes der Arbeiterwohlfahrt. Frankfurt am Main.

Holz, Gerda (2004): Gesundheitsdefizite und Gesundheitspotenziale sozial benachteiligter und armer Kinder im frühen Kindesalter. In: Richter, Antje/Holz, Gerda/Altgeld, Thomas (Hg.): Gesund in allen Lebenslagen. Förderung von Gesundheitspotenzialen bei sozial benachteiligten Kindern. Frankfurt am Main, S. 1–87.

Holz, Gerda/Puhlmann, Andreas (2005): Alles schon entschieden? Wege und Lebenssituation armer und nicht-armer Kinder zwischen Kindergarten und weiterführender Schule. Zwischenbericht zur AWO-ISS-Längsschnittstudie. Frankfurt am Main.

Holz, Gerda/Skoluda, Susanne (2003): Armut im frühen Grundschulalter. Vertiefende Untersuchung zu Lebenssituation, Ressourcen und Bewältigungshandeln von Kindern. Frankfurt am Main.

Holz, Gerda (2010a): „Die Grundschule von morgen" Der Präventionsansatz von Mo.Ki !! – Frühes Fördern in der Grundschule": München. (im Druck)

Holz, Gerda (2010b) :„Kommunale Strategien gegen Kinder- und Bildungsarmut" Oder: Der Ansatz kindbezogener Armutsprävention (nicht nur) für Kommunen. In: Hanesch, Walter (Hg.) Zukunft des lokalen Sozialstaats: Strategien gegen soziale Spaltung in Kommunen. Wiesbaden (im Druck)

Holz, Gerda/Richter-Kornweitz, Antje (Hg.) (2010): Kinderarmut – Anforderungen an eine wirkungsvolle Armutsprävention. München (im Druck)

Palentin, Christian (2004): Kinder- und Jugendarmut in Deutschland. Wiesbaden.

Richter, Antje (2000): Wie erleben und bewältigen Kinder Armut? Eine qualitative Studie über die Belastungen aus Unterversorgungslagen und ihre Bewältigung aus subjektiver Sicht von Grundschulkindern einer ländlichen Region. Aachen.

Richter, Antje/Holz, Gerda/Altgeld, Thomas (Hrg.) (2004): Gesund in allen Lebenslagen. Förderung von Gesundheitspotenzialen bei sozial benachteiligten Kindern. Frankfurt am Main.

OECD = Organisation for Economic Cooperation and Development (2009): Doing Better for Children. Berlin.

Statistisches Bundesamt (2004a): Kinder in der Sozialhilfe 2003. Wiesbaden 2004

Statistisches Bundesamt (2004b): Statistisches Jahrbuch 2004. Wiesbaden.

UNICEF (2005): Kinderarmut in reichen Ländern. Zusammenfassung der UNICEF-Studie. In: unicef informationen März 2005, S. 1–4.

UNICEF (2010): Bericht zur Lage der Kinder in Deutschland. Köln

Walper, Sabine (2001): Ökonomische Knappheit im Erleben ost- und westdeutscher Kinder und Jugendlicher: Einflüsse der Familienstruktur und Auswirkungen auf die Befindlichkeit. In: Klocke, Andreas/Hurrelmann, Klaus (Hg.): Kinder und Jugendliche in Armut. Umfang, Auswirkungen und Konsequenzen. Opladen.

Walper, Sabine (2005): Tragen Veränderungen in den finanziellen Belastungen von Familien zu Veränderungen in der Befindlichkeit von Kindern und Jugendlichen bei? In: Zeitschrift für Pädagogik, 51. Jg., H. 2/2005, S. 170–191.

Wustmann, Claudia (2005): Die Blickrichtung der neueren Resilienzforschung. Wie Kinder Lebenslagen bewältigen. In: Zeitschrift für Pädagogik, 51. Jg., H. 2/2005, S. 192–206

ZUMA (2005): Relative Armut und Konzentration der Einkommen deutlich gestiegen. In: ISI, 33/2005, S. 1–6.

2. Kindliche Bewältigungsstrategien von Armut im Grundschulalter – Ein Forschungsbericht

Margherita Zander

2.1 Kinderarmutsforschung: Auf der Suche nach einer Vorläuferin – Hildegard Hetzer

Kinderarmut zählte in der Bundesrepublik lange zu den ignorierten Themen, dies gilt sowohl für die politische und öffentliche Debatte als auch für die sozialwissenschaftliche Bearbeitung der Problematik. In den letzten zehn Jahren scheint sich dies nun geändert zu haben: Kinderarmut als gesellschaftliches Problem wird in der politischen Berichterstattung zunehmend aufgegriffen.[8] Allerdings wird die Auseinandersetzung um politische Lösungsstrategien stark von einer eher demografisch motivierten Zielsetzung der Familienpolitik- bzw. von Überlegungen zu Geburtenförderung überlagert. Explizite Impulse für eine sozialpolitische Bekämpfung von Familien- und Kinderarmut gehen derzeit von der europäischen und der UN-Ebene aus. Diesbezüglich sei auf die Initiative der EU zur Erstellung nationaler Aktionspläne zur „Bekämpfung von Armut und Ausgrenzung", auf die Aktivitäten des Netzwerkes „A Lobby for Children" sowie auf die UNICEF Reporte zu Kinderarmut (UNICEF 2001 und 2005) hingewiesen. Die UNICEF Reporte sind vor allem deshalb von beachtlicher Reichweite, weil sie die „Kinderarmutsproblematik" in entwickelten Wohlfahrtsstaaten weltweit auf die politische Agenda setzen. Die Frage ist natürlich, in wie weit Berichte von UNO-Institutionen tatsächlich die Handlungsorientierungen der jeweils politisch Verantwortlichen, d.h. der nationalen Regierungen zu beeinflussen vermögen.

8 Siehe 10. Kinder- und Jugendbericht (1998), dazu auch den Materialienband 1 des DJI (1999), Expertise zum 7. Kinder- und Jugendbericht des Landes NRW, MFJFG (1999), siehe Kommunale Kinderarmutsberichte der Stadt Düsseldorf (1999) und der Stadt Münster (2002), Armuts- und Reichtumsberichte der Bundesregierung BMAS 2001, BMGS 2005 und BMAS 2008, Dossiers zu Kinder- und Jugendarmut der Bundesregierung, Berlin 2008; siehe auch UNICEF Reporte 2001 und 2005 sowie Nationale Aktionspläne zur Armutsbekämpfung und Aktivitäten der Lobby for Children

Auch die wissenschaftliche Auseinandersetzung mit der Thematik hat in den letzten zehn Jahren eindeutige Fortschritte vorzuweisen, obwohl die Kinderarmutsforschung in der Bundesrepublik – im Vergleich zu den USA oder Großbritannien – ein ausgesprochen junger Forschungszweig ist, was in gewissem Maße auch generell für die bundesrepublikanische Armutsforschung zutrifft. Während die Armutsforschung in den USA auf historische Vorläufer (in den 1920er und 1930er Jahren) Bezug nimmt (vgl. O'Connor 2002), ist die neuere – vorwiegend qualitativ orientierte – Kinderarmutsforschung in der Bundesrepublik Ende der 1990er Jahre weitgehend ohne Rückbesinnung auf eine historische Forschungstradition gestartet. Auch gibt es in der Bundesrepublik keine umfassenden Längsschnittsbeobachtungen zu Kinderarmut wie beispielsweise in den USA, wo sich diese Entwicklung an Hand der PSID Daten-Erhebung (Panel Studies of Income Dynamics seit 1968, seit 1997 mit einem speziellen Child Development Supplement) verfolgen lässt, auch keine so wirkungsmächtigen Institutionen zur Armutsforschung wie das Townsend Centre of Poverty Research oder das Chronic Poverty Research Centre in Großbritannien.[9] Dies lässt sich unter anderem sicherlich damit erklären, dass Kinderarmut – quantitativ betrachtet – in der Bundesrepublik erst zu einem späterem Zeitpunkt (in den 1990er Jahren) als zunehmend brisantes Problem aufgetreten und wahrgenommen worden ist. Dass historische Vorläufer schlichtweg übersehen wurden, kann auch darauf zurück zu führen sein, dass die Sozialwissenschaften in den angelsächsischen Ländern ein ungebrocheneres Traditionsbewusstsein haben, während sie in der Bundesrepublik die durch den Nationalsozialismus bedingte Zäsur nie richtig aufgearbeitet haben. Dabei stellt sich – bezogen auf unseren Forschungsgegenstand – die Frage, welchen Nutzen die aktuelle Kinderarmutsforschung von einem Rückgriff auf die Historie ziehen könnte.

Ohne diese Frage hier näher vertiefen zu können – dafür mangelt es an entsprechenden Vorarbeiten – möchte ich auf eine historische Studie zu „Kinderarmut" verweisen, der bisher zu wenig Aufmerksamkeit geschenkt wurde. Es handelt sich um die empirische Studie von Hildegard Hetzer, mit dem Titel „Kindheit und Armut. Psychologische Methoden in Armutsforschung und Armutsbekämpfung", die 1929 in Leipzig erschienen ist (Hetzer 1929). Diese Studie ist u. a. deshalb interessant, weil sie die Notwendigkeit einer Verknüpfung von Armutsforschung, Psycholo-

9 Eine Ausnahme bildet die AWO-ISS-Studie, auf die an späterer Stelle noch ausführlicher eigegangen wird,

gie und Armutsbekämpfung betont und im Übrigen ein Plädoyer für die präventive Bekämpfung von Armut darstellt; so schreibt Hetzer:

> *„Die vorliegende Arbeit will den Beweis erbringen, dass Armutsforschung und Psychologie heute unbedingt vor Aufgaben stehen, die sie nur durch gemeinsame Arbeit zu lösen vermögen. Ihre Hauptaufgabe kann daher auch nicht darin liegen, eine erschöpfende Fülle von Tatsachen beizubringen. Sie wird vielmehr Probleme aufzeigen und neue Untersuchungen anzuregen haben. Die Fragestellung, zu der wir, von beiden Wissensgebieten ausgehend, gelangen, wird eine spezifisch neue sein."*(Hetzer 1929, 4).

Ihre empirische Untersuchung behandelt vier Schwerpunkte: (1) die objektiv feststellbaren Wirkungen von Armut, (2) das Erleben von Armut, (3) die Anpassung der Hilfsmaßnahmen an die gewonnenen Erkenntnisse, (4) die Einstellung der Hilfeempfangenden. Auf die ersten beiden Aspekte möchte ich im Folgenden näher eingehen, weil sie m. E. auch für die aktuelle Kinderarmutsforschung fruchtbare Impulse geben können.

Hetzer referiert eigene Untersuchungsergebnisse zu den objektiv feststellbaren Wirkungen von Kinderarmut und geht dabei auch auf das Erleben von Armut aus der Sicht von Kindern ein. Dabei stützt sie sich im ersten Teil u. a. auf „Fallstudien" von 70 Kleinkindern – Mädchen und Jungen im Alter von 1–3 Jahren (Hetzer spricht von „Kriechlingen") – aus unterschiedlichen Milieus. Sie unterscheidet zwischen zwei Gruppen – der Zielgruppe und einer Kontrollgruppe, d.h. den „gepflegten" und den „ungepflegten" Kindern, wobei sie die „Ungepflegten" als die in Armut lebenden Kinder identifiziert. Hetzer legt ihren Forschungen ein Armutsverständnis zu Grunde, wie es von I. Arlt Anfang der 1920er Jahre formuliert worden ist. Dem zu Folge wird Armut als „die wirtschaftliche Unmöglichkeit zur ausreichenden Befriedigung aller oder einzelner Grundbedürfnisse verstanden, durch deren Befriedigung dem Einzelnen das für eine gedeihliche Lebensführung unumgänglich notwendige Minimum geboten wird." (Hetzer 1929: mit Bezugnahme auf Art 1921, 29).[10] Diesem Armutsverständnis folgend berücksichtigt sie bezüglich der „Pflege der Kinder" folgende Aspekte: Wohnung, Kleidung, Körperpflege, Luft, Nahrung, Geistespflege, Erholung (Bewegung, Ruhe, Unterhaltung), Familie, Erziehung, Ausbildung (zu wirtschaftlicher Tätigkeit), Unfallverhütung und erste Hilfe, Krankenpflege und ärztliche Hilfe (vgl. Tabelle in Hetzer 1929, 8).

Zu den Auswirkungen von Armut auf Kleinkinder arbeitet Hetzer vier verschiedene Dimensionen von grundsätzlichen Unterschieden zwischen armen und nicht-armen bzw. gepflegten und ungepflegten Kindern heraus:

---

10 Hetzer stützt sich in ihrem Armutsverständnis insbesondere auf: Arlt, I.: Die Grundlage der Fürsorge, Wien 1921.

a) Das zeitlich verschiedene Auftreten von Entwicklungsschritten
Ausgehend von der Beobachtung, dass sich hinsichtlich vieler Entwicklungsschritte Verzögerungen bei den U (= ungepflegte = arme Kinder) feststellen lassen, legt die Autorin Wert auf eine sehr differenzierende Betrachtungsweise:

> *„Der zeitliche Rückstand auf den einzelnen Gebieten ist bei demselben Kind ein verschieden großer. Dazu kommt noch, dass man nicht einzig und allein von einem Rückstand der U, sondern unter Umständen auch von einem bei ihnen nachweisbaren Vorsprung sprechen kann ..."* (Hetzer 1929, 130)

b) Der zahlenmäßig feststellbare Umfang des Leistungsvermögens auf ein- und demselben Gebiet
Hetzer erläutert diese Feststellung an Hand der Sprachentwicklung, wobei sie wiederum nicht nur Defizite bei den U, sondern auch Vorteile vermerkt. So verfügten nach ihrer Beobachtung die G (=gepflegte=nicht-arme Kinder) – zu einem Zeitpunkt, zu dem beide Gruppen qualitativ betrachtet die Sprache in gleicher Weise beherrschen, über weitaus mehr Worte und einen beträchtlich reicheren Sprachschatz; dem stellt sie z.B. gegenüber, dass die U im Fiktionsspiel über einen größeren Schatz an überlieferten Kinderspielen verfügten (Hetzer 1929, 130).

c) Intensitätsunterschiede
Um auch diesen Aspekt mit Hetzer zu erläutern: „Die Stärke, in der ein und dieselbe Erscheinung bei G und U sich äußert, ist in diesem Fall eine wesentlich andere" (Hetzer 1929, 130). Als Beispiele führt sie hierfür den Grad der Hemmungslosigkeit, das erreichte Maß der Selbstbeherrschung oder die Fähigkeiten, Aufgaben durchzuführen, oder sogar die Stärke von Gefühlen an.

d) Unterschiede in den „Erscheinungsformen von Entwicklungstatsachen"
Als Beispiel nennt Hetzer hierfür den Schreibdrang zu Beginn der Pubertät und die Tatsache, dass die dabei erzeugten „literarischen Produkte" bei den beiden Gruppen von Kindern einen stilistisch sehr unterschiedlichen Charakter aufweisen. Es handle sich jedoch auch hierbei nur scheinbar um einen qualitativen Unterschied, im Wesentlichen jedoch um einen formalen. Der Schreibdrang sei ein Ausdruck für „dasselbe psychische Geschehen ..., die erwachende Ergänzungssehnsucht mit dem Drange sich mitzuteilen ..." (Hetzer 1929, 131).

e) Reduktionserscheinungen
Dieser Unterschied scheint – nach der Interpretation von Hetzer – wohl der gravierendste, weil folgenreichste zu sein. Er basiert auf der Erkenntnis, dass die G in ihrer Entwicklung im Allgemeinen einen zeitlichen Vor-

sprung vor den U aufweisen. Diese Tatsache habe für die G weniger gravierende Folgen, weil sie den Maßstab bildeten, an dem Kinder z.B. in der Schule gemessen würden. Dies könne bei ihnen allenfalls zu Langeweile führen, wenn sie nicht entsprechend ihres Entwicklungsstandes gefordert und gefördert würden. Die U seien demgegenüber einer ständigen Überforderung ausgesetzt, z.B. in der Schule, wenn ihre Entwicklungsverzögerung nicht berücksichtigt werde, aber auch durch den Umstand, dass sie möglicherweise schon zu einem Zeitpunkt zu Arbeiten herangezogen würden, denen sie auf Grund ihrer physischen und psychischen Entwicklung nicht gewachsen seien.

Bemerkenswert an den von Hetzer vorgetragenen Ergebnissen erscheint zum einen die von ihr gewählte Systematik, die eine sehr differenzierte Einschätzung der Unterschiede ermöglicht. Zum anderen lässt ihre Herangehensweise auch das Aufspüren von spezifisch entwickelten Fähigkeiten und Ressourcen der U zu. Des weiteren findet sie durch ihre differenzierte Betrachtung der Ergebnisse ihre Annahme bestätigt, dass die U zwar Verzögerungen in bestimmten Entwicklungsbereichen aufweisen, diese jedoch durch externe Einwirkungen – d.h. soziale Unterstützungsangebote – beeinflusst werden könnten. So kommt sie abschließend in diesem Teil ihrer Studie zu folgendem Resümee:

> *„Unterschiede zwischen G und U sind fast durchaus Quantitäts- und keineswegs Qualitätsunterschiede; sie sind als im höchsten Maß milieubedingt anzusehen und können daher durch entsprechende Maßnahmen weitgehendst ausgeglichen werden"* (Hetzer 1929, 135)

Wie diese Schlussfolgerung in Anbetracht des heutigen Diskussionsstandes der Entwicklungspsychologie einzuschätzen wäre, vermag ich – als Nichtpsychologin – nicht zu beurteilen. Dennoch fällt auf, dass die aktuelle Entwicklungspsychologie in dieser Hinsicht einen „blinden Fleck" aufweist. Sicherlich mögen verschiedene Entwicklungstheorien (z.B.: die ökologische Entwicklungstheorie von Uri Bronfenbrenner (1979) oder die Entwicklungstheorien der Dialektiker östlicher und westlicher Provenienz), indem sie sich für die objektiven, auch gesellschaftlichen Rahmenbedingungen menschlicher Entwicklung interessieren, die „soziale Ungleichheit" dieser Bedingungen mit im Blick haben. Dennoch erscheint mir der Hinweis auf den „blinden Fleck" angebracht, wenn selbst ein so umfangreiches Standardwerk zur Entwicklungspsychologie wie das von Oerter und Montada (2002) ohne einen expliziten Bezug auf „soziale Ungleichheit" und „Armut" als spezifische Determinanten von kindlicher Entwicklung auskommt.

Zurück zur Studie von Hildegard Hetzer: Im zweiten Abschnitt greift sie die auch in der heutigen Armutsforschung als sehr relevant betrachtete

Fragestellung nach dem subjektiven „Erlebnis der Armut" auf und stützt sich dabei auf 321 Äußerungen von Kindern (70 Mädchen und Jungen im Alter von 6 bis 16 Jahren), die sie in ihrer praktischen Arbeit als Hortleiterin über einen längeren Zeitraum gesammelt hat. Alle diese Äußerungen stammen von Mädchen und Jungen, die von Hetzer auf Grund der persönlichen Kenntnis ihrer Lebenslage als U (= arme Kinder) eingestuft werden. Des Weiteren handelt es sich um spontane Äußerungen der Kinder, die nicht auf Nachfragen ihrerseits zu Stande gekommen sind. Die von ihr gesammelten und nach systematischen Gesichtspunkten geordneten Aussagen der Kinder über die von ihnen erlebte Not liefern für Hetzer einen eindrucksvollen Beleg dafür, wie Kinder im Grundschulalter (und darüber hinaus) ihre unbefriedigten Bedürfnisse wahrnehmen und zu artikulieren vermögen. Sie ordnet diese Aussagen den schon aufgeführten Dimensionen ihres Armutsverständnisses zu, also der Wahrnehmung von unbefriedigten Bedürfnissen im Bereich des Wohnens, der Kleidung, Nahrung, Körperpflege, Luft, Erziehung und Geistespflege, Erholung, sozialen Beziehungen, Unfallsverhütung und ärztlichen Hilfe, wirtschaftlichen Tätigkeit und des Rechtsschutzes.

Dies stellt jedoch nur den Einstieg in die Erfahrungswelt der in Armut lebenden Kinder (U) dar. Die Studie vermittelt einen wesentlich differenzierteren Einblick in das Erleben von Armut durch die beobachteten Kinder. Sie gibt auch Auskunft über die prozentuale Verteilung der unbefriedigten Bedürfnisse, so z.B. dass ein „Viertel aller Armutserlebnisse durch mangelhafte Befriedigung der Wohnbedürfnisse ausgelöst werden" und dass 65 % der Armutserlebnisse den Kindern durch eine bedürfnisgerechte Ausstattung im Bereich Wohnen, Nahrung, Kleidung und Körperpflege erspart geblieben wären (Hetzer 1929, 142). Des Weiteren differenziert sie bei der Wahrnehmung von psychischer Not nach den Geschlechtern und nach Altersgruppen. Einen Einschnitt sieht Hetzer diesbezüglich sowohl für Jungen als auch für Mädchen mit dem Eintreten der Pubertät, bzw. ab der Altersgrenze von 12 Jahren:

> *„Die 6 bis 12 Jährigen erleben Armut in ungefähr vier Fünftel der Fälle an ihren physischen Folgen allein. Vom 13. Lebensjahr an wird in 30 bis 40 % aller Aussagen psychische Not erwähnt. Für das Kind ist daher die physische Beeinträchtigung, die es erfährt, das Wesentliche. Das hängt mit seiner fast ausschließlichen Orientierung auf die sinnlich fassbare Außenwelt zusammen, ferner auch damit, dass das Kind mehr als der Jugendliche dem augenblicklichen Eindruck hingegeben von dem körperlichen Unbehagen vollkommen erfüllt wird ..."* (Hetzer 1929, 145)[11]

11 Die heutige Kinderarmutsforschung kommt diesbezüglich sicherlich zu einer anderen Einschätzung – allerdings ist dabei auch zu beachten, dass es eine Verschiebung der Auswirkungen von Armut von früher stärker materiellen hin zu heute stärker psychosozialen gegeben hat.

In einem weiteren Schritt untersucht sie das innere Armutserleben der Kinder, differenziert nach Mädchen und Jungen und kommt zu dem Ergebnis, dass Mädchen in allen Altersstufen Armut stärker gefühlsmäßig erleben. Allerdings gelte es dabei, entwicklungsphasenspezifische Unterschiede zwischen den Geschlechtern zu beachten. Des Weiteren analysiert Hetzer das Armutsverständnis der Kinder, d.h. ihre Deutung der Situation, sowie ihre Wünsche nach Beseitigung des Mangels und ihre Einstellung zu möglichen Hilfen. In diesem Kontext greift sie die auch in der heutigen qualitativen Kinderarmutsforschung im Vordergrund stehende Frage nach der kindlichen Bewältigung von Armut auf:

> *„Es scheint selbstverständlich, dass das Kind dort, wo es Mangel erlebt, darnach strebt, diesen Mangel zu beseitigen, sein Gleichgewicht, das durch die Unterbefriedigung, die es leidet, gestört ist, gewissermaßen wiederzugewinnen trachtet."* (Hetzer 1929, 152)

Wir begegnen damit bereits in dieser Studie aus den frühen 1920er Jahren dem „Kind", das seine Armut bzw. seine missliche Lebenslage keineswegs nur passiv erleidet, sondern diese zu gestalten versucht. Interessanter Weise musste die aktuelle Kinderarmutsforschung dieses „aktive Kind" durch eine Anleihe bei der modernen soziologischen Kindheitsforschung erst wieder entdecken. Letztere erhebt für sich den Anspruch, das Kind als Subjekt und als seine Lebenssituation aktiv (mit-) gestaltenden Akteur entdeckt zu haben, korrekter Weise müsste man sagen „wiederentdeckt" zu haben. Allerdings hat Hetzer die kindlichen Bewältigungsformen nicht explizit untersucht, sondern darauf verwiesen, dass eine eigene Studie notwendig wäre, um Aussagen dazu treffen zu können, wie sich Kinder „praktisch handelnd mit ihrer Armut auseinandersetzen" (Hetzer 1929, 153). Dennoch liefert die Autorin mit ihren Beobachtungen, wie Kinder – je nach Entwicklungsstand unterschiedlich – ihre Armutslage erleben und wie sich die soziale Lebenslage auf ihre Einstellung zur „Lebensbeherrschung" auswirkt, bereits Vorannahmen zu Bewältigungsaspekten.

Hetzer unterscheidet drei Arten der kindlichen Wahrnehmung von Armut (vgl. Hetzer 1929, 161):

a) *einfachste Armutserlebnisse*, d.h. Armut wird unmittelbar als Mangel erlebt, der eine negative Gefühlsreaktion auslöst und nicht weiter reflektiert; in diesem Fall werde dieser Zustand vom Kind einfach passiv hingenommen; allerdings könne sich hierbei bereits eine erste Einsicht in die Situation ergeben;

b) *vollständigere Erlebnisse von Armut*, bei denen die mangelhafte Bedürfnisbefriedigung von den Kindern (auch) intellektuell erfasst und in ihren Zusammenhängen gedeutet wird (z.B. im Vergleich mit anderen oder mit einer früheren, besseren Lebenssituation);

c) *erweitertes Armutserlebnis*, wenn Bestrebungen vorliegen, den erlebten Mangel zu beseitigen (die intellektuelle Verarbeitung der Situation sei hierfür nicht Voraussetzung; das Bestreben könne auch durch negative Gefühlsreaktionen und ohne bewusste Willensentschlüsse ausgelöst werden).

Nach einem ausführlichen Teil über praktische Hilfsmaßnahmen schließt die Arbeit mit einem Plädoyer, die psychologischen Erkenntnisse zu Armut und insbesondere zu Kinderarmut in die praktische Fürsorgearbeit einfließen zu lassen.

Kurzes Fazit: Armut ist ein relatives Phänomen; bei der Analyse ihrer Erscheinungsformen gilt es daher immer auch historische, kulturelle, geographische Aspekte zu beachten. Ebenso sind die Methoden und Erkenntnisse von Wissenschaft – und hier explizit der Entwicklungspsychologie – zeitgebunden, das Gleiche gilt für Konzeption, Strukturen und Praxis des Fürsorgewesens, bzw. der Kinder- und Jugendhilfe. Insofern sind aus heutiger Sicht die Ergebnisse der von Hetzer durchgeführten Studie sicherlich als zeitgebunden zu betrachten. Dennoch war es mir ein Anliegen, diese Studie hier in Erinnerung zu rufen, weil sie m. E. wertvolle Anregungen für die aktuelle Perspektivendiskussion in der Kinderarmutsforschung zu geben vermag. Überzeugend finde ich vor allem ihr Plädoyer, in der Armutsforschung größere Interdisziplinarität herzustellen, in die vor allem auch die Psychologie mit ihren spezifischen Forschungsmethoden und ihrem Kenntnisstand zu kindlicher Entwicklung und Lebensbewältigung mit einbezogen werden soll.

2.2 Armut von Kindern im Grundschulalter

2.2.1 *Wie sehen wir Kinder? Entwicklungsaufgaben von Grundschulkindern in interdisziplinärer Sicht*

Wie eingangs bereits erwähnt, wurde die Problematik von Kinderarmut in der Bundesrepublik relativ spät aufgegriffen. Konkret war es die politische Auseinandersetzung um den 10. Kinder- und Jugendbericht (1998), die die Öffentlichkeit wachgerüttelt und die fachpolitische wie auch sozialwissenschaftliche Aufmerksamkeit auf das Thema gelenkt hat. In der Folge sind in kurzem zeitlichem Abstand mehrere empirische Studien zu Kinderarmut in der Bundesrepublik erschienen.[12] Ich werde mich im Folgenden schwerpunktmäßig auf drei Studien beziehen, die *Kinder im Grundschulalter* untersucht haben und insbesondere der *Frage nach den kindlichen Bewältigungsstrategien* nachgegangen sind. Diese Begrenzung ergibt sich für mich aus der Zielsetzung, die Entwicklung des Forschungsstandes an Hand dieser Fragestellung nachzuzeichnen.

Es handelt sich um sozialwissenschaftliche Studien, die sich vorwiegend auf Kinderinterviews und Beobachtungen stützen, obwohl ergänzend auch andere Erhebungsinstrumente wie Eltern- oder Expertinnen/ Experten-Befragungen, Netzwerkanalysen, Fragenbogenerhebungen usw. verwendet wurden.[13] Die Fokussierung auf die Äußerungen der Kinder wird mit Bezug auf den methodisch-konzeptionellen Paradigmenwechsel in der modernen Kindheitsforschung begründet. Kinder werden in diesem Kontext als eigenständige soziale Akteure betrachtet, die ihre Lebenssituationen aktiv mitgestalten und selbst Auskunft zu geben vermögen, wie sie ihre Lebenslage wahrnehmen, deuten und bewältigen. Allerdings ist diesbezüglich das Alter und der Entwicklungsstand der Kinder zu berücksichtigen. Kinder im Grundschulalter sind dazu sicherlich in der Lage; allerdings haben wir die Altersspanne von ca. 6 bis ca.10 oder 11 Jahren im Blick, in der wichtige Entwicklungsprozesse ablaufen und somit auch entwicklungsmäßige Differenzierungen innerhalb der gewählten Zielgruppe zu beachten wären.

Die gewählte Altersspanne ergibt sich zunächst eher pragmatisch bzw. durch die institutionellen Vorgaben des Schulsystems und die Einschulungsverfahren, obwohl diese keineswegs bundesweit einheitlich sind. Dies dürfte einer der Gründe sein, dass es sich bei genauerem Hinsehen als beinahe unmöglich erweist, feste Altersgrenzen für die „Zielgruppe Grundschulkinder“ zu ziehen. So erklärt sich wohl auch, dass Autoren, die das versuchen, sich gegenseitig – ja manchmal sogar sich selbst – widersprechen (vgl. Böhnisch 1997, 113 oder Krappmann/Oswald 1995, 15

12 Richter 2000, ISS-Studien 1998–2000, Holz/Skoluda 2003, Butterwegge/Holm/Zander 2003, Chassè/Zander/Rasch 2003, Palentien 2004, Butterwegge/Klundt/Zeng 2005, Holz/ Puhlmann 2005

13 Die AWO-ISS-Studien zu Kinderarmutsforschung – so auch der neueste Zwischenbericht zur AWO-ISS Längsschnittstudie – verbinden qualitative Forschungsmethoden mit quantitativen Erhebungen: vgl. Holz/Puhlmann 2005; ansatzweise wurde diese Verbindung auch von Chassé/Zander/Rasch 2003 vorgenommen.

ff.). Wichtiger als feste Altersgrenzen anzugeben erscheint mir jedoch, aus welcher Perspektive eine Phaseneinteilung vorgenommen wird.

Aus sozialpädagogischer Sicht liegt es beispielsweise durchaus nahe – der Institutionalisierung von moderner Kindheit folgend – eine Phaseneinteilung mit Bezug auf Sozialisationsinstanzen und kindliche Lebenswelten vorzunehmen, d.h. von Kleinkindern, Vorschul- und Kindergartenkindern, Schul- und Hortkindern zu sprechen. Von einer solchen Blickrichtung geht Lothar Böhnisch (1997) aus, indem er das Schulkind im Spannungsfeld zwischen Lockerung von elterlichem Einfluss, kindlichem Eigenleben und Schule als neuem Möglichkeitsraum sieht, wobei Schule eben auch mit ihrem spezifischen Verpflichtungscharakter zu betrachten sei. Einerseits sei das Schulkind nicht mehr durchgängig der elterlichen Aufsicht und elterlichem Erziehungshandeln ausgesetzt; es gewinne sowohl räumlich als auch sozial stärker eigenbestimmte Erfahrungsräume hinzu. Gleichzeitig bestimme die Schule in erheblichem Maße die Zeitstruktur der Kinder, gebe Lernziele in den verschiedenen Entwicklungsbereichen vor (Lesen, Schreiben, Rechnen, Körperbeherrschung) und vermittle spezifische Regeln für soziales Verhalten. Schule erfordere von den Kindern – so Böhnisch – die Einübung in eine rationale Lebensführung und in zukunftsorientiertes Lernen, wodurch ein Spannungsfeld zur Gegenwartsorientierung und Spontaneität der Kinder entstehe. Demgegenüber habe die Familie – unterstützt oder ergänzt durch die Sozialpädagogik mit ihren außerschulischen Angeboten – die Aufgabe, für einen emotionalen und sozialen Ausgleich zu sorgen, d.h. Räume für kindliches Eigenleben, freies Spiel und offene soziale Kontakte zu erhalten oder zu öffnen.

Im Grundschulalter tritt also Schule als Sozialisationsraum neben den der Familie; gleichzeitig erweitert sich darüber hinaus das soziale Umfeld der Kinder durch die Möglichkeit der stärker eigenbestimmten Interaktion mit Gleichaltrigen. Diesen Aspekt haben vor allem Lothar Krappmann und Hans Oswald auf der Basis empirischer Studien in unterschiedlichen Analysen untersucht (Krappmann/Oswald 1995). Sie liefern sehr differenzierte Erkenntnisse zu Formen und Arten von Beziehungen zwischen Gleichaltrigen, zu ihren Strategien der Aushandlung, zu schulischem Lernen, das vorwiegend in der Interaktion mit Gleichaltrigen passiert. Sie berücksichtigen auch den Aspekt des Geschlechterverhältnisses, das Mit- und Gegeneinander von Jungen und Mädchen in den verschiedenen Entwicklungsphasen der Schulzeit sowie die sozialisatorische Bedeutung von gleich- und gemischtgeschlechtlichen Interaktionen mit Gleichaltrigen. Dabei kommen die Autoren u. a. zu folgendem Fazit:

„Entgegen der Ansicht einiger Kindheitsforscher glauben wir mit unseren Protokollen der Kinderinteraktionen im Klassenzimmer und auf dem Schulhof demonstrieren zu können, dass die soziale Kinderwelt, in der Kinder eigenständig Regeln des vergnüglichen, hilfreichen, streitbaren und gelegentlich tröstlichen Zusammenseins ko-konstruieren, noch existiert...Beim Überblick über unser vielfältiges Material sind wir jedoch überrascht, wie viele geschickte Anpassungsleistungen an ungünstige Umstände Kinder vollziehen, um sich die Essenz ihrer aushandlungsintensiven, Beziehungen erprobenden Kinderwelt erfolgreich zu erhalten." (Krappmann/ Oswald 1995, 23)

Das *sozialpädagogisch betrachtete Kind* bewegt sich in unterschiedlichen Lebenswelten, wobei die Lebenswelt Familie, d.h. die Eltern-Kindbeziehungen, die Geschwisterbeziehungen, die elterlichen Erziehungsstile und das Familienklima ebenso wie die materiellen, sozialen und kulturellen Ressourcen der Familie nach wie vor einen hohen sozialisatorischen Stellenwert behalten. Was nun, wenn dieses *sozialpädagogisch gedachte* dem *psychologisch gesehenen Kind* und dieses wiederum dem *soziologisch eingeordneten, in sozialen Ungleichheitsverhältnissen lebenden Kind* begegnet? Diese Frage zu stellen – und damit für eine interdisziplinäre Herangehensweise zu plädieren – ist nach der eingangs gemachten Entdeckung mit der historischen Veröffentlichung von Hetzer wohl notweniger denn je. Auch die neueste ISS-Studie (Holzer/Puhlmann 2005) bezieht sich erstmals explizit auf psychologische Entwicklungskonzepte.

Leider führt uns auch die Entwicklungspsychologie nicht aus dem Dilemma der ungeklärten Zuordnung von Grundschulkindern zu Entwicklungsphasen heraus. Im Gegenteil, die Angelegenheit wird noch komplexer, weil es unterschiedliche entwicklungspsychologische Modelle gibt: zum einen solche, die nur zwischen „früher" und „später" Kindheit unterscheiden und zum anderen solche, die zusätzlich eine „mittlere" Kindheit einführen. In der Entwicklungspsychologie gibt es diesbezüglich eine sehr differenzierte und durch eine Vielfalt empirischer Erkenntnisse getragene Diskussion, die hier nicht weiter referiert werden kann. Es bleibt also nur der selektive Weg: Für die hier zu erörternde Frage, wie Kinder im Grundschulalter Folgewirkungen von Armut entwicklungsbezogen bewältigen, erscheint mir der Rückgriff auf die *Idee der kindbezogenen Entwicklungsaufgaben,* wie sie Havighurst (1956) eingeführt hat, hilfreich.

Der amerikanische Entwicklungspsychologe Havighurst berücksichtigt mit seinem Konzept der kindlichen Entwicklungsaufgaben u. a. auch die gesellschaftlichen Anforderungen an Kinder:

„Eine ‚Entwicklungsaufgabe' ist eine Aufgabe, die in oder zumindest ungefähr in einem bestimmten Lebensabschnitt des Individuums entsteht, deren erfolgreiche Bewältigung zu dessen Glück und Erfolg bei späteren Aufgaben führt, während ein Misslingen zu Unglücklichsein, zu Missbilligung durch die Gesellschaft und zu Schwierigkeiten mit späteren Aufgaben führt...Die EA einer bestimmten Gruppe haben ihren Ursprung in drei Quellen:

(1) körperliche Entwicklung, (2) kultureller Druck (die Erwartungen der Gesellschaft), und (3) individuelle Wünsche und Werte" (Havighurst 1956, 215, zit. nach Flammer1996, 239).

Von dieser Annahme ausgehend hat Havighurst für unterschiedliche Entwicklungsphasen, die aufeinander aufbauen, entsprechende Aufgabenkataloge erstellt, die inhaltlich zweifellos historisch und kulturell gebunden sind. In Anlehnung an Havighurst gibt es aktuell in der deutschen Entwicklungspsychologie verschiedene Untersuchungen mit dem Ziel, diese Kataloge zu aktualisieren, wobei auch Kinder und Jugendliche nach ihrer Einschätzung befragt werden (z.B.: Schwaller 1991). Wer sind die ‚Auftragsteller' und wer die jeweiligen Adressatinnen und Adressaten von Entwicklungsaufgaben? Zum einen die Person/das Kind selbst, die Bezugspersonen und die Bezugsgruppe und im weiteren Sinne die Gesellschaft. Letztere wird je nach zu berücksichtigender Lebensphase von unterschiedlichen Institutionen und Sozialisationsinstanzen oder Sozialisationsumfeldern repräsentiert.

Da der Bezug auf die kindlichen Entwicklungsaufgaben im Bewältigungsdiskurs mehr oder weniger explizit aufgegriffen wird, sei hier eine aktuellere Zuordnung zu unterschiedlichen kindlichen Lebensphasen aufgeführt (vgl. Hurrelmann/Bründel 2003, 73):

Lebensphase „frühe Kindheit" (0–5 Jahre)	
Entwicklungsaufgaben:	Emotionales „Urvertrauen aufbauen" Kommunikationsfähigkeit und soziales Bindungsverhalten entwickeln Grundlegende sensorische und motorische Fertigkeiten aufbauen Sprachliche Ausdrucksfähigkeit entwickeln Identifikation mit dem eigenen Geschlecht herstellen
Lebensphase „späte Kindheit" (6–11 Jahre)	
Entwicklungsaufgaben:	Beziehungen mit Altersgleichen und Freundschaften aufbauen Männliches und weibliches Rollenverhalten einüben Entwicklung von kognitiven Kompetenzen und Denkschemata einleiten Grundlegende Fertigkeiten im Lesen, Schreiben und Rechnen entwickeln Mit dem sozialen System Schule umgehen lernen

Gewissen, Moral und Wertprioritäten aufbauen.

Psychologisch gesehen haben Kinder demzufolge Entwicklungsaufgaben zu bewältigen, die unterschiedlichen Funktionsbereichen und Persönlichkeitsaspekten wie Wahrnehmen und Psychomotorik, geistige, emotionale, soziale, moralische Entwicklung sowie Entwicklung von Persönlichkeit, Problemlösung und Handlungsregulation, Selbstkonzept und Geschlechteridentität zugeordnet werden können (vgl. Oerter/Montada 2002).

Nun geht es in unserem Kontext nicht um eine generelle Betrachtung von kindlicher Entwicklung, sondern um die spezifische Frage, wie Kinder im Grundschulalter Armut erleben und bewältigen. Der Fokus der Betrachtung liegt also auf Armut als Lebenslage von Kindern, und das Erkenntnisinteresse gilt der Frage, welche Folgen ein Aufwachsen in Armut für Kinder dieser Altersstufe haben kann, wie diese damit umgehen und im nächsten Schritt, welche Handlungsanforderungen daraus für Politik und Gesellschaft resultieren. Damit sind wir wiederum bei einem „blinden Fleck" der heutigen Entwicklungspsychologie angelangt, d.h. an dem Punkt, wo diese die soziale Tatsache zu berücksichtigen hätte, dass Kinder ihre Entwicklungsaufgaben in sozialstrukturell sehr verschiedenen Strukturen und Rahmenbedingungen zu bewältigen haben. Dieser Aspekt wird von der Psychologie allenfalls in neueren Studien im Kontext der Resilienzforschung (Luthar 1999 und Goldstein/Brooks 2005) aufgegriffen, worauf ich an späterer Stelle noch zurückkommen werde.

2.2.2 Befunde zu psychosozialen Folgen von Armut und kindlicher Bewältigung

Was heißt Bewältigung von Armut? Zur Fokussierung auf die Bewältigungsfrage möchte ich vorab einige Vorbemerkungen machen. Armut ist in erster Linie ein gesellschaftliches Problem – eine extreme Erscheinungsform von sozialer Ungleichheit. Insofern liegen Ursachen und auch die Möglichkeiten von Armutsvermeidung auf der Ebene gesellschaftspolitischer Maßnahmen. Daher erscheinen mir Impulse, wie sie von den UNICEF Reporten ausgehen, d.h. die Erörterung wie dem Problem von Kinderarmut sozialpolitisch begegnet werden kann, der Diskussion über Bewältigung von Armut vorgelagert.

Einem weiteren Missverständnis sei an dieser Stelle vorgebeugt: Die Kinderarmutsforschung der letzten Jahre und insbesondere die Studien, die im Folgenden vorgestellt werden, räumen der Frage, wie Kinder und ihre Familien mit der Armutssituation umgehen und sie bewältigen, einen hohen Stellenwert ein. Damit soll die Bewältigung von Armut jedoch nicht individualisiert werden, sondern es sollen Erkenntnisse geliefert werden, wie negative Armutsfolgen bei Kindern vermieden oder gemindert, wie Kinder durch sozialpolitische und sozialpädagogische Angebote und Maßnahmen gestärkt und Familien unterstützt werden können.

2.2.2.1 Lebenslage in kindzentrierter Sichtweise

Im Folgenden möchte ich – ausgehend von drei ausgewählten Studien zu Kinderarmut (Richter 2000; Chassé/Zander/Rasch 2003; Holz/Puhlmann 2005) – erörtern, welche direkten und indirekten Auswirkungen materielle Armutsverhältnisse auf Kinder im Grundschulalter haben und wie Mädchen und Jungen in diesem Alter die damit einhergehenden spezifischen Erfahrungen bewältigen. Bei aller Differenzierung im Detail sind für diese Studien grundlegende Gemeinsamkeiten sowohl in der forschungsmethodischen als auch in der konzeptionellen Orientierung kennzeichnend, d.h.:

- lebenslageorientiertes Armutsverständnis
- kindzentrierter Forschungsansatz
- Orientierung auf die Bewältigungsfrage
- Ermittlung von Risiko- und Schutzfaktoren.

Alle drei Studien beziehen sich auf das Lebenslagenkonzept, ein Armutsverständnis, das mittlerweile in den Sozialwissenschaften und vor allem in der bundesrepublikanischen Sozialberichterstattung etabliert ist.[14] Es handelt sich um ein mehrdimensionales Armutsverständnis, demzufolge Armut nicht nur als unzureichende Einkommenslage definiert wird, sondern als Unterversorgung in mehreren wichtigen Lebensbereichen wie Arbeit, Wohnen, Gesundheit, Bildung und soziokultureller Teilhabe. Entsprechend der relativen Betrachtungsweise von Armut in Wohlfahrtsstaaten bedeutet dies, dass im definitorischen Sinne Armut dann vorliegt, wenn in verschiedenen Lebensbereichen ein gesellschaftlich festgelegtes Niveau oder ein bestimmter Standard unterschritten wird. Das Lebenslagekonzept ist zunächst mit Bezug auf Erwachsene formuliert worden, wie generell Armut von Kindern als eigenständiges Problem erst seit den 1990er Jahren in der Armutsforschung thematisiert wird.

---

14 Das Lebenslagekonzept ist ein typisches bundesrepublikanisches Konzept – jedenfalls in seiner Begrifflichkeit, obwohl natürlich auch auf internationaler Ebene multidimensionale Armutsbegriffe verwendet werden. Allerdings bezieht man sich im angelsächsischen Bereich nicht auf Lebenslage, sondern auf „child well-being", vgl. z.B.: Vleminckx/Smeeding 2001,

Es galt also das Konzept der Lebenslage auf die spezifische Lebenssituation von Kindern zu übertragen. Das AutorInnenteam Chasè/Zander/ Rasch (2003) hat diese Übertragung – in Anlehnung an Ingeborg Nahnsen (1970) – anhand einer spezifischen Variante des „Spielräume-Konzeptes" vorgenommen. Das heißt: Wie nimmt ein Kind (subjektiv) seine (objektiv) festgestellte Armutslage wahr, wie bewältigt es diese Situation unter den jeweils (objektiv) gegebenen Rahmenbedingungen? Armut wird so als Folge von eingeschränkten Handlungs- und Entwicklungsspielräumen verstanden. Dabei finden fünf Dimensionen Berücksichtigung: die materielle Grundversorgung (Einkommens- und Versorgungsspielraum), das soziale Beziehungsgefüge und die sozialen Netze (Kontakt- und Kooperationsspielraum), die Bildungs- und Erfahrungsmöglichkeiten (Lern- und Erfahrungsspielraum), Freizeit, Erholung und Förderung von Neigungen und Fähigkeiten (Muße- und Regenerationsspielraum) sowie Partizipations- und Entscheidungsmöglichkeiten (Dispositions- und Entscheidungsspielraum). Von einer vorliegenden Einkommensarmut ausgehend wird untersucht, in welcher Weise und wie weitgehend diese Handlungs- und Entwicklungsspielräume der Kinder – im Vergleich zu gesellschaftlicher Normalität – eingeschränkt sind. Die AWO-ISS-Studie dimensioniert das Lebenslagenkonzept etwas anders, indem zwischen der materiellen, gesundheitlichen, sozialen und kulturellen Lage der Kinder unterschieden wird. In der neuesten Untersuchung aus dieser Reihe ist ein differenziertes Indikatorensystem entwickelt worden, an Hand dessen die jeweiligen Armutsschwellen operationalisiert und analysiert werden können (Holz/Puhlmann 2005).

Kennzeichnend für das Lebenslagenkonzept ist darüber hinaus ein Armutsverständnis, das die Interdependenz von objektiven sozialstrukturellen Faktoren und subjektiven Verarbeitungsweisen betont sowie die Wechselwirkungen von materiellen und immateriellen Aspekten untersucht (vgl. Richter 2000, 189; Holz/Puhlmann 2005, 5 f.). Dabei stehen die Kinder als betroffene und handelnde Subjekte im Mittelpunkt des Interesses. Die kindliche Bewältigung von Armut nimmt in allen drei Studien einen zentralen Stellenwert ein; sie nähern sich dieser Frage jedoch jeweils aus unterschiedlichen Blickwinkeln und mit unterschiedlichen Fokussierungen. Ehe ich darauf näher eingehe, zunächst eine kurze schematische Charakterisierung der drei Studien:

a) Wie erleben und bewältigen Kinder Armut? (Richter 2000, vgl. S. 14/15, 24)

Zielgruppe	Mädchen und Jungen im Grundschulalter (Kinder in Unterversorgungslagen und Kontrollgruppe)
Setting	Kinder im ökologischen Kontext einer ländlich strukturierten Lebenswelt, d.h. Berücksichtigung von Familienstruktur, sozialen Netzen, Wohnumfeld und Infrastruktur
Untersuchungsregion	ländliche Region in Niedersachsen
zeitliche Perspektive	Querschnittstudie (Datenerhebung 1997)
Erkenntnisziel	Belastungsfaktoren und Bewältigungsformen von Kindern in Unterversorgungslagen; Risiko- und Schutzfaktoren (in salutogenetischer Orientierung)
Erhebungsform	qualitative, auch Intensiv-Interviews mit Kindern sowie Fragebogenerhebung und teilnehmende Beobachtung; Elternbefragung mittels Fragebogen
Auswertung	Perspektiven-Triangulation
Spezifik	besondere Berücksichtigung geschlechtsspezifischer Unterschiede in der Wahrnehmung und Bewältigung der Lebenslage sowie Auswirkung von geschlechtsspezifischer Sozialisation auf personale und soziale Ressourcen
Ergebnis	Bewältigungstypologie, die zwischen Bewältigungshaltungen und Bewältigungshandeln differenziert und dabei die Geschlechterdifferenz berücksichtigt; Kategorisierung nach Problem vermeidendem und Problem lösendem Bewältigungsverhalten.

b) Meine Familie ist arm (Chassé/Zander/Rasch 2003, 2005, 2007 und 2010)

Zielgruppe	Mädchen und Jungen im Grundschulalter, nur Kinder in Armutslagen
Setting	Kinder in den unterschiedlichen Lebenswelten von Familie, Schule und Peer-Beziehungen

Untersuchungsregion	Vergleich Stadt und ländliche Region in Thüringen
zeitliche Perspektive	Querschnittstudie (Datenerhebung 1998–2000)
Erkenntnisziel	Analyse kindlicher Lebenslagen im Vergleich mit der elterlichen Lebenslage; soziale Bewältigungsformen von Kindern; Bewältigungsformen der Eltern sowie Eltern-Kind-Kommunikation über die Lebenslage
Erhebungsform	Befragung von Kindern mittels qualitativ-narrativer Interviews, problemzentriert mit soziografischen und Spielelementen; Elternbefragung mit quantitativen und qualitativ-problemzentrierten Interview-Formen
Auswertung	intergenerativ-vergleichende Untersuchung; Fallstudien
Spezifik	Berücksichtigung der Transformationsproblematik in Ostdeutschland in ihrer Auswirkung auf familiäre und kindliche Lebenslagen (beschleunigte Modernisierung)
Ergebnis	Lebenslage-Vergleich von Kindern und Eltern; Bewältigungstypologie der Eltern; Bewältigungstypologie der Kinder; sozialpädagogische Handlungsperspektiven

c) Alles schon entschieden? (Holz/Puhlmann 2005; S. 3, 10, 12 f.)

Zielgruppe	Mädchen und Jungen vom Vorschul- bis ins späte Grundschulalter; arme und nicht-arme Kinder
Setting	Kinder im familiären Zusammenhang, soziale Netzwerke und Wohnumfeld
Untersuchungsregion	bundesweite Untersuchung in Stadt und Land; zunächst ausgegangen von Kindertagesstätten (AWO)
Zeitliche Perspektive	Längsschnittuntersuchung; Datenerhebung: 1999 (u. a. quantitative Ersterhebung); qualitative Vertiefungsstudie 2001 (im frühen Grundschulalter); quantitative und qualitative

	Wiederholungsbefragung 2003/04 (im späten Grundschulalter)
Erkenntnisziel	Vergleich von „armen" und „nicht-armen" Kindern; Betrachtung im Querschnitt und im Längsschnitt von Lebenssituation, persönlicher Entwicklung und Entwicklungsperspektive der Kinder; Bedeutung und Folgen von Armut sowie Armutsbewältigung (im Querschnitt – am Ende des Grundschulalters)
Erhebungsform	Erhebung zu 893 Vorschulkindern aus Erzieherinnensicht (Beobachtungsbogen 1999); von einer Teilgruppe des ursprünglichen Samples (184 Kinder im Alter von 8 Jahren) werden 2001 Fragebogenerhebungen bei Eltern und Kindern durchgeführt; teilweise auch qualitative Interviews mit Eltern; Querschnitt- und Längsschnitterhebung 2003/04
Auswertung	Analyse der Armutsdynamik, der Lebenslagedimensionen, der Lebenslagetypen, des Schulerfolgs
Spezifik	mehrfache Querschnitterhebungen und erste Längsschnittstudie in der Bundesrepublik; Beobachtung der Entwicklung von „armen" und „nicht-armen" Kindern vom Vorschulalter (6 Jahre) über den gesamten Zeitraum der Grundschule (bis zum Alter von 11 Jahren)
Ergebnis	drei kindbezogene Lebenslagetypen; Vergleich der Lebenslagen von armen und nicht-armen Kindern; Entwicklung der Kinder in der Schule in der Längsschnittperspektive; Herausarbeitung von Risiko- und Schutzfaktoren; Nutzung sozialer Institutionen sowie sozialer Hilfen; Hilfen für die Eltern und Förderungsmöglichkeiten für die Kinder.

Zusätzlich zu diesen Studien werde ich auch auf die Expertise zu „Auswirkungen von Armut auf die Entwicklung von Kindern", die Sabine Walper (1999) für den 10. Kinder- und Jugendbericht verfasst hat, eingehen.

2.2.2.2 Kindliche Bewältigungsmuster von Armut

- *Geschlechtsspezifische Bewältigung und psychosoziale Auswirkungen*

Wie wirkt sich nun Armut auf die Lebenslage, das aktuelle Wohlbefinden und die Entwicklungsbedingungen von Kindern im Grundschulalter aus? Antje Richter (2000) hat diesbezüglich mit ihrer Studie zu Mädchen und Jungen in einer ländlichen Kleinstadt Pionierarbeit geleistet. Es ist die einzige Studie zu Kinderarmut, die explizit die spezifischen räumlichen, sozialen und kulturellen Strukturen, die für das Aufwachsen in einer ländlichen Umgebung charakteristisch sind, berücksichtigt. Auf Richter geht die Anregung zurück, sich bei der Untersuchung von kindlichen Bewältigungsmustern an psychologischen Konzepten (z.B.: Lazarus/Launier 1975) zu orientieren und kindliche Bewältigung von deprivierenden und benachteiligenden Umweltbedingungen als chronische Belastungen im Sinne psychologischer Stresstheorien zu interpretieren. Richter hat zudem erstmals die salutogenetische Perspektive in die Erforschung von armutsbezogenen Bewältigungsstrategien eingebracht und darauf hingewiesen, dass es den Blick nicht nur auf die belastenden Aspekte (Risikofaktoren), sondern auch auf diejenigen Faktoren (Schutzfaktoren) zu lenken gilt, die die kindliche Bewältigung einer widrigen Lebenslage positiv beeinflussen können.

In Anlehnung an Lazarus/Launier (1975) begreift Richter Bewältigung als einen dynamischen Prozess; sie unterscheidet zwischen Haltungen, die in Handlungen einfließen und in Handeln übergehen. Bezogen auf die von ihr untersuchten Mädchen und Jungen (im Grundschulalter) bildet sie vier Kategorien von Bewältigungsformen, die sie wiederum zu Problem lösenden und Problem vermeidenden Bewältigungsmustern zusammenfasst (Richter 2000, 92 ff.).

a) *Problem vermeidende Bewältigungsmuster:*
   - „mit sich selbst ausmachen"
     (z.B.: Anspruchsenkung, Rückzug, Sparen)
   - „anstatt-Handlungen" vollziehen
     (z.B.: rationalisieren, andere abwerten, impulsiv konsumieren)

b) *Problem lösende Bewältigungsmuster*
   - „emotionale Unterstützung suchen bzw. gewähren"
     (z.B.: sich gegenseitig unterstützen, Hilfe/Verbündete suchen)
   - „an die Umwelt weitergeben"
     (z.B.: impulsiv reagieren, fordern, klauen, betrügen)

Die Kategorie „mit sich selbst ausmachen" hat Richter sowohl bei Jungen als auch bei Mädchen mit Abstand am häufigsten vorgefunden, gefolgt von den kompensatorischen Handlungsformen (d.h. „anstatt-Handlungen"), die häufiger bei Mädchen als bei Jungen vorkamen. Als eindeutig geschlechtsspezifisch geprägt erwies sich die Kategorie „soziale Unterstützung suchen bzw. gewähren"; hierbei überwogen eindeutig die Mädchen. „An die Umwelt weitergeben" war in der Reihenfolge der vorgefundenen Häufigkeit die mit Abstand am wenigsten genannte Kategorie; dass auch in dieser Kategorie den Befragungsergebnissen zu Folge Mädchen und Jungen fast gleich häufig vorkommen, wirkt etwas überraschend. In der Interpretation des Bewältigungsverhaltens weist Richter jedoch darauf hin, dass Jungen eher zu nach außen gewandten Bewältigungsstrategien tendieren, die gesellschaftlich sanktioniert sind.

Zur Untermauerung ihrer Ergebnisse kann Richter auf Erkenntnisse der geschlechtsspezifischen Sozialisationsforschung zurückgreifen. Mädchen könnten leichter soziale Unterstützung einfordern und ihrerseits an andere weitergeben. Da Richter der sozialen Unterstützung durch persönliche Netzwerke eine wichtige Funktion für die Bewältigung von psychosozialen Belastungen zuschreibt, erscheinen Jungen in dieser Hinsicht „benachteiligt". Sie können seltener über entsprechende soziale Netzwerke verfügen bzw. deren Unterstützung in Anspruch nehmen. Richter kommt so zu dem Ergebnis, dass die soziale Situation von in Armutsverhältnissen lebenden Jungen besondere Aufmerksamkeit verdiene. Diese seien hinsichtlich ihrer sozialen Netzwerke sowohl im Vergleich zu Mädchen als auch zur gleichgeschlechtlichen Kontrollgruppe besonders benachteiligt.

Allerdings weisen – Richter zu Folge – geschlechtsspezifisch sozialisierte Verhaltensweisen von Mädchen in anderer Hinsicht durchaus auch Problem vermeidenden und die Bewältigung erschwerenden Charakter auf. So sei beispielsweise die Tatsache, dass Mädchen in Armutssituationen ein weniger problematisches oder auffälliges Verhalten zeigten, kein Argument dafür, dass sie weniger „gefährdet" seien. Im Gegenteil: ihr Problemvermeidungsverhalten, das ihnen verstärkte Anpassungsleistungen abfordere, könne zu einer Kumulation von negativen Effekten im Sinne von Belastungen führen, die nicht selten von psychosomatischen Erkrankungen begleitet seien.

- *Bewältigungsmuster in intergenerativer Perspektive (Eltern-Kinder)*

Einen umfassenden Überblick über die Auswirkungen von Armut und sozioökonomischer Deprivation auf die körperliche, psychische, soziale und intellektuelle Entwicklung von Kindern liefert eine Expertise, die Sabine Walper (1999) für den 10. Kinder- und Jugendbericht der Bundesregierung erstellt hat. Sie befasst sich mit elterlichen und kindlichen Bewältigungsstrategien und entwickelt ein „Rahmenmodell zur Analyse armutsbedingter Konsequenzen für die Entwicklung von Kindern" (Walper 1999, 321). Im Vordergrund stehen für Walper die mit Armut verbundenen Entwicklungsrisiken sowie die Bandbreite möglicher kindlicher Belastungsreaktionen. Sie unterstreicht die Notwendigkeit, die verschiedenen Formen und Ausprägungen von Armut (z.B.: kurzfristige und längerfristige Verarmung, plötzliche Einkommensverluste, Eintreten von Erwerbslosigkeit) in ihren Konsequenzen auf Kinder und Jugendliche differenziert zu betrachten. Mit dieser Zielsetzung entwickelt sie auf der Basis des (bisherigen) Forschungsstandes ein Modell, um das Zusammenspiel relevanter Einflussfaktoren zu analysieren und ein Erklärungsmuster sowohl für kurz- als auch für langfristige Folgewirkungen von Armut im Kindes- und Jugendalter zu finden. Im Mittelpunkt ihrer Betrachtung steht die Familie als System und die innerfamiliäre Vermittlung von armutsbedingten Belastungen. Kinder erlebten diese Belastungen vermittelt durch die Reaktionen, die Anpassungsbemühungen und das Bewältigungsverhalten der Eltern. Eine wesentliche Rolle spielten dabei die Auswirkungen der mit ökonomischer Deprivation einhergehenden psychosozialen Folgen auf das familiäre Beziehungsgefüge (insbesondere auf die Eltern-Kindbeziehungen). Materielle Verarmung habe nicht nur eine Umstellung der Haushaltsökonomie zur Folge, sondern auch Änderungen im familiären Rollensystem und im sozialen Status der Familie. Dies könne zu Beeinträchtigungen der elterlichen Beziehungen, der Eltern-Kind-Beziehungen sowie des elterlichen Erziehungsverhaltens führen.

Daneben sieht Walper aber auch andere, außerfamiliäre Einflussfaktoren, die die Reaktionen der Kinder auf ökonomische Deprivation prägen können. In erster Linie sind dies die Sozialbeziehungen der Kinder und Jugendlichen, insbesondere deren Gleichaltrigenkontakte, die sich auf das subjektive Erleben der materiellen Benachteiligung (z.B. in Form von Stigmatisierung oder Differenzerfahrung) auswirken können. Entscheidenden Einfluss auf die Art und Weise, wie die Eltern – und dadurch vermittelt auch die Kinder – die Situation bewältigen, habe darüber hinaus das Vorhandensein oder Fehlen von vielfältigen Ressourcen.

> *„Diese Ressourcen sind auf unterschiedlichen Ebenen angesiedelt und betreffen sowohl den sozialen Kontext der Familie, Merkmale des Familiensystems, als auch individuelle Charakteristika der Eltern und Kinder. Zudem können sie an unterschiedlichen Stellen des Bewältigungsprozesses zum Tragen kommen, sei es bei der Einschätzung von Arbeitslosigkeit und ökonomischer*

> *Deprivation als negatives, bedrohliches Ereignis, bei der Anpassung der Haushaltsführung und des familiären Rollensystems, bei den individuellen Belastungsreaktionen der Familienmitglieder und bei der Veränderung der familialen Beziehungen und Interaktionen."* (Walper 1999, 334).

Ausgehend von einer sozialpädagogischen Sichtweise hat auch das AutorInnenteam Chassè/Zander/Rasch (2003 und 2005) in ihrer Studie zu Grundschulkindern in Ostdeutschland die strukturellen Rahmenbedingungen der Kinder, die Auswirkungen auf ihre Lebenslage sowie die elterlichen und kindlichen Bewältigungsmuster analysiert und zueinander ins Verhältnis gesetzt. Neben der konkreten Ausprägung der Lebenslage (Ausmaß der Einschränkungen, Dauer der Armutslage, Verschiedenartigkeit der Auswirkungen) sind diesbezüglich auch die Lebenswelten der Kinder in den Blick zu nehmen. Als solche können für Kinder (im Grundschulalter) in erster Linie die Familie, die Schule und die Gleichaltrigenbeziehungen gelten. Für Kinder dieser Altersstufe ist der familiäre Hintergrund aber immer noch von zentraler Bedeutung, dies gilt sowohl für die Ermöglichung des Zugangs zu materiellen als auch zu immateriellen Ressourcen. Familienklima, Eltern-Kind-Beziehung und Erziehungsstile beeinflussen kindliche Aneignungs- und Lernprozesse, somit auch die Aneignung von sozialen und kulturellen Handlungsmustern sowie von alltäglichen Bewältigungsformen.

Chassè/Zander/Rasch (2003 und 2005) übernehmen in Anlehnung an Böhnisch/Schefold (1985) einen sozialpädagogisch geprägten Bewältigungsbegriff, der stärker an gesellschaftliche Entwicklungsprozesse rückgebunden ist. Bewältigung wird als Herstellung von Handlungsfähigkeit in kritischen Lebenssituationen verstanden, wobei „Armut" als chronische oder auch als vorübergehende Lebenslage eine solche darstellt. Lebensbewältigung wird in enger Verbindung mit der sozialen Lebenslage, individuelles Handeln im Kontext gesellschaftlicher Strukturen gesehen, die Lebensbewältigung von Kindern vor dem Hintergrund von familiärer Lebenslage und elterlichen Bewältigungsmustern untersucht.

Der elterliche Umgang mit der Situation, die elterlichen Bewältigungsmuster haben für die Kinder Vorbildfunktion. Gleichzeitig erfolgt dadurch eine innerfamiliäre Verteilung oder Zuteilung von Ressourcen, die zur Folge haben kann, dass sich die Armutslage der Familie sehr unterschiedlich auf die einzelnen Familienmitglieder auswirkt. Insbesondere im Umgang mit materiellen Ressourcen lassen sich unterschiedliche Formen der elterlichen Alltagsbewältigung erkennen (vgl. Chassè/Zander/Rasch 2005, 238 ff.):

- *Reduktive Bewältigungsstrategien: Verzichten, Sparen, Sich Einschränken*

Meist erfolgt dies bei den Ausgaben für die Eltern selbst und erst in zweiter Linie bei denen für die Kinder; teilweise ist auch ein eher situativer Konsum festzustellen, d.h. man gibt aus, was man hat, da es ohnehin kaum Dispositionsspielräume gibt.

- *Adaptive Bewältigungsstrategien: Suche nach Kompensationen oder Alternativen*

Gemeint ist hierbei der Rückgriff auf möglichst kostenlosen Ersatz oder auf günstigere Angebote (z.B. Kaufen auf dem Flohmarkt, auf Tauschbörsen oder in Second Hand-Läden usw.).

- *Konstruktive Bewältigungsstrategien: Erschließen von zusätzlichen Ressourcen*

Mitwirken in Selbsthilfeinitiativen, kleine Nebenjobs, klare Prioritätensetzung beim Umgang mit vorhandenen Ressourcen, Nutzung von sozialen Netzwerken (im Verwandten- und Freundeskreis) sowie von externen Unterstützungsangeboten (z.B.: durch Schule, Hort, Nachbarschaftstreffs).

Zugegebenermaßen lässt sich nicht immer eine trennscharfe Zuordnung von Bewältigungsmustern vornehmen, und selbstredend treten die verschiedenen Bewältigungsstrategien auch in Mischformen auf. Dennoch lassen sich Familien eher dem einen oder anderen Typus zuordnen. Für die Kinder ist entscheidend, ob ihnen die Eltern oder die Mütter, die meist wohl das Knappheitsmanagement in den Familien zu bewältigen haben, das Gefühl vermitteln, dass sie die Situation unter Kontrolle halten.

Für die Entwicklung kindlicher Bewältigungsstrategien spielt darüber hinaus die Qualität der Eltern-Kind-Beziehungen eine wichtige Rolle, d.h. die elterliche Zuwendung, ihre unterstützende Anteilnahme und ihre Fähigkeit, die Entwicklung der Kinder zu fördern. Kinder brauchen dabei vor allem verlässliche Alltagsstrukturen. Sind die Eltern oder (allein erziehenden) Mütter in Folge der materiellen Einschränkungen sowie zusätzlicher belastender Faktoren nicht in der Lage, eine positive Eltern-Kind-Beziehung herzustellen, führt dies leicht zu einer Überforderung der Kinder. Bedeutsam für die Kinder ist des Weiteren, wie die Eltern die häusliche Situation mit ihnen kommunizieren. Auch das wird in den Familien sehr unterschiedlich praktiziert. In vielen Fällen wird die Notsituation verheimlicht, obwohl die Kinder (nach eigenen Aussagen) sehr wohl wahrnehmen, dass die Eltern Geldsorgen haben. Die Kinder werden so mit der Bewältigung der Lebenslage allein gelassen. In anderen Fällen wird die familiäre Notlage zwar nicht verheimlicht, aber es werden diesbezüglich widersprüchliche Botschaften vermittelt. Das heißt: es ist z.B. wohl Geld für ein teures Hobby vorhanden, aber gleichzeitig kann das Essensgeld für den Mittagstisch nicht aufgebracht werden. Es werden also keine kohärenten Bewältigungsmuster vorgelebt. Als ähnlich ambivalent erweist sich eine Umdeutung der Situation, die Konsumverzicht als moralische Haltung zu vermitteln versucht; in den seltensten Fällen vermögen Kinder eine solche Position bruchlos zu übernehmen, zumal wenn dadurch ihre Wünsche abgewertet werden. Aus der Perspektive kindlicher Bewältigung erweist sich sicherlich ein offener Umgang mit der Situation am angemessensten, vor allem wenn den Kindern gleichzeitig Möglichkeiten des Umgangs damit aufgezeigt werden, z.B.: wie man Taschengeld ansparen, kleine „Nebeneinkünfte" erwirtschaften, Geschenke selbst basteln kann.

Die kindliche Bewältigung wird aber auch in ihrer (relativen) Eigenständigkeit betrachtet und zu ihren spezifischen Entwicklungsaufgaben in Bezug gesetzt. Es geht auch hier darum, herauszuarbeiten, welche Faktoren für die kindliche Bewältigung der Lebenslage relevant sind und dabei die verschiedenen Lebenswelten der Kinder in den Blick zu nehmen. Chassè/ Zander/Rasch (2003) haben bei den von ihnen untersuchten Mädchen und Jungen ein breites Spektrum von Bewältigungsformen vorgefunden, das ein Kontinuum zwischen zwei extremen Polen darstellt. Dieses reicht von „kaum durch die materielle Notlage beeinträchtigten" bis hin zu „mehrfach benachteiligten bzw. vernachlässigten" Kindern. Dabei ist die materielle Ausgangslage in den meisten Fällen der Sozialhilfebezug oder ein familiäres Einkommen, das sehr nahe an der Sozialhilfeschwelle liegt. Ausgehend von einem sozialpädagogisch konzipierten Bewältigungsverständnis entwickeln sie eine Typologie zu kindlicher Bewältigung, wobei sie auf belastende und entlastende Faktoren in den verschiedenen Lebenswelten der Kinder Bezug nehmen. Sie kommen zu folgender Typenbildung (vgl. Chassé/Zander/Rasch 2005, 267 ff.):

Typ 1: Elterliche Armut – kindliche Kompensation

Sie haben auf der einen Seite eine Gruppe von „fitten" Kindern vorgefunden, die scheinbar unbeeinträchtigt von der schwierigen materiellen Lebenslage ihre Entwicklungsaufgaben in allen drei Sozialisationsbereichen (Familie, Schule, Gleichaltrigenbeziehungen) positiv zu bewältigen scheinen.

Merkmale:

- die Eltern sind eher Typen von neuer (=verzeitlichter, eher kurzfristiger) Armut – verfügen durchaus über kulturelle und soziale Ressourcen, nehmen eine fördernde und unterstützende Haltung gegenüber ihren Kindern ein;
- die Kinder sind zwar familienbezogen materiell arm – verfügen aber über zahlreiche inner- und außerfamiliäre Kompensationsmöglichkeiten;
- es sind subjektiv wenig belastete Kinder, mit relativ großem Aktionsraum, vielfältigen Kontakten und Gestaltungsmöglichkeiten.

Typ 2: Mehrfache Belastung der Familie – Kinder in stark und mehrfach benachteiligten Lebenslagen

Auf der anderen Seite haben sie eine Gruppe von Kindern angetroffen, die als „mehrfach benachteiligt und teilweise vernachlässigt" einzuschätzen sind. Die Kinder dieses Typus müssen mit erheblichen Defiziten in ihren Alltagsstrukturen zurecht kommen und weisen große Schwierigkeiten bei der Bewältigung ihrer Entwicklungsaufgaben auf.

Merkmale:

- die Eltern sind mehrfach belastet (nicht nur durch materielle Armut, meist von längerfristiger Dauer) – sie kommen mit der Situation nur schwer zurecht; teilweise finden sich vernachlässigende Eltern-Kind-Beziehungen;
- die Kinder sind in allen Lebensbereichen (Familie, Schule, Peergroup) stark benachteiligt – haben wenig soziale Kontakte, Probleme in Schule und Gleichaltrigenbeziehungen;
- insgesamt erleben diese Kinder wenig entwicklungsfördernde Strukturen inner- und außerhalb der Familie.

Typ 3: Mehrfach differenziertes Mittelfeld mit unterschiedlichen Benachteiligungen

Dazwischen bewegt sich eine dritte Gruppe von Kindern, bei denen unterschiedliche Kombinationen von belastenden und entlastenden Strukturen im kindlichen Alltag und in der familiären Lebenslage vorliegen. Die Zuordnung dieser Gruppe von Kindern im Mittelfeld fällt eher schwer, da diese Kinder in ihrem Bewältigungsverhalten teilweise eher zum ersten und teilweise eher zum zweiten Typus tendieren. Dennoch lassen sich bei genauerer Betrachtung dieser Gruppe interessante Erkenntnisse für die Frage von Präventions- und Interventionsmöglichkeiten ableiten:

1. Kinder profitieren von der aktiven Gestaltung des sozialen Netzwerkes durch die Mütter (bzw. Eltern) und von den Ermöglichungsleistungen der Eltern.
2. Kinder erschließen sich teilweise selbst Kompensationsmöglichkeiten, z.B. im Rahmen von Schule, im weiteren Familienkreis bei Großeltern, getrennt lebenden Vätern usw.
3. Kinder greifen auf institutionelle Kompensationsmöglichkeiten zurück, z.B. Schule kann soziale Kontakte und kulturelle Erfahrungen ermöglichen, manche Benachteiligungen können durch Institutionen der Kinder- und Jugendhilfe aufgefangen werden.
4. Kinder profitieren von eigenen sozialen Netzen, insbesondere können sie durch positive Kontakte zu Gleichaltrigen in ihrer Bewältigung gestärkt werden.

Als Fazit ergibt sich daraus: In materiell eingeschränkten Verhältnissen zu leben, kann sich aus der Perspektive der betroffenen Kinder recht unterschiedlich auswirken:

a) weil sich ihre Lebenslage je nach Armutsform und elterlichem Umgang in unterschiedlicher Weise gestaltet;
b) weil die familiäre Lebenslage und das familiäre Klima entsprechend den elterlichen Bewältigungsstrategien in unterschiedlicher Weise davon geprägt sein können;
c) weil die Kinder die Auswirkungen unterschiedlich wahrnehmen und damit unterschiedlich bewältigen.

• *Kinderarmut in der Längsschnittsperspektive – Bewältigung von Schule*

Eine in vieler Hinsicht komplex dimensionierte Reihe von Studien zu Kinderarmut hat das ISS (Institut für Sozialarbeit und Sozialpädagogik, Frankfurt) im Auftrag des Bundesverbandes der Arbeiterwohlfahrt durchgeführt.[15] Mittlerweile ist in diesem Forschungszusammenhang eine erste bundesrepublikanische Längsschnittstudie durchgeführt worden, die allerdings noch nicht ganz abgeschlossen ist. Gestartet ist das Gesamtprojekt mit einer Untersuchung der Armutsfolgen bei Kindern im Vorschulalter (1. Erhebungswelle 1999); diese Kinder sind dann im frühen Grundschulalter und im Übergang von der Grundschule zu weiterführenden Schulen, d.h. im Alter von 10 bis 11 Jahren befragt worden.[16]

---

15 Siehe dazu auch den Beitrag von Gerda Holz in diesem Band.

16 Vgl. hierzu: Endbericht der 2. AWO-ISS-Studie: Armut im frühen Grundschulalter (2000–2002) und Endbericht der 3. AWO-ISS-Studie: Kinderarmut bis zum Ende der Grundschulzeit (2003–2005). Aktuell läuft nun eine Fortsetzung der Langzeitstudie: Armut am Ende der Sekundarstufe I (2009–2012).

Dieses Projekt war zunächst darauf angelegt, die Auswirkungen von Armut auf verschiedene Dimensionen der kindlichen Lebenslage bei Vorschulkindern zu ermitteln und im Vergleich zwischen „armen" und „nicht-armen" Kindern eine Lebenslagen-Typologie zu entwickeln. Dabei wird zwischen drei Lebenslagetypen unterschieden:

- kindliches Wohlergehen,
- kindliche Benachteiligung,
- multiple Deprivation.

Ähnlich wie Chassé/Zander/Rasch (2003) kommt auch die ISS-Forschung zu der Schlussfolgerung, dass materielle Armut nicht in jedem Fall das kindliche Wohlbefinden und seine Entwicklung beeinträchtigen muss. Vielmehr verteilen sich sowohl die „armen" als auch die „nicht-armen" Kinder ihres Samples auf alle drei Lebenslagetypen; allerdings ist die zahlenmäßige Verteilung sehr unterschiedlich. So sieht beispielsweise die diesbezügliche Verteilung in der der Untersuchung zu den Kindern im Übergang von der Grundschule in weiterführende Schulen wie folgt aus:[17]

	„arme Kinder"	*„nicht-arme Kinder"*
Wohlergehen	31 %	59 %
Benachteiligung	51 %	38 %
Multiple Deprivation	18 %	3 %
		Quelle: Holz/Puhlmann 2005, S. 68

Als Kriterium für die Zuordnung zu den Lebenslagetypen gilt, dass bei Wohlergehen keine negative Auffälligkeit bezogen auf die vier Dimensionen kindlicher Lebenslage, d.h. die materielle Versorgung, den kulturellen und sozialen Bereich sowie die psychische Lage des Kindes vorliegt. Von Benachteiligung wird ausgegangen, wenn in einigen wenigen Bereichen Auffälligkeiten festzustellen sind und von Einschränkungen in der Entwicklung des Kindes auszugehen ist. Multiple Deprivation wird angenommen, wenn in mehreren zentralen Lebens- und Entwicklungsbereichen der Kinder negative Einschränkungen auftreten, mit der Folge, dass das Kind von den notwendigen Ressourcen abgeschnitten ist, die es für eine gedeihliche Entwicklung bräuchte (vgl. Holz/Puhlmann 2005, 23).

Dadurch dass das Spektrum der untersuchten Kinder in dieser Studie breit gehalten wird, d.h. eine Vergleichsgruppe mit einbezogen wird, soll

17 Die hier aufgezeigten Größenordnungen sind nicht als repräsentativ zu betrachten, sondern sie geben lediglich die Verteilung der verschiedenen Lebenslagetypen im Sampel der Studie wider.

die soziale Realität nicht ausgeblendet werden, in der es auch nicht-arme Kinder geben kann, die multipel depriviert sind und auch arme Kinder gibt, denen es subjektiv wohlergeht. Diese Erkenntnis verlangt nach einem Erklärungsansatz; da das eigentliche Forschungsinteresse auf Kinder in Armutslagen zielt, gilt es vor allem die Frage zu beantworten: Welche Faktoren sind ausschlaggebend dafür, dass sich Armut – hier im engeren Sinne verstanden als Einkommensarmut – so unterschiedlich auf die Lebenslagen der Kinder und ihre Befindlichkeit auswirken kann?

Damit greift auch die AWO-ISS-Studie die Bewältigungsfrage auf und konzipiert in kontinuierlicher Weiterführung der inzwischen vorliegenden Erkenntnisse einen Erklärungsansatz, der stärker als die vorausgegangenen Studien auf die Resilienzforschung rekurriert. In dieser Sichtweise werden Risiko- und Schutzfaktoren herausgearbeitet, die kindliches Bewältigen von belastenden Lebenslagen „negativ" oder „positiv" beeinflussen können. Dabei werden unterschiedliche Gruppen von Risikofaktoren ausgemacht, die in engem Zusammenhang mit Armut und sozialer Benachteiligung stehen (vgl. Holz/Puhlmann 2005, 39):

a) Sozioökonomische und soziostrukturelle Risikofaktoren:

Familiäre Einkommensarmut, Erwerbslosigkeit der Eltern, geringer Bildungs- und Berufsstatus der Eltern, Migrationshintergrund, Trennung und Scheidung der Eltern, Aufwachsen in Familien mit vielen Geschwistern, in einer Ein-Eltern-Familie, in belastenden Quartieren, in Multiproblemfamilien;

b) Familiäre und soziale/emotionale Risikofaktoren:

Gestörtes Familienklima, schlechte Eltern-Kind-Beziehung, geringe Erziehungs-, Bildungs- und Versorgungskompetenzen der Eltern, geringes oder fehlendes familiäres und soziales Netzwerk, elternbedingte Belastungen u. a.

Desgleichen werden *Schutzfaktoren* benannt, die zu personalen Ressourcen (z.B. individuelle Lebenskompetenzen, Persönlichkeitsmerkmale und spezifische Bewältigungsstrategien des Kindes) und sozialen Ressourcen (z.B. Betreuungsumwelt des Kindes, sozialer Rückhalt, soziale Integration, soziale Unterstützung usw.) in Bezug gesetzt werden.

Diese *Schutzfaktoren sind auf drei Ebenen* angesiedelt:

- individuelle Eigenschaften des Kindes (z.B.: Geschlecht, Alter, Charaktereigenschaften, Kind-Eltern-Interaktion),
- familiäre Charakteristika (wie strukturelle Aspekte von Familien, Familienklima, soziale und kulturelle Ressourcen der Familie),

- außerfamiliäre Unterstützungssysteme (wie soziale Netzwerke von Eltern und Kindern, institutionelle Unterstützungssysteme, z.B.: Kita, Schule, Hort, Verein usw.).

Allerdings reicht die Identifizierung von Risiko- und Schutzfaktoren nicht aus, um einen befriedigenden Erklärungsansatz für die Resilienz (=Widerstandsfähigkeit) oder Vulnerabilität (=Verletzlichkeit) von Kindern zu liefern. Vielmehr handelt es sich dabei um komplexe Wechselwirkungen und Prozesse, die keineswegs einfachen Kausalprinzipien folgen. Entscheidend ist also das (noch nicht ausreichend erforschte) Zusammenwirken von Risiko- und Schutzfaktoren auf den verschiedenen Ebenen (vgl. Luthar 1999). Fest steht allerdings, dass Risikofaktoren – wenn sie kumulativ auftreten – die Bewältigung von kindlichen Entwicklungsaufgaben erschweren, während Schutzfaktoren dazu beitragen können, „die negativen Wirkungen von Belastungen (zu) vermindern, aus (zu)gleichen oder gar vermeiden (zu) helfen." (Holz/Puhlmann 2005, 36).

Die besondere Spezifik der AWO-ISS-Studie ist nun aber ihre Ausweitung auf die Längsschnittperspektive. Eine zentrale Erkenntnis der Wiederholungsstudie zur „Armut im späten Grundschulalter" (Holz/Puhlmann 2005) war, dass arme Kinder im Vergleich zu nicht-armen Kindern, neben anderen Benachteiligungen vor allem im Bildungsbereich beeinträchtigt sind, was sich im „Schulerfolg" wie in den „Schulkarrieren" der untersuchten Kinder bemerkbar macht. Die ehemaligen Vorschulkinder waren zu diesem Zeitpunkt im späten Grundschulalter, und dabei zeichneten sich offensichtlich im Vergleich zwischen „armen" und „nicht-armen" Kindern signifikante Trends in ihrem Schulverlauf, in ihren Schulerfolgen und ihren Schullaufbahnempfehlungen ab. Diese lassen deutlich erkennen, dass das Erleben von Armutslagen im Vorschulalter negative Einflüsse auf die schulische Entwicklung (im Grundschulalter) haben kann. Zu fragen bleibt allerdings, ob dies Erleben als ursächlich für mangelnde Schulerfolge gelten kann. Die soziokulturelle Lage des Elternhauses, insbesondere die ‚Bildungsnähe' bzw. ‚Bildungsferne' des Elternhauses korreliert in Deutschland in hohem Maße mit dem Schulerfolg. Das gilt in besonderem Maße für andauernde Armutslagen („permanente Armut"), die in erheblichem Maße auch die weitere schulische Laufbahn der Kinder präjudizieren kann, wie insbesondere auch die Auswertung von Schullaufbahnempfehlungen erkennen lässt. Natürlich werden damit keine völlig neuen Erkenntnisse produziert; der qualitative Sprung ergibt sich dadurch, dass sich diese Erkenntnis aus der konkreten Beobachtung von Kindern in einer Längsschnittstudie ergibt.

2.3 Ausblick: Bewältigungsdiskurs und Resilienzforschung

In den letzten zehn Jahren hat die bundesrepublikanische Kinderarmutsforschung eine kontinuierliche Vertiefung und Verbreiterung ihrer Erkenntnisse erzielt. Dabei hat sie sich schwerpunktmäßig mit Armutsbewältigung aus unterschiedlichen Perspektiven befasst. Die Erörterung dieses Aspektes war immer auch verbunden mit dem Bestreben, Präventions- und Interventionsmaßnahmen zu entwickeln, um die negativen Auswirkungen von Armut sowohl auf das kindliche Wohlbefinden als auch auf seine Entwicklungsmöglichkeiten zu vermindern oder gar zu vermeiden. Die dabei erfolgte Annäherung an die psychologisch orientierte Resilienzforschung war bereits in der Studie von Antje Richter (2000) und auch im ersten AWO-ISS-Bericht (Hock/Holz 1999) angelegt, sie wurde jedoch in den weiteren Berichten dieses Forschungsprojektes zunehmend weiter vertieft. Ähnlich hat sich das AutorInnenteam Chassè/Zander/Rasch (2003) in seiner Bewältigungs-Typologie auf eine Dichotomie von einerseits belastenden und einschränkenden, andererseits entlastenden und unterstützenden Faktoren bezogen. Die damit gewählte Begrifflichkeit signalisiert jedoch, dass man sich auf diese Weise etwas aus dem „Fahrwasser der Resilienzforschung" herauszuhalten versucht, d.h. sich sowohl im Erklärungsansatz als auch in den Handlungsperspektiven stärker auf sozialpädagogische Zusammenhänge hin orientiert hat.

Der zunehmende Bezug auf die Resilienzforschung birgt Risiken und Chancen: Zum einen begibt sich die Kinderarmutsforschung so stärker in die Abhängigkeit einer mittlerweile sehr komplex angelegten psychologischen Forschungsrichtung und damit auf ein ziemlich unüberschaubares Gelände; es besteht die Gefahr, dass sie ihre Eigenständigkeit einbüßt. Hinzu kommt, dass die Resilienzforschung in der Bundesrepublik immer noch eine erkennbare Distanz zur Armutsproblematik im engeren Sinne aufweist[18]. Dies gilt nicht in gleicher Weise für die US-amerikanische Resilienzforschung, in der Kinderarmut explizit zum Thema gemacht wird, so z.B. bei S. Suniya Luthar in ihrer Studie zu „Poverty and Children's Adjustment (1999) oder auch im Beitrag von R.D. Felner (2005) im amerikanischen Handbuch zu „Resilience in Children" (Goldstein/Brooks 2005). Gleichzeitig besteht aber durchaus die Hoffnung, durch eine Verknüpfung von Kinderarmuts- und Resilienzforschung zu neuen Erkenntnissen bezüglich kindlicher Bewältigung von Armut zu kommen

18 Vgl. die Themenpalette des bundesrepublikanischen Standardwerkes Opp/Fingerle/Freytag 1999

und damit auch der Konzeptionierung von Präventions- und Interventionsmöglichkeiten neue Dimensionen zu eröffnen. Mittlerweile überwiegen m.E. tatsächlich die Chancen das Resilienzkonzept gerade auch in der Arbeit mit Kindern, die in Armut aufwachsen, zu nutzen, um ihre seelische Widerstandskraft zu stärken (Zander 2008)[19].

Voraussetzung wäre dafür – und hier komme ich zurück auf das eingangs aufgegriffene Plädoyer von Hildegard Hetzer – dass sich Kinderarmutsforschung und Entwicklungspsychologie auf eine engere problemorientierte Kooperation verständigen und diesbezüglich ein gemeinsames Engagement entwickeln!

Literatur

BMA (2008): Lebenslagen in Deutschland. 3. Armuts- und Reichtumsbericht der Bundesregierung, Berlin

BMAS (Hrg.) (2001): Lebenslagen in Deutschland. Der erste Armuts- und Reichtumsbericht der Bundesregierung. Bonn

BMGS (Hrg.) (2005): Lebenslagen in Deutschland. Der 2. Armuts- und Reichtumsbericht der Bundesregierung. Berlin

Böhnisch, Lothar/Schefold, Werner (1985): Lebensbewältigung. Weinheim

Böhnisch, Lothar (1997): Sozialpädagogik der Lebensalter. Eine Einführung. Weinheim

Bronfenbrenner, Uri (1979): The ecology of human development. Experiments by nature and design. Cambridge, MA: Havard U. Press:

Butterwegge, Christoph/Holm, Karin/Zander, Margherita u.a. (2003, 2. Aufl. 2005): Armut und Kindheit. Ein regionaler, nationaler und internationaler Vergleich. Opladen und Wiesbaden

Butterwegge, Christoph/Klundt, Michael/Zeng, Matthias (2005): Kinderarmut in Ost- und Westdeutschland. Wiesbaden

Chassé, Karl August/Zander, Margherita/Rasch, Konstanze (2003, 1. Aufl. und 2010, 4. Aufl.): Meine Familie ist arm. Wie Kinder im Grundschulalter Armut erleben und bewältigen. Opladen und Wiesbaden

Flammer, August (1996): Entwicklungstheorien. Psychologische Theorien der menschlichen Entwicklung. 2., vollst. überarb. Aufl., Bern/Göttingen/Toronto u. a.

Goldstein, Sam/Brooks, Robert B. (ed.) (2005): Handbook of Resilience in Children. New York

Hetzer, Hildegard (1929): Kindheit und Armut. Psychologische Methoden in Armutsforschung und Armutsbekämpfung. Leipzig

Holz, Gerda/Puhlmann, Andreas (2005): Alles schon entschieden? Wege und Lebenssituation armer und nicht-armer Kinder zwischen Kindergarten und weiterführender Schule. Zwischenbericht zur AWO-ISS-Längsschnittstudie. Frankfurt a.M.

Holz, Gerda/Skoluda, Susanne (2003): „Armut im frühen Grundschulalter". Abschlussbericht der vertiefenden Untersuchung zu Lebenssituation, Ressourcen und Bewältigungshandeln von Kindern im Auftrag des Bundesverbandes der Arbeiterwohlfahrt. Frankfurt a.M.

Havighurst, Robert J. (1956): Research on the development-task concept. In: The School Review, 64, 215–222

19 Diese Intention kommt auch in dem Titel zum Ausdruck: „Armes Kind – starkes Kind? Die Chance der Resilienz."

Hurrelmann, Klaus/Bründel, Heidrun (2003): Einführung in die Kindheitsforschung. 2. vollst. überarb. Auflage, Weinheim/Basel/Berlin
Krappmann, Lothar/Oswald, Hans (1995): Alltag der Schulkinder. Beobachtungen und Analysen von Interaktionen und Sozialbeziehungen. Weinheim/München
Lazarus, R. S./Launier, R.(1981) : Stressbezogene Transaktionen zwischen Personen und Umwelt. In: Nitsch, J.R. (Hrg.): Stress, Theorien, Untersuchungen, Maßnahmen, Bern/Stuttgart/Wien
Luthar, Suniya S. (1999): Poverty and Children's Adjustment. London/New Dehli: Thousand Oaks
MFJFG-NW (Hrg.) (2000): Kinder und Jugendliche in Armut – Expertise zum 7. Kinder- und Jugendbericht der Landesregierung Nordrhein-Westfalen, Düsseldorf
Nahnsen, Ingeborg (1970): Theorie der Lebenslage und der sozialen Schwäche. Unveröff. Manuskript, Göttingen
O' Conner, Alice (2002): Poverty Knowledge: Social Science, Social Policy and the Poor in the Twentieth-Century U. S. History, Princeton University Press
Oerter, Rolf/Montada, Leo (2002): Entwicklungspsychologie, 5. vollst. überarb. Auflage, Weinheim/Basel/Berlin
Opp, Günther/Fingerle, Michael/Freytag, Andreas (Hrg.) (1999): Was Kinder stärkt. Erziehung zwischen Risiko und Resilienz. München/Basel
Palentien, Christian (2004): Kinder- und Jugendarmut in Deutschland. Wiesbaden
Richter, Antje (2000): Wie erleben und bewältigen Kinder Armut? Eine qualitative Studie über die Belastungen aus Unterversorgungslagen und ihre Bewältigung aus subjektiver Sicht von Grundschulkindern einer ländlichen Region. Aachen
Schwaller, C. (1991): Entwicklungsaufgaben in der Wahrnehmung Jugendlicher. Eine empirische Untersuchung im freiburgischen Szenebezirk. Dissertation in der Kinder- und Jugendpsychologie. Universität Bonn
Stadt Düsseldorf (1999): Armut und Reichtum, Lebenslagen und Lebenschancen von Kindern und Jugendlichen in Düsseldorf. Armutsbericht. Düsseldorf
Stadt Münster (2002): Münsteraner Armutsberichterstattung: Lebenslagen und -perspektiven unterversorgter Kinder und Jugendlicher, Münster
UNICEF (2005): Kinderarmut in reichen Ländern. Zusammenfassung der UNICEF-Studie. In: unicef informationen März 2005, S.1–4
Vleminckx, Koen/Smeeding, Timothy M.(ed.) (2001): Child Well-Being, Child Poverty and Child Policy in Modern Nations. What do we know? Policy Press: Bristol
Walper, Sabine (1999): Auswirkungen von Armut auf die Entwicklung von Kindern, In: Lepenies, Annette/Nunner-Winkler, Gertrud/Schäfer, Gerd E./Walper, Sabine: Kindliche Entwicklungspotentiale. Normalität, Abweichung und ihre Ursachen, München (DJI), S. 297–360
Zander, Margherita (2008): Armes Kind – starkes Kind? Die Chance der Resilienz, Wiesbaden 2008 (3. Aufl. 2010)

3. Bewältigung durch Peerintegration im Übergang zu weiterführenden Schulen – Eine Perspektive moralischer Ökonomie benachteiligter Kinder

Karl August Chassé / Peter Rahn

Seit den 1980er Jahren steigt die Anzahl der Kinder und Jugendlichen, die in relativer Armut leben, kontinuierlich an – ganz gleich, ob dies nun Kinder in Familien mit weniger als 50 % des gewichteten Netto-Äquivalenzeinkommens (Armutsgrenze der Europäischen Union) oder Kinder in Familien mit Sozialgeldbezug sind. Unklar ist nicht dass, sondern welche Auswirkungen die Einkommensnot der Familien auf das aktuelle Kinderleben und das Heranwachsen der Kinder hat. Aktuelle Ansätze, die Kinder als Subjekte und Akteure im sozialen Raum betrachten, mithin von einer in Bezug auf die Erwachsenenwelt relativen kindlichen Autonomie ausgehen, begreifen Armut als Beschränkung der Autonomie in der aktuellen Lebensgestaltung und als Prozess allmählicher Benachteiligung bis hin zur sozialen Ausgrenzung, die erhebliche Auswirkungen auf den Lebensverlauf haben kann (vgl. Lutz 2004, Chassé/Zander/Rasch 2005, Holz/Skoluda 2003).

In diesem Artikel diskutieren wir zunächst die Bedeutung moralischer Ökonomie heutiger Kindheit vor dem Erkenntnisinteresse der Autonomiepotenziale im Leben armer Kinder. Darauf aufbauend arbeiten wir die Bedeutung der Gleichaltrigenbeziehungen insbesondere für die Bewältigung der benachteiligten Lebenslage und als bildungsrelevantes Phänomen heraus. Die anschließende Darstellung unserer Forschungsergebnisse greift diese Aspekte auf und fokussiert sie vor dem Hintergrund der Bedeutung von Schule als Ort der Peer-Integration. Abschließend werden diese Ergebnisse bezüglich ihrer Bedeutung für schulische und außerschulische Bildung diskutiert.

3.1 Zur moralischen Ökonomie der Kindheit und der Kinderarmut

Die Hannoveraner Forschungsgruppe um Michael Vester hatte in ihrer ersten großen Untersuchung zur Ausdifferenzierung neuer sozialer Milieus in Gesamtdeutschland die neuere postfordistische gesellschaftliche Entwicklung als durch „die Wiederkehr der Subjekte" gekennzeichnet gesehen. Wirtschaftliche Entwicklung, Individualisierung und Enttraditionalisierung der Lebensformen habe wachsende Potenziale der Emanzipation freigesetzt: der demokratischen Beteiligung, der persönlichen Selbstverwirklichung und der intellektuellen wie emotionalem Kompetenz. Die von den neuen sozialen Bewegungen reklamierte neue Subjektivität sei allgemeiner und damit auch profaner geworden. Der Prozess der Freisetzung subjektiver Potenziale habe allerdings auch Kräfte der sozialen und ökologischen Ausgrenzung und Zerstörung freigesetzt, deren Fortgang empirisch offen sei (Vester u. a. 1994, 120 f.). Gegen Ende der 1990er Jahre konstatiert die Forschergruppe einen Gestaltwandel der sozialen Frage und eine zunehmende Destabilisierung der Lebenslagen (Vester u. a. 2001, 81 ff.). Die Modernisierung der sozialen Struktur habe eine Kombination verschiedener Tendenzen zu Stande gebracht: die gespaltenen Erfahrungen von „Individualisierung" und „Deklassierung", „Desillusionierung" und durchaus auch „Sicherheit". Vor allem in Ostdeutschland wirken sich Destabilisierungsprozesse der Biografie – insbesondere der Erwerbsbiografie – mental und milieubezogen anders aus, weil die Erfahrung der Deklassierung auf eine andere Lagerung der Sozialstruktur trifft.

Auch die Modernisierung von Kindheit lässt sich in den Ambivalenzen von neuen Autonomiepotenzialen (DeMause u. a. 1977) einerseits und disziplinierender Vergesellschaftung (Ariès 1978) andererseits interpretieren. Auf der einen Seite bedeutet dann Modernisierung von Kindheit historisch neue Formen von Selbstbestimmungspotenzialen und die Veränderung der bisherigen „moralischen Ökonomie" der Kindheit in Richtung von heutiger Kindheit, die auch auf sozialstaatlich vermittelten Vorstellungen von Chancengleichheit, Gerechtigkeit und Teilhabe als Formen der Vergemeinschaftung im kinderkulturellen Zusammenhang fußen.

Will man den Gedanken der milieumäßigen Spezifität kindlichen Erlebens und kindlicher Bewältigung entfalten, wird man wohl von einer dreifachen Vermittlung ausgehen müssen: von der Familie und ihrer Milieuzugehörigkeit, vom Kind und seiner Zugehörigkeit zu empirischen Vergesellschaftungsformen in der Kinderkultur und in Institutionen, und drittens von der milieumäßigen Ausdifferenzierung der Kinderkultur – in unserem Fall auch als sozialem und biografischem Prozess in Richtung Benachteiligung und Ausgrenzung. Als lebensweltliche Zusammenhänge haben die Milieus ein Eigenleben und eine Eigenlogik. Es gibt innerhalb der Kinderkultur eine gewisse Bandbreite verschiedener alltagskultureller Zuordnungen, die sich ihrerseits individualisieren und pluralisieren können. Dabei verbinden sich objektive Struktur- und subjektive Handlungselemente: Milieus sind als Interaktionszusammenhänge zu verstehen, die sich in einer Dialektik von Kohäsion und Abgrenzung konstituieren. Erst in der Erfahrung von Kämpfen, Abgrenzungen und Ausgrenzungen bilden sich Identitäten heraus und um – in Gestalt von Bündnissen, dem Wandel sozialer Netze, von Deutungsmustern und von Bewältigungsformen. Ferner ist zu berücksichtigen, dass sich die moralische Ökonomie von Kindern um die Ebene der Auseinandersetzung um die innerfamiliäre Zuteilung beziehungsweise Verteilung von Ressourcen erweitert.

Die Perspektive einer „moralischen Ökonomie", vom englischen Historiker E. P. Thompson (1979) in Bezug auf die Entstehung der englischen Arbeiterschaft entwickelt, bezeichnete die individuellen und kollektiven Reaktionen auf die neuen Verhaltenszumutungen in der Entstehungsphase der bürgerlichen Gesellschaft, die zur Krise der alten und zur Entwicklung neuer Kommunikationsstrategien und Verhaltensmuster, Werte und Normen führten – also durchaus als Lernprovokation wirkten (vgl. Vester 1970). In Zeiten sozialen Umbruchs und wachsender Ungleichheit wird die Frage, ob eine (abverlangte) Lebensweise angemessen, zumutbar und würdig sei, nicht zuletzt in moralischen und symbolischen Kategorien gestellt (Vester u. a. 2001, 82).

Die kindliche Bewältigung in der Perspektive von moralischer Ökonomie zu betrachten bedeutet in einer ersten Annäherung den Versuch, die Bewältigungsformen von Kindern auch vor der Folie der impliziten kinderkulturellen Vorstellungen eines „richtigen (auch: gerechten) Lebens" zu deuten und die kindlichen Erfahrungen von Zurücksetzung und Benachteiligung vor dem Hintergrund einer (vielleicht nur partiellen) Eigenständigkeit von Kindern zu interpretieren.

Empirisch zeigt sich ein Kampf der Kinder um Potenziale der Selbstbestimmung – insbesondere im Kampf oder in den verschiedenen Formen des Widerstands gegen die Verminderung oder Einschränkung jener Autonomiepotenziale im Kinderleben, die beim Andauern von Armutslebenslagen bedroht werden.

Wir unternehmen damit auch den Versuch, die „diskursiven Grammatiken", welche gesellschaftliche Bedeutung und fachliche Identität von sozialer Arbeit ausmachen, und welche in der Regel auch zur

Gegenstandsbestimmung sozialer Arbeit verwendet werden, in Bezug auf Kinderarmut zu relativieren. Thomas Rauschenbach und Ivo Züchner (2002) sehen drei diskursive Grammatiken, mit denen Soziale Arbeit „als öffentliche Reaktion – auf einen politisch anerkannten sozialen Hilfebedarf von Personen und Personengruppen – gleich welcher Art und welchen Alters – in modernen Gesellschaften“ (2002, 157) – also auch auf Kinderarmut – reagiert:

- die Summe der Reaktionen einer Gesellschaft auf die Entwicklungstatsache,
- soziale Probleme als Referenzpunkt für soziale Ungleichheiten und Fragen sozialer Integration sowie
- soziale Risiken der individuellen Lebensführung und der alltäglichen Lebensbewältigung.

Freilich warnen Rauschenbach und Züchner davor, die Theoriefrage allein auf die Funktionsbestimmung Sozialer Arbeit und damit letztlich auf die Ebene von Gesellschaftstheorie zu beschränken; sie verweisen darauf, dass es theoretische Beiträge auf der Makro-, Meso- und Mikroebene geben muss, „etwa als subjektzentrierte Theorien auf der Ebene des Individuums, als Interaktionstheorien auf der Ebene der Intersubjektivität, als institutionsbezogene Theorien ...“ (2002, 157).

Wir gehen hier dementsprechend davon aus, dass sich Forschung und Theoriebildung in der Sozialen Arbeit auf die Beschreibung und Analyse der subjektiven Sicht der Adressatinnen und Adressaten zu beziehen hat (Fatke/Hornstein 1987), was natürlich an eine Analyse der historisch-gesellschaftlichen Bedingungen rückzubinden ist.

Die Vorstellungen, impliziter und expliziter Natur, die Kinder davon entwickeln, was für ihr Leben wichtig und richtig ist, d.h. welche Werte, Gerechtigkeitsvorstellungen, Wünsche und Bedürfnisse in Bezug auf das aktuelle Kinderleben (d.h. ihr je konkretes Leben in ihrer Kinderwelt) sie haben und was ihre Vorstellungen in Bezug auf die späteren Lebenschancen und daran geknüpfte Wünsche sind, werden wir aus den Interviews und den beschriebenen Interaktionen und dem Bewältigungshandeln der Kinder rekonstruieren.

3.2 Gleichaltrigenbeziehungen und Bildungsprozesse in der mittleren Kindheit

Die eigenständige Gestaltung von Gleichaltrigenbeziehungen in der frühen und mittleren Kindheit ist in den letzten Jahrzehnten vor allem von

Vertretern des konstruktivistischen Paradigmas (vgl. etwa Youniss 1994) hervorgehoben worden, indem der Aspekt der Beziehungssymmetrie (im Unterschied zu asymmetrischen Erwachsenen-Kind-Beziehungen) betont wurde. Auch andere Ansätze beleuchten die Bedeutung der Peers für die kindliche Entwicklung (Krappmann 1998, 359 ff.) und sehen die Fruchtbarkeit dieser Hypothese darin, dass sie der Beteiligung und Gestaltung der Kinder an ihrer eigenen Entwicklung Raum gibt. Insgesamt sind dabei vier Aspekte in der frühen und mittleren Kindheit von besonderer Bedeutung: Die Peers bieten Entwicklungsanstöße für die *Sozialentwicklung*, für die *kognitive Entwicklung*, für das *Selbstkonzept* und für das *moralische Urteilen*. Gleichaltrigenbeziehungen lassen sich aber auch nach Funktionen von Netzwerken interpretieren: Peerbeziehungen sind wichtig, um Freizeit und Alltag zu gestalten, um Bedürfnisse nach Zugehörigkeit und Akzeptanz befriedigen zu können, nicht nur um Normen der Gegenseitigkeit zu lernen. Beziehungen zu Gleichaltrigen sind unentbehrlich für das emotionale Wohlbefinden, sie schaffen Freiräume, Identitäten auszuprobieren, sie helfen dabei, dass Individuation vollständig gelingen kann und sie sind das Erfahrungsfeld, in dem prosoziale Motivation eingeübt wird. Damit eröffnet sich für arme Kinder ein Spannungsfeld, nämlich die Möglichkeit, durch Integration in Peerkontexte Bewältigungsstrategien gegen die psychosozialen Folgen der benachteiligten Lebenslage zu entwickeln.

Der Zusammenhang von Bildung und sozialer Ungleichheit ist bislang eher im Kontext von schulischer Bildung diskutiert worden (vgl. zum Überblick Büchner 2003, 20 f., Baumert u. a. 2001), wobei das familienbezogene Bildungsgeschehen und die Formen der Reproduktion von sozialer Ungleichheit innerhalb der Familie und im Kontext von Familie und Netzwerken wenig untersucht sind.

Ausgegangen werden muss wohl von der qualitativen Verschiedenheit von Bildung und Bildungsprozessen, innerhalb der Schule im institutionellen Kontext zentriert vor allem auf Leistung und Allokation; in Familie und Gleichaltrigenbeziehungen jedoch eher zentriert auf Strukturen individueller Anerkennung. Die Formen der Anerkennung sind in den Sozialisationsinstanzen Schule, Familie und Peers unterschiedlich – einerseits werden sie als fremdbestimmte Leistungsbewertung durch Zertifikate und Abschlüsse erfahren, zum anderen durch erfahrungsgestützte Weltaneignung (vgl. Chassé 2004, 150 ff.) und reziprok ausgehandelte asymmetrische (Familie) und symmetrische (Kameradschaften und Freundschaften zu Gleichaltrigen) Aushandlungsverhältnisse. Auch Ziele und Rationalitäten sind qualitativ different – zudem noch vielfach schichtspezifisch vermittelt.

Anerkennungsverhältnisse (vgl. Honneth 1992) in Familie und Gleichaltrigengruppe stellen insofern bildungsrelevante Phänomene dar, als sie die Entwicklung von Kompetenzen und Persönlichkeitseigenschaften unterstützen oder nicht unterstützen, die dann wieder vermittelt vom System Schule nachgefragt werden.

Wir betrachten die Struktur, den Umfang und die Leistungen der Gleichaltrigennetzwerke von Kindern aus armen Familien. Es zeigt sich, dass der Umfang und die Qualität der Gleichaltrigennetzwerke von Kindern, die in Armut leben sowohl eine materielle Seite haben (die materiellen Ressourcen ermöglichen der Familie und damit dem Kind nicht die Unterstützung von Interaktionen mit Gleichaltrigen) wie auch eine kulturelle i. w. S., auch moralische. Dies insofern, als das Gelingen von Reziprozität, Verlässlichkeit und Solidarität in Peer-Beziehungen rückgekoppelt erscheint an die Eltern-Kind-Beziehung in der Familie selbst und deren Kommunikations- und Bewältigungsformen in Bezug auf die eingeschränkte Lebenslage der Familienmitglieder.

Der Beitrag fokussiert vor allem auf die Anstrengungen und Kämpfe der Kinder um ihre Integration in Gleichaltrigenbeziehungen – Gruppe, Klasse, Straße, Nachbarschaft, Viertel, Clique und andere Formen – sowie auf Freundschaften und das Spektrum der Bewältigungsformen, mit denen die Kinder am Ende der mittleren Kindheit um Beziehungen kämpfen, deren Bestand oder Qualität durch direkte oder indirekte Folgen der elterlichen bzw. familiären Armut bedroht ist. Dabei zeigt sich ein breites Band von Bewältigungsformen, das wir nach unterschiedlichen Graden kindlicher Autonomie und Bewältigungspotentiale zu interpretieren suchen. Ein Aspekt dabei ist die durch die Differenzierung der Schultypen hervorgerufene Erosion schichtenübergreifender altersgleicher Netzwerke beim Übergang von der Grundschule in die höheren Schulstufen, die solchen „kapitalformenübergreifenden" Netzwerken und Beziehungen – in der geteilten Lebenswelt Schule und Nachbarschaft – die Basis entziehen.

3.3 Gleichaltrigenbeziehungen unter benachteiligten Lebensbedingungen

Im Forschungsprojekt „Aneignung von Lebenswelt und Bewältigungsstrategien von Kindern in benachteiligten Lebenslagen" (Chassé/Rasch/Rahn 2003)[20] wurde der Zusammenhang von Armut und Integration in

20 Das Projekt hatte eine Laufzeit von 18 Monaten und wurde vom BMBF gefördert.

Gleichaltrigenbeziehungen untersucht. Im Zentrum stand die Frage danach, wie das Gleichaltrigennetzwerk armer Kinder aussieht und wie sie Peerintegration erreichen, erhalten und gestalten. Darüber hinaus hat uns – ausgehend von der Annahme, dass dieser Prozess durch die Lebenslage der Eltern moderiert ist –, interessiert, wie die Eltern die Freundschaften ihrer Kinder fördern. Die Untersuchung fand in einer Stadt Thüringens statt. Der Kontakt zu den Familien wurde unter Mithilfe des Sozialamts hergestellt. Die Familien, die Kontakt mit uns aufgenommen haben gehören insofern zum Spektrum „bekämpfter Armut" (vgl. Zimmermann 2000): Sie stellen keine ausgeprägte Unterschicht dar, erleben jedoch während der gesellschaftlichen Transformation hauptsächlich im Beruf biografische Verunsicherungen, die zum Teil als Scheitern begriffen werden müssen. Die Bildungsniveaus der Eltern sind relativ heterogen, ebenso die Bildungsaspiration der Kinder – wobei nahezu ausnahmslos höchstens der mittlere Schulabschluss angestrebt wird. Zunächst fanden Elterninterviews (Leitfadeninterview) zu Aspekten der familiären Lebenslage und der elterlichen Berufsbiografie einerseits und zur Wahrnehmung der Gleichaltrigenkontakte des Kindes andererseits statt. An zwei weiteren Terminen wurden die 10- bis 13-jährigen Mädchen und Jungen interviewt. Um sowohl Narration zu generieren als auch ein breites Themenspektrum ansprechen zu können, wurde ein Leitfadeninterview entwickelt, in das einige andere Instrumente (z.B. Netzwerkspiel, Stadtkarte, Fantasieaufgabe) integriert waren. Die drei Interviews fanden jeweils in einem Zeitraum von drei Monaten statt. Neun solcher Fälle gingen in die Auswertung ein, in der zunächst anhand von Kategorien vergleichbare Textstellen identifiziert wurden, die anschließend sequenzanalytisch rekonstruiert wurden.

Die Ergebnisse der Studie werden hier unter dem Fokus der Bemühungen und Kämpfe der Mädchen und Jungen um Integration in den Peerkontext berichtet. Bei dieser Rekonstruktion wird einerseits der Schule als Ort der Peer-Integration und andererseits ihrer Bedeutung für die Realisierung des Freundschaftsnetzwerkes besondere Beachtung geschenkt. Als drei zentrale Orte für das Stiften und Bewahren von Freundschaften lassen sich in unserer Untersuchung die Schule, die Nachbarschaft und Orte institutionalisierter Kinderkultur (z.B. Musikschule, Jugendzentrum, Pfadfindergruppe) ausmachen. Die Aufgaben, denen sich die Mädchen und Jungen gegenüber sehen, bewegen sich zwischen dem Erhalt lange bestehender Freundschaften, die in der Grundschule und zum Teil sogar im Kindergarten geschlossen wurden und der Anstrengung, neue Verbindungen zu initiieren; ferner geht es darum, mit Beziehungsabbrüchen umzugehen und neue Platzierungen zu realisieren. Dies erweist sich besonders dann als schwierig und gewinnt entsprechend an Brisanz, wenn die Kinder keine oder keine zufrieden stellenden Kontakte zu Gleichaltrigen haben oder herstellen können. Bei dieser Darstellung treten Aspekte, wie die kindliche Wahrnehmung von Armut und darauf bezogene Bewältigungsversuche zunächst ebenso in den Hintergrund wie die Ressourcen, die der Familie im Umgang mit der Armutssituation zur Verfügung stehen und die zur Unterstützung der Kinder eingesetzt werden. Es lässt sich jedoch ein enger Zusammenhang zwischen elterlicher Interpretation der Lebenssituation und elterlicher Lebensbewältigung einerseits sowie kindlicher Interpretation der Lebenssituation und kindlicher Lebensbewältigung andererseits nachweisen.

Überwiegend leben die interviewten Kinder in einer Struktur traditionaler Kindheit mit niedrigem Aktivitätsspektrum und sind auf eine sozial eher homogen strukturierte Gleichaltrigenkultur verwiesen. Im Folgenden werden einige Aneignungs- und Bewältigungsstrategien benachteiligter Kinder dargestellt. Die vier Fälle wurden wegen der unterschiedlichen Bedeutung der Schule für die Integration der Kinder in einen Peerkontext ausgewählt: Für Jans und Annas Bemühungen um Kontakt zu anderen Kindern nimmt Schule einen relativ zentralen Platz ein; dagegen spielt Schule für die Peerintegration von Marie und Florian eine untergeordnete Rolle. Die Strategien werden zwar fallbezogen geschildert, müssen aber im Kontext der Rekonstruktion als fallübergreifend, also als typische Aneignungs- und Bewältigungsstrategien benachteiligter Kinder verstanden werden.

3.3.1 Brücken – als Ressource und als Bewältigung

Jan ist zwölf Jahre alt, besucht die 6. Klasse der Regelschule seines Stadtviertels und lebt eine aktivitätsorientierte Nachbarschaftskindheit. Er verfügt über ein differenziertes Netz an Beziehungen zu anderen Jungen. Zwischen dem „lustigen Kumpel" und dem besten Freund verortet er eine Reihe von Kindern, mit denen er sich zum Spielen im Freien oder zu Hause, zum Fahrrad fahren oder zum Fußball spielen, aber auch zum Reden über seine Probleme trifft. Die Zugehörigkeit zum Fußballverein durchbricht diesen Nachbarschaftsrahmen. Trotzdem kommt der Schule neben der Möglichkeit, sich mit anderen Kindern zu verabreden, eine wesentliche Funktion für das Stiften der Peer-Beziehungen zu. Jans Freundschaften entstehen langsam und stetig in der alltäglichen Begegnung.

Ständige Interaktion ist ein Impuls für das Entstehen und ein Motor für den Bestand der Freundschaften. Der regelmäßige Kontakt in der Schule ist eine Bedingung dafür, dass das Gros seiner Peers die Schnittmenge von Schulkameraden und Nachbarschaftskindern bildet. Die Integration in ein funktionierendes Beziehungsnetzwerk, in dem sich Jan seinen Stellenwert immer neu erarbeiten muss, gelingt dem Jungen. Lothar Krappmann und Hans Oswald (1995) beschreiben diese Beziehungsstruktur integrierter Jungen und Mädchen anschaulich als Beziehungsgeflecht. In der Interaktion mit relativ Gleichen hat Jan die Möglichkeit, soziale Anerkennung zu erfahren, soziale Kompetenzen zu entwickeln und sie im Umgang mit seinem sozialen Netz zu schulen sowie Freundschaften aufzubauen und zu erhalten. Folgt man Matthias Grundmann u. a. (2003, 28) liegt darin die zentrale Bildungsdimension der Gleichaltrigenbeziehung. Diese funktionierende Basis bezieht sich auf ein relativ homogenes Milieu.

Brücken zu anderen sozialen Milieus, die Jan während seiner Grundschulzeit noch Anschlussmöglichkeiten und handfeste Unterstützung (Teilnahme am Fußballcamp wurde durch den Vater Bengts möglich) geboten haben, die seine familiäre Situation nicht zugelassen hätte, gehen verloren. Mit dem Verlust seines besten Freundes wird nämlich deutlich, dass die Schulformdifferenzierung nach der 4. Klasse Beziehungsabbrüche befördern kann: Bengt und Jan haben sich in der Grundschule angefreundet. Bengt besucht mittlerweile das Gymnasium und hat wenig Zeit für gemeinsame Treffen. Die wachsende Distanz gipfelt darin, dass Bengt unentschuldigt dem Geburtstagsfest von Jan fern bleibt. Jan stellt Bengt zur Rede und muss sich mit Ausflüchten zufrieden geben. Er kämpft – diskutierend, argumentierend und Präsenz einfordernd – um die Beziehung zu seinem besten Freund und stellt, den Anspruch auf Reziprozität anscheinend aufgebend, fest: „Ich weiß nicht, ob ich von ihm sein bester Freund bin. Ich finde er ist mein bester Freund." Jan verliert den Kampf um Bengt. Die Freundschaft der Beiden wurde besonders intensiv im Gespräch über die geteilte Erfahrung familiärer Probleme: Während Jans Vater die Familie verlassen hat, war es bei Bengt die Mutter, die ging. Der Verlust der Freundschaft ist gleichzeitig der Verlust einer Brücke zu Möglichkeiten der Teilhabe an Gesellschaft, die Kindern in benachteiligten Lebenslagen eigentlich verschlossen bleiben. Die Brücke stellt, indem sie regelmäßige Interaktion mit Kindern ermöglicht, denen es ökonomisch und kulturell besser geht, eine konkrete Erweiterung von Lebenswelt dar. Sie bietet Gelegenheitsstrukturen zwischen den Polen funktionalen Nutzens und emotionaler Nähe, die den Horizont der Eindrücke und Erfahrungen erweitern und die kompensatorische Funktion zur familialen Benachteiligung bieten kann. Dabei kann die Brücke über den interaktiven Nutzen hinaus einen materiellen Vorteil darstellen – beispielsweise durch ein Engagement der Eltern des Brückenkindes, das mit Kosten verbunden ist, die von der Familie in der benachteiligten Lebenslage nicht aufgebracht werden können. Geht eine Brücke verloren, versuchen die Kinder sich so zu platzieren, dass neue Brücken entstehen können. Die differenzierte Schulform erschwert aber die Möglichkeit zur adäquaten Kontaktaufnahme. Gelingt die neue Platzierung, dann auf dem veränderten Niveau eines eingeschränkten Spielraums der Wahlmöglichkeiten (vgl. Rahn 2005).

Mit dem Bewältigungsmuster Brücke wird eine Beziehungskonstellation rekonstruiert, die den intensiven Kontakt zu einem anderen Milieu, zu ökonomisch besser gestellten Kindern und deren Familien bezeichnet. Die Brücke ermöglicht einem benachteiligten Kind – zeitlich befristet – die relative Nutzung der Ressourcen der anderen Familie. Dies betrifft sowohl die sozialen und kulturellen als auch die materiellen Ressourcen.

3.3.2 Prekäre Integration einer Außenseiterin

Marie (12) besucht seit Kurzem die Waldorfschule. In der neuen Schulklasse macht sie von Anfang an positive Erfahrungen mit anderen Mädchen. Sie wird aufgefordert, sich mit an einen Tisch zu setzen, wird beim Spielen in den Pausen von anderen Mädchen integriert und bereits nach kurzer Zeit wird sie von einem Mädchen zum Geburtstag eingeladen. Marie nimmt diese Einladung und alle anderen Angebote, gemeinsam Zeit außerhalb des schulischen Rahmens zu verbringen, nicht an. Die Grenze, die sie hier setzt, hat unterschiedliche Gründe. Einer ist in der Klassenerfahrung an der zuvor besuchten Regelschule zu sehen. In einem Klassenkonflikt, in dem sie zunächst Opfer war, bezog sie – unterstützt von ihrer Mutter – eine Position, die eine Dynamik in Gang setzte, an deren Ende nahezu alle MitschülerInnen und die Klassenlehrerin gegen sie standen und die Lösung nur in einem Schulwechsel zu sehen war. Ein anderer Grund ist in dem durch die Mutter stark reglementierten Alltag zu sehen, der nur einen Nachmittag für Treffen mit anderen Kindern zulässt. Die Mutter tut viel dafür, dass Marie freundschaftliche Kontakte in dem Orchester schließt, in dem sie Klarinette spielt. Das Orchester als Ort institutionalisierter Kinderkultur bietet zwar Anschlussmöglichkeiten zu Kindern unterschiedlicher sozialer Milieus. Marie und ihr Bruder nehmen die Möglichkeiten, die darin liegen zum Teil auch wahr. Maries Profit bleibt aber begrenzt, da sie im Schatten des Bruders agieren muss. Eigene und selbstständig geschlossene Freundschaften bleiben ihr durch diese Konstruktion lange verwehrt. Das Mädchen erscheint in ihren Kontakten wenig engagiert und teilweise gleichgültig. Kommunikative Kompetenz gehört nicht zu ihren Stärken im Umgang mit Gleichaltrigen. Telefonate meidet sie beispielsweise, weil sie nicht weiß, über was sie mit anderen Mädchen sprechen soll. Sie will mit anderen gemeinsam Blödsinn machen und aktionsorientiert Freizeit verbringen. Insgesamt bleibt sie aber wenig interessiert an der Stiftung und Gestaltung von Freundschaften. Das ändert sich zwischen den beiden Interviews, die wir mit Marie geführt haben: Mit Tekla lernt sie im Orchester – unabhängig von ihrem Bruder – ein Mädchen kennen, in dem sie sich wiedererkennt und das in der Nachbarschaft wohnt. Tekla sei auch eher wie ein Junge, skatet gerne, mag Hip Hop und Tiere. Die neue Freundin besucht das Gymnasium und kommt aus einer Familie, die materiell besser gestellt ist als die Maries. Marie ist von dieser Freundschaft wie aufgeweckt, engagiert sich und lässt sich für ihre Verhältnisse enthusiastisch auf die Beziehung zu Tekla ein. Unabhängig von der Perspektive dieser Freundschaft wird deutlich, welches die optimalen Eigenschaften einer besten Freundin von Marie sind: Neben androgyner Selbstinszenierung, Aktivitätsorientierung und Tierliebe, sollte sie aktiv auf Marie zugehen und eine Brückenfunktion ermöglichen.

Das Mädchen scheint ihre innere und äußere soziale Isolation zur Welt der Peers zu durchbrechen, indem sie es schafft, eine Beziehung zu einem als Gleiche erkannten Mädchen an einem von der Mutter für die Stiftung von Beziehungen vorgesehen Ort aufzubauen. Insofern kann sie auf Unterstützung hoffen. Die Schule kann für sie kein Ort sozialer Integration in ein Gleichaltrigennetz sein. Das bestehende familiäre Regime verhindert dies mit zwei Regeln: Zum einen muss die Armutssituation vertuscht werden, zum anderen müssen Treffen mit anderen Kindern gut gewählt sein, denn es steht nur ein Nachmittag in der Woche dafür zur Verfügung. Unter einer dritten Regel – „wie ein Junge sein", orientiert an tradierten Geschlechtsrollenerwartungen – bildet das Mädchen ihr androgynes Selbstkonzept aus. Schließlich formuliert die vierte Regel – allerdings mit einer hohen Erwartung an sozialen Aufstieg überfrachtet – die Priorität des Bildungsraums Orchester. Das Bildungserlebnis nutzt Marie nicht nur im Rahmen der Aneignung musikalischer Kompetenzen, sondern auch als Bewältigungs- und als Aneignungsstrategie für die Stiftung und Vertiefung der Freundschaft zu Tekla: Mit gemeinsamer Straßenmusik vertiefen die Mädchen ihre Beziehung und Marie verdient sich etwas Geld, über das sie rechenschaftslos verfügen kann. Es bleibt aber insofern rudimentär als es nicht auf weitere Sozialisationsräume, wie z.B. die Schule, übertragen wird. Damit erarbeitet sich Marie zwar ein Stück kindlicher Autonomie. Diese erscheint aber äußerst prekär, da sie sich auf die schwierigen Aneignungsaufgaben des Kinderlebens nicht einlässt, sondern in Folge der Verinnerlichung der mütterlichen Regeln meist oberflächliche und emotional nicht tragfähige Beziehungen entstehen. Bewältigung hinsichtlich der Peers findet als Erleiden des scheinbar unüberwindbar Vorgegebenen statt – und in der intensiven Nutzung rarer Gelegenheiten. Für Freundschaften und Aktivitäten ist das Mädchen nur dann offen, wenn sich ihre Interessen in einem anderen Kind spiegeln bzw. ihr in der Freundschaft ein großes Maß Anerkennung sicher ist. Folgt man der Argumentationslogik Lothar Böhnischs (2005, 111 ff.) zur Individualisierung von Kindheit wird diese Bewältigungsstrategie verständlich: die Familie ist für Marie nicht der Ort von Aushandlungsprozessen und gibt keinen Raum für ein Leben neben der herkömmlichen Kinderrolle. Im Gegenteil wird sogar deutlich, dass die rigiden Erziehungsvorstellungen den kinderkulturellen Alltag nahezu beherrschen und so Peer-Integration einschränken. Die fehlende Anerkennung ihrer Integrität führt tendenziell zu einem nach innen gerichteten Bewältigungshandeln des Erleidens. Letztlich sind damit Folgen des finanziellen Mangels für das Kind benannt – die direkte Folge fehlender Mittel in den Konsummöglichkeiten und die indirekte Wirkung über die Armutsfolgen, die sich in der Erziehungspraxis ausdrückt.

3.3.3 Dynamik der Ausgrenzung

Anna ist kurz vor der Durchführung des ersten Interviews 13 Jahre alt geworden. Sie besucht die 7. Klasse des Realschulzweigs einer Regelschule. Auf Grund schlechter schulischer Leistungen droht ihr die Rückstufung in die Hauptschulklasse.

Anna ist einsam und wird von anderen Peers aktiv ausgegrenzt. Selbst Kinder mit Integrationsschwierigkeiten möchten mit Anna keine freundschaftlichen Beziehungen eingehen. Regelmäßige Freizeitkontakte zu anderen Mädchen beschränken sich auf eine Ministrantinnengruppe und auf die Bekanntschaft mit einem jüngeren Mädchen, das im gleichen Wohnhaus wie Annas Familie lebt. Gestalten sich die Treffen mit diesem Mädchen zum Teil sehr konflikthaft und finden zunehmend auf Initiative Annas statt, beschränkt sich der Kontakt zu den Ministrantinnen auf die Erfüllung der Aufgaben, die mit der Gruppenzugehörigkeit verbunden sind. Kontakte zu Mädchen und Jungen aus der Schulklasse bleiben episodisch und dem Charakter nach Notgemeinschaften. Die Schulklasse ist jedoch Annas zentraler Ort für Integrationsbemühungen und verzweifelter Kämpfe um Anerkennung. Ihr Scheitern erklärt sie sich im Wesentlichen über ihre körperliche Erscheinung: sie ist ein dickes Mädchen. Für diese Korpulenz wird sie bereits in der Grundschule gehänselt, eine Erfahrung, die sich in der Regelschule fortsetzt und die ihren traurigen Höhepunkt in zynischen Kommentaren eines drei Jahre älteren Jungen findet, dem sie gesteht, sich in ihn verliebt zu haben.

Anna ist kontaktfreudig. Sie geht auf andere Kinder zu und bietet ihre Freundschaft an. Geprägt von einer sich fortsetzenden Biografie des Scheiterns, versucht sie, Mädchen, die für eine Freundschaft offen scheinen, mit kleinen Geschenken an sich zu binden. Zu ihrer Strategie gehört es auch, Dinge über sich zu erzählen, die sie als attraktiv erscheinen lassen sollen, die aber nicht wahr sind. Zudem ist Anna anpassungsbereit; sie beginnt beispielsweise zu rauchen, um die Anerkennung zweier Mädchen aus ihrer Schulklasse zu bekommen. Anerkennung versucht sie auch darüber zu erhalten, in dem sie in Anwesenheit anderer Kinder kleinere Gegenstände in Läden klaut. Falls andere Kinder anfangen, sich mit Anna zu treffen, müssen sie bald feststellen, dass sie sich auf ein dominantes Mädchen eingelassen haben, das zudem eifersüchtig alle Beziehungen zu anderen Kindern überwacht.

Gerade für ein Mädchen wie Anna ist die Schulklasse zentraler Ort, um zu anderen Kindern Kontakt zu knüpfen. Die verpflichtende Teilnahme lässt Regelmäßigkeit entstehen. Doch Anna macht eine Erfahrung, die Krappmann (1998, 371) beschrieben hat: Kinder wollen ihr Können und ihre Interessen nicht mit Kindern teilen, die selbst nichts zu bieten haben. Im Rahmen ihrer finanziellen Möglichkeiten versucht Anna, ihr Äußerliches – durch Kleidung und Accessoires, durch Haar-Styling und Schminken – so attraktiv wie möglich erscheinen zu lassen. Doch weder dies, noch ihre Kämpfe um Zuneigung einzelner Mädchen, die in der Klasse zeitweilig ohne Freundinnen sind, führen zum Erfolg. Schließlich wählt Anna eine Strategie, Aufmerksamkeit auf sich zu ziehen, die sie nach Wiederholung gänzlich zur Außenseiterin macht. Sie beginnt, Klassenkameradinnen und -kameraden zu beklauen und lässt sich dabei erwischen.

Anna erfährt im Wechsel von der Grund- zur Regelschule keine einschneidenden Veränderungen. War sie bereits spätestens ab der dritten Klasse Außenseiterin, steigert sich das in der Regelschule. Den Ausgrenzungserfahrungen begegnet sie mangels Kompetenz und Unterstützung mit Strategien, welche die Ablehnung durch andere Kinder verstärken. Ihre schulischen Leistungen legen nahe, dass sie den angestrebten Realschulabschluss nicht realisieren kann, sondern – und diese Abwertung der schulischen Degradierung ist für sie ein Alptraum – nur die Möglichkeit bekommt, den Hauptschulabschluss zu machen. Anna befindet sich in einer Abwärtsspirale, die eine Ausgrenzungsdynamik beschreibt. Ihre deviante Bewältigungsstrategie sich selbst nicht erklären könnend, wird dieser Hilferuf nicht gehört. Die Eltern sind überfordert und auch die Lehrerinnen und Lehrer reagieren nicht mit Maßnahmen, die Annas Position in der Klasse positiv verändern könnten. Deviantes Verhalten muss dabei wie andere riskante Bewältigungsstrategien als handlungsorientierte Suche nach sozialer Integration verstanden werden, zur Herstellung einer vorgestellten Normalität und zur Aufrechterhaltung der eigenen Handlungsfähigkeit (vgl. Böhnisch 2001).

Eklatant klafft das Verhältnis zwischen angestrebter Integration und erreichter Exklusion auseinander. Zeigt sich Anna in der Anbahnung von Kontakten sehr kompetent (z.B. direktes Ansprechen, Offenheit, Briefe schreiben), gelingt es ihr nicht, zufrieden stellende Beziehungen zu entwickeln (z.B. durch dominantes Verhalten, die körperliche Erscheinung, den schlechten Ruf). Die Ausgrenzung durch die Peers wird darüber hinaus in ihrer Abwertung durch die erwartete schulische Rückstufung verstärkt.

3.3.4 Bildung in der Gegenkultur zur Schule

Der zwölfjährige Florian besucht zum Zeitpunkt des ersten Interviews die fünfte Klasse der Regelschule. Unter der Trennung der Eltern und damit der Familie hat Florian sehr gelitten, was unter anderem dazu führte, dass er die zweite Klasse wiederholen musste.

Mit Florian finden wir in unserem Sample einen Jungen, dessen Peerintegration in überwiegendem Maß über seine Clique gelingt. Grundsätzlich ist das eine eher untypische Organisationsform von Kindern. Cliquen sind im Unterschied zu kindtypischen Beziehungsgeflechten jugendtypische Gesellungsformen, relativ feste Gruppen, deren Mitglieder viel Zeit miteinander verbringen und unterschiedlichen Aktivitäten nachgehen. Ihre Mitglieder schätzen und mögen sich, wobei die dyadischen Beziehungen innerhalb der Clique nicht unbedingt die Nähe von Freundschaften aufweisen (Noack 1992, 84).

Florian wurde zu Beginn der 5. Klasse Cliquenmitglied. In der neuen Schulklasse hatte er sich mit einem zwei Jahre älteren Jungen angefreundet, der ihn in die Clique einführte, der aber selbst durch den Umzug in ein anderes Bundesland den Kontakt zur Clique und zu Florian verliert. In seiner Klasse lässt sich Florian auf keine weiteren Freundschaften ein. Zwei ältere Jungen aus der Clique besuchen jedoch die gleiche Regelschule wie Florian. Neben der Organisation des Kontakts zur Clique wird hier erneut ein struktureller Aspekt von Schule deutlich: Sie trägt wesentlich zur Erleichterung der Verabredungskultur bei. Beispielsweise trifft sich Florian in Schulferien seltener mit seiner Clique, weil einer telefonischen Verabredung oftmals entgegensteht, dass er nur von wenigen Mitgliedern der Clique die Telefonnummer besitzt.

Florians Kontaktinteressen konzentrieren sich auf die Clique; mit den Cliquenmitgliedern – die alle ein oder zwei Jahre älter sind als Florian – verbringt er so viel Zeit wie möglich. Auch wenn er Beziehungen zu diesen Jungen und Mädchen nach Nähe und Distanz differenziert, ist Florian so etwas wie eine beste Freundschaft nicht wichtig. Entsprechend bleiben auch dyadische Begegnungen mit Cliquenmitgliedern eher selten, in der Regel finden Treffen mindestens zu dritt statt. Seine erste vierwöchige feste Beziehung zu einem zwei Jahre älteren Mädchen aus der Clique bildet eine Ausnahme. Die gemeinsame Zeit wird so intensiv verbracht, dass er kaum noch Zeit mit den anderen Cliquenmitgliedern verbringt.

Neben dem wichtigen „Rumhängen" mit der Clique ermöglicht dieser Sozialisationskontext vor allem eine Unterstützung seiner kreativen Fähigkeiten. Beispielsweise macht er mit anderen Jungen der Clique Musik oder sie fotografieren bei ihren Treffen. Die Clique ist auch Ort für Konstruktionsprozesse von Männlichkeit, indem bestimmte Tätigkeiten – wie das Musik machen – den Jungen vorbehalten sind, „Rumhängen" eine zentrale Tätigkeit beider Geschlechter darstellt, Mädchen verteidigt werden gegen die „Anmache" von Jungen außerhalb der Clique und die Clique der Ort für erste heterosexuelle Liebesbeziehungen ist.

Florian kommt bei anderen Mädchen und Jungen gut an. Scheinbar gelingt die Integration in den Peerkontext mühelos. Doch Florian geht direkten Konfrontationen zumindest mit wichtigen Mitgliedern der Clique aus dem Weg. Rückzug wäre die Strategie, mit der er auf die Notwendigkeit solcher Kämpfe reagieren würde. Sein Kampf um Integration findet auf der Ebene der Bereitschaft statt, z.B. immer Zeit für andere aus der Clique zu haben, verfügbar zu sein und eine klare Priorität zu setzen. Die Clique wird zum wichtigsten sozialen Raum, sie ermöglicht die bereits bei Jan rekonstruierte zentrale Bildungsdimension des Erfahrungsaustausches unter relativ Gleichen. Ihre Funktion geht aber weit darüber hinaus, in dem sie den Bildungshintergrund für musische, kreative und handwerkliche Kompetenz bildet. Insofern wird sie einerseits zum Feld der

Erprobung eigener Möglichkeiten, der Stärkung kindlicher Autonomie sowie andererseits zu einer Gegenkultur zu Schule und Unterricht (vgl. Grundmann u. a. 2003, 36 f.). Der untergeordnete Stellenwert von Schule und Schulklasse für die Aneignungsprozesse des Jungen betrifft letztlich auch seine Leistungen und sein Engagement für Unterricht. Mit Beginn des 6. Schuljahres ist schon klar, dass Florians eigentliches Ziel, ab der 7. Klasse den Realschulzweig besuchen zu können bereits gefährdet und nur unter großen Anstrengungen zu realisieren ist. Es bleibt jedoch offen, ob der Kompetenzerwerb im Rahmen der Gegenkultur schulisches Lernen und vor allem schulische Leistung positiv beeinflussen kann, oder ob die Bildungsprozesse, die in der Clique stattfinden, schulisches Desinteresse transportieren.

3.4 Bewältigung und Bildung in Gleichaltrigenbeziehungen benachteiligter Kinder

Armut von Kindern muss immer im Kontext der familiären Situation der Kinder und der dort herrschenden prekären ökonomischen Lebenslage der Familien betrachtet werden. Diese benachteiligte Lebenslage der Familien hat Auswirkungen auf das Heranwachsen der Kinder (Chassé/Zander/Rasch 2005, 319 f.). Neben der materiellen Versorgung der Kinder betrifft das beispielsweise Dimensionen wie Bildung, Gesundheit oder soziokulturelle Teilhabe. Im Sozialisationsprozess können früh Spielräume (ebd., 58 f.) beschnitten und damit Teilhabechancen nachhaltig eingeschränkt werden. Als Akteure sind also bereits Kinder mit dem Problem der Ausgrenzung und der Aufgabe sozialer Integration konfrontiert. Unter anderem können die kindlichen Aneignungs- und Bewältigungsstrategien an den Fragen individueller und subjektiver Bildungsprozesse sowie an der Integration in Peer-Kontexte als wichtige Dimensionen der Generierung kulturellen und sozialen Kapitals thematisiert werden.

Wird unser Forschungsergebnis vor dem Hintergrund von Chancengleichheit im Bildungswesen diskutiert, dann wird deutlich, dass die armen Kinder, die in einen Peerkontext integriert sind und für die Schule gleichzeitig einen Lebensraum darstellt, im dreigliedrigen Schulsystem benachteiligt werden, weil ihnen Möglichkeiten zum Aufbau von Beziehungen zu Kindern aus unterschiedlichen Milieus vorenthalten werden, die zur Kompensation von Armutsfolgen beitragen können. Unter der Perspektive moralischer Ökonomie wird deutlich, dass mit der Einschränkung der Wahlmöglichkeiten die Möglichkeiten der Brücken dezimiert und die Potenziale der Selbstbestimmung beschnitten werden. Der Wunsch der Kinder, solche Beziehungen zu erhalten oder Freundschaften zu Brückenkindern zu entwickeln, lässt sich in dieser Struktur kaum realisieren. Dabei kann die Schule durch die alltägliche Interaktion der Peers insbesondere benachteiligten Kindern eine Bühne bieten, zunächst nicht augenscheinliche Attraktivität zu entwickeln, auf sich aufmerksam und sich für Freundschaft interessant zu machen.

Für nicht integrierte Kinder oder Kinder, die Schule nicht zur Peerintegration nutzen, ist mehr nötig als die Forderung nach einer gemeinsamen Schule. Sie brauchen unabhängig von der Schulform einen Ort, an dem Lebenswelt antizipiert wird und an dem ihre Bildungskompetenzen und Stärken wahrgenommen werden und gefragt sind, an dem keine Stigmatisierung stattfindet und an dem bereits sozialisierte Armutsfolgen durch sozialpädagogisch sensibilisierte Lehrkräfte und Soziale Arbeit aufgebrochen werden können. Dazu gehört beispielsweise, dass – wie im Fall Annas – erkannt wird, dass Normverletzungen auch einen Versuch zur Stabilisierung des Selbstwertes ausgegrenzter Kinder darstellen. Solche Strategien mögen riskant sein, sie stellen jedoch einen Versuch dar, kinderkulturelle Vorstellungen vom gelingenden Leben zu realisieren. Der Wunsch nach Peerintegration wird auch beim Misslingen erhalten bleiben, sich aber ohne die pädagogische Intervention erst auf einem anderen Niveau verwirklichen lassen, z.B. durch die Integration in eine deviante Peergroup. Insofern ist der erhobene Anspruch einerseits ein struktureller, der sich daraus ergibt, dass Schule eine bedeutende Sozialisationsinstanz ist und andererseits ist er zu einem nicht unbedeutenden Anteil an ein entsprechendes Selbstverständnis einzelner Schulen und einem darauf aufbauenden Engagement der Lehrerinnen und Lehrer geknüpft. Mängel in diesem Bereich können durch Schulsozialarbeit allein nicht kompensiert werden. Strukturell kann die Lösung in einer gemeinwesenorientierten Schule gesehen werden, die sich gegenüber dem Stadtteil und dem Freizeitbereich öffnet (Chassé/Zander/Rasch 2005, 342). Autonomie fördernde Handlungsfelder liegen allerdings auch außerhalb der Schule. Die Sozialisation der Kinder und Jugendlichen wird begleitet von Bildungsangeboten der Kindertagesstätten, der Horte und vielfältiger Angebote der Kinder- und Jugendhilfe. In diesen Einrichtungen können die Kinder einerseits von den Auseinandersetzungen mit Gleichaltrigen profitieren. Andererseits „können sie auch Erwachsene finden, die in ihnen nicht das unterweisungswürdige Kind, sondern den jungen Menschen sehen, der sich selbst klar werden sollte, was er will, und der sich für seine Interessen einsetzen muss und dabei zu bedenken hat, wie viel ihm die Verwirklichung eines Ziels wert ist" (Krappmann 2002, 47). Soziale Arbeit steht dabei vor der Aufgabe in ihren Angeboten sowohl die für die Bildungsprozesse nötige Verbindlichkeit herzustellen, damit sich die Kinder den Anforderungen des Angebots (Heterogenität, Restriktion, Kosten) stellen als auch die dafür notwendige Bedingung zu schaffen, dass die Mädchen und Jungen sich zugehörig fühlen können (vgl. ebd.). In diesem nicht unbedingt konfliktfreien Prozess kann – im Sinne moralischer Ökonomie von Kindheit – ein wichtiger Beitrag von außerschulischer Bildung zur Stärkung der Selbstbestimmungspotenziale und der Unterstützung konstruktiver Bewältigungsstrategien der Kinder auf der Mikroebene gesellschaftlicher Integration gesehen werden. Eine konsequente Politik gegen Kinderarmut bleibt jedoch weiterhin notwendig und umfasst Aspekte, wie den Ausbau von Kinderbetreuung, die Bekämpfung von Arbeitslosigkeit oder Maßnahmen zur Herstellung von mehr Generationen- und Geschlechtergerechtigkeit (vgl. Butterwegge 2004).

Unsere Untersuchung zeigt die Bedeutung der Gleichaltrigen für die soziale Integration von Kindern, für ihre Identitätsentwicklung, ihr Selbstbild und nicht zuletzt für die Alltagsgestaltung jenseits der institutionell beanspruchten Zeit sowie für die Alltags- und Lebensbewältigung von Kindern am Ende der mittleren Kindheit.

Familiale Armut – meist verbunden mit bzw. sich auswirkend im Sinne auch kindlicher Restriktion von Ressourcen und Kompetenzen – wirkt sich, wie wir zeigen können, sowohl auf die Qualität, den Umfang und die Struktur der Gleichaltrigenbeziehungen der Kinder am Ende des Grundschulalters wie auch auf ihr persönliches und kulturelles Kapital aus, Gleichaltrigenbeziehungen einzugehen, zu entwickeln und zu pflegen. Dabei sind die Kinder in diesem Alter noch stark auf die Unterstützung der Familie angewiesen und in ihren Strategien unter Gleichaltrigen an Bewältigungsformen der Familie angebunden.

Literatur

Ariès, Philippe (1978): Geschichte der Kindheit. München.

Baumert, Jürgen u. a. (Dt. Pisa-Konsortium) (2001): PISA 2000. Basiskompetenzen von Schülerinnen und Schülern im internationalen Vergleich. Opladen.

Baumert, Jürgen/Watermann, Rainer/Schümer, Gundel (2003): Disparitäten der Bildungsbeteiligung und des Kompetenzerwerbs. Ein institutionelles und individuelles Mediationsmodell. In: ZSE, 6. Jg., H. 1, S. 46–71.

Böhnisch, Lothar (2001): Lebensbewältigung. In: Otto, Hans-Uwe/Thiersch, Hans (Hrsg.): Handbuch der Sozialarbeit/Sozialpädagogik. 2. Auflage. Neuwied, Kriftel. S. 1119–1121.

Böhnisch, Lothar (2005): Sozialpädagogik der Lebensalter. 4. Aufl. Weinheim, München.

Büchner, Peter (2003): Stichwort: Bildung und soziale Ungleichheit. In: ZSE 6, 6. Jg., H. 1, S. 5–24.
Butterwegge, Christoph (2004): Wie man der wachsenden Kinderarmut begegnen und vorbeugen kann. In: deutsche jugend, 52. Jg., H. 10, S. 435–441.
Chassé, Karl August/Rasch, Konstanze/Rahn, Peter (2003): Aneignung von Lebenswelt und Bewältigungsstrategien von Kindern in benachteiligten Lebenslagen. Projektbericht. Jena.
Chassé, Karl August/Zander, Margherita/Rasch, Konstanze (2005): Meine Familie ist arm. Wie Kinder im Grundschulalter Armut erleben und bewältigen. 2. Aufl., Wiesbaden.
Chassé, Karl August (2004): Aneignungsstrukturen von benachteiligten Kindern. In: Ulrich Deinet und Christian Reutlinger (Hrsg.): „Aneignung" als Bildungskonzept der Sozialpädagogik. Beiträge zur Pädagogik des Kindes- und Jugendalters in Zeiten entgrenzter Lernorte. Wiesbaden. S. 149–160.
DeMause, Lloyd (Hrsg.) (1977): Hört Ihr die Kinder weinen? Eine psychogenetische Geschichte der Kindheit. Frankfurt/M.
Grundmann, Matthias/Groh-Samberg, Olaf/Bittlingmayer, Uwe H./Bauer, Ullrich (2003): Milieuspezifische Bildungsstrategien in Familie und Gleichaltrigengruppe. In: Zeitschrift für Erziehungswissenschaft, 6. Jg., H. 1, S. 25–45.
Fatke, Reinhard/Hornstein, Werner (1987): Sozialpädagogik. – Entwicklungen, Tendenzen und Probleme. In: Zeitschrift für Pädagogik, 33, S. 589–593.
Holz, Gerda/Skoluda, Susanne (2003): Armut im frühen Grundschulalter. Frankfurt/M.
Honneth, Axel (1992): Kampf um Anerkennung. Frankfurt/M.
Krappmann, Lothar (1998): Sozialisation in der Gruppe der Gleichaltrigen. In: Klaus Hurrelmann und Dieter Ulich (Hrsg.): Neues Handbuch der Sozialisationsforschung. Weinheim, Basel. S. 355–375.
Krappmann, Lothar (2002): Bildung als Ressource der Lebensbewältigung. In: Münchmeier, Richard/ Otto, Hans-Uwe/Rebe-Kleberg, Ursula (Hrsg.): Bildung und Lebenskompetenz. Kinder- und Jugendhilfe vor neuen Aufgaben. Opladen. S. 33–47.
Krappmann, Lothar/Oswald, Hans (1995): Alltag der Schulkinder. Beobachtungen und Analysen von Interaktionen und Sozialbeziehungen. Weinheim und München.
Lutz, Ronald (2004): Kinder, Kinder ..! Bewältigung familiärer Armut. In: Neue Praxis, 34. Jg., H. 1, S. 40–61.
Noack, Peter (1992): Freunde, Bekannte, Peers: Die Familie und Beziehungen zu „Gleichen". In: Hofer, Manfred/Klein-Allermann, Elke/Noack, Peter (Hrsg.): Familienbeziehungen. Eltern und Kinder in der Entwicklung. Ein Lehrbuch. Göttingen, Bern, Toronto, Seattle. S. 79–122.
Rahn, Peter (2005): Brücken – eine Bewältigungsstrategie von Kindern in Armut. Posterpräsentation beim 1. Berliner Methodentreffen Qualitative Forschung.
Rauschenbach, Thomas/Züchner, Ivo (2002): Theorie der Sozialen Arbeit. In: Werner Thole (Hrsg.): Grundriss Soziale Arbeit. Ein einführendes Handbuch (unter Mitarbeit von Karin Bock und Ernst-Uwe Küster). Opladen. S. 139–160.
Thompson, Edward Paul (1979): Die sittliche Ökonomie der englischen Unterschichten im 18. Jahrhundert. In: Puls, Detlev (Hrsg.): Wahrnehmungsformen und Protestverhalten. Frankfurt/M.. S. 13–80.
Thompson, Edward Paul 1979: Die Entstehung der englischen Arbeiterklasse. 2 Bde. Frankfurt/M.
Vester, Michael (1970): Die Entstehung des Proletariats als Lernprozess. Frankfurt/M.
Vester, Michael u. a. (1994): Soziale Milieus im gesellschaftlichen Strukturwandel. Köln.
Vester, Michael u. a. (2001): Soziale Milieus im gesellschaftlichen Strukturwandel. Zwischen Integration und Ausgrenzung. Frankfurt/M.
Youniss, James (1994): Soziale Konstruktion und psychische Entwicklung. Frankfurt/M.
Zimmermann, Gunter E. (2000): Ansätze zur Operationalisierung von Armut und Unterversorgung im Kindes- und Jugendalter. In: Butterwegge, Christoph (Hrsg.): Kinderarmut in Deutschland. Ursachen, Erscheinungsformen und Gegenmaßnahmen. Frankfurt/M., New York. S. 59–77.

4. Kinder und Jugendliche mit Migrationshintergrund: Armut und soziale Deprivation*

Ursula Boos-Nünning

Seit der Diskussion, die der Zehnte Kinder- und Jugendbericht (BMFSFJ 1998, S. 88ff.) über die Armut von Kindern hervorgerufen hat, werden nicht nur die hohen Anteile von Kindern, die unter Bedingungen von Armut leben – die „Infantilisierung" von Armut – in der Fachdiskussion und in der Öffentlichkeit behandelt, sondern es wird darüber hinaus auch ein besonderes Augenmerk auf die Gruppe der Kinder und Jugendlichen mit Migrationshintergrund gerichtet.

4.1 Migrationsfamilien und Einkommensarmut

Arm ist eine Familie, wenn sie zu den einkommensschwachen Haushalten (verstanden als relative Armut gemessen an 50% des gewichteten durchschnittlichen Haushaltseinkommens) zählt oder wenn sie Sozialhilfe (heute auch Arbeitslosengeld II) bzw. Leistungen nach dem Asylbewerberleistungsgesetz erhält. Selbst wenn konstatiert werden kann, dass (vor allem vorübergehender) Sozialhilfebezug eher als Indiz für Armutsbedrohung denn als für Armut gedeutet werden kann, bieten beide Sachverhalte – ergänzt durch die Personen, die bei Nichtinanspruchnahme von Sozialhilfe trotz Anspruchsberechtigung und damit unter verdeckter Armut leiden, eine Grundlage zur Feststellung der Familien, die unter prekären materiellen Bedingungen leben.

Seit langem wird thematisiert, dass ungefähr ein Viertel der ausländischen Haushalte von Armut betroffen ist. So liegt die Zahl der einkommensschwachen Haushalte bei ausländischen Familien nach den Daten des Sozio-ökonomischen Panels seit 1984 mit ca. 25 % mindestens doppelt so hoch wie bei deutschen Familien. Der Elfte Kinder- und Jugendbericht (BMFSFJ 2002, S. 142) fasst den Erhebungsstand bis 2001 zusammen: „Besonders von Armut bedroht sind auch ausländische Familien bzw. Migrantenfamilien. Unter den Ausländerinnen und Ausländern lag die Zahl der Sozialhilfeempfängerinnen und -empfänger 1998 bei 665 000, was ei-

* Dieser Beitrag konnte für diese Auflage leider nicht akualisiert werden.

nem Anteil von 91 je 1000 ausländische Mitbürgerinnen und Mitbürger entspricht. Der Anteil der Armen – gemessen am Einkommen – an der ausländischen Bevölkerung betrug 1998 in den westlichen Bundesländern etwa 26 %, jede vierte ausländische Mitbürgerin bzw. jeder vierte. ausländische Mitbürger lebte also unterhalb der Armutsgrenze.

Auch die Anzahl der von Armut betroffenen oder bedrohten Kinder liegt unter den Ausländerinnen bzw. Ausländern und Aussiedlerinnen bzw. Aussiedlern deutlich über der Zahl ihrer deutschen Altersgenossen. Nach den von der Unicef 2005 vorgelegten Daten hat sich die Kinderarmut in Westdeutschland von 1989 (4,5 %) bis 2001 mehr als verdoppelt (9,8 %), in Ostdeutschland ist sie von 8,3 % auf 12,6 % angestiegen. Der stärkste Anstieg ist in Migrationsfamilien zu verzeichnen. In dieser Bevölkerungsgruppe verdreifachte sich der Anteil armer Kinder von 5 auf 15 % und liegt nunmehr deutlich höher als bei deutschen Kindern (Corak/Fertig/Tamm 2005).

Auch in der Gegenwart und bezogen auf Haushalte erweist sich die materielle Lage der Migrationsfamilien als prekär. Ausländische Haushalte erhalten häufiger als deutsche Sozialhilfe. Die Sozialhilfequote betrug Ende 2003 8,4 % (Deutsche: 2,9 %). Ausländische Kinder und Jugendliche weisen mit 14,9 % eine mehr als doppelt so hohe Sozialhilfequote auf als deutsche (Deutscher Bundestag, 2. Armuts- und Reichtumsbericht, 2005, S. 162f.). Besonders groß ist die Differenz zwischen ausländischen und deutschen Familien mit Kindern unter 18 Jahren. In dieser Gruppe erhalten 22,6 % der ausländischen gegenüber 8,2 % der deutschen Haushalte laufende Hilfe zum Lebensunterhalt. Dauernde Armut ist häufiger (Holz/Puhlmann 2005, S. 61)

Unklar ist das Ausmaß der verdeckten Armut. Nach der 1995 veröffentlichten Caritas Untersuchung betrug der Anteil der Migrationsfamilien, die in verdeckter Armut leben, also Haushalte, deren Nettoeinkommen zwar unter dem haushaltsgrößenspezifischen Bedarfssatz liegt, die aber keinen Sozialhilfeanspruch geltend machen, 22,2 % der in Privathaushalten lebenden Zuwanderer. 15,3 % der Flüchtlinge, mehr als jeder fünfte Arbeitsmigrant und nahezu ein Viertel der Aussiedler und Aussiedlerinnen in Privathaushalten scheinen nicht alle ihre Ansprüche zu realisieren (Hauser/Kinstler 1995, S. 97). Verdeckte Armut war unter Ausländer(innen) rund zweieinhalb Mal so hoch wie in der westdeutschen Bevölkerung. Zwar kann von den durch Befragung der Caritas-Klienten (Neumann 1995, S. 78f.) gewonnenen Daten nicht auf die ausländische Wohnbevölkerung insgesamt geschlossen werden, doch belegt die Studie, dass von den zugewanderten Familien ein nicht unerheblicher Teil in Armut lebt, die nicht manifest wird. Untersuchungen über die Gründe, warum Migrationsfamilien, die die Anspruchsvoraussetzungen erfüllen, keine Sozialhilfe beantragen, fehlen. Vermutungen sprechen dafür, dass auch bei Deutschen vorhandene Motive wie die Angst vor Stigmatisierung, die mangelnde Kenntnis der Rechtslage oder Barrieren beim Umgang mit Behörden sogar ein größeres Gewicht haben, weil Ausländerfeindlichkeit sowie die fehlende Vertrautheit mit der deutschen Rechtskultur und Sprache diese Faktoren verstärken. Ein gruppenspezifischer Gesichtspunkt mag noch mehr Bedeutung haben: die Angst der Hilfebedürftigen vor ausländerpolitischen Maßnahmen im Falle einer Inanspruchnahme von Sozialhilfe.

Da es keine neueren Erhebungen gibt, ist nicht zu ermitteln, ob und inwieweit solche Einstellungen noch heute die Inanspruchnahme von Sozialhilfe ver- oder behindern.

Über die Ursachen erhöhter Armutsquoten von Migrationsfamilien besteht weitgehend Konsens: Arbeitskräfte mit Migrationshintergrund, gleich ob sie der Gruppe der im Rahmen der Arbeitsmigration Zugewanderten einschließlich deren Kinder und nunmehr Kindeskinder, der Gruppe der Flüchtlinge oder der der Ausgesiedelten angehören, sind erstens deutlich häufiger als die einheimische Bevölkerung von Arbeitslosigkeit betroffen. Es ist nicht möglich, konkrete Zahlen zu ermitteln. In der Gruppe der ausländischen Arbeitskräfte sowie der Flüchtlinge und ihrer Familien werden Daten nicht nach Migrationshintergrund erhoben, sondern nach dem weniger aussagekräftigen Merkmal „mit ausländischem Pass“. Bei den Aussiedlern und Aussiedlerinnen sinkt die Zahl der Arbeitslosen alleine deswegen, weil diejenigen, die in Deutschland länger als fünf Jahre arbeitslos sind, von der Arbeitsverwaltung nicht mehr gesondert erfasst werden und ihre Arbeitslosenzahlen daher dem deutschen Bevölkerungsteil zugeschlagen werden. Demnach müssen bei Zahlen, die Migration betreffen, statistische Mängel berücksichtigt werden. Es ist auf der Grundlage der Daten des sozio-ökonomischen Panels (SOEP) belegt, dass es häufiger die wirtschaftlich Erfolgreichen sind, die eingebürgert werden. Unter den Personen mit türkischem Migrationshintergrund ist bei den Eingebürgerten der Anteil der Un- und Angelernten geringer (45 % gegenüber 56 %), der Selbstständigen (9 % gegenüber 3,5 %) und der qualifizierten Angestellten (25 % gegenüber 13,5 %) höher. Weniger Eingebürgerte (12 % gegenüber 17 %) verfügen über ein Einkommen unterhalb der Armutsgrenze. Auch der Bildungsstatus der Eingebürgerten ist deutlich höher als der von denjenigen mit ausländischem Pass (alles nach Salentin/Wilkening 2003). Daher kann vermutet werden, dass bei den im Rahmen der Arbeitsmigration Eingewanderten der Anteil der Arbeitslosen eher überschätzt wird, da beruflich und wirtschaftlich Erfolgreiche häufiger die deutsche Staatsangehörigkeit annehmen. Dieses gilt nicht für die nach dem 1.1.2001 geborenen Kinder, die nach der Reform des Staatsangehörigkeitsrechtes bei Geburt (auch) Deutsche sind. Für die Gruppe der Ausgesiedelten wird die Zahl der Arbeitslosen wahrscheinlich eher unterschätzt.

Seit Jahren ist die Arbeitslosenquote der Menschen mit ausländischem Pass etwa doppelt so hoch wie die Arbeitslosenquote insgesamt. Aktuell (2004) beträgt sie 20,4 % mit einem Anteil an Langzeitarbeitslosen von etwa einem Drittel (Deutscher Bundestag, 2. Armut- und Reichtumsbericht 2005, S. 161; allgemeine Arbeitslosenquote 2004: 11,7 %). Kinder, die in Arbeitslosenhaushalten leben, sind am stärksten von Armut betroffen. Die Arbeitslosigkeit ist bei Migrationsfamilien und hier insbesondere bei solchen mit türkischem und Aussiedlerhintergrund deutlich häufiger anzutreffen. Daher verwundert es nicht, dass diese überdurchschnittlich zur Gruppe der Haushalte mit Niedrigeinkommen und zu den Sozialhilfeempfängern zählen (Hanesch u.a. 2000, S. 30f., S. 291). Hinzu kommt das deutlich niedrigere Erwerbseinkommen bei einer größeren Zahl von Familienmitgliedern. Der größte Teil der ausländischen Arbeitnehmer und Arbeitnehmerinnen arbeitet auch 2001 in Arbeiterberufen (Türken: 76 %, Italiener: 59 %, zum Vergleich Deutsche: 40 %, dies. S. 27) mit einem nach wie vor hohem Anteil an un- und angelernten Arbeitern und Arbeiterinnen. Detaillierte Analysen liegen kaum vor. Verwiesen sei nur auf eine Studie von Hermann Schäfer (1989), welche als Armutsrisiken die immer schwierigere Arbeitsmarktlage und die im Vergleich zu den Einheimischen deutlich höhere Arbeitslosenquote, die niedrigen Leistungsansprüche an die Sozialversicherung und die besonderen Beschäftigungsrisiken nennt. Nur in Ansätzen dargestellt und diskutiert sind die Folgen der so genannten Hartz-Gesetze für die materielle Lage und den Zugang zum Arbeitsmarkt von Zugewanderten ohne verfestigten Aufenthaltsstatus (s. Sieveking 2004; Butterwegge/ Reißlandt 2005)

Familien mit ausländischer Nationalität und wohl auch Familien mit Migrationshintergrund sind zweitens überproportional in der Gruppe der kinderreichen Haushalte (solche mit drei und mehr Kindern) vertreten. Nach der Repräsentativuntersuchung 2001 (BMA 2002, S. 38f.) haben ein ca. ein Viertel der Befragten mit Kindern ein Kind, mehr als 40 % zwei, 20 % drei und ungefähr 10 % der griechischen, italienischen und ehemals jugoslawischen Eltern sowie 17 % der türkischen Eltern vier oder mehr Kinder in Deutschland. Die Kinder leben nicht notwendigerweise im Haushalt der Eltern. Dennoch können die Angaben als Indiz für eine höhere Kinderzahl als in deutsch-autochthonen Familien üblich bewertet werden. Armutsrisiken sind ungleich verteilt: sie steigen – nach dem siebten Kinder- und Jugendbericht des Landes Nordrhein-Westfalen zum wiederholten Male belegt – mit zunehmender Kinderzahl an. Personen in Haushalten ohne Kinder sind zu 3,4 % von Armut betroffen, Haushalte mit vier und mehr Kindern zu 32 % (MFJFG NRW 1999, S. 51). Nach dem 2. Armuts- und Reichtumsbericht der Bundesregierung (2005, S. 77f.), betrug 2003 Sozialhilfequote von Ehepaaren mit einem Kind 2,2%, mit zwei Kindern 2,1 % und mit drei und mehr Kindern 5,1 %. Das Haushaltsnettoeinkommen ist zwar in den letzten Jahren auch bei ausländischen Haushalten gestiegen (2001 von DM 3459 in türkischen bis DM 3661 in griechischen Haushalten), allerdings ist die finanzielle Lage deutscher Haushalte um einiges besser. Das Äquivalenzeinkommen (das ist das monatliche Haushaltsnettoeinkommen umgerechnet auf die Haushaltsgröße) ist in türkischen Haushalten besonders gering. 19 % der türkischen Familien gegenüber 13 % der (ehemals) jugoslawischen, 8 % der italienischen und 7 % der griechischen verfügten 2001 über ein Äquivalenzeinkommen von unter DM 1200 (BMA 2002, S. 35).

In den Zahlen der Sozialhilfe empfangenden Familien sind drittens zu einem nicht unerheblichen Teil solche von Asylsuchenden enthalten, wenn Leistungen nach dem Asylbewerberleistungsgesetz in die Statistik einbezogen werden. Bis zum 1. November 1993 erhielten Asylbewerber/innen die üblichen Leistungen nach dem Bundessozialhilfegesetz. Sie wurden in den allgemeinen Statistiken unter der Rubrik >Ausländer< geführt. Mit dem Gesetz zur Neuregelung der Leistungen an Asylbewerber (ASYLbLG), wurden eine Reihe von Asylsuchenden aus dem BSHG ausgegrenzt. Einige Grundprinzipien der Sozialhilfe, wie z.B. die Sicherung der Menschenwürde, die Gewährung familiengerechter und einzelfallorientierter Hilfen oder die Gewährung vorbeugender Hilfen, galten für sie nun nicht mehr. Dadurch erschien der rasante Anstieg von Armut bei Ausländern (zumindest in der Statistik) gestoppt, weil diese Gruppe seither nicht mehr zu den Sozialhilfeempfängern zählt. Zusätzlich wurde die Möglichkeit eröffnet, nach unten abweichende Ansätze festzulegen. Das Existenzminimum wird für diese Personen und ihre Kinder deutlich niedriger als für andere Ausländergruppen und für deutsche Staatsbürger definiert. Für die Familie ist bedeutsam, dass das in der Sozialhilfe formulierte geschützte Existenzminimum für Kinder nicht gilt. Zu weiteren Sparmaßnahmen, die Familien und Kinder betreffen, gehören die §§ 4,6 und 7 ASYLbLG. Paragraf 4 regelt die gesundheitliche Versorgung und lässt als Krankenhilfe lediglich die Behandlung akuter Erkrankungen und Schmerzzustände zu. Die freie Arztwahl entfällt, und die Versorgung mit medizinischen Hilfsmitteln (z.B. Brillen) ist nur noch im Ausnahmefall vorgesehen. Es gilt zu berücksichtigen, dass ein Teil der Asylbewerber und -bewerberinnen keine Arbeitserlaubnis erhält und deshalb allein auf die Leistungen nach dem genannten Gesetz angewiesen ist. Dabei ist auch zu beachten, dass insbesondere die Ausgesiedelten und die Flüchtlinge, aber auch ein Teil der Arbeitsmigrationsfamilien nicht auf materielle Ressourcen der Vorfahren durch Erbschaft oder Schenkung zurückgreifen können und dass Vermögen in Form des Besitzes von Wohneigentum und Kunstgegenständen usw. selten vorhanden ist.

4.2 Armut und soziale Deprivation

In der gegenwärtigen Diskussion wird ein Armutsbegriff verwendet, der deutlich über materielle Armut hinausgeht. In einigen Kontexten werden deprivierte Lebenslagen als Dimensionen von Armut, in anderen als deren Folgen dargestellt. Im allgemeinen werden folgende Dimensionen oder Aspekte berücksichtigt:

- die unmittelbar auf einkommens- und vermögensschwache Lebenssituationen zurückzuführenden Einschränkungen im Wohnen, in der Kleidung und beim verfügbaren Taschengeld;
- die schwierigen Ausgangsbedingungen für Bildung und kognitive Entwicklung, einschließlich des Erwerbs von sprachlichen und kulturellen Kompetenzen;
- die Unterversorgung im sozialen Bereich, insbesondere in der Pflege sozialer Kontakte, aber auch in der Versorgung mit notwendigen Hilfen;
- die schlechteren Bedingungen in der gesundheitlichen Vorsorge und Versorgung sowie Mängel in der körperlichen und psychischen Entwicklung.

Es ist möglich, die Lebenslage der Kinder und Jugendlichen mit Migrationshintergrund in diesen vier Dimensionen zu beschreiben. Es ist nicht möglich, Versagungen und als schwierig zu bewertende Lebenslagen eindeutig auf Armut zurückzuführen. Auch die Migrationssituation als solche bzw. das Leben von Kindern und Jugendlichen unter Migrationsbedingungen führt zur sozialen Deprivation. Ethnische und soziale Faktoren lassen sich nach dem heutigen Kenntnisstand nicht hinreichend trennen.

4.2.1 Einschränkungen in den Wohnbedingungen

Über verfügbare materielle Ressourcen wie Kleidung, Spielzeug und andere vom Einkommen der Familie abhängige Gebrauchsgüter ist nichts bekannt, ebenso wenig über die Höhe des Taschengeldes. Nur über die Wohnraumversorgung der Migrationsfamilien liegen Daten vor. Diese hat sich – gemessen an Zeiten zu Beginn der Einwanderung – deutlich verbessert. Die Wohnlage hat sich darüber hinaus ausdifferenziert. Der Blick auf Familien, die unter deprivierten Bedingungen leben, darf nicht darüber hinwegtäuschen, dass es auch eine nicht unerhebliche Zahl von Familien gibt, die in normalen, ja guten Wohnverhältnissen leben. So verfügen ca. 15 % der Migrationsfamilien über Wohneigentum (BMA 2002, S. 45). Zweitens muss gesehen werden, dass die drei ersten Aspekte (Wohnungsgröße und –ausstattung) sowie das Wohnen im ‚sozialen Brennpunkt' auch Rahmenbedingungen der Lebenssituation mancher deutscher Kinder aus benachteiligten Familien darstellen. Kinder aus Zuwandererfamilien sind aber, wie sich erweist, besonders häufig betroffen.

Die durchschnittliche Wohnfläche ist in Migrationshaushalten auch heute noch deutlich geringer als in deutschen Familien (vgl. Seifert 2002, S. 103). Nach einer nicht repräsentativen Untersuchung bei 16 bis 21Jährigen verfügen ca. ein Viertel der jungen Frauen mit griechischem und jugoslawischem Hintergrund und aus Aussiedlerfamilien, ein Drittel der jungen Frauen mit italienischem und die Hälfte derjenigen mit türkischem Hintergrund nicht über ein eigenes Zimmer. Wird die Wohnqualität anhand eines Raumes pro Person, Eigentum oder Miete, Anzahl der Wohnparteien im Haus und des zur Verfügungstehens eines eigenen Zimmers bestimmt, so zeigt sich, dass die Rahmenbedingungen für die verschiedenen Herkunftsgruppen sehr unterschiedlich sind; vor allem die jungen Frauen mit türkischem Migrationshintergrund sind schlechter als die übrigen gestellt (Boos-Nünning/Karakaşoğlu 2005, S. 73). In einer früheren Untersuchung (1994) hatten nur halb so viele nicht deutsche Kinder und Jugendliche ein eigenes Zimmer (32 % der türkischen, 41 % der nicht deutschen insgesamt, aber 83 % der deutschen Kinder, so Klocke/ Hurrelmann 1996, S. 199).

Als wichtigster Hinderungsgrund für die Verbesserung der Wohnversorgung wird von mehr als drei Vierteln angegeben, dass die „Wohnungen zu teuer" seien. 1980 lag dieser Prozentsatz noch bei unter 20 %. Ebenfalls häufig genannte Schwierigkeiten sind die „lange Zeit der Suche", die „allgemeine Wohnungsnot", der große „Zeitaufwand". Werden die aktuellen Nennungen zum Thema „Es gibt zu wenig Wohnungen" im

Vergleich zu 1995 betrachtet, so scheint Wohnungsnot nicht mehr ganz so stark zu bestehen wie noch vor Jahren. Immer noch wird die Diskriminierung auf dem Wohnungsmarkt als nicht armutsbestimmter Hinderungsgrund genannt. Dass Vermieter Ausländer ablehnen, betrifft offensichtlich Familien mit italienischem (17,8 %) und griechischem Hintergrund (22,4 %) weniger als solche mit türkischem (43,6 %) und ehemalige Jugoslawen (30,6%). Insbesondere im Fall der türkischen Migrationsfamilien hat sich dieses Problem in den vergangenen zwanzig Jahren eher verschärft (BMA 2002, S. 46). Anders als in früheren Erhebungen (Mehrländer u.a. 1995, S. 262ff., 266) wird nicht mehr nach dem Ablehnungsgrund „Kinder" gefragt. Es ist jedoch zu vermuten, dass Wohnungsbewerber und -bewerberinnen mit türkischem Migrationshintergrund wegen ihrer ethnischen Zugehörigkeit, Kinderreiche (verstanden als Familien mit drei oder mehr Kindern) aufgrund ihrer Familiensituation deutlich verringerte Chancen haben Wohnungen zu bekommen, die auch von Deutschen und/oder Kinderlosen begehrt werden.

Auch heute noch wachsen Kinder unter prekären Lebensbedingungen in Lagern auf, wenn auch die Zahl deutlich abnimmt. Es sind Kinder aus Aussiedlerfamilien und von Flüchtlingen. Sowohl in den Übergangswohnheimen für Aussiedler und Aussiedlerinnen wie auch – vielleicht in noch stärkerem Maße – in den Gemeinschaftsunterkünften für Flüchtlinge sind die Bedingungen für Kinder ungeeignet. Das gilt für den Wohnraum, das Spielen und das Umfeld der Heime. In diesen Einrichtungen gibt es für Kinder immer weniger Betreuungsangebote, nicht zuletzt aufgrund finanzieller Engpässe. Während bei den Aussiedler(inne)n die Eltern Sprachkurse besuchen oder einer Arbeitstätigkeit nachgehen, sind viele Kleinkinder sich selbst überlassen. Es fehlt ihnen an Bewegungsmöglichkeiten, an Spielräumen und an Spielplätzen im Freien. Kinder in Übergangswohnheimen und in Gemeinschaftsunterkünften für Flüchtlinge leben sozialräumlich wie auf einer Insel: Kontakte mit den Nachbarn sind selten und nur möglich, wenn ein pädagogisches Konzept und/oder ein besonderes Engagement der Betreuungsperson existieren.

4.2.2 Benachteiligung im Erwerb von Bildung und von sprachlichen und kulturellen Kompetenzen

Durch die Daten der amtlichen Statistik und Untersuchungen, ist das schlechte Abschneiden von Schülerinnen und Schülern mit ausländischem Pass belegt: Viele von ihnen scheitern an der Schule. Sie sind in den Vorklassen und Schulkindergärten sowie in den Sonder-, Haupt- und Gesamtschulen über- und in den Realschulen und Gymnasien unterrepräsentiert und erhalten deutlich schlechtere Schulabschlüsse als deutsche Schülerinnen und Schüler. Der Abstand zu dem Schulabschlussniveau der deutschen Schüler hat sich in den vergangenen Jahren nur geringfügig verringert und ist auch 2003 vor allem am unteren und oberen Rand sehr groß: Der Anteil der Schülerinnen und Schüler mit Fachhochschulzugang oder Abitur an der Gesamtzahl der Schulabgänger aus allgemein bildenden Schulen lag bei den deutschen fast zweieinhalb mal so hoch wie bei den Schülern ausländischer Herkunft und es gab mehr als doppelt so viele ausländische wie deutsche Abgängerinnen und Abgänger ohne Hauptschulabschluss. Dies bedeutet ein noch immer beachtliches Ungleichgewicht. Die ethnische Differenzierung setzt sich im Ausbildungsbereich und beim Übergang in den Beruf fort (vgl. Diefenbach 2002). Die unstrittig schlechte Bildungsbilanz kann nicht unmittelbar auf soziale Faktoren und damit Armut zurückgeführt werden. Pisa 2000 (Deutsches Pisa-Konsortium 2001, S. 374) untersucht drei Hürden im Zugang zu weiterführenden Schulen: die Sozialstruktur, die Distanz gegenüber der Majoritätskultur und die unzureichende Beherrschung der deutschen Sprache (gemessen an der Lesekompetenz). Jugendliche, die aus einem Elternhaus stammen, in dem beide Elternteile in Deutschland geboren wurden, haben im Vergleich zu ihren Altersgleichen aus reinen Zuwandererfamilien weitaus günstigere Chancen, anstelle einer Hauptschule eine andere weiterführende Schule zu besuchen. Die relativen Chancen eines Gesamtschulbesuchs liegen etwa um das Doppelte, eines Realschulabschlusses um das 2,6fache und eines Gymnasialbesuchs um das 4,4fache höher. Die Beteiligungschancen von Jugendlichen aus gemischten Ehen nehmen eine mittlere Position ein, liegen aber näher an den Chancen von Jugendlichen aus Familien, in denen beide Eltern in Deutschland geboren wurden. Es gilt aber festzuhalten, dass die Differenzen der Benachteiligungschancen zwischen Jugendlichen aus Familien mit und ohne Migrationshintergrund weitaus geringer sind als die Disparitäten zwischen Jugendlichen unterschiedlicher Sozial- oder Bildungsschichten.

Die Ursache wird nahezu ausschließlich in der fehlenden Sprachkompetenz gesehen: (Deutsches Pisa-Konsortium 2002, S. 199). Für die Unterschiede in der Lesekompetenz zwischen Jugendlichen aus Familien mit Migrationshintergrund werden die Sozialschichtzugehörigkeit der Herkunftsfamilie, die Verweildauer des Jugendlichen in Deutschland und die Umgangssprache in der Familie verantwortlich gemacht. Es wird resümiert (S. 379): „Für die Benachteiligungen in der Bildungsbeteiligung von Jugendlichen aus Zuwandererfamilien sind primär weder die soziale Lage noch die kulturelle Distanz der Familie als solche verantwortlich; von entscheidender Bedeutung ist vielmehr die Beherrschung der deutschen Sprache auf einem dem jeweiligen Bildungsgang angemessenen Niveau." Die Kompetenz in der Mutter- oder Familiensprache der Schülerinnen und Schüler wird in der Pisa Studie weder erfasst noch als mögliche Einflussgröße diskutiert.

Es gibt nur wenige Untersuchungen, die den spezifischen Einfluss ethnischer Faktoren im Vergleich zu soziokulturellen Variablen prüfen. Die Ergebnisse von Alba u.a. belegen (1994, S. 234), dass nicht alle Benachteiligungen auf die niedrige sozioökonomische Herkunft der Kinder ausländischer Abstammung im Vergleich zu den deutschen Kindern oder auf die späte Ankunft in Deutschland zurückgeführt werden. Selbst wenn diese Faktoren kontrolliert werden, bleiben beträchtliche Benachteiligungen für mindestens zwei Gruppen bestehen, nämlich für die Kinder italienischer und türkischer Herkunft. Tendenziell gilt dieses auch für die Kinder von Eltern aus dem ehemaligen Jugoslawien. Eine Geburt in Deutschland oder ein frühes Einreisealter hebt diese Benachteiligung nicht auf. Die Ergebnisse der Pisa Studie könnten dafür sprechen, dass kulturelle Faktoren wie die im Elternhaus gesprochene Sprache oder die Schullaufbahn der Kinder (insbesondere Pendeln, späte Einreise) Einfluss auf die ethnische Benachteiligung haben. Diese Erklärungen sind jedoch bis heute nicht abgesichert. Es könnte genauso sein, wie auch Alba u.a. (1994, S. 235) bemerken, dass kulturelle Eigenheiten als sichtbare Zeichen der Andersartigkeit auffallen und somit für die oft unterschwelligen Diskriminierungen zentrale Bedeutung erlangen, welche in schulischen Benachteiligungen von Minderheiten enden. Diese letzte Überlegung verweist auf Erklärungen, die von Gleichheit und Ungleichheit von Kindern ausländischer Herkunft und deutschen Kindern in der Erziehung und im Schulsystem ausgehen und die Rolle der Schule bei der sozialen Platzierung ethnischer Minderheiten problematisieren. Fehlende sprachliche Kompetenzen werden häufig, fehlende kulturelle Kompetenzen seltener als Ursache für schulisches Versagen dargestellt. Sie können aber auch als selbstständige Konsequenz des Aufwachsens unter deprivierten Lebensbedingungen angesehen werden.

Dürftig sind die Informationen zur Bildungssituation jünger Flüchtlinge. Noch immer ist in einigen Bundesländern keine Schulpflicht für Flüchtlingskinder gegeben. Wenn sie die Schule besuchen, werden sie als Seiteneinsteigerinnen und Seiteneinsteiger getrennt von den einheimischen Kindern unterrichtet. Ihre Rahmenbedingungen sind vielfach ungünstig: In den Gemeinschaftsunterkünften haben sie keine Rückzugsmöglichkeiten, um Hausaufgaben zu erledigen oder zu lesen; die Eltern können nicht bei den Hausaufgaben helfen (Klingelhöfer/ Rieker 2003, S. 19). Auch die Schülerinnen und Schüler aus Aussiedlerfamilien (aus den GUS) scheitern als Seiteneinsteigerinnen und mit gegenüber früheren Zeiten deutlich geringerer Förderung – statistisch nicht belegt und belegbar – wahrscheinlich häufiger an der Schule.

4.2.3 Soziale Kontakte und Versorgungsstandard

Die Frage nach den sozialen Kontakten stellt sich im Migrationskontext ebenfalls in besonderer Weise. Freundschaften besitzen für Kinder und Jugendliche mit Migrationshintergrund eine ebenso große Bedeutung wie für deutsche: sie leisten Unterstützung bei der Bewältigung von Alltagsproblemen und Hilfe bei der Entwicklung selbstständiger Lebensformen. Die überwiegende Zahl der angesprochenen Gruppe ist in Freundschaftsbeziehungen und in Gleichaltrigengruppen eingebunden (s. dazu Boos-Nünning/ Karakaşoĝlu 2005, S. 149). Es überwiegen ethnische Freundschaften sowohl bei Jungen wie auch bei Mädchen (Heckmann et al. 2000, S. 48, Reinders 2003, S. 90f.), gefolgt von Freundschaften im Migrationskontext. Es fehlen weitgehend Beziehungen zu deutschen Gleichaltrigen. Dabei steht zwar ein Zusammenhang zwischen dem Wohnmilieu und der ethnischen Zusammensetzung der engsten Freundschaftsgruppe, aber auch von denjenigen, die in einem deutschen oder in einem gemischten Wohnumfeld leben, hat ein erheblicher Teil Freundinnen und Freunde ausschließlich oder überwiegend mit eigenem ethnischen Hintergrund (so Boos-Nünning/ Karakaşoĝlu 2005, S. 158).

Deutlich verbunden mit sozialer Benachteiligung ist die seit langem belegte Tatsache, dass Migrationsfamilien sowie Kinder und Jugendliche, selbst wenn sie in Konfliktlagen geraten, etwa bei Suchtproblemen, oder Gewalterfahrungen von dem Beratungs- und Therapieangebot nicht erreicht werden. Auch präventive Maßnahmen werden weniger als im deutschen Kontext angenommen (vgl. Santen van u.a. 2003, S. 317ff.). Begründet wird die Distanz gegenüber der Beratung mit der Inanspruchnahmebarriere, die wiederum (nach Gaitanides 1999) auf die Distanz gegenüber, wenn nicht auf Angst vor deutschen Beratungseinrichtungen allgemein, auf das in allen Bereichen nachzuweisende schwierige Verhältnis der Migrationsfamilien zu deutschen Ämtern und auf das Misstrauen der Minderheitenangehörigen gegenüber den Repräsentantinnen und Repräsentanten der dominanten Mehrheitsgesellschaft zurückgeführt wird. Hinzu kommen Sprachbarrieren und Reserven, sich gegenüber dem deutschsprachigen Personal zu öffnen und sich ihm anzuvertrauen sowie mangelndes Vertrauen in die interkulturellen Kompetenzen des Personals und Schwierigkeiten im Umgang mit einem segmentierten , nicht ganzheitlichen Problemlösungsansatz (z.B. isolierte psychologische Beratung). Dieses sind Faktoren, die die Migrationsfamilien abhalten, eine Beratung aufzusuchen. Weitaus gewichtiger ist wahrscheinlich der Grund, viele Facetten des Beratungssystems nicht zu kennen und vor allem aus familiären Problemen resultierende Schwierigkeiten nicht nach außen tragen zu wollen (s. Boos-Nünning/ Karakaşoğlu 2005, S. 452f.). Auch wirken sich auf Seiten der Beratungsstellen und der beratenden Personen unzureichende Formen des Ansprechens und der Kommunikation, ein ethnozentrisches Beratungssetting sowie häufiges Missverstehen durch ethnozentrische Fehldeutungen aus. Diskriminierungserfahrungen und fehlende Anerkennung in der Gesellschaft schaffen zusätzliche Barrieren.

4.2.4 Soziale Lage, Migrationshintergrund und Gesundheit

Relativ selten greifen Armuts- und Gesundheitsberichte den Zusammenhang zwischen sozialer Situation, Migrationshintergrund und Gesundheit auf. In den im Rahmen des elften Kinder- und Jugendberichtes erstellten Materialien (Hackauf 2002; Seifert 2002) wird die Frage des Einflusses von sozialer Benachteiligung auf die Gesundheit von Kindern und Jugendlichen unter ausdrücklicher Berücksichtigung der Kinder aus Migrationsfamilien thematisiert. Die Expertisen legen die Lücken offen, die hinsichtlich der Datenlage wie auch hinsichtlich der Erklärungsansätze bestehen. Im Zusammenhang mit dem Migrationshintergrund werden folgende gesundheitliche Unterversorgungen benannt (alle nach Seifert 2002):

- größeres Risiko der Säuglingssterblichkeit, insbesondere bei Kindern mit türkischem Migrationshintergrund (S. 107)
- größeres Risiko von Tod und Verletzung durch Unfälle (S. 114)
- geringere Inanspruchnahme der Früherkennungsuntersuchungen U8 und U9 (S. 116)
- niedrigerer Anteil vollständig geimpfter Kinder (S. 117)
- häufigere Feststellung unbehandelter Befunde in Schuleingangsuntersuchungen, die eine kompensatorische Behandlung erst zeitlich verzögert einsetzen lassen (S. 119)
- durch klinische Regionalstudien und Studien aus Versorgungsein-

richtungen ermittelte höhere Raten infektiöser Erkrankungen und schwerer Unfälle (S. 124)
- schlechterer Mundgesundheitszustand (S. 133).

Aus anderen Erfahrungen lassen sich gesundheitliche Risiken resultierend aus falschem Ernährungsverhalten vermuten (Bau/ Matteucci-Gothe/ Borde 2003).

Die Auflistung spricht für gesundheitliche Risiken, insbesondere aber dafür, dass Versorgungsmaßnahmen und Hilfen von Migrationsfamilien seltener angenommen werden. Besonderen Belastungen ausgesetzt sind junge Flüchtlinge. Sie erfahren nicht selten die Folgen von Traumatisierungen in Form psychosozialer oder psychotischer Reaktionen, verstärkt durch Belastungen im Aufnahmeland (Holzapfel 1999; s. Klingelhöfer/ Rieker 2003, S. 12).

4.3 Die Wirkung von Schutzfaktoren

Werden Migranten (in diesem Fall Ausländer als auch Aussiedler und Übersiedler) den einheimischen Deutschen gegenübergestellt, so wird deren Kumulation von Unterversorgungslagen deutlich: 45 % der Migranten gegenüber 25 % der einheimischen Familien sind mindestens in drei der Dimensionen Einkommen, Bildung, Arbeit und Wohnen arm. Dieses gilt auch für 60 % der Ehepaare mit mehr als drei Kindern (Seifert 2002, S. 103).

Kinder und Jugendliche mit MIgrationshintergrund wachsen demnach häufig in Familien auf, die nach den sozioökonomischen Faktoren Ausbildung, Berufsstatus und Einkommen eine inferiore Stellung haben. Sie sind darüber hinaus in allen Aspekten von sozialer Deprivation, Wohnen (als Beispiel von fehlendem materiellen Wohlergehen), Bildung, soziale Kontakte und Versorgung sowie Gesundheit häufiger schlechter gestellt als deutsche Kinder und Jugendliche. Aus diesen einen erheblichen Teil der Migrationsfamilien betreffenden Rahmenbedingungen lässt sich unschwer ein Krisenszenario entwickeln. Die psychischen Dispositionen und die Selbsteinschränkungen – wiederum eines erheblichen Teils der jungen Menschen mit Migrationshintergrund – entsprechen einem solchen Szenario jedoch nicht: Es gibt viele trotz Diskriminierungserfahrungen in Schule und Umfeld positiv gestimmte Kinder und Jugendliche, die mit ihren Lebensumständen tendenziell zufrieden sind und ihre Zukunft auf ein Leben in Deutschland ausrichten (s. Boos-Nünning/ Karakaşoĝlu 2005). Es ist zu vermuten, dass protektive Faktoren dabei helfen, Entbehrungen zu ertragen und Enttäuschungen zu verarbeiten.

Dazu zwei Beispiele: Fehlende Freundschaften mit deutschen können nicht nur als Defizite des Aufwachsens interpretiert werden. Es ist möglich, einen Perspektivenwechsel vorzunehmen und, in Anlehnung an Haug (2003), die positiven Aspekte innerethnischer Freundschaften in den Mittelpunkt zu stellen.

Der gemeinsame soziale und kulturelle Hintergrund bietet eine Vielzahl von geteilten Themen und Erfahrungen, was das gegenseitige Verständnis erleichtert und günstige Rahmenbedingungen für einen gleichberechtigten Umgang miteinander schafft. Dies wiederum bildet die notwendige Plattform, um individuelle ebenso wie kollektive Strategien für den Umgang mit verschiedenen Ansprüchen der Mehrheits- und Minderheitsumgebung an ihre Integrationsbereitschaft in die jeweiligen gesellschaftlichen Teilsysteme zu entwickeln. Dazu gehört auch die Auseinandersetzung mit Diskriminierungserfahrungen als Angehörige von ethnischen Minderheiten auf der einen und mit der in der Adoleszenzphase unter MIgrationsbedingungen teilweise anders als bei der deutschen Mehrheitsgesellschaft stattfindenden Ablösung der Jugendlichen von der Elterngeneration auf der anderen Seite. Die Gruppe der Gleichaltrigen mit gleichem ethnischen Hintergrund kann den Freiraum bereitstellen, in dem es für viele Jugendliche erst möglich wird, sich mit Nähe und Distanz zur Herkunftskultur ebenso wie mit kulturellen Anpassungsforderungen der Mehrheitsgesellschaft auseinanderzusetzen und hier einen eigenen, selbstbestimmten Weg zu finden. Hier anknüpfend lassen sich innerethnische Freundschaften als Ressourcen darstellen (nach Boos-Nünning/ Karakaşoĝlu 2005, S. 162).

Ein ausgleichendes und positives familiäres Umfeld wird in den Diskussionen um das Aufwachsen in Armut als Schutzfaktor bezeichnet. Bei Migrationsfamilien ist in nicht wenigen Fällen die Integration so hoch und Interaktion so dicht, dass segregative intergenerative Beziehungen zwischen Eltern und Kindern ausgeschlossen sind. Die hohe gemeinsame Orientierung zwischen den Generationen, so schlussfolgert Nauck (2000, S. 387f.), vermöge Sozialisationsleistungen, die sonst von einem kulturell homogenen Milieu (mit) übernommen werden, zu substituieren. Aus dieser Perspektive stellt die Familie eine wichtige Ressource für die Sozialisation der Mädchen und jungen Frauen dar. Auch andere Untersuchungsdaten (Boos-Nünning/ Karakaşoĝlu 2005, S. 117ff.) sprechen hier für eine starke Einbindung der jungen Frauen in ihre Familien und einen ausgeprägten Familialismus. In Ländern, in denen wie in Deutschland, die Individualisierung als Merkmal der Moderne verstanden und Traditionalismus als Gegensatz zum Individualismus häufig negativ bewertet wird, erfahren solche familialistischen Orientierungen eine Abwertung. Sie werden als der Integration hinderlich beschrieben. Familialismus kann aber auch als protektiver Faktor betrachtet werden. Familialistische Orientierungen bewirkten lange Zeit und bewirken bei vielen Jugendlichen noch heute eine psychische Stabilisierung. Die oftmals starke familiale Bindung kann in vielen Fällen Stabilität, Schutz und Sicherheit bieten. Herwartz-Emden (2000, S. 19) weist darauf hin, dass „die Familienmitglieder in Migrantenfamilien mehr übereinander wissen und mehr miteinander kommunizieren als vergleichbare deutsche Familien. Die Generationsbeziehungen sind keineswegs nur durch Zerrüttung oder schwerwiegende Konflikte charakterisiert, sondern durch ein hohes Maß an Unterstützung und gegenseitigem Respekt". Daraus kann gefolgert werden, dass die MIgrationsfamilie für einen Teil der Kinder und Jugendlichen mit Migrationshintergrund eine wichtige Ressource darstellt, auch bei der Verarbeitung schulischer, beruflicher und sozialer Enttäuschungen. Dazu zählt auch das Leben unter Armutsbedingungen.

4.4 Leben unter den Bedingungen sozialräumlicher Segregation

Ausländische Familien leben überwiegend in Ballungsgebieten und hier wohnen sie konzentriert in bestimmten Quartieren. Kinder und Jugendliche mit Migrationshintergrund leben selten in einem deutschen, häufig in einem gemischten Umfeld. Einer Untersuchung von Mädchen und jungen Frauen mit Migrationshintergrund folgend, ist weder ein überwiegend deutsches noch ein ethnisches oder Zuwanderungsmilieu (d.h. eine Wohngegend und ein Wohnhaus überwiegend bewohnt von Zuwanderern verschiedener Ethnie) alltagsbestimmend. Im ethnischen Milieu leben 4 % der jungen Frauen, aber 11 % derer mit türkischem Hintergrund, im Zuwanderungsmilieu 11 % (Boos-Nünning/ Karakaşoĝlu 2005, S. 80f.). Zwar weiß niemand genau, wie viele Kinder aus Zuwandererfamilien ihr Leben unter beeinträchtigenden Bedingungen in einem Lager, einem sozialräumlich separierten „sozialen Brennpunkt" verbringen, das ebenfalls häufig ein infrastrukturell vernachlässigtes Wohngebiet ist, aber es dürfte ein erheblicher Teil von ihnen sein. Häufig sind gerade die Wohngebiete mit hohen Zuwandereranteilen von sozialräumlichen Defiziten bestimmt, und sie werden von Familien und damit von Kindern bewohnt, deren Leben durch soziale Benachteiligung geprägt ist. Überall, wo Zugewanderte in größerer Zahl leben, besteht eine Kumulation umweltbedingter und sozialer Probleme. Zu vermuten ist, dass die ethnischen Milieus mit ihrer eigenen kulturellen Ausprägung eher günstigere Voraussetzungen für Kinder aus Zuwandererfamilien bieten als das Leben im „sozialen Brennpunkt“, wo latente Konflikte zwischen Deutschen und Zugewanderten in offene Ablehnung umschlagen. Das ethnische Milieu hingegen verfügt über eine gewachsene Infrastruktur, hat soziale Netze ausgebaut und kann Ressourcen mobilisieren (ausführlicher bei Boos-Nünning 2000, S. 162 ff.).

Dennoch können die Nachteile des Aufwachsens von Kindern in sozial vernachlässigten Regionen, sei es im „sozialen Brennpunkt“, sei es im ethnischen Milieu, nicht hoch genug veranschlagt werden (s. Baum 1998). Die räumliche Konzentration von Armut wirkt sich im Stadtteil und hinsichtlich seiner Einrichtungen aus: auf die Kindertagesstätten, auf die Qualität der Schulen sowie der Kinder- und Jugendzentren. Stets – auch bei informellen Treffen – sind die benachteiligten Gruppen unter sich. Die multikulturelle Stadtgesellschaft mobilisiert sicherlich auch Kräfte und ihre Bewohnerinnen und Bewohner bringen Stärken und Kompetenzen ein (s. dazu Bukow/ Yildiz 2002), aber sie bedarf zur Entfaltung ihrer Möglichkeiten politischer Unterstützung, vor allem indem Ressourcen im Bildungsbereich zur Verfügung gestellt werden. Unter den heutigen Bedingungen führt das Aufwachsen in benachteiligten Quartieren häufig zu Bildungsbenachteiligung und darüber zu lebenslanger beruflicher Ausgrenzung und zur Armut. „Bildung im geteilten Raum“ (Schroeder 2002), d.h. die segregierten Bildungsräume mit geringen Chancen derer, die im benachteiligten Raum leben, stellt das eigentliche Problem des Aufwachsens von Kindern mit Migrationshintergrund dar. In Schulen, die in benachteiligten Stadtteilen liegen, ist das Lerntempo und die Bildungsqualität geringer. Eingeschränkte Bildungschancen der Kinder machen Armut sozial vererbbar.

4.5 Konsequenzen

Kinder und Jugendliche mit Migrationshintergrund wachsen häufiger unter Armutsbedingungen auf, weil ihre Eltern arbeitslos oder in einer wenig qualifizierten Arbeit tätig sind. Sie selbst erreichen eine deutlich schlechtere Schulbildung als Deutsche und ihnen gelingt der Übergang in eine berufliche Ausbildung und damit in einen qualifizierten Beruf seltener. Damit ist das Risiko von häufigerer Arbeitslosigkeit und von Armut gegeben. Kinder und Jugendliche mit MIgrationshintergrund leben häufiger in Stadtteilen oder –regionen, die als „Problemzonen" oder „soziale Brennpunkte" bezeichnet werden.

Vom Vorschulalter an über die Schule bis in das Berufs- und Arbeitsleben erfahren Kinder und Jugendliche mit Migrationshintergrund Ausgrenzung und Diskriminierung. Zwar wirken sich momentan protektive Faktoren wie die beschriebenen Freundschaften oder der Familialismus, darüber hinaus Religiosität, Einbindung in die ethnischen Communities und Aufstiegshoffnung positiv aus, aber darauf kann langfristig nicht gesetzt werden.

Chancenvernichtend wirkt sich das Aufwachsen in sozial deprivierten Stadtteilen und Regionen aus. Der hohe Anteil von Ausländer(inne)n und Aussiedler(inne)n wird zur Kennzeichnung „sozialer Brennpunkte" benutzt; kaum thematisiert wird, was das Aufwachsen in solchen Regionen für die Kinder aus Zuwandererfamilien wie für ihre Eltern bedeutet, und zwar über Einschränkungen hinaus, die auch für deutsche Kinder gelten. Zuwanderer errichten dort ein zweites Getto für ihre Kinder: Sie suchen Kontakte zu deutschen Kindern aus dem Wohnumfeld soweit wie möglich zu verhindern, weil sie deren Verhalten nicht akzeptieren und die Lebensformen der dort lebenden deutschen Familien ablehnen. Für die Eltern und noch mehr für ihre Kinder, die kaum über Erfahrungen im Umgang mit deutschen Familien verfügen und wenig Zugänge zu deutschen Lebensformen besitzen, wird die Vorstellung von deutschem Familienleben durch das geprägt, was sie im „sozialen Brennpunkt" erfahren. Es ist üblich geworden, Minderheitenstatus oder Migrationshintergrund als Merkmal sozialer Benachteiligung zu kennzeichnen. Somit werden Ausländer/innen (= Zugewanderte) nicht selten pauschal der Gruppe der von Armut Betroffenen zugeordnet und neben Arbeitslose, allein Erziehende, Drogenabhängige, gesundheitlich Beeinträchtigte, Wohnungslose usw. (so Seifert 2002, S. 96) gestellt. Nicht selten werden Schwierigkeiten kulturalistisch interpretiert, wenn z.B. höhere Säuglingssterblichkeit auf „die auf kulturellen Einstellungen beruhende Zurückhaltung türkischer Frauen gegenüber Vorsorgeuntersuchungen" zurückgeführt wird (Seifert 2002, S. 107), ohne die Gründe für die Inanspruchnahmebarriere zu thematisieren.

Bei Kindern und Jugendlichen mit Migrationshintergrund kumulieren sich Benachteiligungen aus sozial niedrigem Status, ethnischer Zugehörigkeit und dem sozialen Umfeld. Die kommunale Planung ist gefordert, die Lebensbedingungen von Kindern in benachteiligenden Regionen und damit auch die der Kinder aus Migrationsfamilien zu verbessern, um gleichwertige Lebensbedingungen zu schaffen. Insbesondere geht es um die Verbesserung der Ausstattung von Bildungs- sowie Kinder- und Jugendeinrichtungen in den betroffenen Regionen bzw. Stadtteilen. Darüber hinaus müssen in einem erweiternden Sinne Armut produzierende Faktoren wie die Inanspruchnahmebarriere und Kontaktverneinungen durch interkulturelle Öffnung der Angebote und des Stadtteils bzw. der Region begrenzt oder aufgehoben werden.

Literatur

Alba,Richard D./ Handl, Johann/ Müller, Walter (1994): Ethnische Ungleichheit im deutschen Bildungssystem. In: Kölner Zeitschrift für Soziologie und Sozialpsychologie, 46/2. S.209–237.

Bau, Anne-Madeleine/ Matteucci-Gothe, Raffaella/ Borde, Theda (2003): Ernährungsverhalten von 3- bis 6-jährigen Kindern verschiedener Ethnien – Ergebnisse einer Kitastudie in Berlin. In: Ernährungsumschau 50. Heft 6. S. 214–218.

Baum, Detlef (1998): Armut durch die Stadt oder Urbanisierung der Armut. Städtische Jugend im sozialen Brennpunkt – Bedingungen und Folgen räumlicher und sozialer Segregation in einem städtischen Kontext. In: Mausel, Jürgen/ Brinkhoff, Klaus-Peter (Hrsg.): Armut im Jugendalter. Soziale Ungleichheit, Gettoisierung und die psychosozialen Folgen. Weinheim und München. S. 60–75.

Boos-Nünning, Ursula (2000): Armut von Kindern aus Zuwandererfamilien. In: Butterwegge, Christoph (Hrsg.): Kinderarmut in Deutschland. Ursachen, Erscheinungsformen und Gegenmaßnahmen. 2. durchgesehene Auflage. Frankfurt/ New York. S. 150–173.

Boos-Nünning, Ursula/ Karakaşoğlu, Yasemin (2005): Viele Welten leben. Zur Lebenssituation von Mädchen und jungen Frauen mit Migrationshintergrund. Münster u.a..

Bukow, Wolf-Dietrich/ Yildiz, Erol (Hrsg.) (2002): Der Umgang mit der Stadtgesellschaft. Ist die multikulturelle Stadt gescheitert oder wird sie zu einem Erfolgsmodell? Opladen.

Bundesministerium für Arbeit und Sozialordnung (BMA) (2001): Lebenslagen in Deutschland – Der erste Armuts- und Reichtumsbericht der Bundesregierung.

Bundesministerium für Arbeit und Sozialordnung (BMA) (2002): Situation der ausländischen Arbeitnehmer und ihrer Familienangehörigen in der Bundesrepublik Deutschland. Repräsentativuntersuchung 2001. Offenbach und München.

Bundesministerium für Familie, Senioren, Frauen und Jugend (BMFSFJ) (Hg.) (1998): Zehnter Kinder- und Jugendbericht: Bericht über die Lebenssituation von Kindern und die Leistungen der Kinderhilfen in Deutschland. Bonn.

Bundesministerium für Familie, Senioren, Frauen und Jugend (BMFSFJ) (Hg.) (2002): Elfter Kinder- und Jugendbericht: Bericht über die Lebenssituation junger Menschen und die Leistungen der Kinder- und Jugendhilfe in Deutschland. Bonn.

Butterwegge, Christoph/ Reißlandt, Carolin (2005): Armut, Ausgrenzung und Abschiebung per Gesetz? Die Folgen der so genannten Hartz-Gesetze für Migranten und Migrantinnen. In: Migration und Soziale Arbeit.

Heft 1, S. 3–11.

Corak, Miles/ Fertig, Michael/ Tamm, Marcus (2005): A portrait of child poverty in Germany. Unicef Innocenti working paper. 2005–03. http://www.unicef.de/kinderarmut.html

Deutscher Bundestag (2001): Lebenslagen in Deutschland. Erster Armuts- und Reichtumsbericht. Drucksache 14/5990 vom 8. Mai 2001. Berlin.

Deutscher Bundestag (2005): Lebenslagen in Deutschland. Der 2. Armuts- und Reichtumsbericht der Bundesregierung. Berlin.

Deutsches PISA-Konsortium (2001): PISA 2000: Basiskompetenzen von Schülerinnen und Schülern im internationalen Vergleich. Opladen.

Deutsches PISA-Konsortium (2002): PISA 2000-E: Die Länder der Bundesrepublik Deutschland im Vergleich. Opladen.

Diefenbach, Heike (2002): Bildungsbeteiligung und Berufseinmündung von Kindern und Jugendlichen aus Migrantenfamilien. Eine Fortschreibung der Daten des Sozio-Ökonomischen Panels (SOEP). In: Diefenbach, Heike/Renner, Günter/Schulte, Bernd (Hg.) Migration und die europäische Integration: Herausforderungen für die Kinder- und Jugendhilfe. München. S.9–70.

Gaitanides, Stefan (1999): Zugangsbarrieren von MigrantInnen zu den sozialen und Psychosozialen Diensten und Strategien interkultureller Öffnung. In: Zeitschrift für Migration und soziale Arbeit (IZA). 3–4. S.41–45.

Hackauf, Horst (2002): Gesundheit und soziale Lage von Kindern und Jugendlcihen. In: Hackauf, Horst/ Seifert, Brigitte/ Beck, Iris/ Jantzen, Wolfgang/ Mrozynski, Peter: Gesundheit und Behinderung im Leben von Kindern und Jugendlichen. Materialien zum Elften Kinder- und Jugendbericht. Band 4. München. S. 9–86.

Hanesch, Walter (Hrsg.) (2000): Armut und Ungleichheit in Deutschland. Neuer Armutsbericht für die Bundesrepublik Deutschland. Reinbek.

Haug, Sonja (2003):Interethnische Freundschaftsbeziehungen und soziale Integration. Unterschiede in der Ausstattung mit sozialem Kapital bei jungen Deutschen und Immigranten. In: Kölner Zeitschrift für Soziologie und Sozialpsychologie, 55/4. S.716–736.

Hauser, Richard/ Kinstler, Hans-Joachim (1995): Zuwanderer unter den Caritas-Klienten. In: Hübinger, Werner/ Hauser, Richard (Hrsg.): Die Caritas-Armutsuntersuchung. Eine Bilanz. Freiburg. S. 84–106.

Heckmann, Friedrich/ Wunderlich, Tanja/ Worbs, Susanne/ Lederer, Harald W. (2000): Integrationspolitische Aspekte einer gesteuerten Zuwanderung: Gutachten für die interministerielle Arbeitsgruppe der Bayerischen Staatsregierung zu Fragen der Zuwanderungssteuerung und Zuwanderungsbegrenzung. Bamberg. (Ms.).

Herwartz-Emden, Leonie (Hrsg.) (2000): Einwandererfamilien: Geschlechterverhältnisse, Erziehung und Akkulturation. Osnabrück.

Holz, Gerda/ Puhlmann, Andreas (2005): Alles schon entschieden? Wege und Lebenssituation armer und nicht-armer Kinder zwischen Kindergarten und weiterführender Schule. Zwischenbericht zur AWO-ISS-Längsschnittstudie. Frankfurt am Main.

Holzapfel, Renate (1999): Kinder aus asylsuchenden und Flüchtlingsfamilien: Lebenssituation und Sozialisation. Unter Berücksichtigung der Lage unbegleiteter minderjähriger Kinderflüchtlinge. In: Dietz, Barbara/ Holzapfel, Renate: Kinder aus Familien mit Migrationshintergrund. Materialien zum 10. Kinder- und Jugendbericht – Band 2. München. S. 53–233.

Hübinger, Werner/ Hauser, Richard (Hrsg.) (1995): Die Caritas-Armutsuntersuchung. Eine Bilanz. Freiburg. S. 107–130.

Klingelhöfer, Susanne/ Rieker, Peter (2003): Junge Flüchtlinge in Deutschland. Expertise zu vorliegenden Informationen, zum Forschungsstand und zum Forschungsbedarf. Unveröffentlichtes Manuskript. Halle.

Klocke, Andreas/ Hurrelmann, Klaus (1996): Psychosoziales Wohlbefinden und Gesundheit der Kinder und Jugendlichen nichtdeutscher Nationalität. In: Mansel, Jürgen/ Klocke, Andreas (Hrsg.): Die Jugend von heute. Selbstanspruch, Stigma, Wirklichkeit. Weinheim, München. S. 193–208.

Mehrländer, Ursula (Hrsg.) (1996): Repräsentativuntersuchung `95: Situation der ausländischen Arbeitnehmer und ihrer Familienangehörigen in der Bundesrepublik Deutschland. Berlin.

Ministerium für Frauen, Jugend, Familie und Gesundheit des Landes Nordrhein-Westfalen (MFJFG) (1999): Kinder und Jugendliche an der Schwelle zum 21. Jahrhundert. Chancen, Risiken, Herausforderungen. 7. Kinder- und Jugendbericht der Landesregierung. Düsseldorf.

Nauck, Bernhard (2000): Eltern-Kind-Beziehungen in Migrantenfamilien: Ein Vergleich zwischen griechischen, italienischen, türkischen und vietnamesischen Familien in Deutschland. In: Sachverständigenkommission 6. Familienbericht (Hg.) Familien ausländischer Herkunft in Deutschland: Empirische Beiträge zur Familienentwicklung und Akkulturation, Bd. I. Opladen. S.347–392.

Neumann, Udo (1995): Die Armut der Caritas-Klienten im Vergleich mit der Armut unter der westdeutschen Bevölkerung. In: Hübinger, Werner/ Hauser, Richard (Hrsg.): Die Caritas-Armutsuntersuchung. Eine Bilanz. Freiburg.

Pluto, Liane/ Seckinger, Mike/ Zink, Gabriela (2003): Kinder- und Jugendhilfe in Bewegung – Aktion oder Reaktion? Eine empirische Analyse. München.

Reinders, Heinz (2003): Interethnische Freundschaften bei Jugendlichen 2002: Ergebnisse einer Pilotstudie bei Hauptschülern. Hamburg.

Salentin, Kurt/ Wilkening, Frank (2003): Ausländer, Eingebürgerte und das Problem einer realistischen Zuwanderer-Integrationsbilanz. In: Kölner Zeitschrift für Soziologie und Sozialpsychologie. Jg. 55, Heft 2. S. 278–298.

Santen, Eric van/Mamier, Jasmin/Pluto, Liane/Seckinger, Mike/Zink, Gabriele (2003): Kinder- und Jugendhilfe in Bewegung – Aktion oder Reaktion? Eine empirische Analyse. München.

Schäfer, Hermann (1989): Armut unter Ausländern. In: Blätter der Wohlfahrtspflege. 136. H. 11/12. S. 301–348.

Schroeder, Joachim (2002): Bildung im geteilten Raum. Schulentwicklung unter Bedingungen von Einwanderung und Verarmung. Münster u.a..

Seifert, Brigitte (2002): Gesundheit und Wohlbefinden von Kindern und Jugendlichen und Auswirkungen sozialer Benachteiligung. In: Hackauf, Horst/ Seifert, Brigitte/ Beck, Iris/ Jantzen, Wolfgang/ Mrozynski, Peter: Gesundheit und Behinderung im Leben von Kindern und Jugendlichen. Materialien zum Elften Kinder- und Jugendbericht. Band 4. München. S. 87–173.

Seifert, Wolfgang (1994): Am Rande der Gesellschaft? Zur Entwicklung von Haushaltseinkommen und Armut unter Ausländern. In: IZA 3/4. S.16–23.

Sieveking, Klaus (2004): Zur Bedeutung des Arbeitslosengelds II für Ausländer. In: ZAR – Zeitschrift für Ausländerrecht 8,5. S. 283–287.

Sterbling, Anton (1998): Besonderheiten der Armutslage und der sozialen Deprivation von Jugendlichen in Aussiedlerfamilien. In: Mansel, Jürgen/ Brinkhoff, Klaus-Peter (Hrsg.): Armut im Jugendalter. Soziale Ungleichheit, Gettoisierung und die psychosozialen Folgen. Weinheim und München. S. 87–96.

Teil 3

Armutsprävention – Handlungsperspektiven in unterschiedlichen Feldern sozialer Praxis

1. ‚Frühe Hilfen' für entwicklungsgefährdete Kinder in Armutslagen

Hans Weiß

1.1 Problemaufriss

Das gegenwärtig wieder stärker in den Blick der Öffentlichkeit gerückte Thema Armut und Benachteiligung von Kindern findet auch in der Frühförderung seit Jahren eine hohe Beachtung (z.B. Klein 2002; Weiß 2000). Offensichtlich ist die Zahl der Kinder mit primär psychosozialen Entwicklungsgefährdungen, bei denen auch Armutsfaktoren eine bedeutsame Rolle spielen, gestiegen. Dadurch lastet auf dem System Frühförderung ein wachsender Handlungsdruck, der sich z.B. in einer hohen Nachfrage von Frühförder-Fachpersonen nach tragfähigen Handlungsorientierungen widerspiegelt. Aber auch ganz grundsätzlich stellt sich die Frage, was Kinderarmut als zunehmendes gesellschaftliches Problem (vgl. BMGS 2005; UNICEF-Studie; www.unicef.de/kinderarmut) für das System Frühförderung bedeutet, wie es darauf reagieren kann und sollte. Drei Aspekte dieser komplexen Frage seien angesprochen.

(1) Dass Armut und Benachteiligung ein Belastungs- und Risikopotential für die davon betroffenen Kinder beinhaltet, dürfte unbestritten sein. Daraus jedoch zu schließen, dass jedes dieser Kinder im Verantwortungsbereich der Frühförderung läge, würde dieses System nicht nur schlichtweg überfordern. Der dann (zu) weit ausgelegte Begriff von Entwicklungsgefährdung würde auch dazu beitragen, gesellschaftlich-strukturelle Bedingungen der Konstruktion von sozioökonomischer Ungleichheit sowie der Produktion von Armut und ihrer Folgen in problematischer Weise zu ‚individualisieren', zu ‚pädagogisieren' (bzw. zu ‚therapeutisieren'), d.h. zum ausschließlichen Problem einzelner Familien und ihrer Kinder zu machen, diese Kinder als pauschal ‚gefährdete', mit ‚Entwicklungsproblemen behaftete' zu etikettieren und letztlich den Eltern einseitig die (schuldhafte) Verantwortung für die Situation der Kinder anzulasten.

Dass die Gefahr einer solchen ‚Pädagogisierung' von (Kinder-)Armut und ihrer Folgen nicht als gering einzuschätzen ist, zeigt die merkwürdige Schieflage, die im aktuellen Diskurs zur neuen Unterschichtsthematik aufscheint (kritisch dazu Weiß 2005). Darin werden Armut und Unterschichtszugehörigkeit und ihre Auswirkungen auf Kinder, abstrahiert von den sozioökonomischen Bedingungen z.B. vom Zusammenhang mit Dauerarbeitslosigkeit, primär als Folge der Verhaltensweisen der betroffenen Menschen, ihrer ‚Unterschichtskultur' betrachtet und damit letztlich ihnen die ‚Schuld' für ihre Situation zugeordnet (Nolte 2003).

Die Gefahr einer ‚Pädagogisierung' (und ‚Therapeutisierung') des Umgangs mit Kinderarmut und ihren Folgen darf jedoch die Frühförderung nicht dazu verleiten, sich aus diesem Verantwortungsbereich herauszunehmen. Vielmehr muss sie differenzierte Antworten dazu geben, worin ihr Stellenwert und ihre Grenzen liegen.

(2) In einer Kontroverse zwischen Klein (1999) einerseits sowie Burgener Woeffray und Jenny-Fuchs (1999) andererseits über den Stellenwert der Frühförderung bei Kindern mit psychosozialen Risiken im Kontext von Armut und Benachteiligung artikulieren letztere die Sorge, die Frühförderung für behinderte und von Behinderung bedrohte Kinder könnte durch eine allzu weite Ausdehnung ihres fachlichen Zuständigkeitsbereichs auf Kinder mit sozioökonomischer Benachteiligung ihr Profil verlieren. Angesichts dieser prinzipiell berechtigten Sorge ist allerdings zu bedenken, dass das System Frühförderung für Kinder, die unter deprivierenden Entwicklungsbedingungen aufwachsen, und für ihre Familien nur ein Teil eines umfassenden Hilfeangebotes sein kann (vgl. Kap. 1.2). Darüber hinaus fällt eine spätere Annäherung der gegensätzlichen Standpunkte auf. Vor dem Hintergrund aktueller sozialer Entwicklungen in der Schweiz, speziell der Tatsache, dass Kinder aus sozialen Brennpunkten und traumatisierte Migrations- und Flüchtlingskinder einen frühen Förderbedarf aufweisen, befassen sich Burgener-Woeffray (eine der beiden Disputantinnen mit Klein) und Eisner-Binkert (2006) mit der Möglichkeit einer stärker präventiven Ausrichtung der Frühförderung bzw. Heilpädagogischen Früherziehung in der Schweiz auf Kinder und Familien in sozialen Brennpunkten und erschwerten Lebenslagen.

(3) Eine weitere Kontroverse (vgl. Schwarzbach 1998 und Weiß 1998) bezieht sich auf die Form der Förderung von Klein- und Vorschulkindern mit umweltbedingten Entwicklungsgefährdungen: Bietet sich dazu eher eine (Einzel-)Förderung in und mit der Familie durch Frühförderstellen an (in den USA auch als „Home-based"-Förderung bezeichnet), oder eine „außerfamiliäre kompensatorische Frühförderung" (Schwarzbach 1998, 77) in Kinderkrippen und Kindertagesstätten („Center-Based"-Förderung)? Schwarzbach plädiert für die zweite Alternative, da Frühförder-

stellen mit ihrer „kostenaufwendigen Einzelfallorientierung" (Häuser 1997; zit. nach Schwarzbach 1998, 77) auf die primär armutsbedingten Entwicklungsrisiken, die im Zuge der schwieriger gewordenen ökonomischen und sozialen Bedingungen in Deutschland entstanden sind, nicht eingestellt seien. Zum einen erscheine „ein großer Teil" der Kinder mit psychosozialen Risiken gar nicht in den Frühförderstellen (Schwarzbach 1998, 75); zum anderen seien „der Beeinflussung des familiären Anregungsniveaus" oftmals „deutliche Grenzen" gesetzt (Häuser 1997; zit. nach Schwarzbach 1998, 77).

Schwarzbach hat Recht mit ihrem ersten Argument: Förderungsbedürftige Kinder in Armut und Benachteiligung werden in der Tat von Frühförderstellen oft nicht erreicht. Dies gilt aber auch für außerfamiliäre Förderangebote, für Kinderkrippen schon wegen der unzureichenden Plätze speziell in den ‚alten' Bundesländern und für Kindergärten, wo diesen Kindern ebenfalls oft nicht die ihren Entwicklungsbedürfnissen angemessenen Hilfen zuteil werden. So erhielten in der AWO-ISS-Studie zur Kinderarmut „die am stärksten belasteten Kinder" – außer ihrer Betreuung im Kindergarten – „die geringsten Unterstützungsangebote" (Skoluda/Holz 2003, 119). Dieser Befund deckt sich mit dem von Klein (2002, 48), der auf der Grundlage eigener empirischer Daten die „sozial selektive Wirkung des Systems Frühförderung" – verstanden als ‚frühe Hilfen' – kritisiert.

Hinsichtlich des zweiten Arguments von Schwarzbach, dass die Möglichkeiten der „Beeinflussung des familiären Anregungsmilieus" sehr begrenzt seien, ist kritisch zu fragen, ob sich darin nicht der „Mythos der Unbehandelbarkeit" von „Problemfamilien" (Goldbrunner 1992, 40) widerspiegelt. Er kommt auch bei Rutschky zum Ausdruck, wenn sie Eltern und Müttern in Armutslagen schlichtweg „null soziokulturelles Kapital" attestiert (2003, 12). Sie fordert (zu Recht) den Ausbau von Bildungs-, Betreuungs- und Freizeitangeboten für Kinder und Jugendliche in schwierigen Lebenslagen. Von Beratungsangeboten und Erziehungshilfen für die Eltern und Familien – von einer Arbeit mit ihnen – ist bei ihr jedoch nicht die Rede. Wer nur „null soziokulturelles Kapital" sieht, dem muss derlei wohl als nicht aussichtsreich erscheinen.

Dass diese Position eine lange Tradition hat, zeigt sich zugespitzt z.B. in der folgenden Äußerung eines ‚Blindenlehrers': „Wäre es möglich die Kinder aller unsittlichen armen Eltern von diesen zu entfernen und unter bessern Einwirkungen zu erziehen, so würde man den Faulbaum der Armuth und Unsittlichkeit am sichersten entwurzeln" (Knie 1837, 341).

Der Glaube, entwicklungsgefährdete Kinder in Armut und Benachteiligung bereits in ihren frühen Jahren (nur) außerhalb ihrer Familien am wirksamsten fördern zu können und damit den „Faulbaum der Armuth zu entwurzeln", würde nicht nur dem Gebot der konzertierten Verantwortung von Familie und Gesellschaft für das förderliche Wohlergehen von Kindern widersprechen. Er ignoriert auch die positiven, empirisch gesicherten Erfahrungen mit familienorientierter Frühförderung bei diesen Kindern, wenn sie solche Förderangebote erhalten (vgl. Kap. 1.4).

Diese Problemanalyse zeigt, dass es differenzierter Antworten auf folgende Fragen bedarf:

- Welche Kinder in Armut und Benachteiligung unterliegen Entwicklungsgefährdungen, die ‚Frühe Hilfen' indizieren?
- Unter welchen Bedingungen sind ‚Frühe Hilfen' wirksame Hilfen und wie müssen sie daher fachlich-inhaltlich und organisatorisch gestaltet sein?
- Wie können ‚frühe Hilfen' Kinder mit psychosozialen Risiken frühzeitig erreichen?

1.2. ‚Frühe Hilfen' und Frühförderung – einige terminologische Differenzierungen

Klein (1999; 2002, 108–127) subsumiert unter Frühförderung nicht nur Frühförderstellen und Sozialpädiatrische Zentren, sondern er sieht auch in Maßnahmen der Kinder- und Jugendhilfe nach dem SGB VIII/KJHG wichtige „Möglichkeiten zur Förderung der großen Gruppe der vernachlässigten und randständigen Familien" (2002, 111). Dazu gehören für ihn „Hilfen zur Erziehung" wie z.B. Tagespflege nach § 23 KJHG/SGB VIII und Sozialpädagogische Familienhilfe nach § 31 KJHG/SGB VIII sowie diesen Kindern angepasste Krippen- und Kindergartenplätze. Zur Differenzierung bietet es sich an, die verschiedenen Hilfeangebote unter dem weiter gefassten Begriff ‚Frühe Hilfen' zusammenzufassen und die Frühförderung als zentrales Teilsystem in diesem vernetzten Gesamtsystem zu verorten (Abb. 1).

Zwei ergänzende Anmerkungen sollen dieses vereinfachte Schema verdeutlichen:

- Die Vernetzung innerhalb des Gesamtsystems ‚Frühe Hilfen' besteht z. B. darin, dass die Frühförderstellen für entwicklungsgefährdete Kinder in den Kindertagesstätten fachliche Unterstützung anbieten.
- Für einen möglichst effektiven, präventiv orientierten Kinderschutz

Abb. 1: Frühförderung als Teilsystem ‚Früher Hilfen'

‚Frühe Hilfen' (im weiteren Sinn)
- Kindertagesstätten (Krippen, Regel- und Sonderkindergärten)
- spezielle familienbezogene Hilfen im Rahmen der Jugendhilfe, z. B. Tagespflege, Sozialpädagogische Familienhilfe
- Angebote des präventiven Kinderschutzes (‚Frühe Hilfen' im engeren Sinn)

Frühförderung
- (interdisziplinäre) Frühförderstellen
- Sozialpädiatrische Zentren
- niedergelassene Fachkräfte: (Kinder-)Ärzte, Pädagogen und Therapeuten

zur Vorbeugung von Kindeswohlgefährdungen vor allem bei Säuglingen und Kleinkindern werden in den letzten Jahren auf Bundes-, Länder- und kommunaler Ebene verstärkt Aktivitäten unternommen, die ebenfalls unter ‚Frühe Hilfen' laufen, z. B. Beratung und Begleitung von schwangeren Frauen und Müttern durch Familienhebammen, (Kurzzeit-)Angebote zur Stärkung der Interaktion zwischen Kind und Eltern und die Entwicklung von sog. Frühwarnsystemen (Ziegenhain/Fegert 2009). Dazu hat das 2007 gegründete *Nationale Zentrum Frühe Hilfen (NZFH)* eine koordinierende Funktion übernommen (http://www.nzfh.de). Die Fokussierung des Begriffs ‚Frühe Hilfen' auf den präventiven Kinderschutz gegenüber dem hier vertretenen weiter gefassten Verständnis wirkt verwirrend. Daher wird bis zur weiteren Klärung dieser terminologischen Unschärfe vorgeschlagen, ‚Frühe Hilfen', enger gefasst, im Sinne des präventiven Kinderschutzes – ebenso wie die Frühförderung – als Teilsystem der weiter gefassten ‚Frühen Hilfen' einzuordnen.

1.3. Die Komplexität des Zusammenhangs von Armut und Entwicklungsgefährdung – Indikationsgründe für ‚Frühe Hilfen'

(Kinder-)Armut hat viele Gesichter und steht in einem komplexen Zusammenhang mit kindlichen Entwicklungsgefährdungen. Armut wird umso mehr zu einem Entwicklungsrisiko für Kinder,

- je umfassender sie zentrale Lebensbereiche einer Familie betrifft (nicht nur Einkommen, sondern Wohnen, Ernährung, Bildung oder Gesundheit),
- je früher und länger andauernd Kinder von Armut betroffen sind,
- je größer die damit verbundenen familiären Belastungen und je geringer die Bewältigungsmöglichkeiten der Eltern und Kinder sind.

Die entwicklungsgefährdende Wirkung länger andauernder Armut auf Kinder zeigt sich nicht nur in zahlreichen US-amerikanischen Studien (Duncan/Brooks-Gunn 1997), sondern auch in der AWO-ISS-Studie. 13 % der Kinder aus Armutsfamilien waren – auch in längerfristiger Perspektive – von einer „multiplen Deprivation" als „Kumulation von materiellen und immateriellen Problemen" betroffen und bei weiteren 18 % konnte eine „ähnlich schwierige Konstellation materieller und immaterieller Probleme im Elternhaus" vermutet werden (Hock u. a. 2000, 97 f.). Zwei Jahre nach der Ersterhebung wiesen die weiterhin in Armut aufwachsenden Kinder einen erkennbar negativeren Entwicklungsverlauf auf als Kinder relevanter Vergleichsgruppen (Skoluda/Holz 2003, 114).

Die Folgen von Armut für Kinder können durch weitere Risikofaktoren verstärkt werden, die häufig, jedoch nicht zwingend mit ihr zusammen auftreten.

a) Störungen der Eltern- bzw. Mutter-Kind-Interaktion

Materielle Entbehrungen, gravierende ökonomische und psychosoziale Belastungen und ungünstige Belastungsreaktionen erschweren es Eltern, „intuitive elterliche Kompetenzen" (Papoušek 1997, 18) zu entfalten und in eine entwicklungsförderliche Interaktion mit ihren Kindern zu treten. In einem negativen Kreislauf von unzureichenden „selbstregulatorischen Kompetenzen des Kindes" und gehemmter „intuitiver coregulatorischer Kompetenzen der Eltern" (ebd., 13) können sich „dysfunktionale Interaktionsmuster" (ebd., 19) verfestigen.

Schreien, Weinen und Quengeln sind normale Mittel eines Säuglings, um seinen Bedürfnissen nach Nahrung, Zuwendung, Trost und Beruhigung Ausdruck zu verleihen. Nach entsprechender Bedürfnisstillung gelingt es Säuglingen im Allgemeinen, sich wieder zu beruhigen und beruhigen zu lassen, d.h. ihr Verhalten auch selbst zu regulieren. Einem Säugling, der jedoch beispielsweise in äußerst beengten Wohnverhältnissen einem permanenten Zustand der Überreizung ausgesetzt ist, fällt diese Selbstregulation oftmals schwerer. Werden seine Eltern, ohnehin in einer belasteten und womöglich überfordernden Situation lebend, etwa durch lang andauerndes Schreien des Kindes irritiert, laufen sie Gefahr, nicht hinreichend feinfühlig zu reagieren, was den Säugling – anstelle ihn zu beruhigen und zu seiner Verhaltensregulierung beizutragen – zusätzlich irritiert, so dass er aus dem Schreiverhalten nicht mehr herausfindet. Solche Situationen gegenseitiger Irritation zwischen Kind und Eltern schaukeln sich leicht auf und können sich als dysfunktionale Erfahrungen verfestigen und chronifizieren.

Im Blick auf angemessene ‚frühe Hilfen' ist es wichtig zu betonen, dass das für die Bindungssicherheit der Kinder notwendige feinfühlige Verhalten der primären Bezugsperson(en) nicht nur von deren Persönlichkeitsmerkmalen abhängt, sondern von ihrer gesamten Lebenswirklichkeit: „Mütter, die keinen sozialen Rückhalt in ihrer Rolle erhalten oder deren Lebenssituation in starkem Maße fremdbestimmt ist, sei es durch materielle Not oder durch Unterdrückung, sind weniger gut in der Lage, dem Kind emotionale Bindungssicherheit zu geben" (Siegrist 2002, 13).

b) Kinder in Vernachlässigungssituationen

Vernachlässigung – als „chronische Unterversorgung des Kindes durch die nachhaltige Nichtberücksichtigung, Mißachtung oder Versagung seiner Lebensbedürfnisse" (Schone u. a. 1997, 21) – ist zwar prinzipiell schichtunabhängig. Sie tritt jedoch in der Kumulation (chronischer) ökonomischer, sozialer und psychischer Belastungssituationen gehäuft auf. Nach Wolff (2002, 80) kommen über 90 % vernachlässigter Kinder in Deutschland aus Armutsfamilien.

c) Biologische Risiken und Schädigungen

Auch biologische Risiken, wie niedriges Geburtsgewicht, prä-, peri- und postnatale Komplikationen, Fehlernährung und ein belasteter gesundheitlicher Status, treten unabhängig von Armut auf; ihre Häufigkeit ist jedoch bei Kindern in benachteiligten Lebenslagen erhöht (Zimmermann u. a. 2000, 116). Dieser Sachverhalt spiegelt sich auch in unterschiedlichen Säuglingssterbeziffern, z.B. im Auftreten des Plötzlichen Kindstodes, wider (ebd., 117).

Bei diesen Kindern ist auch von einem höheren Risiko für das Auftreten (hirn-)organischer Schädigungen und in der Folge manifester Behinderungen auszugehen. Dazu heißt es im „Elften Kinder- und Jugendbericht": „Es besteht ein Zusammenhang zwischen sozialer Schichtzugehörigkeit und Behinderung – und zwar nicht nur im Falle der so genannten Lernbehinderung. Die unteren sozialen Schichten sind bei nahezu allen Behinderungsarten überproportional betroffen" (BMFSFJ 2002, 222).

Die Gründe für die sozialschichtabhängige Auftretenshäufigkeit biologischer Risiken sind in den Lebensbedingungen, dem Gesundheitsverhalten und in der gesundheitlichen Versorgung festzumachen (Mielck 1998). Eingeschränkte Gestaltungsspielräume aufgrund restriktiver Lebensverhältnisse, eingeengte Zeithorizonte des (Über-)Lebens von Tag zu Tag und dadurch gering entwickeltes präventives Verhalten, aber auch eine erhebliche soziokulturelle Kluft zwischen statusniedrigen Schichten und dem Gesundheitssystem haben zur Folge, dass die Vorsorge- und Früherkennungsuntersuchungen in der Schwangerschaft und für Kinder und Jugendliche (die sog. U-Untersuchungen; siehe Weiß u. a. 2004, 26) von diesen Familien zum Teil weniger in Anspruch genommen werden (Langness 2007).

Psychosoziale und biologische Risiken verstärken sich in ihren Wirkungen. Umgekehrt können günstige psychosoziale Bedingungen die Folgen biologischer Risiken und Schädigungen reduzieren. So haben frühgeborene Kinder, die in Familien ohne psychosoziale Belastungen aufwachsen, eine größere Chance, frühe Entwicklungsverzögerungen aufzuholen als Kinder in sozial benachteiligten Verhältnissen (Sarimski 2000, 27 f.).

Aufgrund der nicht einlinearen Zusammenhänge zwischen Armut und Entwicklungsgefährdung kann Kinderarmut kein hinreichender Indikationsgrund für Frühförderung und ‚Frühe Hilfen' im weiteren Sinne sein (erinnert sei an die AWO-ISS-Studie, wonach etwa 3 von 10 Kindern im Kindergartenalter, die in Armut lebten, einer „multiplen Deprivation" bzw. vergleichbaren Situationen ausgesetzt waren). Maßgeblicher Indikationsgrund ist vielmehr die Entwicklungsgefährdung selbst. Diese sollte jedoch nicht nur, wie bisher üblich, an bereits eingetretenen Entwicklungsauffälligkeiten oder -verzögerungen des Kindes festgemacht werden (was auf eine individualtheoretische Verengung hinausläuft), sondern unter Einbezug der kindlichen Lebens- und Entwicklungsbedingungen im Sinne eines kontextorientierten Früherkennungsansatzes. Die aufgezeigten Bedingungen für Entwicklungsgefährdungen im Kontext von Armut und Benachteiligung können erste Anhaltspunkte dazu liefern:

- komplexe und länger andauernde Armutslagen mit erheblichen familiären Belastungen und geringen Bewältigungsmöglichkeiten für Eltern und Kinder;
- gravierende Störungen der Eltern-Kind-Interaktion (die eine „erstaunlich gute Voraussagekraft für Verhaltens- und Befindensstörungen im Kindesalter" haben; (Schmidt u. a. 1997, 190);

- Vernachlässigungssituationen sowie das Auftreten von biologischen Risiken und Schädigungen (wobei anzumerken ist, dass in Armut aufwachsende Kinder mit Schädigungen, die manifeste Behinderungen zur Folge haben, meist relativ frühzeitig Frühförderung erhalten).

Da jedoch die Sichtweise auf Familienmerkmale, Lebens- und Erziehungsbedingungen normativen Maßstäben unterliegt, ergibt sich das Problem einer soziokulturell fairen Beurteilung der Lebens- und Erziehungsbedingungen in soziokulturell fremden Milieus. Dies stellt an die Diagnostizierenden hohe Anforderungen im notwendigen Versuch, Balance zu halten zwischen engagierter Verantwortung für ein Kind und reflexiver Distanz gegenüber den eigenen Beurteilungsmaßstäben. Differenziertere Kriterienraster (vgl. z.B. die Kriterien für „multiple Deprivation" in Skoluda/Holz 2003, 112) und Dokumentationssysteme wie das Glinder Manual (Schone u. a. 1997, 236–245) können hier eine Hilfe sein.

1.4 Kriterien der Wirksamkeit und Gestaltung ‚früher Hilfen' bei entwicklungsgefährdeten Kindern in Armut und Benachteiligung

Hinsichtlich der Frage, was angesichts der oftmals bestehenden Komplexität der Risikofaktoren bei Kindern in Armut und sozialer Benachteiligung ‚frühe Hilfen' leisten können, lassen die zahlreichen, insbesondere US-amerikanischen Evaluationsstudien eine insgesamt vorsichtig-optimistische Einschätzung zu. Diese beziehen sich sowohl auf Formen einer „Home-based"- als auch „Center-based"-Förderung. Allerdings ist die Wirksamkeit an bestimmte Bedingungen gebunden, die zugleich verdeutlichen, wie frühe Interventionsmaßnahmen zu gestalten sind:

- *Möglichst frühzeitige und längerfristige Interventionen*

Besonders die ersten Lebensjahre sind eine kritische Zeitspanne für den Einfluss armutsbedingter Risikofaktoren; denn sie „begünstigen die Ausbildung dysfunktionaler familiärer Interaktionsmuster" (Mayr 2000, 159). Daher kommt es darauf an, durch die Intervention in der Familie die Störungsdynamik frühzeitig und längerfristig zu minimieren.

- *Intensität der Intervention*

Interventionsansätze in der Familie können bei mehr Hausbesuchen in der Woche größere Wirkungen erzielen. Dies setzt allerdings eine entsprechende Akzeptanz der Familie voraus. Dabei sind auch zeitlich dichtere und zeitlich weniger dichte Abschnitte denkbar. Eine hinreichende Intensität kann vor allem durch die Kombination familienorientierter und außerfamiliärer Förderung erreicht werden, indem z.B. einrichtungsbasierte Förderung eine intensive Zusammenarbeit mit den Eltern einschließt.

- *Ermöglichung von Schutz, Sicherheit und verlässlichen Beziehungen zu (erwachsenen) Bezugspersonen*

Wie die Bindungs- und die Resilienzforschung (Klein 2002, 70) zeigen, stellen verlässliche Beziehungserfahrungen mit signifikanten Personen, insbesondere den Eltern oder weiteren Personen aus dem familiären und außerfamiliären Umfeld (z.B. ältere Geschwister, Verwandte, Nachbarn), aber auch Fachpersonen, z.B. Erzieherinnen in Krippen und Kindergärten, eine „sichere Basis" (Bowlby 1988) und einen wichtigen Schutzfaktor für die Entwicklung von Kindern dar. Daher kommt es darauf an, die Eltern (Mütter) in der Beziehung (Bindung) und Interaktion mit ihrem Kind zu stärken bzw. gegebenenfalls zu versuchen, eine verlässliche (kompensatorische) Beziehung des Kindes zu einer anderen Bezugsperson anzuregen und zu sichern (Kühl 2003, 58). In einer „Center-based"-Förderung sollte darauf geachtet werden, dass Kinder aus deprivierenden Verhältnissen eine verlässliche Beziehung zu (mindestens) einer signifikanten Betreuungs- und Erziehungsperson aufbauen können.

Die Bedeutung der personalen Beziehung in der Förderung von sozioökonomisch und -kulturell benachteiligten Kindern belegen zahlreiche Untersuchungen (z.B. Schorr 1988): Förderprogramme etwa im Vorschulbereich waren dann wirksam, wenn sie diesen Kindern längerfristig Zugang zu kompetenten und fürsorglichen Erwachsenen anboten, „von denen sie Problemlösungsfähigkeiten lernten, durch die sich ihre Kommunikationsfähigkeit und ihr Selbstwertgefühl verbesserten" – also Erwachsene, „die positive Rollenmodelle darstellten" (Werner 1997, 201).

- *Fokussiertes Arbeiten innerhalb eines breiten Spektrums vernetzter, inhaltlich abgestimmter Hilfeangebote*

Entsprechend der Komplexität der Armuts- und Benachteiligungslage sind oftmals mehrdimensionale Interventionsansätze erforderlich: finanzielle, soziale und emotionale Unterstützung; konkrete Hilfen in der Alltagsgestaltung; Beratung und Unterstützung in Fragen des förderlichen Zusammenlebens mit dem Kind/den Kindern. Klein (2002, 70) kommt bei der Auswertung der Forschungslage zu dem Schluss, dass ‚frühe Hilfen' umso wirksamer sind, „je mehr sie die Alltagsbedürfnisse der Kinder befriedigen und ihre Lebenslage verbessern".

Dieses Wirksamkeitskriterium kann die darin arbeitenden Personen in ein gewisses Dilemma bringen. Eltern in sozioökonomisch schwierigen Lebenslagen werden häufig so sehr von ihren existentiellen Problemen im Hier und Jetzt in Beschlag genommen, dass ihnen wenig psychische Energie bleibt, auf die Bedürfnisse und Probleme ihrer Kinder hinreichend zu achten (erinnert sei an das Zitat von Siegrist 2002, 13). Probleme der Kinder (als vorrangiges Anliegen jeglicher Frühförderung) nehmen gegenüber den lebensweltlichen Problemen in der Bedeutungshierarchie der Eltern oftmals einen nachrangigen Platz ein. Dies ist die eine Seite des Dilemmas. Die andere Seite besteht darin, dass Mitarbeiterinnen und Mitarbeiter der Frühförderung von ihrem professionellen Selbstverständnis und ihren Arbeitsbedingungen her meist nur begrenzte Möglichkeiten haben, da aktiv zu werden, wo es den Familien am dringlichsten erscheint und wo auch aus fachlicher Sicht Hilfe primär ansetzen muss: bei den „banalen Geschäften" des Alltags (Thiersch 1986, 24).

Dieses Dilemma ist wohl nicht gänzlich aufzulösen. Es kann jedoch verringert werden, wenn die Fachperson ernsthaft versucht, die lebensweltlichen Nöte und Bedürfnisse der Eltern und Familie in den Blick zu nehmen und darauf einzugehen, auch wenn es dabei nicht unmittelbar um die Förderung des Kindes geht. Diese lebensweltliche Handlungsorientierung sollte gegebenenfalls konkrete Hilfestellungen bei der Antragsstellung von Sozialhilfe, bei der Suche nach einem Hortplatz für ältere Kinder oder einer geeigneteren Wohnung einschließen (Rödler 1997). Dies kann jedoch nicht heißen, dass die einzelne Mitarbeiterin in einem Interventionsprogramm, z.B. im Rahmen wöchentlicher Hausbesuche, all die gebotenen Aufgaben übernimmt. Wichtig wäre jedoch, die Eltern (Mutter) auf entsprechende Hilfeinstanzen weiter zu verweisen, sie darin aber auch zu unterstützen; denn das bloße Verweisen an andere Stellen kann von diesen Familien leicht als ‚Abschieben' verstanden werden. Es braucht oftmals einer „begleitenden Weiterverweisung" (Seus-Seberich 2000, 34).
(Haus-)Frühförderung kann hier also nur Teil eines vernetzten Gesamtangebotes sein. Die Arbeitsteilung erfordert einerseits eine klare Bestimmung des eigenen fachlichen Arbeitsauftrages, andererseits eine abgestimmte Kooperation und Vernetzung mit anderen Institutionen des Sozialsystems, insbesondere mit der Kinder- und Jugendhilfe, z.B. der Sozialpädagogischen Familienhilfe.

Eine solche arbeitsteilige Kooperation könnte beispielsweise darin bestehen, dass die Sozialpädagogische Familienhilfe die Mutter bei der Gestaltung von Alltagsabläufen unterstützt und gemeinsame Problemlösungsstrategien mit ihr zu entwickeln und einzuüben sucht, die Frühförderin hingegen die Mutter vor allem in Fragen des förderlichen Zusammenlebens mit ihrem entwicklungsgefährdeten Kind bzw. Kindern berät, unterstützt und entlastet.

- *Flexibilität und individueller Zuschnitt familienorientierter Frühförderung*

Die Angebote sind auf die jeweiligen Möglichkeiten und Bedürfnisse des Kindes und der Familie individuell zuzuschneiden, damit frühe Intervention nicht zu einer 'fürsorglichen Belagerung' der Familie wird. Das erfordert ein möglichst genaues Achten auf diese Bedürfnisse: Wo steht das Kind (stehen die Kinder) und was braucht es (brauchen sie) an entwicklungsförderlichen Angeboten? Wo stehen Familien in ihrer Entwicklung? Was können Eltern in der Zusammenarbeit investieren? Was sind ihre eigenen Erfahrungen bezüglich ihrer Situation und der des Kindes bzw. der Kinder? (Halpern 2000, 377 f.) Von der möglichst genauen Abklärung dieser Fragen – im Versuch der dialogischen Verständigung mit dem Kind, den Eltern und der Familie – hängt die Gestaltung der individuellen Frühfördermaßnahmen hinsichtlich der Intensität, Dauer, Formen, Methoden und inhaltlichen Schwerpunkte ab.

- *Kontinuität der Maßnahmen, insbesondere über die ökologischen Übergänge – wie den Eintritt in den Kindergarten oder in die Schule hinweg*

Amerikanische „Center-based"-Programme, die Kinder in Armut bis in die ersten Schuljahre hinein unterstützen, haben sich als besonders wirksam erwiesen (Mayr 2000, 162). Beispielhaft hierfür ist das Child-Parent-Center-Programm (CPC), ein flächendeckendes, inhaltlich breit angelegtes, ökologisch orientiertes, bei einem Teil der Kinder bis zu sechs Jahren dauerndes Hilfe- und Förderangebot innerhalb der ärmsten Wohnviertel Chicagos mit dem Ziel, sozioökonomisch und kulturell sehr benachteiligte Kinder auf die Schule vorzubreiten und sie beim Übergang in die Schule zu unterstützen. Entsprechend des Programm-Namens bezieht es – ergänzend zu der halb- bzw. ganztägigen Gruppenförderung der Kinder – die Eltern im Sinne der Stärkung der Familien intensiv ein (z.B. durch Erziehungs-Workshops, Lesegruppen, Teilnahme am Schulleben). Eine Follow-up-Studie der Langzeiteffekte bei 989 mit dem CPC-Programm geförderten Kindern (Geburtsjahrgang 1980) zeigte im Vergleich zu einer Kontrollgruppe von 550 anderweitig geförderten Kindern (Reynolds u. a. 2001) nach 15 Jahren, dass die ehemaligen Teilnehmerinnen und Teilnehmer am CPC-Programm insgesamt höhere Schulabschlussquoten, weniger Klassenwiederholungen und Schulabbrüche, weniger Sonderschulbesuch sowie geringere Raten von Jugendarrest aufwiesen als Mitglieder der Vergleichsgruppe. Länger andauernde Förderprogramme und solche, die in die Schulzeit hineingehen, korrelierten mit höherem Schulerfolg.

Die Frage „Home-based"- oder „Center-based"-Förderung könnte im Zuge evtl. zunehmender Verteilungskämpfe im sozial- und bildungspolitischen Bereich an Brisanz gewinnen. Zieht man die amerikanische Forschung heran, spricht einiges für die von Schwarzbach vertretene Position einer außerfamiliären Frühförderung (vgl. Abschnitt 1): Es gibt zu denken, „dass die direkte Förderung in einer Einrichtung – zumindest was die geistige Entwicklung betrifft – größere und länger andauernde Effekte bewirkt als indirekte Interventionen über die Eltern" (Mayr 2000, 151). Der Grund dürfte vor allem darin liegen, dass die direkte Förderung eines Kindes durch die Fachperson im Rahmen von „Home-based"-Förderung zeitlich deutlich geringer ist als unter „Center-based"-Bedingungen.

Andererseits zeigen die Befunde aus den USA auch, dass es bei der Frage „Home-based"- oder „Center-based"-Förderung nicht um eine sich gegenseitig ausschließende Alternative gehen sollte. Besonders wirksame Projekte schlossen neben frühzeitiger, ganztägiger „Center-based"-Förderung der Kinder regelmäßige Beratungsbesuche in den Familien ein. Offenbar führt ein breit angelegter Ansatz mit „Center-based"- und „Home-based"-Komponenten, wie z.B. im CPC-Programm, zu den nachhaltigsten Wirkungen sowohl in der kognitiven wie in der sozial-emotionalen Entwicklung der Kinder (Mayr 2000, 160 f.). So konnten Mütter in einem elternfokussierten Interventionsprogramm (Seitz/Apfel 1994) die bei ihrem erstgeborenen Kind erworbenen förderlichen Umgangsweisen auf ihre später geborenen Kinder ein Stück weit übertragen (wobei auch hier institutionelle Tagesbetreuung für das Kind angeboten wurde). In diesem Transfereffekt wird ein besonderer Vorteil familienbezogener Förderprogramme gesehen.

1.5 Desiderate für den Aufbau eines wirksamen Netzes ‚Früher Hilfen'

Stellt man die Kriterien für wirksame ‚Frühe Hilfen' der Realität in Deutschland gegenüber, sind – trotz zum Teil hohen, kreativen Engagements und bewährter Praxiserfahrungen der Frühförderung (Naggl/Thurmair 2000) – in der Arbeit mit entwicklungsgefährdeten Kindern in Armutslagen noch viele inhaltliche und strukturelle Defizite zu konstatieren. Waltraud Harzer, ehemalige Leiterin der Frühförderstelle Landsberg/

Lech, stellte 2004 vor allem im Blick auf diese Kinder neben dem Problem einer angemessenen Finanzierung folgende kritischen Punkte als „die drei Hauptprobleme" ihrer Einrichtung fest: (1) „mit Frühförderkonzepten, die dafür nicht geschaffen sind", und (2) mit Frühfördermitarbeiterinnen und -mitarbeitern, „die dafür oftmals nicht qualifiziert sind, umfassenden Problemen in Familien und deren Umfeld gerecht zu werden, da es nicht im ausreichenden Maße Kooperationspartner öffentlicher und privater Träger gibt"; (3) Erzieherinnen in Kindergärten, „in denen die Bedingungen schlechter werden, bei der Integration ,schwieriger' Kinder" zu unterstützen.

Besonders die notwendige Kooperation und Vernetzung von Frühförderung und Jugendhilfe funktioniert in der Praxis noch nicht hinreichend (Klein 2002). Die „Unterstützungswirkung ambulanter Jugendhilfeangebote für Kinder in den ersten sechs Lebensjahren" muss derzeit als eher begrenzt angesehen werden (Köckeritz 2005). Ferner bestehen, von vereinzelten Initiativen vielleicht abgesehen, meines Wissens keine Strukturen, die sozioökonomisch und -kulturell benachteiligte und damit oftmals in ihrer kognitiven und sozial-emotionalen Entwicklung gravierend beeinträchtigte Kinder beim Übergang in die Schule begleitend unterstützen, da Frühförderung mit der Einschulung endet. Schließlich wird die bisherige Praxis der ,Frühen Hilfen' bereits dem ersten Kriterium wirksamer Förderung, einem möglichst frühzeitigen Beginn, oftmals nicht gerecht (vgl. Abschnitt 1). Insgesamt fehlt es „... an interdisziplinären, träger- und ressortübergreifenden Kooperationen und am Bemühen um den Aufbau einer systematischen Förderkette vor Ort" (Skoluda/Holz 2003, 120).

Friedrichs (2004) schlägt als institutionelle Basis der „Struktur eines Früherkennungssystems" für entwicklungsgefährdete Kinder die Kindertagesstätte vor: „Vom ersten Lebensjahr an (Krippe/Krabbelstube), spätestens ab 3 Jahren besuchen Kinder diese Einrichtung, und es ergibt sich die Möglichkeit einer nicht nur punktuellen, sondern ganzheitlichen Beobachtung, eines umfassenden Kennenlernens sowie intensiver Elternkontakte" (ebd., 73). Auch wenn dem grundsätzlich zuzustimmen ist, sei daran erinnert, dass derzeit noch viele Kinder in Armutslagen nicht rechtzeitig eine Kindertagesstätte besuchen. Daher bedarf es ergänzend dazu spezifischer, niedrigschwelliger Begegnungs- und Hilfeangebote als erste Glieder einer systematischen Beratungs- und Förderkette, z.B. leicht erreichbare Eltern-Kind-Treffs in sozial benachteiligten Wohngebieten. Vereinzelte erfolgreiche Angebote gibt es bereits, z.B. das „Haus der Familie" im sozialen Brennpunkt Bremen-Hemelingen (Beyersmann 2000) oder das Projekt „Frühe Kindheit" des Kinderschutz-Zentrums im sozial stark benachteiligten Kölner Stadtteil Kalk (Blum-Maurice/Bächer 2003; vgl. auch Weiß u. a. 2004, 37–39). Sie suchen einen frühzeitigen und lebensweltorientierten Zugang zu den Familien, insbesondere zu Familien mit kleinen Kindern. Dabei sprechen sie die Familien, speziell die Mütter, nicht primär auf deren Hilfebedürftigkeit an, sondern verstehen sich als Begegnungs- und Kommunikationsort z.B. in Form von Elterncafés. Dazu heißt es in einem Bericht zum Projekt in Köln-Kalk (Blum-Maurice/Bächer 2003, 125): „Da unser Projekt präventiv wirksam werden soll, bieten wir den Zugang dazu nicht über ein Störungsbild an (‚wenn Ihr Kind zu viel schreit – wenn Sie mit dem veränderten Alltag nicht zurecht kommen'), sondern anhand der Lebenssituation (‚wenn Sie ein Baby oder Kleinkind haben – wenn Sie sich mit anderen austauschen wollen')."

Solche Begegnungs- und Hilfeangebote, zu denen auch Kinder- und Familienzentren in Anlehnung an die britischen Early Excellence Centres gezählt werden können (vgl. Weiß 2007), sind nicht nur Brücken, auf denen Familien und kleine Kinder in benachteiligten Lebenslagen die Grenzgänge zwischen der eigenen lebensweltspezifischen Kultur und der dominanten ‚bürgerlichen' Kultur ein Stück weit sicherer und kompetenter gehen können. Sie bilden zudem Brücken zu weiteren Institutionen der ‚Frühen Hilfen', auch zu den Frühförderstellen, wenn dies notwendig erscheint.

Erwähnt sei hier auch „Sure Start", ein sehr niedrigschwelliges landesweites Programm der britischen Regierung. Es zielt darauf ab, die Gesundheit und das Wohlergehen von Familien und Kindern in Armutslagen bereits vor der Geburt bis zum Alter von vier Jahren sicherzustellen (siehe: www.surestart.gov.uk). Mit ähnlicher Zielsetzung arbeitete auch das Programm „Opstapje" für zwei- bis vierjährige Kinder aus sozial benachteiligten Familien (DJI 2004). Auch er ist nicht in Konkurrenz z.B. zu Frühförderstellen, sondern als niedrigschwelliger Baustein innerhalb eines abgestuften Fördersystems zu sehen.

1.6 Schluss

Wirksame Hilfen bei Kindern mit armutsbedingten Entwicklungsgefährdungen sind – das zeigt diese kurze Analyse – nicht zum Billig-Tarif zu haben. „Die aus verschiedenen Gründen sehr attraktive Hoffnung, inhaltlich eng umschriebene und zeitlich klar begrenzte, d.h. vor allem auch wenig aufwendige, primär-präventive Programme für Kinder oder Eltern könnten die vielfältigen Probleme von ‚high-risk'-Familien dauerhaft lösen, scheint aufgrund der aktuellen Forschungslage nicht gerechtfertigt" (Mayr 2000, 163). Die amerikanischen Studien zeigen aber auch, dass sich langfristig die von der Gesellschaft investierten Kosten (mehr als) amortisieren. Dies ist kein Plädoyer für ein problematisches Kosten-Nutzen-Denken, sondern empirisch gesicherte Erkenntnis in einer dem Sozialen verpflichteten Perspektive (Barnett 2000).

Literatur

Barnett, W. St. (2000): Exonomics of early childhood intervention. In: Shonkoff, J. P. Meisels, S. J. (eds.): Handbook of early childhood intervention. 2nd ed. Cambridge, 589–610

Beyersmann, Inge (2000): Beratung für Eltern mit Säuglingen und Kleinkindern in einem sozialen Brennpunkt im Rahmen von Netzwerkstrukturen. In: Frühförderung interdisziplinär 19, 10–22

Blum-Maurice, Renate/Bächer, Korinna (2003): Chancen und Notwendigkeit früher Prävention in psychosozial belasteten Familien – Das Projekt „Frühe Kindheit" des Kinderschutz-Zentrums Köln. Frühförderung interdisziplinär 22, 121–127

BMFSFJ (Hrsg.) (2002): Elfter Kinder- und Jugendbericht. Bonn

BMGS (Hrsg.) (2005): Lebenslagen in Deutschland. Der 2. Armuts- und Reichtumsbericht der Bundesregierung, Berlin.

Bowlby, John (1988): A secure base: Parent-child attachment and healthy human development. London

Burgener Woeffray, Andrea/Jenny-Fuchs, Elisabeth (1999): Das Nein in der Früherziehung: Mut zur Lücke, damit etwas Neues entstehen kann. Vierteljahresschrift für Heilpädagogik und ihre Nachbargebiete 68, 13–22

Burgener Woeffray, Andrea/Eisner-Binkert, Brigitte (2006): Vom ungeklärten Verhältnis der Heilpädagogischen Früherziehung zu entwicklungsgefährdeten Kindern im Vorschulalter. In: Schweizerische Zeitschrift für Heilpädagogik, Heft 2, 10–16

DJI (2004): Schritt für Schritt – Opstapje. Ein Frühförderprogramm für 2–4-jährige Kinder aus sozial benachteiligten Familien. München

Duncan, Greg J./Brooks-Gunn, Jeanne (eds.) (1997): Consequences of growing up poor. New York

Friedrichs, Dirk (2004): Strukturelle und administrative Voraussetzungen bei der Umsetzung präventiver Hilfen. In: Ministerium für Gesundheit, Soziales, Frauen und Familie des Landes Nordrhein-Westfalen (Hrsg.): Soziale Frühwarnsysteme – Frühe Hilfen für Familien (Red.: ISA Münster), 70–78

Goldbrunner, Hans (1992): Arbeit mit Problemfamilien. 3. Aufl. Mainz

Halpern, Robert (2000): Early childhood intervention for low-income children and families. In: Shonkoff, J. P./Meisels, S. J. (eds.): Handbook of early childhood intervention. 2nd ed. Cambridge, 361–386

Hock, Beate/Holz, Gerda/Wüstendörfer, Werner (2000): Frühe Folgen – langfristige Konsequenzen? Armut und Benachteiligung im Vorschulalter. Frankfurt/Main

Klein, Gerhard (1999): Soziale Benachteiligung – eine Herausforderung an die Sonderpädagogik in der Frühförderung. Vierteljahresschrift für Heilpädagogik und ihre Nachbargebiete 68, 1–12

Klein, Gerhard. (2002): Frühförderung für Kinder mit psychosozialen Risiken. Stuttgart

Knie, Johann G. (1837): Pädagogische Reise durch Deutschland im Sommer 1835, auf der ich elf Blinden-, verschiedene Taubstummen-, Armen-, Straf- und Waisenanstalten besucht und nachfolgende Blätter beschrieben habe. Stuttgart, Tübingen (Nachdruck Würzburg 1994)

Köckeritz, Christine (2005): Hilfen zur Erziehung als Hilfen zur Entwicklung? In: Frühförderung interdisziplinär (Veröff. in Vorb.)

Kühl, Jürgen (2003): Kann das Konzept der „Resilienz" die Handlungsperspektiven in der Frühförderung erweitern? Frühförderung interdisziplinär 22, 51–60

Langness, Anja (2007): Prävention bei sozial benachteiligten Kindern: eine Studie zur Inanspruchnahme von Früherkennungsuntersuchungen. Bern

Mayr, Toni (2000): Entwicklungsrisiken bei armen und sozial benachteiligten Kindern und die Wirksamkeit früher Hilfen. In: Weiß, H. (Hrsg.): Frühförderung mit Kindern und Familien in Armutslagen. München, Basel, 142–163

Mielck, Andreas (1998): Armut und Gesundheit bei Kindern und Jugendlichen: Ergebnisse der sozial-epidemiologischen Forschung in Deutschland. In: Klocke, A./Hurrelmann, K. (Hrsg.): Kinder und Jugendliche in Armut. Opladen, Wiesbaden, 225–249

Naggl, Monika/Thurmair, Martin (2000): Frühförderung für Kinder in Armutslagen: Handlungsmöglichkeiten und bewährte Praxis. In: Weiß, H. (Hrsg.): Frühförderung mit Kindern und Familien in Armutslagen. München, Basel, 209–235

Nolte, Paul (2003): Das große Fressen. Nicht Armut ist das Hauptproblem der Unterschicht. Sondern der massenhafte Konsum von Fast Food und TV. Die Zeit vom 17.12.2003, Nr. 52, 9

Papoušek, Mechthild (1997): Entwicklungsdynamik und Prävention früher Störungen der Eltern-Kind-Beziehungen. Analytische Kinder- und Jugendlichen-Psychotherapie 28, 93, 5–30

Reynolds, Arthur J./Temple, Judy A./Robertson, Dylan L./Mann, Emily A. (2001): Long-term effects of an early childhood intervention on educational achievement an juvenile arrest. JAMA 285, 18, 2339–2346

Rödler, Ines (1997): Pädagogik allein genügt nicht. Frühförderung interdisziplinär 16, 82–87

Rutschky, Katharina (2003): Oliver Twist im Zeitalter der Kuschelpädagogik. Frankfurter Rundschau vom 12.9.2003, Nr. 213, 12

Sarimski, Klaus (2000): Frühgeburt als Herausforderung. Göttingen, Bern, Toronto

Schmidt, Martin H./Esser, Günter/Laucht, Manfred (1997): Die Entwicklung nach biologischen und psychosozialen Risiken in der frühen Kindheit. In: Leyendecker, Ch./Horstmann, T. (Hrsg.): Frühförderung und Frühbehandlung. Heidelberg, 174–191

Schone, Reinhold/Gintzel, Ullrich/Jordan, Erwin/Kalscheuer, Mareile/Münder, Johannes (1997): Kinder in Not. Vernachlässigung im frühen Kindesalter und Perspektiven sozialer Armut. Münster

Schorr, Lisbeth B. (1988): Within our reach: Breaking the cycle of disadvantage. Doubleday, New York

Schwarzbach, Brigitte (1998): "Quo vadis, Frühförderung?" Frühförderung interdisziplinär 17, 72–80

Seitz, Victoria/Apfel, Nancy H. (1994): Parent-focused intervention: Diffusion effects on siblings. Child Development 56, 376–391

Seus-Seberich, Elfriede (2000): Erziehungsberatung zwischen Therapie und Prävention. Ein gemeindepsychologischer Zugang zur Beratungspraxis am Beispiel des Münchner SOS-Beratungs- und Familienzentrums. Frühförderung interdisziplinär 19, 30–38

Siegrist, Johannes (2002): Gefährdete Gesundheit bei sozial benachteiligten Kindern und Jugendlichen: Was wissen wir, was können wir tun? In: Regiestelle E&C der Stiftung SPI: E&C-Fachforum „Gesundheit von Kindern und Jugendlichen in sozialen Brennpunkten", 4. und 5. Juni 2002, 11–15 (zit. nach der elektronischen Fassung: www.eundc.de)

Skoluda, Susanne/Holz, Gerda (2003): Armut im frühen Kindesalter – Lebenssituation und Ressourcen der Kinder. Frühförderung interdisziplinär 22, 111–120

Thiersch, Hans (1986): Die Erfahrung der Wirklichkeit. Perspektiven einer alltagsorientierten Sozialpädagogik. Weinheim, München

Weiß, Hans (1998): Kinderarmut als Entwicklungsrisiko: Wo bleibt die Frühförderung. In: Frühförderung interdisziplinär, 17, 81–88

Weiß, Hans (2000): Frühförderung mit Kindern und Familien in Armutslagen. München, Basel

Weiß, Hans (2005): „Nach unten sehen": Armut und Benachteiligung in der aktuellen Diskussion – Herausforderungen für familienorientierte ‚frühe Hilfen'. In: Hiller, G. G./Jauch, P. (Hrsg.):

Akzeptiert als fremd und anders. Pädagogische Beiträge zu einer Kultur des Respekts. Langenau-Ulm, 188–198

Weiß, Hans (2007): Was brauchen kleine Kinder und ihre Familien. In: Frühförderung interdisziplinär 26, 78–86

Weiß, Hans/Neuhäuser, Gerhard/Sohns, Armin (2004): Soziale Arbeit in der Frühförderung und Sozialpädiatrie. München, Basel

Werner, Emmy (1997): Gefährdete Kindheit in der Moderne: Protektive Faktoren. Vierteljahresschrift für Heilpädagogik und ihre Nachbargebiete 66, 192–203

Wolff, Reinhard (2002): Kindesvernachlässigung – Entwicklungsbedürfnisse und die fachlichen Aufgaben der Jugendhilfe. In: Zenz, Winfried M./Bächer, Korinna/Blum-Maurice, Renate (Hrsg.): Die vergessenen Kinder. Vernachlässigung, Armut und Unterversorgung in Deutschland. Köln, 70–87

Ziegenhain, Ute/Fegert, Jörg M. (2009): Interdisziplinäre Kooperation und Vernetzung für eine verbesserte Prävention im Kinderschutz. In: Frühförderung intersidziplinär 28, 71–81

2. Armutsprävention – Ein Auftrag für die Gesundheitsförderung*

Antje Richter

Der Stellenwert von Gesundheit in einem Konzept zur Armutsprävention ist erheblich, doch aus der Perspektive der Armutsforschung nicht sofort ersichtlich. Die Bereiche Gesundheit und Soziales, aber auch Bildung werden in Deutschland eher als voneinander unabhängig gesehen und entsprechend kooperieren sie kaum untereinander (Deneke u.a. 2002). Außerdem ist vielfach in Vergessenheit geraten, dass es schon immer einen engen Zusammenhang zwischen der sozialen Lage und dem Gesundheitsstatus von Personen gegeben hat. Aber es ist kennzeichnend für die Problemstellungen in den genannten Bereichen, dass ihr Handeln oft auf die gleichen Zielgruppen gerichtet ist. Zur Annäherung untereinander trägt seit längerem das weit gefasste Verständnis der Weltgesundheitsorganisation (WHO) bei, die Gesundheit als einen Zustand umfassenden physischen, geistigen und sozialen Wohlbefindens und nicht nur als Abwesenheit von Krankheit oder Behinderung definiert. Daraus resultieren verschiedene Konzepte und Orientierungen, die wertvolle Instrumente zur Armutsprävention liefern können und hier näher erläutert werden sollen.

2.1 Verständnis von Gesundheitsförderung

Gesundheitsförderung ist nach dem Verständnis der WHO ein Konzept, das bei der Analyse und Stärkung von Gesundheitsressourcen und -potentialen auf allen gesellschaftlichen Ebenen ansetzt. Sie zielt darauf, Menschen zu befähigen, ihre Kontrolle über die Faktoren, die ihre Gesundheit beeinflussen (Gesundheitsdeterminanten), zu erhöhen und dadurch ihre Gesundheit zu verbessern. Gesundheitsförderung ist ein komplexer sozialer und gesundheitspolitischer Prozess und umfasst ausdrücklich sowohl die Verbesserung von gesundheitsrelevanten Lebensweisen (Gesundheitshandeln) als auch die Verbesserung von gesundheitsrelevanten Lebensbedingungen (Verhältnisse, Strukturen, Kontexte). Gesundheits-

* Dieser Beitrag konnte für diese Auflage leider nicht akualisiert werden.

förderung wird manchmal allerdings fälschlicherweise mit Prävention gleichgesetzt. Insbesondere bei sozial benachteiligten und armen Mädchen und Jungen werden Maßnahmen der Primärprävention und der Gesundheitsförderung zu oft miteinander gleichgestellt, obwohl sie auf unterschiedliche Ziele gerichtet sind.

„Gesundheitsförderung bedeutet die Arbeit an der Gesundheit in unterschiedlichen Bereichen und mit verschiedenen Ansatzpunkten. Wohlfühlen, Gemeinschaftserlebnisse, Freude an Bewegung, überhaupt an der eigenen Körperlichkeit machen Gesundheitsförderung aus. Gerade hier zeigt sich eine Benachteiligung armer Kinder. Bevor bei den Kindern mit niedrigem Sozialstatus eine Gesundheitsförderung greifen kann, müssen in vielen Fällen jedoch bereits bestehende Defizite ausgeglichen werden. Vorsorgeuntersuchungen, Empfehlungen zur Frühförderung, Kariesbehandlung oder -prophylaxe, Verbesserung des Impfstatus etc. sind jedoch Maßnahmen der Primärprävention, die nicht vernachlässigt, aber auch nicht mit Gesundheitsförderung verwechselt werden dürfen. Sie müssen als Vorsorge gegen Krankheiten verstanden werden, auch wenn sie manchmal schon als Behandlung oder Rehabilitation eingesetzt werden und in der Praxis heute – insbesondere bei den armen Kindern – die Primärprävention zu oft mit einer Gesundheitsförderung gleichgesetzt wird“ (Luber 2002, 137 f.).

2.2 Soziale Lage und Gesundheit

Eine erste Antwort auf die Frage, welche Bedeutung Gesundheitsförderung in einem Konzept kindbezogener Armutsprävention einnehmen kann, ergibt sich aus dem Hinweis auf den Zusammenhang von sozialer Lage und Gesundheit – d.h. Personen mit niedrigem sozio-ökonomischen Status weisen oft einen besonders schlechten Gesundheitsstatus auf. Dieser Zusammenhang existiert unabhängig davon, ob der soziale Status über die Bildung, den Beruf und/oder das Einkommen erfasst wird. Soziale Ungleichheit führt über Unterschiede in gesundheitsrelevanten Faktoren zu gesundheitlicher Ungleichheit und damit zu Unterschieden in Morbidität und Mortalität. Die folgende Grafik (Abb. 1, S. 200) kann das näher verdeutlichen (Mielck 2000a).

Eine aktuelle empirische Analyse zeigt, dass die Lebenserwartung im unteren Viertel der Einkommensverteilung zehn Jahre (Männer) bzw. fünf Jahre (Frauen) kürzer ist als im oberen Viertel der Einkommensverteilung. Andere empirische Studien über status-spezifische Unterschiede in

Abb. 1: Wechselwirkungen zwischen sozialer und gesundheitlicher Ungleichheit

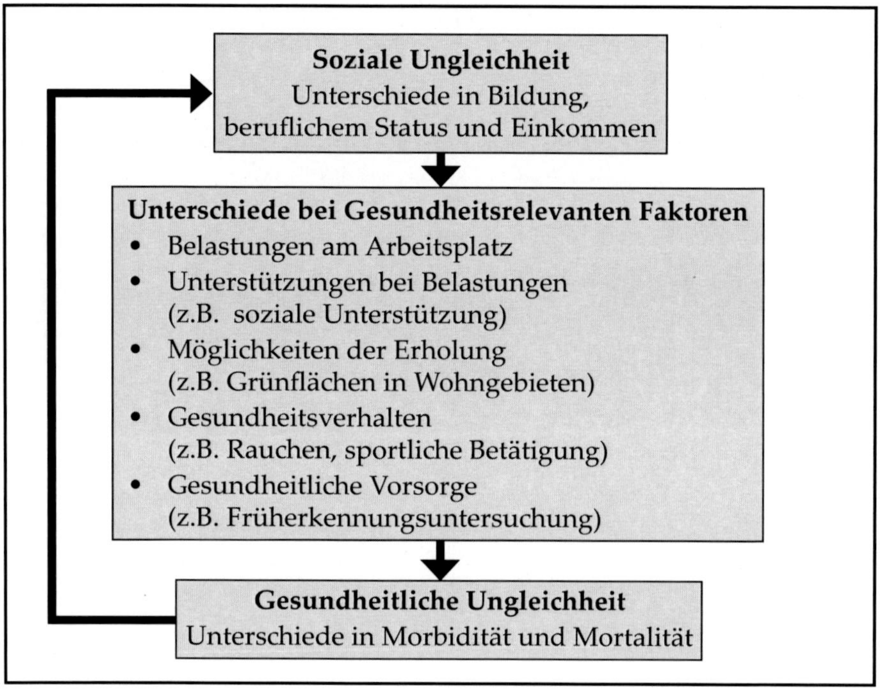

der Mortalität ergeben ein ähnliches Bild. Vergleichbare Ergebnisse liegen auch für die Morbidität vor. Sie alle belegen, dass die unteren Statusgruppen von den meisten gesundheitsgefährdenden Faktoren stärker betroffen sind als die oberen. Dieser Zusammenhang betrifft z.B. die Faktoren: Rauchen, Übergewicht, Mangel an sportlicher Betätigung, Bluthochdruck, unausgewogene bzw. ungesunde Ernährung, physische Arbeitsbelastungen (z.B. Lärm, Unfallgefahren), spezifische psychische Arbeitsbelastungen (z.B. Monotonie, geringer Handlungsspielraum), beengte Wohnbedingungen, Lärm und Luftverschmutzung in der Wohnumgebung (Mielck 2004). Gleichzeitig werden jedoch einige Angebote der gesundheitlichen Versorgung, wie z.B. zur Früherkennung von Krankheiten und zur Gesundheitsförderung von sozial Schwachen weniger in Anspruch genommen, obwohl sie von den gesetzlichen Krankenversicherungen allen Versicherten entsprechend der Gewährung von Leistungen nach dem Solidarprinzip zustehen. Mit dieser verminderten Inanspruchnahme von Leistungen korrespondiert ein geringeres Gesundheitswissen.

Abb. 2: Informationsdefizite

Sozial benachteiligte Personen wissen wenig über:

- Risikoverhalten und die Bewältigung von gesundheitlichen Problemen
- Gesundheitsförderung allgemein und die Umsetzung von gesundheitsbezogenen Empfehlungen im Alltag
- die gesundheitliche Regelversorgung und die relevanten Ansprechpartner/innen
- Bedarfe von Kindern und Jugendlichen und besondere Fördermöglichkeiten
- ihre Rechte

Was sich im Erwachsenenalter in höherer Morbidität und Mortalität manifestiert, wird bereits in der frühen Kindheit (bzw. schon in der Schwangerschaft) erworben und zeigt sich auch im Kindes- und Jugendalter: Armut und soziale Benachteiligung erhöhen in dieser Entwicklungsphase die Wahrscheinlichkeit physischer, psychischer und psychosomatischer Erkrankungen. Schon im Kindes- und Jugendalter gehören dazu Fehlsteuerungen der Sinneskoordination, der Sprachentwicklung, des Bewältigungs- und Ernährungsverhaltens, Übergewicht und natürlich Zahnerkrankungen (s. Abb. 3).

Abb. 3: Gesundheitliche Einschränkungen und Fehlsteuerungen

Bereits im Kindes- und Jugendalter können Einschränkungen und Fehlsteuerungen in folgenden Bereichen auftreten:

- im Sehen und Hören
- in der Sprachentwicklung
- in der Bewegungskoordination
- im Bewältigungsverhalten
- im psychischen und psychosomatischen Bereich
- in der Ernährung und dem Ernährungsverhalten sowie daraus folgend Zahnerkrankungen und Übergewicht bis hin zu Adipositas
- in der Teilnahme an Früherkennungsuntersuchungen
- in der Impfbereitschaft

Abb. 4: Vorsorgeverhalten (U-Untersuchungen)

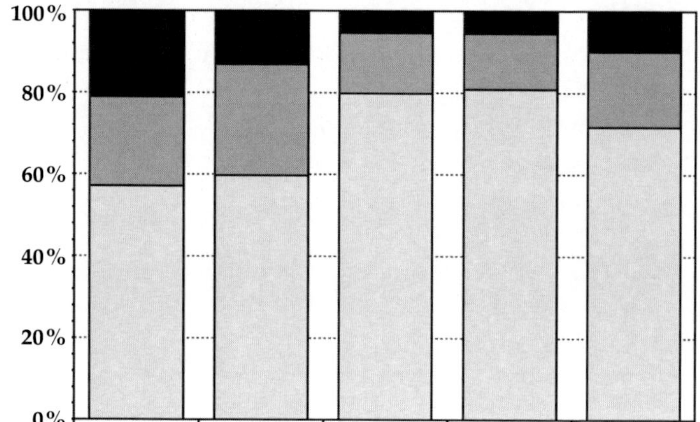

	keine Angaben (n=9591)	BG niedrig (n=10731)	BG mittel (n=22587)	BG hoch (n=9033)	Gesamt (n=51942)
■ kein Heft (n=5147)	21,1	13,1	5,4	5,5	9,9
▩ U8+U9 unvollständig (n=9595)	21,8	27,2	14,8	13,7	18,5
□ U8+U9 vollständig (n=37199)	57	59,8	79,8	80,8	71,6

(Quelle: SOPHIA 2004)*

Lesehilfe: Hinter dem Kürzel BG verbirgt sich der Bildungsgrad und der berufliche Status der Eltern

* Die Schuleingangsuntersuchung erfolgt nach dem standardisierten Untersuchungsprogramm mit dem Kurznamen SOPHIA: **So**zialpädiatrisches **P**rogramm **H**annover – **J**ugendärztliche **A**ufgaben.

Bei Migrantinnen und Migranten ergeben sich außerdem besondere Vulnerabilitäten, wie erhöhte (Mütter- und) Säuglingssterblichkeit und eine besondere Gefährdung durch Unfälle. Die Sterblichkeit ausländischer Säuglinge und Kleinkinder liegt um 20 % höher als die der deutschen Vergleichsgruppe und die Statistik über Verkehrsunfälle ergibt einen wesentlich höheren Anteil tödlicher Verletzungen und notwendiger Unfallbehandlungen sowohl bei ausländischen Klein- als auch bei Schulkindern (Beauftragte der Bundesregierung für Ausländerfragen, 1997).

Abb. 5: Mitgliedschaft im Sportverein und Sozialstatus

Mitgliedschaft	Sozialer Status			
	Niedrig	Niedrig-mittel	Mittel-niedrig	Hoch
Nie im Verein	26,2	12,1	7,0	6,3
Nicht mehr im Verein	37,6	37,7	31,0	23,8
In mind. einem Verein	36,2	50,1	62,0	70,0

Quelle: Schmidt/Hartmann-Tews/Brettschneider 2003: S. 124.

Bei allen Kindern mit niedrigem sozialen Status, d.h. unabhängig vom Migrationshintergrund, wirken daran auch die geringere Beteiligung an der Gesundheitsvorsorge und ein reduziertes Gesundheitsverhalten mit, das sich u. a. in (Nicht-)Teilnahme an den Vorsorgeuntersuchungen (U-Untersuchungen) für Kinder oder (Nicht-)Mitgliedschaft in Sportvereinen niederschlägt.

Die nebenan stehende Tabelle (Abb. 4, S. 202) zeigt das sozial differenzierte Ergebnis der nahezu flächendeckend vorgenommenen standardisierten Untersuchung und Beratung von etwa 53.000 Schulanfängern in den niedersächsischen Bezirken Braunschweig, Hannover und Lüneburg im Jahr 2004; es basiert auf der Überprüfung von Vorsorgeheften der U-Untersuchungen und belegt die Unterschiede zwischen statusniedrigen und statushohen Lagen bei der Wahrnehmung der Vorsorgeuntersuchungen.

2.2.1 Statusabhängige Befunde bei Schülerinnen und Schülern

Bei Schuleingangsuntersuchungen schneiden Kinder aus Familien mit einem niedrigen sozialen Status wesentlich schlechter ab als Kinder aus Familien mit einem mittleren oder hohen sozialen Status. Besonders ausgeprägt sind die Unterschiede hinsichtlich der Sprachentwicklung sowie der intellektuellen und der psychomotorischen Entwicklung. Auch die Befunde Übergewicht und kinderpsychiatrische Störungen treten bei Kindern aus Elternhäusern mit niedrigem sozialen Status häufiger auf (vgl. MASGF 1999). Die Befunde der niedersächsischen Schuluntersuchungen belegen erhöhte Einschränkungen in der Wahrnehmungsentwicklung, die relativ oft Lernprobleme (z.B. beim Lesen) und Verhaltensauffällig-

Abb. 6: Wahrnehmungsentwicklung bei SEU /SOPHIA 2004

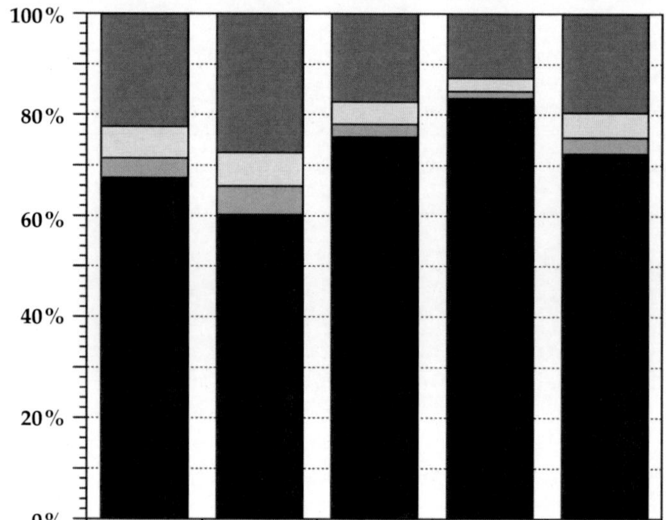

	Keine Angaben (n=9591)	BG niedrig (n=10731)	BG mittel (n=22587)	BG hoch (n=9033)	Gesamt (n=51942)
Kontrollbedarf	22,3	27,5	17,4	12,7	19,5
In Behandlung	6,2	6,6	4,5	2,6	4,9
Erhebliche Abweichung	3,9	5,7	2,5	1,4	3,2
altersentsprechend	67,51	60,3	75,6	83,3	72,3

Lesehilfe: Hinter dem Kürzel BG verbergen sich der Bildungsgrad und der berufliche Status der Eltern. Die Abkürzung SEU steht für Schuleingangsuntersuchungen.

keiten nach sich ziehen. Die Abbildung (Abb. 6, S. 204) belegt, dass 2004 eine altersentsprechende Entwicklung nur bei 60,3 % der Einschülerinnen und Einschüler mit niedrigem sozialen Status, im Gegensatz zu 72,3 % der Gesamtgruppe vorlag (83,3 % der statushohen Gruppe).

Auch bei älteren Schülerinnen und Schülern (11–15 Jahre) spielt der sozio-ökonomische Status der Herkunftsfamilie eine wichtige Rolle, was zahlreiche Beispiele belegen können. Bei der Selbsteinschätzung des Gesundheitszustandes bewerten sich arme Schülerinnen und Schüler schlechter als die aus reicheren Elternhäusern (Hurrelmann u. a. 2003). Jugendliche aus sozial benachteiligten Familien sind wesentlich häufiger von schweren psychischen Erkrankungen betroffen, für die es bundesweit nur ungenügende ambulante Behandlungsmöglichkeiten gibt (MASGF 2001) und bei Hamburger Achtklässlern erhobene Daten zeigen, dass Haupt- und Realschüler/innen einen durchgängig schlechteren Gesundheitszustand aufweisen als Gymnasiasten/innen. Sie waren sowohl bei Unfällen und Krankenhausaufenthalten wie auch bei akuten Erkrankungen 1,5–2-mal so häufig betroffen (Mielck 2000b).

2.2.2 *Armut und Ernährung*

Die beschriebenen Unterschiede in Morbidität und Mortalität lassen sich u. a. auf eine ungesunde Lebensweise zurückführen, zu der neben Rauchen und dauerhaftem Distress auch Fehlernährung mit weit reichenden Folgen für Zahnstatus und Körpergewicht gehört. Ernährung in Armutslagen ist oft mit einer vermehrten Zufuhr von Nährstoffen verbunden, denen bei hohem Konsum negative Wirkungen auf Herz- und Kreislauferkrankungen, Diabetes mellitus oder verschiedene Krebsarten zugeschrieben werden können. Gleichzeitig geht sie mit einer Unterversorgung an Nährstoffen einher, die eine Schutzwirkung vor bestimmten Krankheiten (z.B. Darmerkrankungen) entfalten können. Diese Essgewohnheiten werden bereits früh erworben und meistens auch im Erwachsenenalter beibehalten. Hinreichend belegt ist u. a., dass:

- Kleinkinder aus Armutshaushalten eine erhöhte Zufuhr an Zucker und gesättigten Fettsäuren und eine geringere Versorgung mit Ballaststoffen, Mineralien und Vitaminen haben. Sie essen weniger Vollkornbrot, Obst und Gemüse. Sie nehmen dafür häufiger Limonaden, Chips und Fast-Food-Produkte zu sich als andere und leiden entsprechend häufiger an Übergewicht und Zahnkaries. Sie wachsen langsamer heran (vgl. Feichtinger 2000, Kamensky 2003).
- Übergewicht häufig bei Kindern aus Migrantenfamilien festzustellen ist, wobei die kulturell bedingten Ernährungsgewohnheiten eine große Rolle spielen. Zu beachten ist dabei, dass in den Herkunftskulturen vieler Migrantenfamilien gut genährte Kinder als ein Zeichen des Wohlstands gelten.

Man sollte allerdings unreflektierte Vorverurteilungen der Eltern unbedingt vermeiden, denn bewiesen wurde auch, dass:

- sich Ernährungsumfang und -qualität in Haushalten, die Sozialhilfe empfangen, vor allem in der zweiten Monatshälfte verschlechtern, wenn das Geld knapp wird.
- Mütter aus Armutshaushalten versuchen, die armutsbedingten Belas-

tungen soweit wie möglich von ihren Kindern fernzuhalten, indem sie selbst auf vieles (auch auf eigene Nahrung) verzichten, nur um ihre Kinder ausreichend versorgen zu können. Dieses Verhalten findet sich besonders bei allein erziehenden Müttern (vgl. Feichtinger 2000).

2.2.3 Weitere Belastungen

In einem von Armut geprägten Alltag ist es entscheidend, was Kinder den daraus resultierenden Anforderungen entgegensetzen können, d.h. wie sie Konflikte aktiv lösen und Probleme bewältigen. Ebenso wichtig wie das Gefühl selbst wirksam sein zu können und eigene Kontrolle über Entscheidungen zu haben, ist die Förderung von Eigenaktivität und Verantwortungsübernahme.

Daher wird der individuellen Wahrnehmung und Bewältigung von Problem- und Risikosituationen (Coping) hohe Bedeutung zugeschrieben. Für den erfolgreichen Umgang mit Belastungen ist ein aktives Herangehen (wie z.B. Informationssuche oder die Suche nach sozialer Unterstützung) an potentiell krisenhafte Situationen statt eines bloßen Reagierens wesentlich. Diesen aktionalen Bewältigungsformen werden positive Wirkungen auf Gesundheit, Persönlichkeitsentwicklung und Ressourcenerwerb zugesprochen. Erlebens- und Verhaltensprobleme treten nach Ansicht vieler Autoren bei überwiegender Nutzung aktiver Coping-Strategien weitaus seltener auf (vgl. Hurrelmann 1988; Lösel u. a. 1990; Seiffge-Krenke 1988; Kolip 2004 und 1997; Richter 2000; Wustmann 2004).

Doch Armut und soziale Benachteiligung prägen auch die Bewältigungskompetenzen und führen dazu, dass in Problemlagen und Konfliktfällen (in Abhängigkeit vom Geschlecht) eher problem-meidendes als aktiv-problembewältigendes Verhalten gewählt wird; d.h. von Armut betroffene Kinder neigen eher als andere Gleichaltrige dazu, Belastungen und Probleme zu vermeiden, zu internalisieren und nicht aktiv anzugehen, woraus sich nicht nur psychosoziale Probleme ergeben können, sondern auch weit reichende Benachteiligungen in vielen anderen Lebensbereichen (z.B. Bildung!) (vgl. Richter 2000). Früh erfahrene Armut verstärkt internalisierendes Verhalten, Ängstlichkeit und Depressivität, sowie das lang anhaltende Gefühl, „Opfer" zu sein. Eine Bewältigung der daraus erwachsenden Probleme geschieht aus Sicht der Kinder vor allem durch Rückgriff auf eigene Möglichkeiten und Ressourcen, was für sie häufig Verzicht oder auch Mangel bedeutet. Belastungen können jedoch nur dann erfolgreich und ohne gravierende psychosoziale Folgen bewältigt werden, wenn auf genügend soziale und personale Ressourcen zurückgegriffen werden kann.

Wesentlich ist in diesem Zusammenhang auch die Ausdifferenzierung des sozialen Netzwerks. Nicht umsonst gehören zur Definition von Gesundheit im Sinne der WHO außer körperlichen und psychischen auch soziale Aspekte, wie z.B. der Grad der Integration in die umgebenden Systeme der Lebenswelt. In dieser Hinsicht unterscheiden sich arme und sozial benachteiligte Grundschulkinder häufig sehr stark von statushöheren Gleichaltrigen. Obwohl ihnen dieselben Institutionen des Freizeit- und Kulturbereichs offen stehen wie ihren Altersgenossen, werden sie von ihnen weitaus weniger in Anspruch genommen. Die erforderliche Niedrigschwelligkeit, die den Zugang sozial benachteiligter Gruppen zu kompensierenden und unterstützenden Angeboten erleichtern soll, kann viel zu oft nicht realisiert werden (vgl. Richter 2000).

2.3 Der Settingansatz in der Gesundheitsförderung

2.3.1 Definition des Settingbegriffs

Die Auswirkungen von Armut und sozialer Benachteiligung auf die Gesundheit von Kindern und Jugendlichen belegen die Notwendigkeit von Prävention und Gesundheitsförderung bei sozial Benachteiligten. Die Ansatzpunkte und Strategien der Prävention richten sich auf die Verhinderung und Vermeidung spezifischer Risiken im Kindes- und Jugendalter vor allem bei

- Unfällen
- Zahngesundheit
- Impfungen
- Fehl- und Mangelernährung
- Bewegungsmangel.

Es geht um Verhinderung gesundheitsriskanten und Aufbau gesundheitsförderlichen Verhaltens.

Demgegenüber zielen Ansatzpunkte und Strategien von Gesundheitsförderung auf die

- Stärkung und Förderung von Ressourcen in „Settings“ (z.B. Kindertagesstätten, Schulen, Stadtteilen).

Nach diesem Verständnis bezeichnet der Begriff „Setting“ die Lebensbereiche, in denen die Menschen den größten Teil ihrer Zeit verbringen (Arbeitsplatz, Schule, Wohnort etc.) und die einen besonders starken Einfluss auf die Gesundheit haben. Gesundheitsförderungsmaßnahmen, die am Setting ansetzen, gelten als besonders Erfolg versprechend, denn:

- Verhaltensänderungen sind nur möglich und langfristig stabil, wenn sie in den Alltag integriert werden können und mit den jeweiligen Gewohnheiten und Werten übereinstimmen,
- in den Settings können gesundheitsrelevante Rahmenbedingungen gezielt unter Einbeziehung und Mitwirkung der Betroffenen verbessert werden,
- die jeweiligen sozialen Gefüge und Organisationsstrukturen werden berücksichtigt und zur besseren Erreichung der Zielgruppen sowie Sicherung langfristiger Erfolge genutzt.

Der Settingansatz gilt in der Gesundheitsförderung als sehr viel versprechend. Laut Bundeszentrale für gesundheitliche Aufklärung (BZgA) wird „Setting einerseits als ein soziales System verstanden, das eine Vielzahl relevanter Unwelteinflüsse auf eine bestimmte Personengruppe umfasst und andererseits als ein System, in dem diese Bedingungen von Gesundheit auch gestaltet werden können ... Der Settingansatz fokussiert die Rahmenbedingungen, unter denen Menschen leben, lernen, arbeiten und konsumieren" (vgl. BZgA 1996).

Mit settingorientierten gesundheitsfördernden Maßnahmen kann ein zentraler Beitrag zur kindbezogenen Armutsprävention geleistet werden, vorausgesetzt die Arbeit mit sozial benachteiligten Zielgruppen wird zum expliziten Anliegen der Settingprojekte gemacht. Dem Settingansatz liegt die Idee zugrunde, dass Gesundheit kein abstraktes Ziel ist, sondern im Alltag hergestellt und aufrechterhalten wird. Gesundheitsförderung muss also am Lebensalltag ansetzen und sich an alle Akteure im Setting richten, d.h. Partizipation aller Beteiligten gilt als eines der durchgängigen Prinzipien. Dem Settingansatz werden außerdem weit reichende Möglichkeiten bezüglich des Zugangs zu schwer erreichbaren Zielgruppen zugesprochen, da sich ein solcher hauptsächlich aus der neu angestoßenen Zusammenarbeit mit den benachbarten Sektoren Soziales und/oder Bildung ergibt (vgl. dazu Deneke u. a. 2002, Rosenbrock 2004). Anbieter des Gesundheitsbereichs können über diese Vorgehensweise mit ihren Maßnahmen jene Zielgruppen erreichen, die diese besonders dringend benötigen. So kann verhindert werden, dass gesundheitsfördernde Leistungen vor allem von status-mittleren bzw. -höheren Lagen in Anspruch genommen werden, die generell ein höheres Interesse an ihrer Gesundheit zeigen und manchmal auch bereits „überversorgt" sind.

2.3.2 *Kitas, Schulen, Stadtteile als Settingorte*

Der Settingansatz bietet für die verschiedensten Einrichtungen in sozial benachteiligten Stadtteilen eine gute Arbeitsbasis zur Bewältigung ganz unterschiedlicher Probleme. Gute Beispiele liefern das Hamburger Projekt der „Gesunden, sozialen Stadt" oder stadtteilbezogene Projekte wie das Gelsenkirchener Gesundheitshaus in Bismark, das sich besonders im Bereich von Migrantinnen und Migranten sowie für Kinder und Jugendliche, z.B. in der Zusammenarbeit mit Kindertagesstätten und Schulen engagiert. Zu den Bausteinen der settingorientierten Vorgehensweise gehören u. a.:

- Definierte Interventionsorte (Kindertagesstätten, Schulen, Jugendfreizeiteinrichtungen, Stadtteile)
- Verankerungsmöglichkeiten von Gesundheit im Stadtteil
- Beteiligungsstrategien, (Gesundheitszirkel, Befragungsinstrumente, Elternwerkstätten)
- Lernzyklen und Organisationsentwicklung.

Interventionsorte wie Kindertagesstätten, Schulen oder Stadtteile bieten die Möglichkeit eines koordinierten und strukturierten Vorgehens mit ausgedehntem Aktionsradius unter Beteiligung aller Akteure, wodurch ausgrenzende Etikettierungen und Stigmatisierungen armutsbetroffener Kinder und Jugendlicher als Hilfeempfängerinnen und -empfänger weitgehend abgewendet werden können. Da es im Kern um gesundheitsförderliche Organisationsentwicklung und Partizipation geht, kann settingbezogene Gesundheitsförderung zu einer Querschnittsaufgabe aller stadtteilbezogenen Aktivitäten werden (vgl. auch Altgeld 2004).

2.3.2.1 Gesundheitsförderung im Setting Schule

Bezogen auf die Umsetzung des Settingansatzes im Schulbereich gilt die Fridtjof-Nansen Schule aus Hannover-Vahrenheide über das Bundesland Niedersachsen hinaus als „Vorzeige"-Schule, die bereits auf langjährige Erfahrungen mit dieser Arbeitsweise zurückgreifen kann. Die Schule hat ein Einzugsgebiet mit hohem Migrantenanteil und beherbergt Kinder aus 24 Nationen. Gesundheitsförderung ist als einer von fünf Schwerpunkten in der Konzeption verankert und richtet sich nicht allein auf die Gesundheit von Schülerinnen und Schülern, sondern auch auf die der Lehrkräfte und der übrigen Beschäftigten. Das Modell beinhaltet eine gesundheitsförderliche Rhythmisierung des Schulalltags, gesunde und vollwertige Ernährung, Bewegung (bewegungsfördernde Unterrichts- und Pausengestaltung u.v.m.), aber auch Elemente wie gesundheitsfördernde Arbeitsplatzbedingungen und Kommunikationsstrukturen, sowie Formen der kollegialen Zusammenarbeit. Die Partizipation der verschiedenen Akteure ist auch gesichert durch Kinderparlament, Elterncafé, mehrsprachige Elternabende, Austausch mit außerschulischen Experten und Stadtteilaktionen. Die Maßnahmen werden qualitätsgesichert durch regelmäßige Schüler- und Lehrerbefragungen evaluiert.

2.3.2.2 Gesundheitsförderung im Setting Kita

Von besonders hohem Interesse für die Entwicklung eines kindbezogenen Armutspräventionskonzeptes sind jene gemeinsamen Themen von Gesundheitsförderung und Armutsprävention, die die zentralen Bereiche und Bedarfe der kindlichen Entwicklung betreffen. Sie sind für die verschiedensten Stadien im Entwicklungsverlauf denkbar und können in Anlehnung an die bestehenden Konzepte übergreifend entwickelt werden. Modellbeispiele existieren zur Zeit vor allem für das Setting Schule, doch auch in benachbarten Bereichen gibt es bereits verschiedene Ansätze.

Für Maßnahmen in Kindertagesstätten, die im frühen Kindesalter bzw. Vorschulalter ansetzen, sind solche gemeinsamen Ansatzpunkte in den folgenden Bereichen denkbar:

- Sprachentwicklung
- Stressbewältigung
- Bewegung
- Ernährung
- Transitionskompetenzen
- u. a.

Die entsprechenden Maßnahmen der Gesundheitsförderung könnten sich u. a. an klar definierten Leitzielen orientieren, wie sie auch im Prozess der Entwicklung von Gesundheitszielen bei Kindern bundes(landes)weit formuliert wurden .

Entsprechende Vorschläge werden im Handlungskonzept und Manual „Gesund in allen Lebenslagen“ näher erläutert. Das Konzept wurde für die Arbeit in Kindertagesstätten entwickelt und settingorientiert mit klarem Bezug auf die Zielgruppe sozial benachteiligter Mädchen und Jungen gerichtet (Richter 2004). Es ist ganzheitlich konzipiert, fördert die Partizipation aller Akteure und ist als Lernzyklus gestaltet. Das Konzept bietet Instrumente zur Armutsprävention, die flexibel auch auf unterschiedliche regionale Bedingungen angewendet werden können und vermittelt über ein Manual mit Leitfaden und diversen Arbeitsblättern, wie dieser Prozess praxisorientiert gestaltet werden kann. Diese Vorschläge zur Maßnahmenplanung orientieren sich an vorgegebenen Leitzielen zu vier Handlungsfeldern.

Abb. 7: Vier Handlungsfelder im Manual „Gesund in allen Lebenslagen"

Gesundheit am Arbeitsplatz	Sozial benachteiligte Mädchen und Jungen
Sozial benachteiligte Mütter und Väter	Soziales Umfeld

Charakteristisch für settingorientierte Maßnahmen ist auch hier die Bedeutung, die der Gesundheit der Beschäftigten beigemessen wird. Sie werden wie alle anderen Beteiligten in den gesundheitsfördernden Prozess einbezogen und somit zum gleichberechtigten Nutznießer der Maßnahmen.

2.4 Die salutogenetische Orientierung als Beitrag zur Armutsprävention

Es gibt viele unterschiedliche Definitionen von Gesundheit. Sie beeinflussen die Sichtweise auf die einzusetzenden Mittel zur Vermeidung und Behandlung von Krankheiten und zur Förderung von Gesundheit. Sie entscheiden auch darüber, ob und in welchem Maße den Menschen Verantwortung für ihr Gesundheitsverhalten übertragen werden soll. Zwei Ansätze prägen die heutige Sicht von Gesundheit ganz besonders (BZgA 2004):

1. Die internationale Konferenz von Alma Ater, auf der die richtungweisende Erklärung verabschiedet wurde, dass „Gesundheit ein Zustand vollständigen körperlichen, seelischen und sozialen Wohlbefindens und nicht nur Abwesenheit von Krankheit ist" und ein fundamentales Menschenrecht darstellt. Das Erreichen des höchsten Niveaus von Gesundheit gilt als eines der wichtigsten sozialen Ziele weltweit, dessen Realisierung den Einsatz vieler anderer sozialer und wirtschaftlicher Sektoren zusätzlich zum Gesundheitssystem erfordert.
2. Aaron Antonovsky und sein salutogenetisches Konzept, in dem er gegenüber der bisher üblichen starken Ausrichtung der Medizin auf Risikofaktoren die Stärkung der Gesundheitsressourcen eines Menschen betont. Ausgehend vom salutogenetischen Konzept interessiert vor allem, warum Menschen gesund bleiben und nicht so sehr, wa-

rum sie krank werden. Aus Antonovskys Konzept der Salutogenese (Antonovsky 1997), in dem Gesundheit und Krankheit als zwei entgegen gesetzte Pole auf einem Kontinuum gesehen werden, sowie seinem Konstrukt des „Kohärenzgefühls" (SOC) lässt sich ableiten, wie wichtig es ist, für Kinder eine Welt zu schaffen, die konsistente Erfahrungen ermöglicht, für Belastungsausgleich sorgt und die Einflussnahme auf Entscheidungsprozesse zulässt. Antonovsky betont in seinem Konzept ausdrücklich die Bedeutung früher Präventionsanstrengungen, da er Änderungen des Kohärenzgefühls im Erwachsenenalter für schwer umsetzbar hält.

Allgemein gesprochen, sieht er strukturelle und gesellschaftliche Maßnahmen, die dem einzelnen Einflussnahme und Teilhabe an sozial anerkannten Entscheidungsprozessen ermöglichen, als viel versprechende Möglichkeit, das Kohärenzgefühl zu stärken. Er macht die Zusammenarbeit mit Kooperationspartnern aus benachbarten Sektoren (wie Soziales und/oder Bildung) explizit zu einer Pflichtaufgabe auch der Medizin! Das Konzept, das etwa zur gleichen Zeit mit Ansätzen der Gemeindepsychologie, des Empowerments und dem sozial-ökologischen Ansatz entstand, atmet den gleichen Zeitgeist wie diese.

In engem Zusammenhang dazu ist das Resilienzkonzept zu sehen, das sich auf die psychische Widerstandsfähigkeit von Kindern gegenüber biologischen, psychologischen und psychosozialen Entwicklungsrisiken bezieht und damit einen ganz ähnlichen Paradigmenwechsel weg von der risikoorientierten, pathogenetischen hin zur ressourcenorientierten, salutogenetischen Orientierung beschreibt. Generalisierend kann gesagt werden, dass Resilienz auf psychische Gesundheit trotz erhöhter Entwicklungsrisiken zielt. Dabei ist immer davon auszugehen, dass es sich um einen dynamischen Entwicklungsprozess handelt, dessen Verlauf vor dem Hintergrund der Kind-Umwelt-Interaktion zu sehen ist und dass die in diesem Prozess erworbenen Kapazitäten auch Schwankungen unterliegen können (Rutter 1998). Von besonderem Interesse ist dabei das Zusammenspiel der personalen und unweltbedingten Faktoren und die explizite Betonung der aktiven Rolle des Individuums. Die salutogenetische Orientierung spiegelt sich in diesem Konzept u. a. in der Ausrichtung der Analysen auf fördernde und stärkende Faktoren, der ganzheitlichen und nicht allein symptomorientierten Betrachtung des Individuums und der Stärkung von Bewältigungskapazitäten. In logischer Schlussfolgerung führt diese Perspektive zu dem von der WHO propagierten Settingansatz mit der Betonung von verhaltens- und verhältnisorientierten Maßnahmen von Prävention und Gesundheitsförderung.

Antonovskys Konzept der Salutogenese bietet eine Meta-Theorie für alle Anwendungsfelder von Prävention und Gesundheitsförderung sowie eine Legitimation für konzeptuelle Überlegungen und konkrete Maßnahmenplanung. Es steht für Kompetenz steigernde und unspezifische Maßnahmen, schult den ressourcenorientierten Blick und lenkt den Fokus auf Lebenskontexte und deren Auswirkungen auf das Individuum. Im Zusammenhang mit dem Resilienzkonzept liefert es hervorragende Grundlagen zur Entwicklung von Armutspräventionsmaßnahmen.

2.5 Fazit

Zusammenhänge von sozialem Status und Gesundheitsstatus und -chancen im Kindesalter sind belegt (Holz 2004), erfordern die Zusammenarbeit benachbarter Sektoren zum Abbau ungleicher Gesundheitschancen und müssen in ein Konzept kindbezogener Armutsprävention einfließen. Die Gesundheitsförderung kann dazu wichtige Bausteine beitragen.
Antonovsky hat mit der salutogenetischen Orientierung eine wichtige Basis nicht nur für eine veränderte Sichtweise des Menschen, sondern auch für die Entwicklung erfolgreicher Unterstützungsangebote in der Armutsprävention geschaffen. Weitere Möglichkeiten bietet sowohl der Settingansatz mit der Forderung nach Einbeziehung individueller und umweltbedingter Ressourcen sowie intensiver Vernetzung benachbarter Institutionen, wie auch die in der Theorie der Gesundheitsförderung implizierte ganzheitliche Sicht auf das Individuum, die Gesundheit nicht nur als psycho-physisches, sondern auch als soziales Wohlbefinden definiert.

Konzepte und Modelle aus den Bereichen Kita, Schule und sozial benachteiligter Stadtteile liefern Beispiele für eine soziallagenbezogene Gesundheitsförderung und belegen die Notwendigkeit der in Deutschland bisher vernachlässigten Verknüpfung der Sektoren Gesundheit, Soziales und Bildung. Neuere Entwicklungen weisen darauf hin, dass Gesundheitsförderung als wichtiges Themenfeld in der sozialen Stadtentwicklung und in der Zusammenarbeit mit Kindertagesstätten und Schulen gilt und zur Querschnittsaufgabe präventiver Aktivitäten werden könnte.

Literatur

Altgeld, Thomas (2004): Gesundheitsfördernde Settingansätze in benachteiligten städtischen Quartieren. Expertise im Auftrag der Regiestelle E&C der Stiftung SPI. Berlin.

Antonovsky, Aaron (1997): Salutogenese – Zur Entmystifizierung der Gesundheit. Tübingen.

Beauftragte der Bundesregierung für Ausländerfragen (Hrsg.). (1997): Bericht der Beauftragten der Bundesregierung für Ausländerfragen über die Lage der Ausländer in der Bundesrepublik Deutschland, Bonn.

BZgA (Hrsg.) (1996): Leitbegriffe der Gesundheitsförderung. Schwabenheim a.d. Selz:.

BZgA (1998): Was erhält Menschen gesund? Forschung und Praxis der Gesundheitsförderung. Band 6. Köln.

BZgA (2002): „Früh übt sich ..." Gesundheitsförderung im Kindergarten. Impulse, Aspekte und Praxismodelle. Forschung und Praxis der Gesundheitsförderung. Band 16, Köln.

BZgA (2004): Kriterien zur Ermittlung von Models of Good Practice. Unveröffentlichtes Manuskript des beratenden Arbeitskreises der Bundeszentrale für gesundheitliche Aufklärung „Gesundheitsförderung bei sozial Benachteiligten". Köln.

Deneke, Christiane/Hofrichter, Petra/Waller, Heiko (unter Mitarbeit von Richter, Antje) (2002): Armut und Gesundheit – Bestandsaufnahme, Bewertung und Entwicklung von gesundheitsbezogenen Interventionsprojekten in Niedersachsen. Forschungsbericht des Zentrums für angewandte Gesundheitswissenschaften (ZAG) der Universität und der Fachhochschule Lüneburg. Lüneburg.

Feichtinger, Elfriede (2000): Ernährung in Armut. In: Suppenküchen im Schlaraffenland. Ernährung und Armut von Familien und Kindern in Deutschland. Tagungsreader hrsg. von der Landesvereinigung für Gesundheit Niedersachsen, der Deutschen Gesellschaft für Ernährung Sektion Niedersachsen u. a.. Hannover.

Holz, Gerda (2004): Gesundheitsdefizite und -potenziale sozial benachteiligter und armer Kinder im frühen Kindesalter. In: Richter, Antje/Holz, Gerda/Altgeld, Thomas (Hrsg.): Gesund in allen Lebenslagen. Förderung von Gesundheitspotentialen bei sozial benachteiligten Kindern im Elementarbereich. Frankfurt a. M.

Hurrelmann, Klaus (1988): Sozialisation und Gesundheit. Somatische, psychische und soziale Risikofaktoren im Lebenslauf. Weinheim/München.

Hurrelmann, Klaus/Klocke, Andreas/Melzer, Wolfgang/Ravens-Sieberer, Ulrike (Hrsg.) (2003): Jugendgesundheitssurvey. Internationale Vergleichsstudie im Auftrag der Weltgesundheitsorganisation WHO. Weinheim.

Kamensky, Jutta (2003): Gesunde Kinder – Gleiche Chancen für alle? Ein Leitfaden für den öffentlichen Gesundheitsdienst zur Förderung gesundheitlicher Teilhabe. Hrsg. vom Landesgesundheitsamt Baden-Württemberg und dem Landesinstitut für den Öffentlichen Gesundheitsdienst NRW. Bielefeld.

Kolip, Petra (1997): Geschlecht und Gesundheit im Jugendalter. Die Konstruktion von Geschlechtlichkeit über somatische Kulturen. Opladen.

Kolip, Petra (2004): Der Einfluss von Geschlecht und sozialer Lage auf Ernährung und Übergewicht im Kindesalter. In: Bundesgesundheitsblatt – Gesundheitsforschung – Gesundheitsschutz. 3/2004, Seite 235 ff.

Lösel, Friedrich/Bliesener, Thomas/Köferl, Peter (1990): Psychische Gesundheit trotz Risikobelastung in der Kindheit: Untersuchungen zur „Invulnerabilität". In: Seiffge-Krenke, Inge (Hrsg.): Jahrbuch der medizinischen Psychologie. Krankheitsverarbeitung bei Kindern und Jugendlichen. Berlin/Heidelberg/New York.

Luber, Eva (2002): Kinderarmut in Deutschland – Aspekte der Gesundheitsförderung. In: BZgA: „Früh übt sich ..." Gesundheitsförderung im Kindergarten. Impulse, Aspekte und Praxismodelle. Forschung und Praxis der Gesundheitsförderung. Band 16.Köln.

MASGF (Ministerium für Arbeit, Soziales, Gesundheit und Frauen des Landes Brandenburg) (1999): Soziale Lage und Gesundheit. Potsdam.

MASGF (Ministerium für Arbeit, Soziales, Gesundheit und Frauen des Landes Brandenburg) (2001): Soziale Lage und Gesundheit von jungen Menschen im Land Brandenburg 2001. Potsdam.

Mielck, Andreas (2000a): Soziale Ungleichheit und Gesundheit. Empirische Ergebnisse, Erklärungsansätze, Interventionsmöglichkeiten. Bern.

Mielck, Andreas (2000b): Armut macht krank – immer noch. In: Gesundheit und Gesellschaft. H. 6.

Mielck, Andreas (2004): Armut als Krankheitsrisiko. In: Impulse 43: Chronisch krank – chronisch arm? Newsletter zur Gesundheitsförderung, H. 2/2004.

Richter, Antje (2000): Wie erleben und bewältigen Kinder Armut? Eine qualitative Studie über die Belastungen aus Unterversorgungslagen und ihre Bewältigung aus subjektiver Sicht von Grundschulkindern einer ländlichen Region. Aachen.

Richter, Antje (2004): Handlungskonzept zur Gesundheitsförderung für sozial benachteiligte Kinder im Setting Kindertagesstätte. In: Richter, Antje/Holz, Gerda/Altgeld, Thomas (Hrsg.): Gesund in allen Lebenslagen. Förderung von Gesundheitspotentialen bei sozial benachteiligten Kindern im Elementarbereich. Frankfurt a. M..

Richter, Antje: Resilienz – ein Garant für Gesundheit? In: Impulse 37, Newsletter zur Gesundheitsförderung, H. 4/2002.

Rosenbrock, Rolf (2004):Primäre Prävention zur Verminderung sozial bedingter Ungleichheit von Gesundheitschancen. 13 Befunde und Empfehlungen. BKK Bundesverband Essen.

Rutter, M.: Psychosocial Adversity (1998): Risk, Resilience and Recovery. Unveröffentlichtes Manuskript.

Schmidt, Werner/Hartmann-Tews, Ilse/Brettschneider, Wolf-Dietrich (2003): Erster deutscher Kinder- und Jugendsportbericht. Schorndorf.

Seiffge-Krenke, Inge (1988): Problembewältigung im Jugendalter: Ergebnisse von Studien an normalen und besonders belasteten Jugendlichen. In: Kächele, Horst/Steffens, Wolfgang: Bewältigung und Abwehr. Beiträge zu Psychologie und Psychotherapie schwerer körperlicher Krankheiten. Berlin/Heidelberg.

Wustmann, Corina (2004): Resilienz – Widerstandsfähigkeit von Kindern in Tageseinrichtungen fördern. Weinheim und Basel.

3. Armutsprävention im Bildungsbereich – Ansatzpunkte für Chancengleichheit

Marita Kampshoff

Kinderarmut ist ein Thema, welches mittlerweile breit diskutiert wird. Das zeigen die vielen neueren Veröffentlichungen in diesem Bereich und auch Studien der AWO, von UNICEF und RWI (das **R**heinisch-**W**estfälische **I**nstitut für Wirtschaftsforschung hat den deutschen Teil der UNICEF Studie durchgeführt) sowie der mittlerweile 2. Armuts- und Reichtumsbericht der Bundesregierung. Eindeutig wird in allen Texten aufgezeigt, dass die Kinderarmut zum einen größer ist als die Armut der Erwachsenen in diesem Lande. Zum anderen ist sie im vergangenen Jahrzehnt sogar gestiegen. In Westdeutschland hat sie sich – wenn man den Bezug von Sozialhilfe als Armutsschwelle zu Grunde legt – zwischen 1989 und 2001 von 4,5 % auf 9,8 % mehr als verdoppelt; in Ostdeutschland stieg ihr Anteil seit 1991 von 8,3 % auf 12,6 % (vgl. UNICEF/RWI-Studie 2005, 3).

Kinderarmut wird meistens über das Einkommen der Eltern erfasst. Als arm werden in der Regel die Personen bezeichnet, denen weniger als die Hälfte des Durchschnittseinkommens zur Verfügung steht. Einhellig wird in den Veröffentlichungen auf immer dieselben Personengruppen hingewiesen, in denen Kinderarmut sich besonders häufig zeigt:

– Allein Erziehende sind mit 35,4 % am stärksten von einem so definierten Armutsrisiko betroffen; auch bei den Sozialhilfequoten bilden sie mit 23,7 % mit Abstand den größten Anteil aller Lebensgemeinschaften mit Kindern (vgl. BMGS 2005, 76 ff.).
– Bei Kindern aus Familien mit Migrationshintergrund ist der stärkste Anstieg von Kinderarmut zu verzeichnen: In den 1990er Jahren verdreifachte sich der Anteil armer Kinder in dieser Bevölkerungsgruppe von 5 auf 15 % (vgl. UNICEF/RWI 2005, 1).
– Die Familien, in denen mindestens ein Elternteil arbeitslos ist und/oder in denen prekäre Beschäftigungen und Niedrigeinkommen bei Erwerbstätigkeit vorliegen, sind von Armut bzw. einem Armutsrisiko stark betroffen (vgl. Lange u. a. 2002, 153). Wird die Dauer und Häufigkeit der Armutsphasen beachtet, sind Familien häufiger und länger von Armutsphasen betroffen (vgl. ebd., 158).

- Das Armutsrisiko reicht auch bis in die Mittelschichten hinein: Immer häufiger findet sich eine Überschuldung von Existenzgründerinnen und Existenzgründern. Es gibt eine steigende Anzahl von Menschen, die keinen sicheren Arbeitsplatz haben. Diese Gruppen können quasi über Nacht unter die Armutsgrenze sinken (vgl. Butterwegge 2002, 50).
- Besonders prekär ist die Situation von Arbeitslosen, Sozialhilfeempfängerinnen bzw. Sozialhilfeempfängern und Menschen mit Migrationshintergrund, wenn diese gleichzeitig nur über eine niedrige bzw. keine Ausbildung verfügen (vgl. Palentien 2003, 95 f.).

Im vorliegenden Beitrag soll der Fokus darauf liegen, was im Bildungsbereich getan werden kann, um zu einer Armutsprävention beizutragen, also welche Rolle das Bildungswesen hinsichtlich der Herstellung von Chancengleichheit für Kinder aus armutsgeprägten Verhältnissen hat bzw. haben kann.

3.1 Zusammenhang von Bildung und Armut

Kinderarmut wird vielfach mit dem Konzept der Lebenslage beschrieben (vgl. Holz i. d. Bd.). Neben der materiellen Ebene der Kinderarmut wird die soziale, die kulturelle und die physisch-psychische betrachtet (vgl. AWO-Bundesverband 2000, 28). Kindern, die in finanziell prekären Verhältnissen leben, fehlt es gleichzeitig oft an Zuwendung, Erziehung und Bildung: „Oft lebten die Kinder in beengten Wohnverhältnissen, in vernachlässigten Stadtteilen mit schlechten Schulen und unzureichenden Sozialangeboten. Mangelhafte Ausbildung und schlechte Berufschancen zementieren die Armutsbiografien dieser Kinder." (zwd 2005, 1). Bei den Aspekten, die hier zusammenwirken, kommt Bildung auf zweierlei Weise eine Rolle zu:

- Zum einen zeigen sich bei Kindern, die in Armut leben, Folgen für die (Schul)Bildung;
- zum anderen besteht häufig parallel zur Kinderarmut eine familiäre Bildungsarmut.

Folgen der Armut für die (Schul)Bildung

Beim Vergleich von armen und nichtarmen Kindern zeigt sich, dass arme Kinder erheblich mehr und häufiger Defizite im Sprach-, Spiel- und Arbeitsverhalten aufweisen. In der Familie und im nahen Umfeld treten vielfältige Belastungen auf, denen sie ausgesetzt sind. Diese Kinder besuchen seltener besondere Förderungseinrichtungen, in denen etwa Ergotherapie oder Logopädie angeboten werden. Ihr Alltag ist weniger kindzentriert und ihre Familien sind weniger als andere in der Lage, Erziehungs-, Bildungs- und Betreuungsaufgaben positiv auszufüllen (vgl. AWO-Bundesverband 2000, 50 ff.).

Kinder verarbeiten Armut zwar unterschiedlich und dies führt nicht zwangsläufig zu Defiziten. Aber im Vergleich zeigt sich, dass nur 14 % der nichtarmen, aber 36 % der armen Kinder multipel depriviert sind. Das heißt, sie sind auf mehreren Ebenen ihrer Lebenslage benachteiligt (materiell, kulturell, sozial und physisch/psychisch).
Mehrfach belastete Kinder beginnen oft verspätet mit der Schulbildung und schaffen die Anpassung an den Schulalltag nicht. Dies aufzufangen, ist die Schule anscheinend nicht vorbereitet. Eine Studie für die Grundschule, durchgeführt vom Institut für Sozialarbeit und Sozialpädagogik in Frankfurt a.M., zeigt: Bereits in den ersten beiden Schuljahren werden die Benachteiligungen durch die Schule nicht ausgeglichen, sondern verschärft (vgl. Holz 2003, 3).

Insbesondere bei länger andauernden Einkommenseinbußen werden in materiell schlechter gestellten Familien die Ausgaben für Bildung und Kultur reduziert, die Familien ziehen in anregungsärmere Wohnviertel und zeigen geringe Bildungsaspirationen für ihre Kinder. Dies trifft in besonderem Maße auf Eltern mit niedrigem Bildungsstand oder aus sozial deprivierten Sozialschichten zu (vgl. Lange u. a. 2002, 159). Und je länger Kinder in ungesicherten finanziellen Verhältnissen leben, desto größer sind die Auswirkungen im Bildungsbereich: Eine Längsschnittstudie mit standardisierten Tests zeigte Einbußen in der allgemeinen Intelligenz, der Sprachfähigkeit und bei den Schulleistungen (vgl. ebd., 160).

Auch nach der Grundschule setzen sich die ungünstig verlaufenden Bildungskarrieren fort. Kinder aus armutsgeprägten Lebenslagen finden sich vermehrt in Haupt- und Sonderschulen wieder, an Gymnasien sind sie unterrepräsentiert. Die elterliche Entscheidung, ihr Kind auf die Hauptschule zu schicken, hängt oft mit dem *Zusammentreffen* von Armut und der zeitlichen Phase des Übergangs von der Grundschule in eine weiterführende Schulform zusammen. Sind Familien erst nach dem Eintritt ihrer Kinder in weiterführende Schulen von Armut betroffen, wirkt sich das nicht mehr auf die Bildungsaspirationen der Eltern aus (vgl. ebd., 161 ff.). Häufig finden sich Kinder aus armen Familien auch unter denen, die keinen *Schulabschluss* schaffen. Die Beschreibung dieser Kindergruppe deckt sich an vielen Punkten mit den Bedingungen, die ein erhöhtes Risiko für Armut bedeuten: Jugendliche ohne Schulabschluss kommen oftmals aus unvollständigen Familien, die Väter sind relativ oft arbeitslos, das Bildungsniveau der Eltern ist eher niedrig; außerdem verschärfen eine hohe Kinderzahl und ein geringes Einkommen die Situation noch. Der Anteil von Jugendlichen mit Migrationshintergrund ist zudem in dieser Gruppe überproportional hoch (vgl. Solga 2003, 3).

Es besteht aber kein kausaler Zusammenhang zwischen Armut und Bildungserfolg. Die Armut bewirkt nicht bei allen Kindern multiple Deprivationen oder schulische Benachteiligungen. Diese Auswirkungen zeigen sich zwar häufiger bei armen als bei nichtarmen Kindern, aber eben nicht bei allen. Man geht daher davon aus, dass durch die Armut ein bereits vorhandenes Defizit in Sozialisation und Bildung verstärkt wird. Armut tritt trotz der mittlerweile auch gegebenen Betroffenheit vieler Mittelschichtfamilien immer noch verstärkt in den so genannten ‚unteren' Bildungs- und Sozialschichten auf. Und nicht die finanzielle Lage, sondern die soziale Herkunft bestimmt die Bildungsentscheidung der Eltern und führt schließlich zu einer Deprivation im Bildungsverlauf der Kinder (vgl. Lange u. a. 2002, 164 f.).

Ohne Schul- und berufsbildendem Abschluss sind die Chancen auf dem Arbeitsmarkt aber äußerst prekär, so dass Kinder aus armutsgeprägten Verhältnissen schlechte Startbedingungen haben. Auf diese Weise kann eine *Armutsspirale* einsetzen, die sich von Generation zu Generation fortsetzt.

Bildungsarmut

Es ist somit deutlich geworden, dass Kinderarmut in vielfacher Weise mit Bildungsarmut einhergeht. Die Beschäftigung mit Bildungsarmut ermöglicht das Betrachten weiterer Aspekte, die für den Zusammenhang von Kinderarmut und Bildung in Deutschland von Interesse sind.

In Analogie zu gebräuchlichen Definitionen von Armut unterscheidet man zwischen absoluter und relativer Bildungsarmut (vgl. Allmendinger/Leibfried 2003, 3). Absolut ließe sich ein Mindestmaß setzen, welches durch Alphabetisierung, Absolvieren von Haupt- oder Berufsschulpflicht bzw. durch das Erreichen bestimmter Kompetenzen gekennzeichnet ist. Relativ ließe sich die Positionierung aller Menschen einer Gesellschaft in einem Bildungs-Ressourcen-Gefüge betrachten. Dann wären all diejenigen bildungsarm, die sich im unteren Quintil oder Quartil dieses Gefüges befänden. Auch im internationalen Vergleich wird die relative Bildungsarmut verdeutlicht, indem die Armut im eigenen Land in ein Verhältnis zur Bildungsarmut anderer Länder gesetzt wird.

Als *zentrale* Messgrößen für die Produktion von Bildung schlagen Jutta

Allmendinger und Stephan Leibfried Zertifikate und Kompetenzen vor. Knapp 10 % eines Abschlussjahrganges sind unterversorgt, was die Erlangung eines Zertifikates angeht. 12 % Jungen und 7 % Mädchen verlassen Jahr für Jahr ohne Hauptschul- bzw. beruflichen Abschluss die Schule. Relativ betrachtet ist diese Misserfolgsquote in Deutschland gering, nur Schweden erreicht mit 5 % eine niedrigere Rate und ebenso die Niederlande mit 9 % (vgl. Solga 2003, 5). Bei den Schülerinnen und Schülern mit Migrationshintergrund liegt dieser Anteil mit 20 % allerdings wesentlich höher (vgl. Kristen 2003, 2).

Bei der Messung von Kompetenzen werden häufig (skalierte) Stufen gebildet, bei denen Kompetenzbereiche zusammengefasst werden. Die Stufen sind jeweils anhand von typischen Aufgabenmerkmalen gekennzeichnet und hierarchisch aufgebaut: Stufe 1 umfasst die niedrigsten, Stufe 5 die höchsten Kompetenzen. Nach der PISA-Studie werden diejenigen als absolut bildungsarm angesehen, die die unterste der fünf Kompetenzstufen nicht erreichen. Ein Zehntel der 15-Jährigen ist demnach als bildungsarm zu bezeichnen, davon sind zwei Drittel Jungen. Die Schülerinnen und Schüler kommen überwiegend aus Haupt- und Sonderschulen, nur bei der Hälfte ist die Umgangssprache in der Familie deutsch und über ein Drittel sind im Ausland geboren (vgl. Allmendinger/Leibfried 2003, 5). Der relative Wert lässt sich wiederum über den internationalen Vergleich bestimmen. In Deutschland erreichen die leistungsschwächsten Schülerinnen und Schüler weniger Punkte als für Kompetenzstufe I erforderlich sind, in 14 der 31 anderen Teilnehmerstaaten liegt der Wert der leistungsschwächsten Gruppe dagegen innerhalb der Grenzen der Kompetenzstufe I (vgl. ebd.). In Deutschland ist zudem der Zusammenhang zwischen sozialer Herkunft (sowie Migrationshintergrund) und Kompetenzarmut stärker als in den meisten anderen Ländern. Dabei zeigt der Erfolg von 14 Ländern (allen voran Finnland, Südkorea und Großbritannien), dass absolut gemessene Bildungsarmut und ein so starker Zusammenhang zwischen sozialer Herkunft und Kompetenzarmut vermeidbar sind (vgl. ebd.). Dieser internationale Vergleich ist das Neuartige, welches in die Diskussion um die soziale Ungleichheit eingeführt wurde. Bis zu diesem so genannten ‚PISA-Schock' wurde nur von Einzelkämpferinnen und Einzelkämpfern immer wieder auf die fortbestehende soziale Ungleichheit im deutschen Bildungssystem hingewiesen, bei anderen herrschte die Illusion von Chancengleichheit vor (vgl. Geißler 2004, 368).

Kinderarmut ist demnach im Bildungsbereich auf vielfältige Weise verknüpft mit sozialer Ungleichheit. Dem deutschen Bildungssystem gelingt es nach wie vor nicht, das Leistungspotenzial aller Kinder auszuschöpfen (vgl. ebd., 371). Ein Bildungswesen, das Chancengleichheit für alle einlöst, würde Kindern aus armutsgeprägten Verhältnissen prinzipiell ermöglichen, die ihnen drohende ‚Armutsspirale' zu durchbrechen. Chancengleichheit im Bildungswesen ist nämlich dann erreicht, wenn alle Schülerinnen und Schüler abhängig von meritokratischen, also leistungsbezogenen Prinzipien beurteilt werden. Das heißt, sie werden aufgrund ihrer *Schulleistung* verschiedenen Schulformen zugewiesen und alle haben die *gleiche Chance*, höherwertige Zertifikate zu erhalten. Nicht erreicht ist Chancengleichheit, wenn ‚ungerechte' Verteilungsprinzipien wirksam sind oder Personen bezogen auf die *Qualität* der Partizipationschancen diskriminiert werden. Dies trifft etwa zu, wenn es von der sozialen, regionalen, ethnischen Herkunft oder dem Geschlecht abhängt, welche Schulformen jemand besucht bzw. welche Zertifikate erworben werden (können). Und dieser Zusammenhang wurde im vorliegenden Abschnitt gezeigt. Bezogen auf die einleitend gestellte Frage, was Bildung mit Armut zu tun hat, lässt sich somit als erste Zwischenbilanz festhalten, dass arme Kinder oft weniger qualifiziert das Bildungssystem verlassen als nichtarme und dass vor allem die soziale Chancenungleichheit im Bildungswesen bislang nicht abgebaut, sondern sogar verstärkt wird.

3.2 Ansatzpunkte für Chancengleichheit im Bildungswesen

Für die Armutsprävention ist dieser Zusammenhang insofern wichtig, als das Bildungssystem, wenn Chancengleichheit für alle Gruppen von Schülerinnen und Schülern gewährleistet würde, zumindest einen Teil dazu beitragen könnte, das Risiko arm zu bleiben, abzubauen. Im Bildungswesen kann auf zweierlei Weise Armutsprävention betrieben werden: Zum einen können die Folgen von Armut für Kinder abgemildert werden; zum anderen kann versucht werden, die Armutsspirale für die aufwachsende Generation zu durchbrechen.

Dem Bildungssystem allein gelingt dies aber nicht, wie das folgende Beispiel verdeutlicht: Mädchen und Frauen sind die Gewinnerinnen der so genannten Bildungsexpansion der 1970er Jahre. Seit den 1980er Jahren sind sie häufiger an hoch qualifizierenden Schulformen, erwerben häufiger als junge Männer das Abitur, sind weniger bei den Schulabgängern ohne Schulabschluss oder auf den Sonderschulen zu finden (vgl. Faulstich-Wieland 2004, Nyssen 2004). Jungen/junge Männer haben während der Schulzeit somit ein höheres Armutsrisiko als Mädchen/junge Frauen. Beim Eintritt ins Berufsleben bzw. bei der Familiengründungsphase kehrt sich dies aber um. Nun werden die jungen Frauen diejenigen, die das überwiegende Armutsrisiko tragen. Sie sind zum Beispiel in der Altersgruppe der 18- bis 30-Jährigen bei den Sozialhilfeempfängerinnen und Sozialhilfeempfängern doppelt so häufig wie Männer vertreten (vgl. Beisenherz 2005, 6). Die guten schulischen Voraussetzungen der Mädchen können also nicht verhindern, dass sie später überproportional zu den vom Armutsrisiko Betroffenen gehören.

Wie kann nun Chancengleichheit im Bildungswesen für Kinder aus armutgeprägten Verhältnissen hergestellt werden? Als Vorbemerkung sei gesagt, Kinderarmut gehört bekämpft und abgebaut. Dies ist aber nicht Aufgabe des Bildungswesens, sondern stellt ein gesellschaftspolitisches Ziel dar. Dazu sollte die Haushalts- und Sozialpolitik an den Bedürfnissen von Kindern ausgerichtet werden, Kinderarmut muss definiert und kontrolliert werden und jedes Land sollte sich klare Ziele für die Reduzierung von Kinderarmut setzen (vgl. UNICEF/RWI 2005, 5). Wenn das vergessen wird, werden Maßnahmen nur zu einem „Herumdoktern" an den Symptomen.

Wichtig ist die Rolle des Bildungswesens aber trotz aller Einschränkungen, weil bislang die Folgen von Armut und ein Auseinanderdriften der benachteiligten und nicht benachteiligten Kinder nicht nur nicht abgebaut, sondern sogar verstärkt werden. Das Bildungswesen ist hier (mindestens) in zweierlei Hinsicht angesprochen: erstens in seiner strukturellen Verfasstheit und zweitens mit Bezug auf Maßnahmen, die in den Bildungseinrichtungen durchgeführt werden können.

Strukturelle Änderungen

Die PISA-Studie 2000 ist von Politik und Medienöffentlichkeit als ‚Beleg' für vielfältige, zumeist widersprüchliche strukturelle Konsequenzen, die im deutschen Bildungswesen getroffen werden müssten, herangezogen worden. International vergleichende ‚Large Scale Assessments' wie PISA (Programme for International Student Assessment), IGLU (Internationale Grundschul-Lese-Untersuchung) oder auch TIMSS (Third International Mathematics and Science Study) messen zunächst einmal lediglich anhand des Verhältnisses von input und output die Effektivität und Produktivität von Schulen und Schulklassen. Bei der Überprüfung, welchen Einfluss verschiedene Variablen auf die outputs haben, die als Schulleistungen gemessen werden, lassen sich Felder abstecken, in denen die Ursachen für hohe oder geringe Schulleistungen vermutet werden können. Einen kausalen Zusammenhang weisen die Forscherinnen und Forscher, wie sie selbst betonen, dadurch aber nicht nach. Die Ergebnisse der Schulleistungsforschungen eignen sich also nicht dazu, direkte Maßnahmen für den strukturellen Umbau eines Bildungssystems aus ihnen abzuleiten.

Die AG ‚Internationale Vergleichsstudie' (2003) hat deshalb – aufbauend auf der PISA-Studie 2000 – versucht, möglichen Gründen für den Erfolg verschiedener Bildungssysteme auf wissenschaftlich anspruchsvollem Wege nachzugehen. Zu diesem Zweck wurden renommierte Bildungsforscher aus sechs bei PISA 2000 relativ erfolgreichen Industriestaaten gebeten, zentrale Merkmale des jeweils *gesellschaftlichen* und *bildungspolitischen Kontextes* ihres Schulsystems und der *pädagogischen Praxis* in ihrem Land darzustellen. Diese Länderberichte wurden neben einem weiteren, dem deutschen Vergleichsbericht, von den deutschen Bildungsexpertinnen und Bildungsexperten der AG analysiert, thematisch verglichen und verdichtend zusammengefasst. Folgende Erkenntnisse wurden auf diesem Wege gewonnen: Die bei PISA erfolgreichen Länder nehmen die sozialen und migrationsbedingten Disparitäten in ihrem Bildungssystem ernst und stellen sie in den Mittelpunkt pädagogischer Innovationen. Ein Ausbau von Ganztagsangeboten findet sich gleichzeitig mit einer individuellen Leistungsbeurteilung und gezielten Förderung auch der leistungsschwächeren Lernenden. *Zusammengenommen* sind dies wichtige Elemente eines erfolgreichen Bildungssystems. Genaue Strategien der Einzelschulen lassen sich aus den Länderberichten nicht ableiten, aber die Autorinnen und Autoren vermuten, es käme auf flexible, dezentrale Lösungen an, die sich an verbindlichen Zielen orientieren. Wichtig ist, dass Bildung als zentrale gesellschaftliche Aufgabe wahrgenommen wird. (vgl. AG Internationale Vergleichsstudie 2003, 12) Im Unterschied zu Deutschland haben die Einzelschulen in den Vergleichsstaaten mehr Verantwortung, zugleich werden mehr zentrale Prüfungen als in Deutschland durchgeführt. Die Schülerinnen und Schüler anderer Länder berichten von mehr Unterstützung durch ihre Lehrerinnen und Lehrer und besuchen seltener Nachhilfeunterricht als in Deutschland. Es wird teilweise früher eingeschult und eine Differenzierung auf unterschiedliche Schulformen wird später vorgenommen als in Deutschland (vgl. ebd., 10). Empirische Untersuchungen aus den USA und aus Großbritannien haben immer wieder belegt, dass kompetenzheterogene Lernumwelten kompetenzarmen Schülerinnen und Schülern helfen und kompetenzreichen kaum schaden (vgl. Allmendinger/Leibfried 2003, 5). Eine längere gemeinsame Unterrichtung *aller* Kinder würde heterogene Lernumwelten ermöglichen.

Christoph Butterwegge schlägt vor, dass Kinderarmut gezielt bekämpft werden sollte, indem ein Ausbau der öffentlichen Betreuungsinfrastruktur und die Bereitstellung entsprechender Dienste für Kinder generell vorangetrieben werden. Geeignet wäre etwa (Schul)Sozialarbeit oder Quartiersmanagement sowie eine Verzahnung von Schule und Jugendhilfe (vgl. dazu Chassé u. a. 2003). Die flächendeckende Einführung der Ganztagsschule wäre auch seiner Ansicht nach ein geeigneter Beitrag zur Verringerung der Kinderarmut wie zur Vereinbarung von Beruf und Familie von (allein erziehenden) Müttern (vgl. Butterwege 2002, 52; Butterwegge u. a. 2005, 304 ff.).

Es wird weiterhin gefordert, Förderprogramme für Kinder aus deprivierten Schichten zu konzipieren, arme Schulkinder gezielt zu fördern und kinderreiche Familien finanziell zu entlasten. Dabei käme der außerschulischen Bildungsarbeit ebenfalls ein Stellenwert zu. Hier sollten Kindern Kompetenzen in Kultur und Kunst vermittelt werden, die zu einer Steigerung ihres Selbstwertgefühls beitragen würden (Lange u. a. 2002, 170).

Kritik an strukturellen Änderungsvorschlägen

Diese und ähnliche Vorschläge, die die strukturelle Ebene der Bildungseinrichtungen betreffen, werden auch kritisiert. Die Kritik kommt dabei von zwei Seiten: Zum einen meint etwa Eser (2002), die Kinder, die in prekären Verhältnissen aufwachsen und von Bildungsarmut betroffen sind, können nicht warten, bis derartige strukturelle Änderungen, die an und für sich sicher sinnvoll und notwendig seien, greifen würden. Zum anderen wird eingewandt, dass immer wieder strukturelle Änderungen (nicht nur) im Bildungswesen vorgeschlagen würden, welche Auswirkungen diese aber konkret hätten, wäre meistens nicht bekannt. Dies läge daran, dass auf der strukturellen die individuelle Ebene vernachlässigt würde: „Das ‚Wie', also die konkrete Frage nach der Mikrostruktur der Subjekt-Umwelt-Interaktionen derjenigen, die in Armut leben, im Vergleich zu denjenigen, die nicht in Armut leben oder denjenigen, die in Armut leben, hierunter aber nicht leiden, bleibt hierbei vielfach aber unberücksichtigt." (Palentien 2003, 99) Es gälte diesem Einwand nach also viel differenzierter hinzuschauen, wem wobei geholfen werden müsse, wenn strukturelle Änderungen nicht an den Zielen, die sie bezwecken, vorbeigehen sollen.

Pädagogische Maßnahmen

Wie bereits mehrfach erwähnt, wird in der Forschung zur Kinderarmut nicht davon ausgegangen, dass Armut zwangsläufig zu Deprivationen und Bildungsnachteilen führt. Arme Kinder werden, auch wenn sie unter großen Einschränkungen leben, nicht als passive Opfer der Situation angesehen, sondern immer auch als aktiv Handelnde. In diesem Sinne lassen sich sowohl bei den Kindern als auch in ihrem Umfeld Bedingungen benennen, die eine erfolgreiche Bildungsbiographie begünstigen können:

- Personale Ressourcen wie kognitive Kompetenz, emotionale Stabilität und ein stabiles Temperament tragen dazu bei.
- Stabile und verlässliche Beziehungen zu mindestens einem Familienmitglied sind wünschenswert sowie kulturelles Kapital, hohe Bildungsaspirationen, entsprechendes elterliches Humanvermögen (die Gesamtheit ihrer sozialen und kognitiven Kompetenzen) und eine elterliche Teilnahme am Schulgeschehen.
- Das Vorhandensein von stützenden Gleichaltrigenbeziehungen, die Möglichkeit zu vertrauensvollen Beziehungen zu anderen Erwachsenen, wie etwa Trainerinnen und Trainern oder Erzieherinnen und Erziehern, sind vorteilhaft.
- Förderlich sind außerdem spezielle schulische Angebote, die Armutsdefizite zu kompensieren helfen, wie Arbeitsgemeinschaften, Nachhilfeunterricht etc. (vgl. Lange u. a. 2002, 169)

Bei der Überprüfung dieser Faktoren lässt sich für jeden Einzelfall genau feststellen, wo individuelle Bildungsprozesse unterstützt werden, aber auch wo eventuell Lücken bestehen. Lehrerinnen und Lehrer, Erzieherinnen und Erzieher, Schulpsychologinnen und Schulpsychologen, Sozialarbeiterinnen und Sozialarbeiter hätten mit diesem Raster ein mehrdimensionales Analysemodell für die Ausgangslage der Schülerinnen und Schüler an der Hand.

Einschränkend gilt aber zunächst grundsätzlich zu bedenken, dass z.B. Lehrerinnen und Lehrer nicht unbedingt über die aktuelle Debatte zur Kinderarmut informiert sind und das Problem nicht immer offensichtlich ist, da die Betroffenen auch versuchen, es zu verbergen. Es gibt bislang kaum pädagogische Materialien für die Schule und Lehrende fühlen sich oftmals nicht adäquat auf den Umgang mit Armut vorbereitet. Lehrende selbst leben ökonomisch und sozialräumlich armutsfern. Daher verwundert es nicht, wenn ihnen durch Armut geprägte Lebenslagen ihrer Schülerinnen und Schüler nicht nachvollziehbar erscheinen. Befragungen haben sogar gezeigt, dass unter Lehrenden teilweise eine Abwehrhaltung gegen die Existenz von Armut besteht oder sie zwar unter der Störung des Unterrichts leiden, aber den Kindern unterstellen, ihnen ginge es gar nicht so schlecht (vgl. Eser 2002, 201 ff.).

Bei Lehrenden sollte deshalb neben einer Bereitstellung von Informations- und pädagogischem Material auch Empathie und Einfühlungsvermögen für die Situation Unterprivilegierter eingefordert und erfahrbar gemacht werden (vgl. ebd.).

Bezogen auf die Kinder, die in prekären sozioökonomischen Verhältnissen leben, gilt es „– im Sinne emanzipatorischer Pädagogik – Selbstbewusstsein zu stärken, über die jedermann zustehenden Rechte zu informieren, Kontakte zu Hilfseinrichtungen zu vermitteln, Selbsthilfepotenziale zu fördern und gemeinsam geeignete Formen zu finden, um öffentlich und politisch – im Sinne demokratischer Teilhabe – auf die Situation aufmerksam zu machen" (Eser 2002, 206). Durch die Thematisierung im Unterricht kann das Problem der Kinderarmut nicht gelöst werden, aber es wird in seinen Auswirkungen entschärft. Indem die Lebensrealität von Kindern, die in prekären Verhältnissen leben, verdeutlicht und diskutiert wird, wird ein erster Schritt hin zu Verstehen und Verständnis getan (vgl. ebd. 211 f.).

Über derartige Maßnahmen kann auch die soziale Integration in Schulklassen gestärkt werden. Die Verminderung von sozialer Armut in der Schulklasse, d.h. von Mangel an sozialen Beziehungen, ist zwar nicht nur für Kinder bedeutsam, die in prekären Verhältnissen leben. Für diese sind tragfähige Sozialbezüge aber besonders wichtig, da diese einen Ausgleich schaffen können für ungenügende Ressourcen auf anderen Ebenen. Der Beitrag positiver sozialer Beziehungen liegt für Kinder darin, dass sie „sich nicht emotional verlassen fühlen müssen und sich in ihrem Selbstwert durch die Zuwendung anderer gestärkt wahrnehmen können"; sie mobilisieren dadurch „innere Ressourcen" (Krappmann 2002, 71).

Kritik an pädagogischen Maßnahmen

Auch pädagogische Maßnahmen werden kritisch hinterfragt. Es besteht zum Beispiel die Gefahr, dass die vermeintlich zu fördernden Gruppen unter einer Defizitperspektive betrachtet werden, die den vielfältigen Lebenslagen, in denen diese Kinder leben, nicht gerecht wird. Eine Reihe von Maßnahmen im Beratungsbereich sei ungeeignet – so wird weiterhin bemängelt – das Entstehen von Armut und das Risiko, in Armutslagen zu geraten, zu verhindern, „weil sie die individuellen und subjektiven Prozesse, in eine derartige Lebenslage zu geraten und diese zu verarbeiten, ausblenden." (Palentien 2003, 101).

Folgt man dieser Kritik, ist es zum einen erforderlich die Aushandlungsprozesse und Verarbeitungsweisen der Kinder, die in Armut leben, genau zu betrachten. Kindheitsforschung, wie sie etwa von Lothar Krappmann und Hans Oswald auch zur Thematik Kinderarmut betrieben wird, gibt hierzu weiterführende Hinweise (vgl. etwa Krappmann 1999, 2002; Oswald/Krappmann 2004). Hier wird Kindheit als eigenständige Phase betrachtet, in der besondere Normen und Werte Geltung haben. Diese werden von den Kindern als Akteure ausgehandelt und gelebt.

Zum anderen müssen die Gruppierungen, in denen Kinderarmut besonders gravierend vorkommt, jeweils gesondert betrachtet werden. Es sind ja recht unterschiedliche Personengruppen, auf die in der Armutsforschung hingewiesen wird.

3.3 Wirkungen von Maßnahmen bei verschiedenen Zielgruppen

Um konkrete armutspräventive Maßnahmen im Bildungswesen auf ihre Wirkungsweisen bei unterschiedlichen Personengruppen zu überprüfen, werden im Folgenden exemplarisch zwei verschiedene Gruppen mit hohem Armutsrisiko bzw. in prekären Verhältnissen näher betrachtet: Kinder allein Erziehender und Kinder mit Migrationshintergrund.

3.3.1 Kinder allein Erziehender

Überwiegend Frauen (zu über 80 %) zählen zu der Gruppe der allein Erziehenden (vgl. Enders-Dragässer/Sellach 2002, 33). Meistens führen Trennung oder Scheidung dazu, dass Kinder in Haushalten mit nur noch einer Betreuungsperson aufwachsen. Dabei verschlechtert sich die Einkommenssituation der Familie oftmals drastisch. Die Möglichkeit einer Erwerbstätigkeit nachzugehen ist einerseits dringend erforderlich, um das Einkommen der Familie abzusichern. Andererseits wird diese Möglichkeit aber auch durch die zu bewältigenden Versorgungs- und Betreuungspflichten beeinträchtigt, vor allem wenn jüngere Kinder zum Haushalt gehören oder wenn keine wohnort- bzw. arbeitsplatznahe Betreuung der Kinder gegeben ist. Die wichtigsten Armutsrisikofaktoren sind daher eine unzureichende Sicherung der Frauen durch eigene Erwerbsarbeit und unzureichende Möglichkeiten der Kinderbetreuung (vgl. BMGS, 2005, 83). Diese Situation trägt vermutlich dazu bei, dass unter den Sozialhilfeempfängerinnen und Sozialhilfeempfängern der Prozentsatz der allein erziehenden Frauen so hoch ist. (vgl. ebd.). Nach einer Trennung und Scheidung sind Frauen häufiger von Armut betroffen als Männer. Während sich bei den Letztgenannten die Armutsquote nach einer Trennung kaum verändert, verdoppelt sich diese bei den Frauen. Betreuen jedoch die Väter die gemeinsamen Kinder und geben die Erwerbstätigkeit auf, fallen die Einkommenseinbußen bei ihnen gleichermaßen an (vgl. ebd.). Die Gruppe der allein Erziehenden ist zwar heterogen im Hinblick auf sozioökonomischen Status und Bildung, insgesamt wird jedoch eine ungünstigere Lebenssituation bei Ein-Eltern-Familien festgestellt. Besonders betroffen von negativen wirtschaftlichen Folgen sind Mütter, die vor der Trennung nicht Vollzeit erwerbstätig waren, die bereits ein hohes Lebensalter erreicht haben und Männer, die im unterhaltsrechtlichen Sinne nicht leistungsfähig sind (vgl. ebd., 84). Die schlechtere wirtschaftliche Situation kann auch zu einem Wohnungswechsel führen; die Wohnsituation von allein Erziehenden ist insgesamt ungünstiger als bei zwei Eltern (vgl. Gloger-Tippelt/König 2003, 128).

Welche Auswirkungen hat es nun auf die Bildungssituation der Kinder, dass sie in einer Ein-Eltern-Familie leben? Wie schon erwähnt, gehören Kinder aus Ein-Eltern-Familien auffallend oft zu denen, die die Schule ohne Abschluss verlassen.

Neben den beschriebenen äußeren Einflüssen spielt die psychische Situation der Mutter, die Art und Weise ihrer Lösung aus der Partnerschaft und ihre Bewältigung der Trennung eine wichtige Rolle für ihr Erziehungsverhalten (vgl. ebd.). Diese Belastungen wirken sich auch auf die Kinder aus, und zwar sowohl vor als auch nach der Trennung der Eltern. Schulische Leistungen sind dadurch oftmals beeinträchtigt. Häufig sind diese Auswirkungen jedoch nur kurzfristig, d.h. ein bis zwei Jahre finden sich gravierende Beeinträchtigungen bei den Kindern, die danach wieder verschwinden (vgl. Gloger-Tippelt/König 2003, 130). Dies sagt natürlich nichts über die Belastungen einzelner Fälle aus, in denen etwa häusliche Gewalt, konflikthafte Trennungsverläufe o.ä. massive Auswirkungen auf die Kinder haben können. Und je nach dem Alter, in dem die Schulleistungseinbrüche zu verzeichnen sind, lässt sich der Rückstand u.U. nicht wieder aufholen.

Ein Wohnungswechsel aufgrund der wirtschaftlich schlechteren Situation bedeutet für die Kinder häufig auch einen Schulwechsel und einen Verlust des vertrauten sozialen Umfeldes. Auch hier kann es zeitlich beschränkt zu Schulschwierigkeiten mit denselben Auswirkungen kommen (vgl. ebd.). Besonders gravierend ist eine Beeinträchtigung schulischer Leistungen bei Kindern allein Erziehender mit einer geringen schulischen Qualifikation oder mit einer niedrigen beruflichen Position (vgl. Brand/ Hammer 2002, 122).

Wirkungen der Präventionsmaßnahmen

Wie lassen sich anhand dieser – gezwungenermaßen etwas gerafften – Darstellung der Lebenslagen von Kindern aus Ein-Eltern-Familien die zuvor beschriebenen Armutspräventionsmaßnahmen im Bildungssystem einschätzen? Während ein Teil der strukturellen Änderungen des Bildungswesens wie der Ausbau der Ganztagsangebote oder eine längere gemeinsame Beschulung aller Kinder und eine damit einhergehende starke individuelle Förderung von Schülerinnen und Schülern auch den Kindern allein Erziehender sehr zu Gute käme, fehlt die Berücksichtigung anderer Aspekte in den beschriebenen Maßnahmen bislang völlig. Zu denken ist hierbei zum Beispiel an die zwar zeitlich befristete, aber dennoch gravierende psychische Belastung der Kinder in ihren Auswirkungen auf die Schulleistungen sowie an die besondere Lebenssituation, in der Kinder allein Erziehender im Vergleich zu der immer noch dominierenden Form der Zwei-Eltern-Familie sind. Damit die Schule sich auf diese Gruppe von Kindern einstellen könnte, wäre etwa eine Art ‚Notfallreserve' vorzusehen, mit der eine gezielte Förderung von besonders belasteten Kindern in den Bildungseinrichtungen zeitlich begrenzt und spontan umgesetzt werden könnte.

3.3.2 Kinder aus Familien mit Migrationshintergrund

Beim Blick auf Kinder mit Migrationshintergrund wird schnell deutlich, dass diese eigentlich differenzierter in ihrem Verhältnis zu schulischem (Miss)Erfolg betrachtet werden müssten. Radtke unterscheidet bezogen auf die Bundesrepublik sechs Gruppen, die mit Migration zu tun haben: Immigrantinnen und Immigranten aus EU-Ländern, Arbeitsmigrantinnen und Arbeitsmigranten und deren Familien (so genannte ‚Gastarbeiter'), repatriierte Deutsche aus Gebieten des früheren Ostblocks (so genannte ‚Spätaussiedler'), ‚Flüchtlinge' und ‚Asylbewerberinnen' und ‚Asylbewerber' aus Kriegsgebieten, staatenlose Roma und Sinti und so genannte ‚Illegale' (vgl. Radtke 2004, 631). Die Arbeitsmigrantinnen und Arbeitsmigranten ließen sich noch nach den verschiedenen (ehemaligen) Anwerbeländern unterscheiden, in der wievielten Generation sie in Deutschland leben, wie der Bildungsgrad der Eltern ist, ob sie als (ungelernte) Arbeiterinnen und Arbeiter, Angestellte oder anderes beschäftigt sind bzw. arbeitslos u.v.m. Nicht alle Kinder mit einem solchen Migrationshintergrund sind von einem Armutsrisiko oder von Armut und damit verbundenen Folgen im Bildungsbereich betroffen. Kristen beschreibt zum Beispiel, dass türkische und italienische Kinder und Jugendliche im Vergleich zu griechischen oder spanischen Heranwachsenden schlechtere Positionen im Bildungs- und Berufssystem innehaben. So genannte ‚Spätaussiedlerinnen' und ‚Spätaussiedler' hingegen erzielen recht gute Ergebnisse (vgl. Kristen 2003, 2). Da in den bundesrepublikanischen Statistiken meist nur nach ‚Deutschen' und ‚Ausländern' unterschieden wird, liegen zudem keine differenzierten Daten zu all diesen Gruppen vor. Und Kinder mit Migrationserfahrung können auch einen deutschen Pass besitzen, was die Erfassung des Problems weiter erschwert.[1]

Wo liegen die Ursachen für die relativ hohe Bildungsarmut bei Kindern mit Migrationshintergrund? Im Alltagsverständnis und auch älteren Studien der so genannten ‚Ausländerpädagogik' zufolge liegt es an den Kindern und ihren Familien selbst. Die ‚fremden' Kinder seien nicht integrationsfähig oder -willig, sie wären einem Kulturenkonflikt ausgesetzt, würden zwischen zwei Welten leben, der herkunftssprachliche Medienkonsum oder Sprachgebrauch in der Familie würde bewirken, dass diese Schülerinnen und Schüler schlecht in der Schule abschnitten usw. Radtke weist nach, dass solche, auch als kulturdeterministisch bezeichnete Deutungen sich in systematisch angelegten Untersuchungen als unhaltbar erwiesen haben. Dennoch sind es gerade diese Deutungen, die im ‚common sense', in der Medienöffentlichkeit und auch bei den Lehrenden als Erklärungsmuster herangezogen werden, und somit häufig ein ‚blaming the victim' stattfindet (vgl. Radtke 2004, 636). Der ausschlaggebende Faktor für die geringere Bildungsbeteiligung ist aber vielmehr die soziale Lage der Familien (vgl. etwa Nauck u. a. 1997). Die ethnische Herkunft verliert in der Generationenfolge an Bedeutung. Die andauernde ungleiche Bildungsbeteiligung auch der Kinder der mittlerweile dritten Generation wird zum einen mit der Unterschichtungsthese erklärt, wonach die Konkurrenz um das knappe öffentliche Gut Bildung von den demographischen Gegebenheiten (Geburtenzahl, Migration), der Struktur des lokalen Bildungsangebotes (Plätze) geprägt wird und nur lose an die Schulleistungen der Lernenden gekoppelt ist (vgl. Radtke 2004, 636). Kinder mit Migrationshintergrund haben auch – verglichen mit deutschen Schülerinnen und Schülern – ein unverhältnismäßig hohes Risiko an eine Sonderschule überwiesen zu werden. Da dieses Risiko zwischen den Bundesländern enorm schwankt, ist dies mit der jeweils gültigen Überweisungspraxis und dem Angebot an Sonderschulplätzen in Verbindung gebracht worden (vgl. Powell/Wagner 2001).

Bei der Suche nach Erklärungsansätzen für die ungünstigere Bildungssituation der Kinder mit Migrationshintergrund wird aus diesen

1 Mittlerweile wird z.B. in der PISA-Studie zwischen drei Gruppen unterschieden: 1. Beide Eltern sind in Deutschland geboren, 2. ein Elternteil ist in Deutschland geboren und 3. beide Eltern sind im Ausland geboren.

Gründen zunehmend nach schulorganisatorischen und institutionellen Erklärungen für die Ungleichheit gesucht (vgl. Radtke 2004, 637). Am Beispiel von Schule und Sprache lässt sich das veranschaulichen: Anstatt in der Mehrsprachigkeit der Kinder mit Migrationshintergrund ein individuelles von ihnen zu lösendes Problem zu sehen, welches ihre Schulleistungen schmälert, rückt die Institution Schule in den Vordergrund. Die Schule hat sich in dieser Perspektive noch nicht auf die faktische Mehrsprachigkeit und Mehrschriftigkeit eingestellt, mit der sie dauerhaft konfrontiert ist. Kindern sprachlicher Minderheiten wird zugemutet, ihre Besonderheiten in der Privatsphäre zu leben, während die Mehrheit den öffentlichen Raum auch sprachlich für sich beanspruchen kann. In der schulorganisatorischen Perspektive wird erforscht, „wie die Schule als Institution und ihr pädagogisches Umfeld sich im Umgang mit Migrantenkindern verhält und welchen Gebrauch diese Einrichtungen im Vollzug ihrer Operationen von ethnischen Unterscheidungen machen" (ebd.). Das von der Deutschen Forschungsgemeinschaft (DFG) finanzierte Schwerpunktprogramm „Folgen der Arbeitsmigration für Bildung und Erziehung" (FABER) beschäftigte sich empirisch mit dieser Frage. Da im Rahmen des Aufsatzes auf diese nicht eingegangen werden kann, verweise ich für die wesentlichen Ergebnisse auf den Sammelband von Gogolin und Nauck (2000).

Wirkungen der Präventionsmaßnahmen

Was bieten die in Abschnitt 2 dargelegten Präventionsmaßnahmen von Kinderarmut für die Bildungssituation von armen Kindern mit Migrationshintergrund und wo bestehen dort blinde Flecken? In den strukturellen Änderungsvorschlägen scheint vor allem der Hinweis bedeutsam zu sein, dass bei PISA erfolgreiche Länder soziale und migrationsbedingte Disparitäten in den Mittelpunkt pädagogischer Innovationen stellen. Diese Maßnahmen lassen sich zwar nicht direkt auf das deutsche Bildungssystem übertragen, da die verschiedenen nationalen Bildungssysteme und ihr sozialer wie politischer Kontext unterschiedlich sind; dennoch können Anregungen für das eigene System gewonnen werden, schaut man sich diese genauer an (vgl. Teil 1 i. d. Bd.). Bezogen auf die Bundesrepublik sind Lücken in zweierlei Hinsicht erkennbar: Zum einen ist der Umgang mit Mehrsprachigkeit in deutschen Schulen, auch was die pädagogischen Konzepte zur Prävention von Kinderarmut angeht, bislang noch nicht thematisiert. Zum anderen fehlen Auseinandersetzungen zu Kinderarmut im Zusammenhang mit Ethnizität. Der Argumentation Radtkes folgend ist einerseits noch nicht geklärt, inwiefern Programme zur ‚interkulturellen Erziehung', in denen ja eine gezielte Förderung stattfinden soll, überhaupt in den Schulen verbreitet sind, und wie diese wirken. Andererseits ist auch noch nicht untersucht, wie Ethnizität in der Schule gesehen wird und welche Bedeutung ethnische Unterscheidungen in der pädagogischen Kommunikation haben. Didaktisch-methodisch wünschenswert wäre natürlich eine Thematisierung ethnischer Differenzen, die auf Stereotypen und Essenzialismus, wie sie in populistischen Sichtweisen des ‚common sense' vorherrschen, verzichtet.

3.4 Fazit

Abschließend soll noch einmal auf den Aspekt hingewiesen werden, der die Thematik „Armutsprävention im Bildungsbereich" wie ein roter Faden durchzieht: die soziale Ungleichheit. In allen Abschnitten finden sich Hinweise auf den Zusammenhang von (Bildungs-)Armut und der sozialen Lage der Familien. Für (Kinder-)Armut generell ist diese Relation bedeutsam, aber auch bei den Kindern allein Erziehender und bei denen mit Migrationshintergrund scheint dieser Zusammenhang in Deutschland ein entscheidender Faktor für eine ungünstig verlaufende Bildungslaufbahn bzw. für Kompetenzarmut zu sein.

Wie die im vorliegenden Beitrag angeführten strukturellen Änderungen im Bildungswesen wirken würden, ist zwar noch nicht erwiesen. Es besteht aber beim Blick auf andere Länder, denen der Abbau von sozialer Ungleichheit im Bildungswesen freilich nicht völlig, aber doch erfolgreicher als in unserem Lande gelungen ist, einiger Anlass zur Hoffnung, dass die Auswirkungen positiv wären. Bei den pädagogischen Maßnahmen und Konzepten scheint es hingegen von grundlegender Bedeutung zu sein, dass Lehrenden und Erziehenden ausreichend Kenntnisse über ihre Schülerinnen und Schüler zur Verfügung gestellt werden. Und hier besteht hinsichtlich eines differenzierten Blickes auf die verschiedenen Gruppen, bei denen eine Armutsprävention im Bildungsbereich ansetzen muss, noch einiger Forschungsbedarf.

Literatur

Allmendinger, Jutta/Leibfried, Stephan (2003): Bildungsarmut. In: Aus Politik und Zeitgeschehen (B21–22/2003), S. 12–18

Arbeitsgruppe ‚Internationale Vergleichsstudie' (2003): Vertiefender Vergleich der Schulsysteme ausgewählter PISA-Teilnehmerstaaten. Berlin

AWO Bundesverband e.V. (2000): Gute Kindheit – schlechte Kindheit. Armut und Zukunftschancen von Kindern und Jugendlichen. Bonn

Beisenherz, Gerhard: Armut von Kindern und Jugendlichen in Deutschland im europäischen Vergleich. http://www.dji.de/bibs/107_602_europajugend.pdf, 07.03.2005, S. 1–8

Brand, Dagmar/Hammer, Veronika (Hrsg.) (2002): Balanceakt Alleinerziehend. Lebenslagen, Lebensformen, Erwerbsarbeit. Wiesbaden

Butterwegge, Christoph/Klundt, Michael/Zeng, Matthias (2005): Kinderarmut in Ost- und Westdeutschland. Wiesbaden

Butterwegge, Christoph (2002): Demographischer Wandel, Kinderarmut und Generationengerechtigkeit. In: Pädagogik, Heft 4, S. 50–52

Bundesministerium für Gesundheit und Soziale Sicherung (BMGS) (2005): Lebenslagen in Deutschland. Der 2. Armuts- und Reichtumsbericht der Bundesregierung. www.bmgs.bund.de/deu/gra/publikationen/P_19.php, 07.03.2005

Chassé, Karl August/Zander, Margherita/ Rasch, Konstanze (2003): Meine Familie ist arm. Wie Kinder im Grundschulalter Armut erleben und bewältigen. Opladen

Enders-Dragässer, Uta/Sellach, Brigitte (2002): Weibliche ‚Lebenslagen' und Armut am Beispiel von allein erziehenden Frauen. In: Hammer, Veronika/ Lutz, Ronald (Hrsg): Weibliche Lebenslagen und soziale Benachteiligung. Frankfurt a.M., S. 18–44

Eser, Ellen (2002): Über Armut reden! Pädagogisch-didaktisches Material zum Thema „(Kinder-) Armut" für Schule und Weiterbildung. In: Butterwege, Christoph/Klundt, Michael (Hrsg.): Kinderarmut und Generationengerechtigkeit. Familieng- und Sozialpolitik im demographischen Wandel. Opladen, S. 201–213

Faulstich-Wieland, Hannelore (2004): Schule und Geschlecht. In: Helsper, Werner/Böhme, Jeanette (Hrsg.): Handbuch der Schulforschung. Wiesbaden, S. 647–669

Geißler, Rainer (2004): Die Illusion der Chancengleichheit im Bildungssystem – von PISA gestört. In: Zeitschrift für Erziehungswissenschaften, Heft 4, S. 362–380

Gogolin, Ingrid/Nauck, B. (Hrsg.) (2000): Migration, gesellschaftliche Differenzierung und Bildung. Opladen

Gloger-Tippelt, Gabriele/König, Lilith (2003): Die Einelternfamilie aus der Perspektive von Kindern. In: Fegert, Jörg M./Ziegenhain, Ute (Hrsg.): Hilfen für Alleinerziehende. Weinheim u. a., S. 126–147

Holz, Gerda/Skoluda, Susanne (2005): Armut im frühen Grundschulalter. Eine vertiefende Untersuchung zu Lebenssituation, Ressourcen und Bewältigungshandeln von Kindern. http://www.familienhandbuch.de/cmain/f_Fachbeitrag/a_Kindheitsforschung/S_1581.html#op, 07.03.2005

Holz, Gerda (2003): Kinderarmut verschärft Bildungsmisere. In: Aus Politik und Zeitgeschehen (B21–22/2003), S. 3–5

Krappmann, Lothar (1999): Die Reproduktion des Systems gesellschaftlicher Ungleichheit in der Kinderwelt. In: Grundmann, Matthias (Hrsg.): Konstruktivistische Sozialisationsforschung. Frankfurt a.M., S. 228–239

Krappmann, Lothar (2002): Ungleichheit der Interaktions- und Beziehungschancen in der Kinderwelt. In: Leu, Hans Rudolf (Hrsg.): Sozialberichterstattung zu Lebenslagen von Kindern. Opladen, S. 67–78

Kristen, Cornelia (2003): Ethnische Unterschiede im deutschen Schulsystem. In: Aus Politik und Zeitgeschehen (B21–22/2003), S. 26–32

Lange, Andreas/ Lauterbach, Wolfgang/ Becker, Rolf (2002): Armut und Bildungschancen. Auswirkungen von Niedrigeinkommen auf den Schulerfolg am Beispiel des Übergangs von der Grundschule auf weiterführende Schulstufen. In: Butterwege, Christoph/Klundt, Michael (Hrsg.): Kinderarmut und Generationengerechtigkeit. Familien- und Sozialpolitik im demographischen Wandel. Opladen, S. 153–170

Nauck, B./Diefenbach, H./Petri, C. (1997): Intergenerationale Transmission von kulturellem Kapital unter Migranten. Zum Bildungserfolg von Kindern und Jugendlichen aus Migrantenfamilien in Deutschland. In: Zeitschrift für Pädagogik 44, S. 701–722

Nyssen, Elke (2004): Gender in den Sekundarstufen. In: Glaser, Edith/Klika, Dorle/Prengel, Annedore (Hrsg.): Handbuch Gender und Erziehungswissenschaft, Bad Heilbrunn

Oswald, Hans/ Krappmann, Lothar (2004): Soziale Ungleichheit in der Schulklasse und Schulerfolg. In: Zeitschrift für Erziehungswissenschaft, Heft 4, S. 479–496

Palentien, Christian (2003): Armut – Subjekt – Sozialisation. In: Mansel, Jürgen (Hrsg.): Theoriedefizite der Jugendforschung: Standortbestimmungen und Perspektiven. Weinheim, S. 91–101

Powell, J./Wagner, S. (2001): Daten und Fakten zu Migrantenjugendlichen an Sonderschulen in der Bundesrepublik Deutschland. Working paper 1. Max-Planck-Institut für Bildungsforschung. Berlin

Radtke, Frank-Olaf (2004): Schule und Ethnizität. In: Helsper, Werner/ Böhme, Jeanette (Hrsg.): Handbuch der Schulforschung. Wiesbaden, S. 625–646

Solga, Heike (2003): Das Paradox der integrierten Ausgrenzung von gering qualifizierten Jugendlichen. In: Aus Politik und Zeitgeschehen (B21–22/2003), S. 19–25

UNICEF/RWI (2005): Kinderarmut in reichen Ländern. Zusammenfassung der UNICEF-Studie. http://www.unicef.de/fileadmin/content_media/presse/fotomaterial/Kinderarmut/Info_Kinderarmut.pdf 06.03.2005

Zweiwochendienst Bildung und Politik Online (2005): Kinder von Alleinerziehenden haben kaum eine Chance. http://www.zwd.info/story.php?cat=20&subcat=10&page=&storyid=3526, 06.03.2005

4. Haushaltsführung als Beitrag zur Armutsprävention – Konzepte, Kompetenzen, Förderungsbedarf

Irmhild Kettschau

Einführung: Haushaltswissenschaftliche Perspektiven zur Armut in Familien

Armut in Familien, Armut von Kindern ist ein Thema mit vielfältigen Perspektiven, wie sie in dem vorliegenden Band entfaltet werden. Die haushaltswissenschaftliche Sicht konzentriert sich auf die Prozesse und Ergebnisse der aktiven Lebensgestaltung von Menschen in ihren alltäglichen Kontexten. Diese vollzieht sich unter bestimmten Rahmenbedingungen und mit dem Einsatz verfügbarer Ressourcen, wobei hier nicht nur materielle Bedingungen und Ressourcen in Betracht kommen, sondern gleichermaßen die Handlungskompetenzen, über die Haushaltsangehörige verfügen und die sozialen Netzwerke, in die sie eingebettet sind.
Kinder leben in aller Regel in einem privaten (Familien-)haushalt. Sind die Kinder von Armut betroffen, ist dies in den Haushaltszusammenhang einzuordnen. Erwerbslosigkeit der Eltern, Ein-Eltern-Familie, Trennung oder Scheidung, Ver- und Überschuldung sind typische Konstellationen in armen oder armutsnahen Familien. Der häufig diskutierte Zusammenhang von Kinderarmut und defizitärer Gesundheit von Kindern macht deutlich, welchen Einfluss der Familienhaushalt als Rahmung und Handlungskontext auf die Befindlichkeit und Entwicklungschancen der Kinder hat (vgl. zusammenfassend und mit umfangreichen Literaturhinweisen: Trabert o.J. (2001)). Der folgende Beitrag befasst sich mit der Frage, welche Rolle die aktive Lebensgestaltung auf Haushaltsebene spielen kann, um Kindern ein besseres Umfeld für ihr Aufwachsen zu bieten und welche Unterstützungen dazu möglich und nötig sind.

4.1 Haushaltsproduktion und aktive Lebensgestaltung

Obwohl Plausibilität und Lebenserfahrung dafür sprechen, dass Haushaltsführungskompetenzen eine wesentliche Grundlage und Voraussetzung einer gelingenden privaten Lebensgestaltung sind, findet dieser Zusammenhang in der armutsbezogenen Forschung und Politik noch (zu) wenig Beachtung. Doch der private Lebensbereich mit seinen vielfältigen Aufgaben der Primärsozialisation, der Gesunderhaltung, der wirtschaftlichen Lebensführung, mit seinen bedeutsamen Funktionen der Integration und des Leistungsaustausches zu umgebenden sozialen Netzen benötigt umfangreiche Kompetenzen zur erfolgreichen Bewältigung. Diese Kompetenzen werden nicht (mehr) naturwüchsig erworben, sondern können und müssen in systematischen Bildungsprozessen vermittelt werden. Die Zielsetzung ist letztlich eine erfolgreiche Haushaltsproduktion, ein Beitrag zur persönlichen und gesellschaftlichen Lebensqualität und schließlich auch zur Armutsprävention.

Zielpunkt haushaltswissenschaftlicher Betrachtungen ist die erreichte Lebensqualität, zu der die Nutzung der verfügbaren Ressourcen letztlich führen soll. Hier werden die aktiven Beiträge der Haushaltsangehörigen betont. „Die unterschiedlichen Fähigkeiten der Individuen, verfügbare Ressourcen in einen entsprechenden Lebensstandard umzusetzen" (Andreß 1999, 78) können auch bei sonst vergleichbaren Rahmenbedingungen zu einer qualitativ sehr unterschiedlichen Bedarfsdeckung führen. So ist die Eigentätigkeit der Haushaltsangehörigen (in kurz-, mittel- und langfristiger Perspektive) ein wichtiges Verbindungsstück zwischen gegebenen Rahmenbedingungen, bestehender persönlicher Lebenslage und resultierender Lebensqualität (Thiele-Wittig, 2003). Es geht bei der Haushaltsführung, allgemein gesprochen, um die Bedarfsdeckung der Haushaltsangehörigen im persönlichen und gesellschaftlichen Kontext. Haushalte stehen in einem Wechselverhältnis zur Gesellschaft; sie sind nicht nur Nutzer und Konsumenten, sondern zugleich auch Mitgestalter und Produzenten. Unter jeweils gegebenen Rahmenbedingungen verwenden die Haushalte für ihre aktive Lebensgestaltung Ressourcen, führen hierbei vielfältige Transformationsprozesse durch, erstellen so die konsumierbaren Endprodukte und Dienstleistungen für die Haushaltsangehörigen und erzielen bestimmte Haushaltsergebnisse.

Bei der wissenschaftlichen und sozialpolitischen Auseinandersetzung mit diesem komplexen Geschehen ergeben sich unterschiedliche Probleme. Eine zentrale Problemebene ist die Bestimmung der Qualität von Prozessen und Ergebnissen der alltäglichen Lebensgestaltung. Eine solche

Qualitätsbestimmung ist zur Beurteilung des Haushaltserfolges ebenso erforderlich wie zur Entwicklung von Konzepten, die Haushalte bei der Zielerreichung unterstützen sollen. In der Fachdiskussion lassen sich einige zentrale Positionen unterscheiden, die geeignet sind, Prozess- und Ergebnisqualität der Haushaltsführung zu bestimmen. Vier ausgewählte Positionen sollen kurz dargestellt werden:

• *Haushaltsführung mit Hilfe (natur-)wissenschaftlicher Erkenntnisse*

Die von einem naturwissenschaftlich-technischen Denken bestimmte Position formuliert Ziele einer optimalen Haushaltsführung unter Anwendung entsprechender fachlicher Erkenntnisse. Beispiele sind die Ernährungserziehung oder die rationelle Arbeitsplanung. Die Haushaltsangehörigen benötigen hierfür Kenntnisse und Fertigkeiten, um Arbeitsverfahren, Produktauswahl und Nahrungszubereitung bestmöglich zu gestalten. Neben dem verfügbaren Einkommen und dem Einsatz von Zeit sind für eine Haushaltsführung in diesem Sinn bestimmte Wissensbestände und Methodenkenntnisse wichtig – beispielhaft zu nennen sind Warenkunde, Verfahrenstechniken, physiologische, ergonomische und hygienische Kenntnisse. Entsprechende Forschungs- und Bildungsansätze zur Anwendung im Kontext prekärer Lebensverhältnisse verfolgen zum Beispiel Fragestellungen wie „Gesund ernährt mit einem Einkommen auf Sozialhilfeniveau".

• *Haushaltsführung als Nutzenmaximierung*

Haushaltsführung wird als Prozess der Bewirtschaftung knapper Mittel verstanden. Als Mittel gelten vor allem Zeit und Geldeinkommen. Grundfrage ist der Nutzen von Entscheidungen auf Haushaltsebene bzw. neuerdings auch für die einzelnen Individuen im Haushalt (Seel 1999). Ziel und Zweck ist letztlich, den Mitteleinsatz bei gleichem Output zu verringern oder mit gleichem Mitteleinsatz mehr Output zu erreichen (Wirtschaftlichkeitsprinzip). Gesellschaftliche Folgewirkungen des haushälterischen Handelns stehen hier nicht im Mittelpunkt der Betrachtung. Als Verhaltensmaxime lässt sich dieser Position der rationale Konsument zuordnen, der durch Verbraucherinformationen in seinen Entscheidungen unterstützt wird und gezielt Methoden des Haushaltsmanagements einsetzt um die Bedarfsdeckung zu optimieren. Politische Forderungen beziehen sich auf die Gestaltung der Marktbeziehungen bzw. die Verbraucherrechte. Für armutspräventive Ansätze werden beispielsweise Methoden des Haushaltsrechnungswesens bereitgestellt („Auskommen mit dem Einkommen!"). Im Kontext von Ver- und Überschuldung gehören die Haushaltsrechnungen zu den Methoden der ersten Wahl, um eine Sanierung der Haushaltsfinanzen einzuleiten.

- *Haushaltsführung in komplexen Bezügen und gesellschaftlicher Verantwortung*

In dieser Sichtweise dient Haushaltsführung der Lebenserhaltung, Persönlichkeitsentfaltung und Kultur des Zusammenlebens in individueller, haushälterischer und gesellschaftlicher Verantwortung (Hauptvertreterin: Rosemarie von Schweitzer). Die Haushaltsführung wird als aktiver Prozess der alltäglichen Lebensgestaltung verstanden. Als Mittel finden neben der Zeit und dem Einkommen auch die Kompetenzen der Haushaltsangehörigen Beachtung. Bedingungen, Folge- und Wechselwirkungen des haushälterischen Handelns zur gesellschaftlichen Ebene werden betont – man setzt sich für eine Gestaltung der gesellschaftlichen Bedingungen ein, die es dem Haushalt erst ermöglichen, seine verantwortungsvolle Rolle zu spielen. Vermittlungsperspektiven sind die Daseins- oder Haushaltsführungskompetenzen, die durch eine umfassende haushaltsbezogene Erziehung und Bildung (auf allen Stufen des Bildungssystems) erreicht werden sollen. Bezüge zur Armutsprävention stellt das Konzept „Neue Hauswirtschaft“ von Piorkowsky her. Hierbei geht es um die „Vermittlung von Orientierungs- und Instrumentalwissen zur Lebensgestaltung in Privathaushalten“, wobei als wichtige Lernziele „vor allem die Gewinnung von Erkenntnis und Übernahme von Verantwortung“ formuliert sind (Piorkowsky 2002, 40 f.).

In diesem Ansatz stehen weniger handwerkliche Fähigkeiten und Fertigkeiten der Haushaltsführung im Vordergrund, als vielmehr Orientierungs- und Entscheidungsfähigkeiten in komplexen Zusammenhängen. Für die Armutsprävention ergibt sich hier der Anspruch, Lehr-/Lernarrangements mit einem konzeptionell begründeten curricularen Aufbau zu schaffen und nicht vereinzelte Teilfertigkeiten unverbunden, additiv nebeneinander zu stellen.

- *Haushaltsführung in subjektiver Sinngebung*

Das subjektorientierte Leitbild knüpft auf der gesellschaftlichen Ebene an der Individualisierung und Pluralisierung unserer Lebensstile an. Hieraus leitet sich eine für die einzelnen Menschen unterschiedliche Bedeutung von Haushaltssituationen und -zielen ab. Handlungsoptionen und -interessen ergeben sich aus der persönlichen Lebens- und Sinngeschichte und den komplexen Bedingungen des individuellen Alltags. In der Vermittlungsperspektive ist das Ziel die Befähigung der Menschen zu einer selbst bestimmten, reflektierten und eigenverantwortlichen Lebensgestaltung und Haushaltsführung (Methfessel 2003). Stärker als bei den anderen Positionen kommen hierbei die „eigene Rationalität", der „Eigen-Sinn" von Handlungsmustern zum Tragen. Alternativen und Kriterien zu ihrer Bewertung („bessere" Lösungen) sollen aus dem aktiven Umgang mit Si-

Tab. 1: Wissenschaftliche Leitbilder und Vermittlungsperspektiven in der Haushaltswissenschaft / Haushaltslehre

Leitbild der Haushaltsführung	Wissenschaftliches Stichwort	Vermittlungsperspektiven
Zweck-/Mittel-Rationalität – Haushaltsführung als Nutzenmaximierung	Ökonomie; Markttransparenz, Konsumentensouveränität	Verbraucherinformation – Verbrauchererziehung; Haushaltsrechnungswesen; Der ökonomisch-rational orientierte Verbraucher
Wissenschaftsorientierung – Haushaltsführung mit Hilfe naturwissenschaftlicher Erkenntnisse	Ernährungswissenschaft, Arbeitswissenschaft; Ursache-Wirkungs-Zusammenhang	Naturwissenschaftlicher / technischer Unterricht, Gütertransparenz; Fit for Life; Gesund und „richtig" essen, leben usw.
Werteorientierung – Haushaltsführung in komplexen Bezügen und gesellschaftlicher Verantwortung	Sozioökonomie, Anthropologie, Ökologie; Bedarfsreflexion, Gesellschaftlicher Kontext	Daseinskompetenzen, Haushaltsführungskompetenzen; Lebensqualität und Kultur des Zusammenlebens
Subjektorientierung – Haushaltsführung in subjektiver Sinngebung	Subjektorientierte Soziologie, Lebensstilansätze; Handlungstheorien	Biografisches Lernen; Lehr-Lern-Dialog; Handlungskompetenzen; Finde deinen Weg!

tuationen selbst entwickelt werden. Der Subjekt orientierte Ansatz kann Armutsprävention durch haushaltsbezogene Bildungsprozesse wesentlich bereichern, sind doch mit ihm die vorfindlichen Deutungsmuster und Handlungspräferenzen der Menschen in den Mittelpunkt gerückt, können für einen reflexiven Prozess erschlossen und kommuniziert werden. Alternative Strategien werden (idealer Weise) dann von den Betroffenen selbst entworfen und verfügbares Fachwissen unter eigenen Fragestellungen erschlossen. Die Nachhaltigkeit so entworfener Veränderungen in der Haushaltsführung dürfte bei diesem Konzept am größten sein.

Mit diesen Leitbildern der Haushaltsführung werden unterschiedliche Aspekte optimaler Abläufe in den Haushalten angesprochen. Zusammen gefasst zeigt sich eine aktive Lebensgestaltung auf Haushaltsebene dann als erfolgreich, wenn sie

- ökonomisch rational ist und den Mitteleinsatz im Blick auf die angestrebten Ziele optimiert;
- wissenschaftliche Erkenntnisse bestmöglich im Alltag umsetzt und somit objektivierbare Standards erfüllt;
- verantwortlich sowohl am Haushaltswohl als auch am Gemeinwohl orientiert ist und somit zu Alltagskultur und Nachhaltigkeit in der Gesellschaft positiv beiträgt;
- die Entfaltung der Subjektpotentiale der Haushaltsangehörigen ermöglicht und der Haushaltsführungsprozess ein Ergebnis von bewussten Abwägungen zwischen sich stellenden Alternativen ist.

4.2 Ressourcen und Kompetenzen der Haushalte für die Haushaltsproduktion

Im haushaltswissenschaftlichen Sinn zählen zu den Ressourcen eines Haushalts nicht nur das Einkommen und ggf. Vermögen, sondern auch

- „die verfügbaren materiellen Güter und zugängliche(n) Dienstleistungen,
- die physische Kondition und psychische Verfassung der einzelnen Haushaltsmitglieder,
- ihre im Prozess der Humanvermögensbildung entwickelten Fähigkeiten und Fertigkeiten zur Daseinsvorsorge und Alltagsbewältigung sowie
- vorhandene private und institutionelle Netzwerke des Haushalts" (Meier/Preuße/ Sunnus 2003, 56).

Dabei sind diese Ressourcen keine statischen Größen, sondern werden in vielfältiger Weise durch Veränderungen gesellschaftlicher Rahmenbedingungen und durch das Haushaltshandeln selbst beeinflusst, wie am Beispiel der Netzwerke leicht deutlich wird.

Leben Haushalte in Armut oder armutsnahen Lebenslagen, bestehen für die Alltagsgestaltung zumeist (nicht nur hinsichtlich des Einkommens) erschwerte Bedingungen. Lebenslagefaktoren wie Wohnlage (Umweltbedingungen, Infrastruktur), Wohnung (Größe, Zuschnitt, Ausstattung) und Mobilitätsbedingungen sind zumeist ungünstig und beeinflussen direkt die Haushaltsführung. Hauptrisikogruppen der Armut sind bekanntlich die Einelternfamilien sowie die kinderreichen Paarfamilien. Beide Haushaltstypen bedingen per se einen erhöhten Aufwand bzw. Erschwernisse der Alltagsgestaltung – wobei bei geringem Einkommen weniger Kompensationsmöglichkeiten gegenüber diesem erhöhten Aufwand bestehen (etwa durch bezahlte Delegation von Haushaltsarbeiten).

- *Haushalts- und Familienkompetenzen*

Als wichtiger Teil des Armutsprophylaxeprogramms, welches das Bundesfamilienministerium in der 14. Legislaturperiode durchgeführt hat (vgl. Abschnitt 4), entstanden Maßnahmen zur Förderung und Stärkung von Haushalts- und Familienkompetenzen. Ausgangspunkt war der Gedanke, dass sich Armutsrisiken ergeben oder verstärken können, wenn Haushalte und Familien über zu geringe oder ungeeignete Kenntnisse und Fähigkeiten zur Alltagsgestaltung und Lebensbewältigung verfügen. Dieser Zusammenhang wurde lange nicht genügend beachtet. Mit systematischen Angeboten zur Vermittlung entsprechender Kompetenzen sollten wirksame Hilfen erfolgen, um die Haushaltsführungskompetenzen zu stärken und damit Armut zu vermeiden oder prekäre Lebenslagen zu überwinden (Piorkowsky, 2004a, 6). Die Inhalte der in der Praxis erprobten Kursangebote nehmen Bezug auf ein modernes Haushaltsverständnis und legen (neben Kommunikations- und Sozialkompetenzen) das Schwergewicht auf das Finanz-, Organisations- und Zeitmanagement, wozu „theoretisches Wissen vermittelt und praktische Fertigkeiten eingeübt" werden sollten (ebd.).

Hilfreich für die weitere Entwicklung eines Konzeptes der Haushalts- und Familienkompetenzen kann die von der Kultusministerkonferenz festgelegte Definition der „Handlungskompetenz" sein. Danach wird Handlungskompetenz verstanden als „die Bereitschaft und Fähigkeit des Einzelnen, sich in beruflichen, gesellschaftlichen und privaten Situationen sachgerecht durchdacht sowie individuell und sozial verantwortlich zu verhalten.

Handlungskompetenz entfaltet sich in den Dimensionen von Fachkompetenz, Personalkompetenz und Sozialkompetenz" (KMK 1999). Handlungskompetenz beinhaltet die Fähigkeit, „anstehende Probleme zielorientiert auf der Basis von Wissen und Erfahrungen sowie durch eigene Ideen selbständig zu lösen, die gefundenen Lösungen zu bewerten und seine Handlungsfähigkeit weiter zu entwickeln" (Bader/ Müller 2002, 177). Sie ist in diesem Sinn sowohl Ergebnis vorangegangener, formaler und informeller Bildungsprozesse als auch grundlegend dafür, in späteren Lebensphasen Neues dazu zu lernen und die eigenen Kompetenzen zu erweitern.

Diese Definition scheint deshalb besonders für einen Transfer auf die private Haushalts- und Familienarbeit geeignet, weil hier der Gesichtspunkt des verantwortlichen Handelns zur Problemlösung im Vordergrund steht, und nicht so sehr ein Kanon von Wissensbeständen oder allgemeinen Wertorientierungen. Bei der Bewältigung der Alltagsaufgaben in Haushalt und Familie ist es, durchaus vergleichbar mit beruflichen Situationen, nicht nur von großer Bedeutung, über das entsprechende Wissen und Können zu verfügen; sondern ebenso wichtig, vielleicht wichtiger, ist es, die Aufgabe auch tatsächlich als solche zu erkennen, sie anzunehmen, sich ihr zu stellen und sie auszuführen. Die Bereitschaft zur Übernahme eigener Verantwortung für die Haushaltsführung, nicht nur zu einer (gelegentlichen, unverbindlichen) Beteiligung an Aufgaben macht den für die alltägliche Lebensgestaltung relevanten Unterschied aus.

In prekärer Lebenslage, bei erhöhtem Problemdruck besteht ein entsprechend erhöhter Bedarf an Handlungskompetenzen in den Haushalten und Familien. Ressourcen und Spielräume sind enger bemessen, Risiken in Entscheidungen werden größer und die Möglichkeiten, Fehlentscheidungen zu kompensieren, werden demgegenüber geringer.

Wechselt man die Perspektive von einer normativen zur empirischen Sichtweise und fragt danach, wie Haushalts- und Familienkompetenzen in der Gegenwartsgesellschaft tatsächlich beschaffen sind, so zeigen die wenigen vorliegenden Erkenntnisse, dass zumindest das Wissen über Haushaltsfragen recht gering zu sein scheint (Piorkowsky 2003 mit weiteren Literaturverweisen). Die vorhandenen Ergebnisse deuten einen Trend an, wonach die Schulbildung positiv mit dem hauswirtschaftlichen Wissen korreliert – Realschulabsolventen und Abiturienten also mehr hauswirtschaftliches Wissen haben als Hauptschulabgänger (Steinel/Skaletzki 2001). Diese Befunde können nicht verwundern angesichts der Tatsache, dass es keine systematische Vermittlung von haushalts- und familienbezogenem Wissen durch alle Schularten und -stufen hindurch gibt (dgh 2001) und das vorhandene Wissen in großen Teilen entweder aus Übertragungen des Allgemeinwissens besteht oder in Selbstlernprozessen erworben wurde.

Hier wird also ganz deutlich, dass Haushalte in prekären und Armutslagen eine besonders intensive Unterstützung beim Erwerb haushälterischer Handlungskompetenz benötigen. Ihre Haushaltssituation ist neben dem geringen Einkommen zunächst mit großer Wahrscheinlichkeit durch weitere Schwierigkeiten gekennzeichnet, wie große Personenzahl, Einelternschaft, durchlaufene Prozesse von Trennung oder Scheidung, Erwerbslosigkeit eines oder mehrerer Haushaltsmitglieder. Nicht zuletzt auf wirtschaftlichem Gebiet erfordert die Führung dieser Haushalte eigentlich mehr Wissen, Können, Handlungsfähigkeit und -bereitschaft als es in „normalen" Haushalten der Fall ist. Zugleich stehen ihnen aber häufig nicht nur weniger finanzielle Ressourcen zur Verfügung, sondern sie haben auch Bildungsbenachteiligungen erfahren, so dass sie mit großer Wahrscheinlichkeit nur über wenig haushaltsbezogenes Wissen verfügen. Traditionen, Erfahrungen und Netzwerke könnten nur dann wirksam helfen, wenn die sozialen Milieus weitgehend stabil blieben (etwa die klassischen Arbeitermilieus im Ruhrgebiet) – was jedoch aufgrund der faktischen Auflösung solcher Traditionsmilieus immer unwahrscheinlicher wird.

4.3 Alltagsprobleme und Lebensgestaltung in prekären Lebenslagen

- *Ursachen prekärer Lebenslagen in Familien und Betroffenengruppen*

Es ist traurige Tatsache und eindeutiges Ergebnis der quantitativen Armutsforschung, dass Ereignisse rund um das Familienleben zu den (materiellen) Armutsrisiken erster Ordnung gehören (Piorkowsky 2001). Dabei ist der Eintritt von Armutsrisiken oder gar Armutslagen in vielen Fällen bedingt durch Brüche in der Balance zwischen Haushalts-/Familien- und Erwerbsarbeit. Bereits die Familiengründung kann sich als riskant erweisen, da nunmehr eine Bedarfslage auftritt, die mehr materielle Mittel, aber gleichzeitig auch einen erhöhten Einsatz zeitlicher Ressourcen in der Familie verlangt. Bewältigen dies im Regelfall noch die allermeisten jungen Paare gut, so bricht bei Störungen des geplanten Ablaufs das materielle Gerüst ein. Trennungen, Scheidungen können ebenso wie die Geburt weiterer Kinder zur Verarmung der Familie führen. Einelternschaft (und hiermit oftmals verbundene Erwerbslosigkeit) ist das Armutsrisiko par excellence. Werden für die erforderlichen Anschaffungen zur Haushaltsausstattung Kredite in Anspruch genommen, stellen Verringerungen oder Verlust des Erwerbseinkommens in allen Phasen des Familienzyklus ein hohes Verarmungsrisiko dar; wenn die Kredite nicht mehr bedient werden können, ist der Weg in die Schuldenspirale vorgezeichnet. Aus haushaltswissenschaftlicher Sicht wird sich eine solche prekäre Lage dann verschärfen, wenn z.B. durch Krankheit oder Behinderung, oder auch durch ein anderweitiges Unvermögen, persönliche Problemlösefähigkeiten verloren gehen und die entstehenden Hilfebedarfe nicht durch Intervention von außen abgedeckt werden können.

• *Dynamik von Armutslagen*

Das Erkennen von Armutsursachen und konzeptionelle Überlegungen zur Prävention bzw. Hilfe setzen voraus, dass die Lebenslagen in den betroffenen Familienhaushalten differenziert betrachtet werden. Hierzu hat die so genannte dynamische Armutsforschung wesentliche Beiträge geleistet, indem sie heraus stellte, dass es sehr unterschiedliche Verweildauern in Armut und armutsnahen Lebenslagen gibt. Aktuelle Daten zur Dynamik der Armut zeigt Abb. 1 (S. 245).

Hier sollen nur kurz zwei Schlussfolgerungen aus diesen Ergebnissen akzentuiert werden: Zum einen besitzen Armutslagen einen phasenhaften Verlauf, ihre Ursachen können auch wieder zurück treten oder bewältigt werden und es ist nicht unbedingt eine lebenslange Stigmatisierung die zwangsläufige Folge, wenn z.B. die Familie einmal oder auch mehrfach für begrenzte Zeiträume Sozialhilfe in Anspruch genommen hat. Zum anderen aber leben wir auch in sozialer Hinsicht in einer Risikogesellschaft. Das Risiko, für kürzere oder längere Zeit zu verarmen, reicht bis weit in die mittleren Gesellschaftsschichten hinein – auch dies ist eine Bedeutung des Begriffs der prekären Lebenssituation. Ver- und Überschuldung, Fehlkalkulation bei Investitionsentscheidungen, Verlust des Arbeitsplatzes, Trennung/Scheidung mit erheblichen finanziellen Folgen – dies alles sind keine speziellen „Unterschicht-Risiken". Der Dortmunder Wirtschaftsstatistiker Krämer, der sicher nicht im Verdacht steht, Armut in einer reichen Gesellschaft zu überschätzen, fasst die Armutsdynamik so zusammen: „Das Damokles-Schwert der Armut hängt ... über weit mehr Menschen als in den aktuellen Armutszahlen ausgewiesen" (Krämer 2000, 87).

Der sich aus diesen Befunden ergebende Gedanke, die von Armut Betroffenen als differenzierte Gruppen, mit je spezifischen Lebenszusammenhängen, Problemkonstellationen und Bewältigungsstrategien wahrzunehmen, führt weiter zu differenzierten Überlegungen hinsichtlich angepasster Präventions- und Interventionskonzepte.

Abb. 1: Mobilitätsprofile in und aus dem Risiko der relativen Einkommensarmut 1998–2003

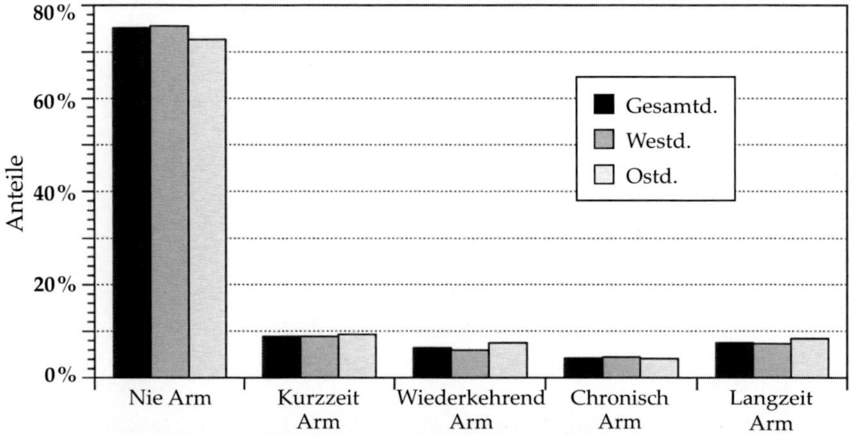

Quelle: SOEP 1998 bis 2003, Berechnungen des DIW. Nettohaushaltsäquivalenzeinkommen des Vorjahres mit Mietwert selbstgenutzten Wohneigentums, alte OECD-Skala. zit. nach: Lebenslagen in Deutschland (2005), S. 24

• *Differenzierte Lebenslagen in der Armut, unterschiedlicher Hilfebedarf*

Auswirkungen der Armut auf die familiale Lebensführung hängen in erster Linie von der Dauer und der „Tiefe“ der bestehenden Armutslage (Kumulation mehrerer Risikofaktoren) ab; die Beziehungen zwischen (vermindertem) Einkommen und (negativen) Wirkungen auf die Haushaltsführung sind eher komplex und werden von weiteren Faktoren entscheidend mit beeinflusst. Wechselwirkungen bestehen mit allen Bereichen der Haushaltsführung und Lebensgestaltung.

Lange Dauer einer Armutslage in Familien geht einher mit Deprivationen in weiteren Lebenslagedimensionen, so der Wohnung oder der Erwerbsarbeit. Lange Dauer und kumulative Lebenslagenarmut wiederum zeitigen spürbar negative Folgen in der Versorgungsqualität, die ein Haushalt realisieren kann. Auch die Motivation, die Armut zu bewältigen oder gar zu überwinden, schwindet mit der Zahl erfolgloser Versuche und mit dem Gefühl der Ohnmacht gegenüber sich (dennoch) weiter verschlechternden Bedingungen.

Als weiterführend möchte ich die Kategorien vorstellen, die im Landesarmutsbericht Schleswig Holstein in diesem Zusammenhang verwendet worden sind (Hradil/Müller 1999). Diese Überlegungen sollten vor allem hinsichtlich der Verschiedenartigkeit des Hilfebedarfs und der Erfolg versprechenden Interventionen beachtet werden.

- *„Armut als dauerhafte Lebenslage"* – die Betroffenen befinden sich lang anhaltend, u. U. über Generationenabfolgen hinweg in Armutslagen. Die bezogenen Leistungen nach dem BSHG bilden die wesentliche Einkommensquelle. Allgemein- und berufsbildende Abschlüsse sind lückenhaft, Erwerbstätigkeit findet in Form von Aushilfsarbeiten, befristeten Jobs und Anlerntätigkeiten statt und wird immer wieder unterbrochen; die Wohnsituation ist durch soziale Segregation innerhalb städtischer Siedlungen gekennzeichnet; Partnerbeziehungen verlaufen in vielen Fällen diskontinuierlich und krisenhaft. Insgesamt, so Hradil und Müller, „ist das Verlaufsmuster der Armut als dauerhafte Lebenslage durch eine Häufung und Aneinanderreihung von kritischen Lebensereignissen gekennzeichnet. Armut betrifft die Lebenslage in ihrer vollen Breite und den Lebensverlauf in seiner gesamten Länge. Wenn ein Problem bewältigt ist, kommt das nächste"(a.a.O., 195). Familien in dauerhafter Armut sind demnach in mehreren Dimensionen der Lebenslage unterversorgt; Hauptrisikogruppen sind Familien mit drei und mehr Kindern (und erwerbslosem Haushaltsvorstand) sowie (erwerbslose) allein Erziehende mit mehreren Kindern. Eine sinnvolle Herangehensweise müsste für diese Betroffenengruppen die umfassende Vermittlung bzw. Unterstützung von Grundkompetenzen der Haushaltsführung beinhalten. In einer kontinuierlichen Armutslage kommt es darauf an, die Lebensgestaltung (z.T. innerhalb der bestehenden Bedingungen) zu verbessern. Ziel muss es u. a. sein, die soziale „Vererbung" der deprivierten Lebenslage zu unterbrechen. Unterschiedliche Dienste, die Hilfen für die Betroffenen anbieten, sollten koordiniert tätig werden – zum Beispiel Verbraucherberatung, Familienbildung, gemeindebezogene Stadtteilsozialarbeit. Hilfen sollten in aufsuchender Form und angekoppelt an die „Vor-Ort-Strukturen" angeboten werden – dies verlangt auch von den Fachkräften einen komplexen, lebensweltbezogenen Ansatz.
- *„Armut als wiederkehrende soziale Erfahrung"* – hiermit sind diejenigen Gruppen bezeichnet, bei denen Phasen der Armut mit solchen des Niedrigeinkommens bzw. des „prekären Wohlstandes" (Hübinger 1996) abwechseln. Verarmungsgründe sind Verlust des Arbeitsplatzes, Trennung oder Scheidung. Ver- und Überschuldung kann Teil der gesamten Problemkonstellation sein. Dieser Typus verweist auf das in die Mittelschichten hineingreifende Armutsrisiko, dem auf der anderen Seite eine deutliche Dynamik des Armutsverlaufs gegenüber steht. Nach oftmals kürzeren Phasen des Sozialhilfebezugs erfolgen wiederum Phasen der Einkommenssicherung aus eigener Kraft, in

diesem Sinne ein Ausstieg aus der Armutssituation. Allerdings ergibt die Studie von Hübinger, dass die „Armutskarrieren" zumeist um die Armuts- bzw. Niedrigeinkommensgrenzen schwanken, wobei es in vielen Fällen nur „geringe DM-Beträge" sind, die „die Haushalte unter die Armutsgrenze drücken oder über die Armutsgrenze heben" (Hübinger 1996, 220f). Die Aufstiege aus der Armut, so der Autor, reichen „oft nur bis an den unteren Rand der Wohlstandsskala" (a.a.O., 222).

Aus diesen Befunden ergibt sich eine deutliche Herausforderung, unterstützende Maßnahmen nicht erst bei einer gegebenen Armutssituation, zum Beispiel bei Sozialhilfebezug oder festgestellter Überschuldung, anzusetzen, sondern gerade die Problemgruppen des prekären Wohlstandes präventiv hinsichtlich ihrer Haushaltsführungskompetenzen und Versorgungslagen in den Blick zu nehmen. Vorbeugende Konsum- und Budgetberatung, Maßnahmen der Verbraucherberatung und Aufklärung (für unterschiedliche Altersgruppen) gehören in diesen Kontext ebenso wie die Erarbeitung von Verhaltensalternativen und das Zurückgewinnen von Handlungsoptionen in krisenhaften Situationen des Familienlebens. Ein solcher Ansatz, basierend auf einer umfassenden Haushaltsanalyse und Haushaltsberatung kann präventiv Erfolg versprechend sein, wenn es gelingt, problematische Konstellationen zu erkennen und zu verringern. Für die Konzeptentwicklung wie für konkrete Beratungsstrategien ist ein Ansatz zu wählen, der den phasenspezifischen Ablauf im Familienzyklus beachtet. So kann vorausschauendes Handeln möglich werden, das durch langfristige Dispositionen Ressourcen erschließen und nutzen hilft.

– *„Armut als einmaliges Ereignis"* – Armut als „Schicksalsschlag" – Armut durch „Überbrückungszeiten" bis zum Einsetzen regelmäßiger Transfers (wie Rente, Pflegegeld). Für eine einmalige, zeitlich begrenzte Armutsphase kann es sehr unterschiedliche Ursachen geben, wie z.B. Schwierigkeiten beim Übergang von der Berufsausbildung in eine berufliche Tätigkeit, vom Erwerbseinkommen in die Rente. Auch verzögerte oder ausbleibende Unterhaltszahlungen und Einschnitte in der Erwerbstätigkeit bei allein erziehenden Eltern können zu dem Typus der „einmaligen Armut" führen. Es können Familien aus unterschiedlichen Lebenszusammenhängen betroffen sein. Einmalig wird eine solche Armutslage nur dann bleiben, wenn die Familien über genügend, auch nicht-monetäre Ressourcen verfügen, die sie langfristig zur Problemlösung und Stabilisierung nutzen können. Dazu gehört auch, dass Familien von sich aus haushaltsbezogene und andere Beratungs- und Hilfeangebote aufsuchen. Die Orientierung im vorhandenen Hilfeangebot und die Nutzung möglicher Unterstützungsmaßnahmen sind in diesem Sinn zweifelsohne relevante Alltagskompetenzen. Hier kann eine Breitenprävention durch haushaltsbezogene Bildungsmaßnahmen mit dem Ziel der Stärkung der Haushaltsführungskompetenzen wirksame Hilfe leisten, wobei mögliche Risikogruppen eher weit gefasst angesprochen werden sollten.

Aktuelle haushaltswissenschaftliche Untersuchungen legen ebenfalls haushaltsbezogene Armutstypologien vor und diskutieren Präventionsmöglichkeiten, sowie den spezifischen Interventions- und Hilfebedarf dieser Familienhaushalte. So fanden Meier u. a. von der Universität Gießen die folgenden 4 Armutstypen (Meier, Preusse, Sunnus 2003):

Typ 1: Die verwalteten Armen
Typ 2: Die erschöpften EinzelkämpferInnen
Typ 3: Die ambivalenten JongleurInnen
Typ 4: Die vernetzten Aktiven

Im Mittelpunkt der Giessener Betrachtung stehen die Reaktions- und Bewältigungsstrategien der Haushalte sowie Überlegungen zu den Präventions-, Interventions- und Hilfebedarfen – wobei gewisse Parallelen zu den weiter oben vorgestellten Lebenslagen offensichtlich sind. Auch die Giessener Autorinnen weisen nachdrücklich darauf hin, dass eine systematische, auf den Haushaltsstil und Armutstyp bezogene Präventionsarbeit mit entsprechenden Dienstleistungen, Bildungs- und Beratungsangeboten erforderlich ist, um Armut wirksam und nachhaltig im Verbund mit den Betroffenen zu bekämpfen.

4.4 Konzepte der Armutsprävention durch haushaltsbezogene Bildung, Beratung und Betreuung

- *Maßnahmenkonzept zur Armutsprophylaxe des BMFSFJ*

Das in der 14. Legislaturperiode (1998–2002) des Deutschen Bundestages von der Bundesregierung beschlossene „Maßnahmenkonzept zur Armutsprophylaxe" (kurz Armutspräventionsprogramm) wurde vom Bundesministerium für Familie, Senioren, Frauen und Jugend konzipiert und durchgeführt. Es umfasste neben der Förderung von themenspezifischer Grundlagen- und Aktionsforschung vor allem den Schwerpunkt einer Konzertierten Aktion von hauswirtschaftlichen und Wohlfahrtsverbänden zur Armutsprävention – durch praxisorientierte Angebote der Bildung und Beratung sowie durch zugehende Maßnahmen zur Stärkung der Haushalts- und Familienkompetenzen (Piorkowsky 2004).

Der konzeptionelle Ansatz einer haushalts- und familienbezogenen Bildung und Beratung zur Unterstützung einer gelingenden Haushaltsführung und Wohlfahrtsproduktion kam in dem Armutspräventionsprogramm zum Tragen und sollte in der Praxis erprobt werden. Bis 2002 wurden im Rahmen der Konzertierten Aktion der Verbände zur Armutsprävention (Programmteil 3) ca. 100 Seminarreihen sowie neu konzipierte Familienhilfeeinsätze („Haushaltsorganisationstraining" – vgl. Bödeker/Zwicker-Pelzer 2003) zur hauswirtschaftlichen Bildung durchgeführt. Zentrale Inhalte waren: Umgang mit Geld (Finanzmanagement und Budgetverwaltung), Kommunikation und Entscheidungsfindung in der Familie, Organisation und Planung (Zeitmanagement und Arbeitsorganisation), Ernährung und Gesundheitsvorsorge, Beschaffung und Hauswirtschaft (Arbeits- und Verfahrenstechniken), Sozialkompetenzen und Umgang mit Behörden, Familien- und Verbraucherrecht, Hauswirtschaft als Beruf. Hauptzielgruppen waren Familienhaushalte mit mehreren Kindern, allein Erziehende, Haushalte mit geringem Erwerbseinkommen, Haushalte von Arbeitslosen sowie Haushalte von Migranten und Migrantinnen. Im Ergebnis zeigte sich, dass eine zielgruppengerechte Vermittlung der Haushaltsführungskompetenzen als Mittel der Armutsprävention möglich, sinnvoll und von nachhaltiger Wirkung sein kann (vgl. den vorliegenden Evaluationsbericht: Piorkowsky 2004) – Haushaltsangehörige erwarben sowohl Fachwissen als auch Handlungskompetenzen und mehr Selbstbewusstsein für eine gelingende Alltagsbewältigung. Sie konnten zum Teil in der Folge ihre materielle und soziale Lage wesentlich verbessern. Hervorzuheben ist auch die langfristig strukturelle Wirkung der Aktivierung und Vernetzung von Akteuren auf dem Feld der sozialen bzw. hauswirtschaftlichen Haushalts- und Familienbildung.

- *Haushaltsanalyse zur Unterstützung von Bildungs-, Beratungs- und Betreuungsarbeit*

Im Rahmen des ersten Armutspräventionsprogramms der Bundesregierung führte die Universität Gießen ein Forschungsprojekt mit dem Thema „Haushaltsführung im Versorgungsverband der Daseinsvorsorge – Stärkung von Haushaltsführungskompetenzen durch Aufzeigen von Handlungsalternativen" durch. In ihm wurde ein theoretischer Bezugsrahmen und ein methodischer Ansatz zur „Analyse der Komplexität des Alltagsgeschehens in Haushalten, die von Armut betroffen oder von Armut bedroht sind" (Preusse/ Meier/ Sunnus 2003, 1) entwickelt und an

22 ausführlichen Fallstudien beispielhaft erprobt. Die Methode der Haushaltsanalyse erlaubt eine umfassende Betrachtung der Situation von Einzelhaushalten, wobei Rahmenbedingungen, eingesetzte Ressourcen und die hauswirtschaftlichen Leistungen, einschließlich eventueller Defizite verdeutlicht werden. Der vorliegende Leitfaden ermöglicht den Einsatz der Methode in Praxisfeldern der Sozialen Arbeit und möchte den Anspruch verwirklichen, „die Bedeutung der Versorgungsarbeit im Haushalt herauszustellen." Er ist dabei „von der Überzeugung getragen, dass die Komplexität der menschlichen Lebensbezüge in der Sozialen Arbeit ... nur dann angemessen berücksichtigt werden kann, wenn einer haushaltsbezogenen Perspektive in Zukunft eine größere Bedeutung beigemessen wird" (a.a.O., 120).

• *Weitere Perspektiven*

In Folge des ersten Armutspräventionsprogramms sind beispielhafte Maßnahmen entwickelt worden, mit denen das innovative Konzept einer wirkungsvollen Armutsprävention für Haushalte und Familien fortgeführt werden kann. Zur Debatte stehen Möglichkeiten und Wege einer langfristigen Implementation, entweder in gesetzlich verankerte Regelförderungen (Familienpflege mit Haushaltsorganisationstraining) oder in politische Programme wie beispielsweise die Gemeinschaftsinitiative des Bundes und der Länder „Die Soziale Stadt" (vgl. Bertsch/Piorkowsky 2005). Zum Teil sind auch selbst tragende Strukturen entstanden, die sich innerhalb von Netzwerken etablieren und weiter entwickeln können, wie zum Beispiel das Konzept der „Elternschulen für den Alltag", ein Kursprogramm, welches an Geburtskliniken von Kooperationsverbünden aus Gesundheitsbildung, Sozialämtern, Wohlfahrtsverbänden und Verbrauchereinrichtungen durchgeführt wird. Dieses Pilotprojekt ließe sich in Kooperation mit weiteren Einrichtungen der Kinderbetreuung entlang der Altersstufen der Kinder wie Kinderkrippe, Kindertagesstätte, Grundschule fortführen (ebd.).

Eine angemessene Berücksichtigung der Haushaltsperspektive wird Konzepte der Armutsprävention für Familien realitätsnäher und damit wirksamer werden lassen, sie kann den Zugang zu den Menschen in ihren Alltagskontexten und -interessen erleichtern und helfen, spürbare Verbesserungen in der Lebensgestaltung, nicht zuletzt für die Kinder, zu erreichen. Ihre Umsetzung erfordert eine offene multidisziplinäre Kooperation der Professionen im Feld der Bildungs- und Beratungsarbeit.

Literatur

Andreß, Hans-Jürgen unter Mitarbeit von Burkatzki, E. u. a.(1999): Leben in Armut. Analysen der Verhaltensweisen armer Haushalte mit Umfragedaten. Opladen, Wiesbaden

Bader, Reinhard/Müller, Martina (2002): Leitziel der Berufsbildung: Handlungskompetenz. Anregungen zur Ausdifferenzierung des Begriffs. In: Die berufsbildende Schule 54 (6), 176–182

Bertsch, Frank/Piorkowsky, Michael-Burkard (2005): Impulse für die neue Politik der Sozialen Stadt. In: Aus Politik und Zeitgeschichte – Beilage zur Wochenzeitung Das Parlament B. 3/2005, S. 32–38

Bödeker, S.;/Zwicker-Pelzer, Renate. (2003): Wissenschaftliche Begleitung des Projekts „Vermittlung von Haushaltsführungskompetenzen in prekären Lebenslagen. Entwicklung eines Handlungsansatzes für den Fachdienst Familienpflege". Konzepte und Modelle zur Armutsprävention, Materialien, Bd. 6, hrsg. von der Deutschen Gesellschaft für Hauswirtschaft. Bonn

Deutsche Gesellschaft für Hauswirtschaft (2001): Kompetent im Alltag! Memorandum für eine haushaltsbezogene Bildung: frühzeitig, aufbauend, lebenslang. Bonn.

Hradil, Stefan/Müller, Dagmar. (1999): Landesarmutsbericht Schleswig-Holstein. Bericht des Instituts für Soziologie der Johannes-Gutenberg-Universität Mainz im Auftrag der Ministerin für Arbeit, Gesundheit und Soziales des Landes Schleswig-Holstein

Hübinger, Werner (1996): Prekärer Wohlstand. Neue Befunde zu Armut und sozialer Ungleichheit. Freiburg i. B.

Kettschau, Irmhild (2001): Armut in Familien – haushaltswirtschaftliche und haushaltswissenschaftliche Aspekte. In: Lebenslagen von Familien und Kindern. Dokumentation von Expertisen und Berichten, die im Auftrag des Bundesministeriums für Familie, Senioren, Frauen und Jugend im Rahmen der Erstellung des Ersten Armuts- und Reichtumsberichts der Bundesregierung erarbeitet wurden. Hrsg. vom Bundesministerium für Familie, Senioren, Frauen und Jugend. Materialien zur Familienpolitik. Nr. 11. Berlin

Kettschau, Irmhild/Hufnagel, Rainer/Holz, Erlend (2004): Lebensgestaltung auf Haushaltsebene. Verknüpfung zwischen Armutsforschung und Zeitbudgetdaten. In: Lebenslagen von Familien und Kindern – Überschuldung privater Haushalte. Expertisen zur Erarbeitung des Zweiten Armuts- und Reichtumsberichtes der Bundesregierung. Hrsg. vom Bundesministerium für Familie, Senioren, Frauen und Jugend. Materialien zur Familienpolitik, Nr. 19. Berlin

Krämer, Walter (2000): Armut in der Bundesrepublik. Zur Theorie und Praxis eines überforderten Begriffs. Frankfurt a. M.

Lebenslagen in Deutschland (2005). Der 2. Armuts- und Reichtumsbericht der Bundesregierung. Berlin

Meier, Uta/Preuße, Heide/Sunnuss, Eva (2003): Steckbriefe von Armut. Haushalte in prekären Lebenslagen. Armutsprävention und Milderung defizitärer Lebenslagen. Wiesbaden

Methfessel, Barbara (2003): „Biographie und Lernen" – Allgemeine Überlegungen zu Möglichkeiten und Grenzen in einem lebensweltbezogenen Fach. Haushalt und Bildung, 80 (1), S. 13–24.

Piorkowsky, Michael-Burkard (2001): Verarmungsgründe und Ansätze der Armutsprävention bei Privathaushalten. In: Lebenslagen von Familien und Kindern. Dokumentation von Expertisen und Berichten, die im Auftrag des Bundesministeriums für Familie, Senioren, Frauen und Jugend im Rahmen der Erstellung des Ersten Armuts- und Reichtumsberichts der Bundesregierung erarbeitet wurden. Hrsg. vom Bundesministerium für Familie, Senioren, Frauen und Jugend. Materialien zur Familienpolitik. Nr. 11. Berlin

Piorkowsky, Michael-Burkard (2002): Neue Hauswirtschaft. Ein Ansatz zur Neuorientierung der familien- und haushaltsbezogenen Bildung am Anfang des 21. Jahrhunderts. Konzeption für einen bundesweiten Zertifikatskurs für die berufliche Weiterbildung von Multiplikatorinnen und Multiplikatoren. Im Auftrag des Bundesverbands der Verbraucherzentralen und Verbraucherverbände – Verbraucherzentrale Bundesverband e.V. (www.neuehauswirtschaft.de)

Piorkowsky, Michael-Burkard (2003): Armut, Armutsforschung und Armutsprävention. In: Hauswirtschaft und Wissenschaft, 51 (4), S. 204–210

Piorkowsky, Michael-Burkard (2004): Konzertierte Aktion zur Armutsprävention. Das erste Armutspräventionsprogramm der Bundesregierung. Evaluation von hauswirtschaftlichen Praxis- und Bildungsprojekten. Konzepte und Modelle zur Armutsprävention. Materialien, Bd. 5, hrsg. von der Deutschen Gesellschaft für Hauswirtschaft. Bonn

Preuße, Heide/Meier, Uta/Sunnus, Eva.Maria (2003): Die Vielfalt von Alltagsproblemen in prekären Lebenslagen – Möglichkeiten ihrer Bewältigung und Prävention. Leitfaden für die Bildungs-, Beratungs- und Betreuungsarbeit. Justus-Liebig-Universität: Gießen

Seel, Barbara (1999): Familiäre Arbeitsteilung – Versagt der ökonomische Erklärungsansatz? Jahrbücher für Nationalökonomie und Statistik 219/5+6, S. 692–711

Steinel, Margot/Skaletzki, Claudia (2001): Hauswirtschaftliches Wissen der Bevölkerung im Freistaat Sachsen. In: Hauswirtschaft und Wissenschaft 49 (2), S. 71–76

Thiele-Wittig, Maria (2003): Kompetent im Alltag: Bildung für Haushalt und Familie. In: Aus Politik und Zeitgeschichte – Beilage zur Wochenzeitung Das Parlament, B 9/2003, S. 3–6

Trabert, Gerhard (o.J.): Kinderarmut und Gesundheit. www.nationale-armutskonferenz.de/publications (Zugriff am 01.03.05)

5. Bekämpfung von Armutsfolgen durch Soziale Arbeit – Zwei Modellprojekte in Saarbrücken

Rosie Divivier / Dirk Groß

5.1 Konzepte und Modelle zur Armutsprävention in Forschung und Praxis

Seit Beginn der 90er Jahre haben eine Reihe von sozialwissenschaftlichen Publikationen mit Nachdruck auf das Problem der wachsenden Kinderarmut hingewiesen, darunter im letzten Jahrzehnt eine Reihe von Studien, die insbesondere die Perspektive der Kinder in den Mittelpunkt der Betrachtung rücken (Richter 2000, Hock u. a. 2000, Holz/Skoluda 2003, Holz u.a 2005, Chassè/Zander/Rasch 2010; Butterwegge/Holm/Zander 2004). Die sozialpolitische Brisanz der Thematik „Kinderarmut" wurde allerdings in der Sozialen Arbeit erst mit einiger Verzögerung zur Kenntnis genommen. Die Entwicklung von geeigneten Modellen und Konzepten zur Armutsprävention stellt mittlerweile jedoch eine der zentralen Herausforderungen für Forschung und Praxis der Sozialen Arbeit dar. Als Impulsgeber für die öffentliche Auseinandersetzung um adäquate Konzepte lassen sich vor allem folgende Akteursebenen benennen:

- In der sozialpädagogischen Praxis müssen angemessene Hilfe-Instrumentarien entwickelt werden. Gefordert sind niedrigschwellige Angebote mit sozialräumlicher Ausrichtung, vor allem auch eine Umorientierung von der Einzelfallhilfe hin zu gemeinwesenorientierten Projekten, die die Eltern entlasten und den Kindern kompensatorische Möglichkeiten bieten.
- Die kommunalen Gebietskörperschaften (Landkreis, Stadt, Kommune oder Bezirk/Stadtteil) müssen ihre Planungshoheit für die Arbeit in den Sozialräumen nutzen. Ihre Aufgabe liegt darin, vernetzte Gemeinschaftsinitiativen von lokalen Akteuren zu initiieren und zu koordinieren, die eine systematische Armutsbekämpfung und -prävention auf kommunaler Ebene zur Folge haben.
- Die zuständigen Ministerien auf Bundes- und Landesebene müssen geeignete Förderstrategien zur Armutsprävention entwickeln. Diese müssen gesellschaftliche Kräfte dauerhaft in die Lage versetzen,

Maßnahmen und Aktivitäten zur Armutsprävention bei Kindern und deren Familien durchführen zu können.

Im Folgenden werden zunächst Initiativen zur Armutsprävention auf verschiedenen Politikebenen vorgestellt. Dabei wird auf Bundesmodellprogramme und auf kommunale Praxisprojekte näher eingegangen. Dargestellt werden zwei Modellprojekte aus Saarbrücken, die seit 2003 konkrete Maßnahmen zur Bekämpfung der Auswirkungen von Kinderarmut auf Stadtteilebene modellhaft erproben. Berichtet wird über Konzepte, Schwerpunktsetzungen sowie über Verlauf und Arbeitsweise dieser Projekte. Im Abschlusskapitel werden auf der Basis der Projekterfahrungen Herausforderungen für Soziale Arbeit und Sozialpolitik formuliert.

5.2 Bekämpfung von Armut auf verschiedenen Politikebenen

Für komplexe Aufgaben wie die Bekämpfung der Kinderarmut müssen auf unterschiedlichen Politikebenen Lösungsansätze entwickelt und miteinander verknüpft werden. In diesem Kapitel werden – im Sinne von Best-Practise-Beispielen – zum einen Förderprogramme des Bundes und zum anderen Praxisprojekte zur Armutsprävention auf kommunaler Ebene vorgestellt.

5.2.1 Förderprogramme zur Armutsprävention des Bundes

5.2.1.1 Das Armutspräventionsprogramm der Bundesregierung

In der 14. Legislaturperiode des Deutschen Bundestages wurde von der Bundesregierung ein „Maßnahmenkonzept zur Armutsprophylaxe" (kurz: Armutspräventionsprogramm) initiiert. Die Zielstellung wurde wie folgt formuliert:

> *„Ziel ist es, gesellschaftlichen Kräften Impulse zu geben, in ihrer eigenen Arbeit der wirtschaftlichen Bildung und Beratung von Kindern, Jugendlichen und Erwachsenen, und besonders auch prekären Lebensverhältnissen von Haushalten mehr Aufmerksamkeit zu widmen und so Verarmungsrisiken entgegen zu wirken"* (BMAS 2001, 228).

Das Armutspräventionsprogramm der Bundesregierung zielte auf die Aktivierung von gesellschaftlichen Akteuren, die Maßnahmen zur Vermeidung und Überwindung von Armut in Angriff nehmen sollen. Um dieses Ziel zu erreichen, sollen Träger der öffentlichen und privaten Fürsorge angeregt werden, entsprechende Konzepte eigenständig zu entwickeln und umzusetzen; auf diese Weise sollte ein Präventionsprozess eingeleitet werden, der sich verselbstständigt. Die Maßnahmen sollten generell auf die Stärkung von Bewältigungs- und Handlungskompetenzen des Einzelnen ausgerichtet sein. Dazu zählen vor allem die Stärkung von Kompetenzen in der Haushaltsführung bei Personen in prekären Lebenslagen, die Stärkung von Kompetenzen im Umgang mit Geld bei Kindern und Jugendlichen sowie die Implementierung der Konzepte in kommunale Strategien zur Armutsprävention (Piorkowsy 2004, 3).

Insgesamt umfasste das Armutspräventionsprogramm sechs Programmteile (Piorkowsky 2004, 4):

- *Grundlagenforschung* zu prekären Lebenslagen von Familien und deren Bewältigung
- *Aktionsforschung* zu Versorgungsstrategien von Privathaushalten in prekären Lebenslagen, zu den wirtschaftlichen Folgen von Trennung und Scheidung sowie zur finanziellen Allgemeinbildung der Bevölkerung
- *Konzertierte Aktion der Verbände* zur Armutsprävention durch Bildungs- und Beratungsangebote sowie durch zugehende Maßnahmen zur Stärkung der Haushalts- und Familienkompetenzen
- Impulse der hauswirtschaftlichen sowie verbraucher- und familienbezogenen *Bildung*:
  - durch Entwicklung von Materialien und Durchführung von Workshops für Multiplikatorinnen und Multiplikatoren
  - durch Angebote zur Qualifizierung und Qualitätssicherung in der wirtschaftlichen Bildung und zur Armutsprävention für Kinder, Jugendliche und Erwachsene
- *Initiierung eines Dialogs* zwischen den Verbänden der Schuldnerberatung und Wirtschaftsverbänden – insbesondere mit den Verbänden der Kreditwirtschaft, der Versicherungswirtschaft, des Versandhandels und der Inkassounternehmen
- *Entwicklung von Profilen kommunaler Handlungsfelder* zur Armutsprävention, insbesondere durch Etablierung kommunaler runder Tische sowie durch Kontextmaßnahmen im Rahmen des Bund-Länder-Programms „Die soziale Stadt".

Das Armutspräventionsprogramm wurde schwerpunktmäßig bis zum Ende der 14. Legislaturperiode im Herbst 2002 umgesetzt. Mit dem Programm konnte ein Beitrag zur Aktivierung gesellschaftlicher Kräfte für eine dauerhafte Beschäftigung mit Fragen der Armutsprävention geleistet werden. Bei einer großen Zahl von Trägern ist es gelungen, verstärkt Aktivitäten und Überlegungen zum Thema Armutsprävention in ihren

Organisationen zu verankern. Vor allem der Bereich der wirtschaftlichen und finanziellen Bildung hat durch das Armutspräventionsprogramm deutliche Impulse erhalten. Es sind dauerhaft zahlreiche Projekte und Materialien zu dieser Thematik entstanden, nicht nur für die Zielgruppe sozial benachteiligter und bildungsferner Mitglieder privater Haushalte (Groß/Holz 2004, Piorkowsky 2009). Ein Beispiel dafür ist das Projekt „Kids & Knete", das in Kapitel 5.2.2.1 näher vorgestellt wird.

5.2.1.2 Das Bundesmodellprogramm „Entwicklung und Chancen junger Menschen in sozialen Brennpunkten" (E & C)

Die Programmplattform„Entwicklung und Chancen junger Menschen in sozialen Brennpunkten" (E&C) des Bundesministeriums für Familie, Senioren, Frauen und Jugend (BMFSFJ) bezog sich auf städtische Quartiere und strukturschwache ländliche Räume, die durch die Anhäufung sozialer Probleme davon bedroht waren, ins soziale Abseits zu geraten (BMFSFJ 2004, 1). Die Programmplattform E&C knüpfte an das Programm zur Stadterneuerung für städtische Gebiete mit besonderem Entwicklungsbedarf, die Gemeinschaftsinitiative „Die Soziale Stadt" der Bundesregierung und der Länder an und nahm dabei Erkenntnisse der Kinder- und Jugendforschung auf. In Abstimmung zwischen Bund und Ländern sind im Rahmen der „Sozialen Stadt" über 200 innerstädtische Quartiere ermittelt worden, in denen ein besonderer städtebaulicher Entwicklungsbedarf bestand. Im Sinne einer ressortübergreifenden Bündelung der Ressourcen und Aktivitäten war das E&C-Programm in jenen Stadtteilen angesiedelt, die im Rahmen der „Sozialen Stadt" gefördert wurden, allerdings berücksichtigte das E&C-Programm – als besonderen Schwerpunkt – neben städtischen Quartieren auch strukturschwache ländliche Gebiete (BMFSFJ 2004, 1; BMFSFJ 2001, 4).

Mit dem E&C-Programm sollten die Lebensbedingungen und Chancen von Kindern und Jugendlichen verbessert, der Niedergang von Stadtteilen und strukturschwachen, ländlichen Regionen aufgehalten sowie nachhaltige Entwicklungen angestoßen werden (BMFSFJ 2001, 3). Nach Einschätzung des BMFSFJ kann eine Verbesserung der Lebenssituation von Kindern und Jugendlichen in benachteiligten Stadtteilen bzw. in strukturschwachen ländlichen Regionen nur dann erfolgreich gestaltet werden, wenn die jeweils vorhandenen Ressourcen „miteinander verknüpft und aufeinander bezogen sind" (BMFSFJ 2004, 2). Daher stellte die Stiftung Sozialpädagogisches Institut Berlin (SPI), die mit der Einrichtung einer „Regiestelle E&C" beauftragt wurde, ihre Arbeit unter das Motto „Soziale Arbeit als Koproduktion". Sie betrachtete damit die Kinder- und

Jugendhilfe als Akteur einer Gemeinschaftsanstrengung sozialer und wirtschaftlicher Infrastrukturpolitik und das zweigliederige Jugendamt als Akteur für soziale Gestaltungs- und Partizipationsprozesse in einem definierten Sozialraum der Gebietskörperschaft (Brocke 2003, 9 f.).

In der Konsequenz führte diese Zielsetzung zu der Forderung, dass auf kommunaler und regionaler Ebene die Planungen in Bereichen von Jugendhilfe, Schule, Ausbildung sowie Stadtentwicklung koordiniert und zu einem abgestimmten Ganzen zusammengefügt werden sollten. Die Kinder- und Jugendhilfedienste wurden somit aufgefordert, sich mit anderen professionellen und informellen Unterstützungs- und Sozialisationssystemen, aber auch mit anderen Politikbereichen zu vernetzen (BMFSFJ 2004, 2).

Die Programmplattform E&C zielte so darauf ab, über die im Rahmen des Kinder- und Jugendplanes (Bund) geförderte Infrastruktur der Kinder- und Jugendhilfe zur Verbesserung der sozialen Situation dieser Quartiere beizutragen. Darüber hinaus sollten neue Maßnahmen entwickelt und erprobt werden, die die soziale, berufliche und gesellschaftliche Integration junger Menschen aus diesen Sozialräumen fördern (BMFSFJ 2004, 2, BMFSFJ 2001, 3). Das BMFSFJ wollte letztlich bewirken, dass zusätzliche Finanzen zur Verbesserung der sozialen Projekte mobilisiert und eingeworben werden. Gemeint sind damit die Programmmittel der „Sozialen Stadt", des Europäischen Sozialfonds, Arbeitsmarktmaßnahmen sowie Bundes-, Landes- und kommunale Mittel. Auf diese Weise erhoffte man sich die Mobilisierung eines erheblichen Finanzvolumens für die sozialen Brennpunkte (BMFSFJ 2004, 3).

Das Programm wurde in den Jahren 2000 bis 2006 umgesetzt. Die im vorherigen Abschnitt genannten Ziele wurden vor allem dort erreicht, „wo es ein explizites kommunales Interesse für die benachteiligten städtischen Quartiere gab und wo die Jugendämter in ressortübergreifenden Arbeitszusammenhängen diesen Prozess offen begleitet und gefördert haben" (Burchardt u.a. 2007, 212). Weiter unten wird in Kapitel 5.2.2.2 am Beispiel des Projektes „Monheim für Kinder" dargelegt, wie die E&C Philosophie im hier beschriebenen Sinne erfolgreich in Regelpraxis umgesetzt werden kann.

5.2.2 Praxisprojekte zur Armutsprävention auf kommunaler Ebene

5.2.2.1 Das Aachener Modellprojekt „Kids & Knete"

Im Rahmen des Armutspräventionsprogramms der Bundesregierung wurden u. a. Projekte durchgeführt, die das Ziel der Qualifizierung und Qualitätssicherung in der hauswirtschaftlichen Bildungsarbeit verfolgen. Besondere Beachtung hat dabei das Projekt „Kids & Knete" der Schuldnerberatung Aachen gefunden.

Ausgangspunkt des Projekts war die in Fachkreisen verbreitete Erkenntnis, dass Maßnahmen zur Konsumentenbildung und Schuldenprävention nicht erst bei Jugendlichen, sondern bereits im Grundschulalter beginnen sollten (Piorkowsky 2004, 71 f.). Dabei wurde konstatiert, dass zum einen die „Geld- und Konsumsozialisation" in den Familien wie in den Schulen nicht ausreichend ist und sich zum anderen bisher vorhandene Materialien zu diesem Themenkomplex nur an Jugendliche und junge Erwachsene richteten. Vor diesem Hintergrund zielte das Projekt auf die Entwicklung und Erprobung von Curricula und Materialien für Kinder im Alter von 6 bis 12 Jahren sowie für Eltern und Multiplikatorinnen und Multiplikatoren in den Bereichen Grundschule und Hort; Ziel ist dabei, die Entwicklung der Kinder zu aufgeklärten Konsumenten zu fördern.

Zielgruppe des Projekts waren zunächst Lehrkräfte sowie Multiplikatorinnen und Multiplikatoren in Bildungseinrichtungen für Vor- und Grundschulkinder sowie Bildungsreferentinnen und -referenten von Trägern entsprechender Bildungsangebote (z.B. Kindergärten, Kinderhorte, Vor- und Grundschulen, Jugendfreizeitstätten oder Kindertagesstätten). Darüber hinaus sollten die Bildungsangebote auch Eltern sowie Sozialarbeiterinnen und Sozialarbeitern bekannt gemacht werden. Die Bildungsmaßnahmen wiederum richten sich an Kinder zwischen 6 und 12 Jahren in Grundschulen, Horten, Jugendfeizeitstätten und an Familien in Kindertagesstätten (Piorkowsky 2004, 72).

Das Modellprojekt „Kids & Knete" wurde in zwei Phasen umgesetzt (Piorkowsky 2004, 72 ff., Lichtenberg 2003, 91 f.):

In der ersten Phase (April 2000 – März 2002) wurden mit Pilotklassen unter Beteiligung von Kindern aus allen Bevölkerungsschichten Curricula sowie Unterrichts- und Spielmaterialien für Kinder im Grundschulalter entwickelt. Gemeinsam mit Kindern, Eltern und pädagogischem Fachpersonal wurden Materialien zu den Themen „Wünsche und Bedürfnisse", „Mein Taschengeld", „Der Geldkreislauf – Woher kommt das Geld in der Familie" und „Die Werbung" erarbeitet. Die Projektförderung erfolgte hier u. a. durch die Stiftung Deutsche Jugendmarke, den Lions Club Aachen sowie weitere Sponsoren.

Diese Materialien wurden in der zweiten Phase (April 2002 – März 2003) überarbeitet und in weiteren Aachener Schulen erprobt, nun gefördert durch das Bundesministerium für Familie, Senioren, Frauen und

Jugend. Dabei wurden verstärkt Schulen mit Schülerinnen und Schülern aus sozial benachteiligten Bevölkerungsschichten und solchen mit Lernbehinderungen einbezogen. Nach dieser Überarbeitung wurden die Materialien für den Unterricht aufbereitet und an Schulen und anderen Einrichtungen eingesetzt. Den Kern der Materialien bilden ein Schüler- und ein Lehrerheft, mit deren Hilfe die Kinder unter pädagogischer Anleitung verschiedene kreative Zugänge zum Thema „Geld und Konsum" ausprobieren können. Parallel dazu wurde in dieser Phase eine intensive überregionale Multiplikatorenarbeit geleistet und auf diese Weise die Erfahrungen an alle interessierten Zielgruppen weitergegeben.

Das Aachener Projekt „Kids & Knete" hat national wie international große Beachtung gefunden und ist vielfach multipliziert worden. Es hat einen nachhaltigen Beitrag dazu geleistet, die frühe Gelderziehung – und hier auch den Aspekt einer primären Prävention - von Kindern in Konzepten der Armutsprävention zu verankern.

5.2.2.2. Das Projekt „Monheim für Kinder" (Mo.Ki.)

Im Oktober 2002 starteten die Stadt Monheim am Rhein und der Bezirksverband Niederrhein der Arbeiterwohlfahrt das Modellprojekt „Monheim für Kinder" (Mo.Ki). Hauptanliegen des Projekts war es, in einem Stadtteil mit besonderem Erneuerungsbedarf – dem Berliner Viertel – Angebote zur Vermeidung von Armutsfolgen bei Kindern ab frühester Kindheit zu entwickeln (Holz u. a. 2005, 1).

Durch die kontinuierliche Bereitstellung von Unterstützungs- und Beratungsangeboten für Eltern und Kinder im Berliner Viertel sollte eine verlässliche und präventiv ausgerichtete Struktur zur Vermeidung von Kinderarmut in Monheim gewährleist werden. Künftig sollten kommunale Ressourcen nicht allein in die Finanzierung reiner Armutsbewältigung fließen. Vielmehr sollte verstärkt in eine infrastrukturelle (Früh-)Förderung von Kindern und Familien investiert und damit langfristig durch die Implementierung eines armutspräventiven Kinder- und Jugendhilfesystems eine dauerhafte strukturelle Veränderung erreicht werden. Im Projektverlauf kristallisierten sich zwei besonders geeignete Handlungsfelder heraus: zum einen der Aufbau einer Präventionskette für Kinder und zum anderen die systematische Entwicklung eines breit angelegten Trägernetzwerkes (Holz u. a. 2005, 7).

Im Rahmen von Mo.Ki. wurde ein Bausteinsystem entwickelt, das präventionsorientierte Aktivitäten für Kinder, Eltern, Fachkräfte sowie Aktivitäten im Sozialraum beinhaltet. Diese Präventionskette lässt sich wie folgt skizzieren (Holz u. a. 2005, 60 ff.):

- Für die Arbeit mit den KiTa-Kindern wurden z.B. die Bausteine „Sprach-, Bewegungs- und Gesundheitsförderung" entwickelt.
- Zu den Bausteinen für die Arbeit mit den Eltern bzw. Familien zählen vor allem „Familienberatung und Familienbildung", „MarteMeo – Videoarbeit mit Familien" oder „Familie und Nachbarschaft – FuN".
- Zudem wurden Angebote zur diesbezüglichen Qualifizierung der Fachkräfte initiiert, z.B. die Bausteine „Erzieherinnen- und Erzieherfortbildung" und „KiTa-Leitungsrunde".
- Die Bausteine „Kommunale Kinder- und Jugendhilfeplanung" und „Interkulturelle Öffnung des Stadtteils" zielen explizit auf den Sozialraum und seine Ressourcen.

Das Besondere an der Vernetzungsstrategie des Modellprojektes ist der Ansatz, die Tageseinrichtungen für Kinder zum Ausgangspunkt zu machen (Holz u. a. 2005). Als allgemeines öffentliches Angebot der Bildung, Erziehung und Betreuung von Kindern bietet dieser Einrichtungstyp die Chance zu einer möglichst frühen Förderung der Kinder und zu gleichzeitiger Unterstützung der Eltern. Da in der Regel fast alle Kinder eine solche Einrichtung besuchen, ist die KiTa ein idealer Ort für armutspräventive Vorhaben. Zu nennen ist hier vor allem die Bildung eines Kooperationskreises von KiTa-Leiterinnen und -Leitern, aus dem einige Initiativen für Kinder, Eltern und auch Erzieherinnen und Erziehern umgesetzt wurden. Der Vernetzungsgedanke und darüber hinaus durch Verankerung einer unbefristeten Koordinationsstelle als Knotenpunkt einer vernetzten Armutsprävention im Jugendamt der Stadt Monheim unterstrichen.

Mo.Ki. wurde im Jahre 2004 mit dem deutschen Präventionspreis der Bertelsmann Stiftung, der Bundeszentrale für gesundheitliche Aufklärung und dem Bundesministerium für Gesundheit und Soziale Sicherung ausgezeichnet. Zudem wurde das Projekt. im Länderbericht der Organisation für wirtschaftliche Zusammenarbeit und Entwicklung positiv hervorgehoben (vgl. OECD 2004). Zu weiteren Auszeichnungen gehört unter anderem das Gütesiegel „Familienzentrum NRW" für das Mo.Ki-Familienzentrum. Neben den seit 2002 bestehenden Angeboten in Kindertagesstätten begleitet das Mo.Ki.-Netzwerk seit 2005 Kinder und Familien durch die Grundschulzeit („Frühes Fördern in der Grundschule) und fördert Kinder und Eltern bereits von der Geburt an („Mo.Ki. unter 3"). Bis zum Jahr 2012 soll das Netzwerk auf Kinder und Jugendliche an den weiterführenden Schulen zwischen zehn und 16 Jahren und deren Familien sowie für Jugendliche ab 16 Jahren und deren Familien während der Berufsausbildung und bis zum Berufseinstieg erweitert werden.

5.3 Saarbrücker Modellprojekte: Auswirkungen von Kinderarmut auf Stadtteilebene konkret begegnen

Die beiden Saarbrücker Modellprojekte zur Bekämpfung der Auswirkungen von Kinderarmut wurden zunächst über einen Zeitraum von drei Jahren (2003–2006) vom saarländischen Ministerium für Inneres, Familie, Frauen und Sport gefördert.[2] Ursprünglich wurden die Modellvorhaben als eigenständige Aufträge vergeben. Die mit der Durchführung befassten Träger, das Diakonische Werk an der Saar und die Paritätische Gesellschaft für Gemeinwesenarbeit haben sich jedoch zu einer engen Kooperation entschieden[3]; sie knüpfen damit an die traditionell bestehende Kooperation in der Gemeinwesenarbeit an und betonen ihr gemeinsames fachliches Engagement in aktuellen Fragestellungen, insbesondere in der Armutsprävention.

5.3.1 Konzeptionelle Gemeinsamkeiten der Saarbrücker Modellprojekte

In diesem Sinne lassen sich zunächst einige konzeptionelle Gemeinsamkeiten der Projekte benennen (Zander 2005, 8 f.):

- Beide Projekte zur „Bekämpfung der Auswirkungen von Kinderarmut" sind in Saarbrücker Stadtteilen (Malstatt und Alt-Saarbrücken) angesiedelt, die traditionell als benachteiligte Stadtteile gelten. Die damit gegebene lokale Verankerung bildet eine spezifische Ausgangslage, die es beiden Projekten ermöglicht, eine Fokussierung auf eine jeweils begrenzte Zielgruppe vorzunehmen.
- Dabei können sie an bereits laufende Aktivitäten ihrer Träger anknüpfen. Dies sind zum einen das Stadtteilbüro Malstatt, ein Gemeinwesenprojekt in Trägerschaft des Diakonischen Werks an der Saar, der Landeshauptstadt Saarbrücken sowie des Stadtverbands Saarbrücken und zum anderen das Stadtteilbüro Alt-Saarbrücken, ein Gemeinwesenprojekt in Trägerschaft der Paritätischen Gesellschaft für Gemeinwesenarbeit e.V.. Beide Stadtteil-/Gemeinwesenprojekte bieten für die jeweilige Bevölkerung Kernangebote z.B. Bürgerinnen- und Bürger-

---

2 Die folgenden Ausführungen beziehen sich im Wesentlichen auf diesen Zeitraum. In Kapitel 5.4.3 finden sich einige Anmerkungen zum aktuellen Stand der Projekte.

3 Die enge Kooperation der beiden Projekte kommt v.a. auch dadurch zum Ausdruck, dass sie das Institut für Sozialforschung, Praxisberatung und Organisationsentwicklung (iSPO) in Kooperation mit Frau Prof. Dr. Margherita Zander (Fachhochschule Münster) mit dem übergreifenden Projektmanagement und der Fachberatung beauftragt haben.

beteiligung, Kurse, Sozialberatung, Stadtteilcafe, Stadtteilzeitung und zielgruppenspezifische Angebote an.

- Beide Projekte gehen von einem multidimensionalen Armutsverständnis aus und betrachten Armut als eine Lebenslage, die vielfältige – einschränkende und benachteiligende – Auswirkungen bei den betroffenen Kindern und Familien haben kann. Diese Sichtweise wird jedoch gekoppelt mit einem ressourcenorientierten Ansatz, der den Blick für die Potentiale und Fähigkeiten der Kinder öffnet und auf außerfamiliär gegebene Fördermöglichkeiten lenkt.
- In den beiden Saarbrücker Modellprojekten stehen Formen von „alter Armut" im Vordergrund, d.h. es handelt sich in diesen Fällen meist um Langzeitbezug von Sozialhilfe, teilweise sogar um eine „Weitergabe" von einer Generation auf die nächste. Damit gehen Merkmale wie niedriger formaler Bildungsgrad der Eltern und geringe berufliche Qualifikation einher, aus denen sich nur selten eine nachhaltige Ausstiegsperspektive ergibt.
- Des Weiteren verbindet die Projekte auch ihre auf drei Ebenen angesiedelte Vorgehensweise: (1) die sozialpädagogische Arbeit mit Kindern, (2) die explizite Einbeziehung der Eltern und Familien der Kinder und (3) die stadtteilbezogene Vernetzungsarbeit. Die Verknüpfung der Arbeit auf diesen drei Ebenen wird in beiden Projekten als wesentliche Voraussetzung für die Erreichung der Projektziele angesehen.

5.3.2 *Unterschiedliche Schwerpunktsetzungen in den beiden Stadtteilen*

Neben dieser gemeinsamen konzeptionellen Ausrichtung unterscheiden sich die Projekte in der konkreten Ausgestaltung des Angebotes für unterschiedliche Zielgruppen. Die unterschiedlichen Profilierungen werden im Folgenden genauer dargelegt.

5.3.2.1 Der Stadtteil Alt-Saarbrücken und der Projektansatz

Das Wohngebiet Moltkestraße/Abtsdell ist im Stadtteil Alt-Saarbrücken gelegen und gehört verwaltungstechnisch zum Distrikt 116 Bellevue. Bereits seit der Umwandlung der Kaserne des ehemaligen 70er Regiments in den 1920er Jahren zu Wohnzwecken und dem Einzug vorwiegend armer und kinderreicher Familien zählt das Wohngebiet zu den sozial benachteiligten Stadtteilen Saarbrückens. Hier leben ca. 1.100 Menschen; mit einer Kinderquote von 25,1 % ist die Altersgruppe der unter 18-Jährigen überdurchschnittlich stark vertreten. Der Vergleichswert für die Gesamtstadt Saarbrücken beträgt 15,6 %. Zum Stichtag 31.12.2003 haben 251 Personen Sozialhilfe in Form von laufender Hilfe zum Lebensunterhalt bezogen. Das entspricht einer Quote von 24 % der im Stadtteil lebenden Bevölkerung und liegt damit ebenfalls deutlich über dem gesamtstädtischen Durchschnitt von 8,8 %. Die Sozialhilfequote der im Wohngebiet lebenden Kinder und Jugendlichen im Alter von 0–15 Jahren beträgt sogar 42,3 %. Damit ist fast jedes zweite Kind von materieller Armut und den Folgeerscheinungen betroffen (Meiser u. a. 2005, 12).

Ein wesentliches Merkmal der Konzeption des Modellprojekts in Alt-Saarbrücken ist die Verschränkung von Handlungs- und Strukturebene. Auf der *Handlungsebene* steht die pädagogische Arbeit mit Kindern im Mittelpunkt. Mit dem Modellprojekt werden insbesondere die Gruppe der 9- bis 12-Jährigen als Zielgruppe angesprochen. Kinder dieser Altersgruppe werden als die so genannten „Lückenkinder" bezeichnet, da es für sie kaum öffentliche Angebote gibt. Sie stehen an der Schwelle zur weiterführenden Schule oder haben den Schulwechsel gerade vollzogen. Dieser Übergang ist für viele Kinder mit großen Schwierigkeiten verbunden. Sie fallen ohne die bisher erfahrene Geborgenheit der Grundschule in ein emotionales Vakuum, das innerhalb überforderter Familien nicht aufgefangen werden kann, im Gegenteil, sogar noch verstärkt wird.
Die einzelnen Maßnahmen des Projektes werden als persönliche Hilfen (Einzelfallhilfe), Gruppenarbeit und situationsbedingt als flexibel organisierte Projekte und Aktionen durchgeführt. Dabei orientiert sich das Modellprojekt an den folgenden Arbeitsprinzipien (Meiser u. a. 2005, 16f):

- *Lebensweltorientierung:* Die konkrete pädagogische Arbeit orientiert sich an der Lebenswelt der Kinder (Eltern, Geschwister, Schule, Peergroup, Freundinnen und Freunde, etc.). Dies bedeutet vor allem ein Eingehen auf die Sinn- und Erfahrungswelten der Kinder.
- *Ressourcenorientierung:* Die spezifischen Denk- und Handlungsmuster der Kinder werden als Reservoir zur Lebensbewältigung berücksichtigt. Die pädagogische Arbeit zielt somit auf den Ausbau von Ressourcen und Strategien alltäglicher Bewältigungsmuster und auf die Erweiterung der Handlungskompetenzen.
- *Kinder-Streetwork:* Dieser Ansatz beginnt dort, wo sich die Kinder im Viertel treffen, spielen und aufhalten. Dadurch sollen vor allem jene Kinder erreicht werden, die von den verschiedenen Erscheinungsformen von Armut betroffen bzw. bedroht sind. So wird versucht, dem Anspruch der Niedrigschwelligkeit gerecht zu werden.
- *Geschlechtsspezifische Arbeit:* Ausgehend von den jeweils verschiedenen geschlechtstypischen Lebenslagen, Entwicklungsaufgaben und

Abb. 1: Arbeitsschwerpunkte im Projekt Alt-Saarbrücken

Schwerpunkt	Inhalte/Beispiele
Bildung	schulische Bildung; naturpädagogische Angebote; Erwerb von Medienkompetenz; Förderung der Lesekompetenz.
Kreativität	Förderung von künstlerischen und musischen Neigungen: werken, basteln, malen, Teilnahme an Musik-Workshops
Gesundheitsförderung	aktive Gesundheitsförderung durch Sportveranstaltungen; gesunde Ernährung
Gesellschaft/Kultur	gesellschaftliche und kulturelle Partizipation: Freizeiten, Outdoor-Veranstaltungen (Klettern, Kanu fahren), Theater-, Zirkus- und Museumsbesuche
Wohnen/Umwelt	kennen lernen des Stadtteils; Erweiterung des Aktionsradius der Kinder über den Stadtteil hinaus
	Quelle: Meiser u. a. 2005, S. 15

Bewältigungsmustern von Jungen und Mädchen finden koedukative Angebote statt.

– *Handlungs- und erlebnisorientierte Pädagogik:* Für Kinder werden Räume und Situationen geschaffen, die ihnen Lernerfahrungen ermöglichen und ihr Selbstwertgefühl steigern.

Um den verschiedenen Erscheinungsformen von Armut pädagogisch zu begegnen, wurde ein Schwerpunktprogramm entwickelt, das vor allem mit handlungs- und erlebnisorientierter Pädagogik sowie mit naturpädagogischen Angeboten unterschiedliche Erziehungs- und Lernziele verfolgt (vgl. Abbildung 1, S. 266).

Auf der *Strukturebene* stehen Elternarbeit und Vernetzungsarbeit im Stadtteil auf der Agenda. Durch Beratung der Eltern in Erziehungsfragen und durch ihre Einbeziehung in verschiedene Angebote sowie Familien stützende Maßnahmen sollen sowohl ihre Erziehungsverantwortung als auch ihre Erziehungskompetenz gefördert und gestärkt werden.

Darüber hinaus wird Zusammenarbeit mit Einrichtungen und Institutionen des Stadtteils erneuert und reaktiviert. Um eine nachhaltige Wirkung im Sinne des Projektziels zu erreichen, wird das Problem der Kinderarmut systematisch durch die organisatorische und inhaltliche Vorbereitung eines Arbeitskreises aufgegriffen, in dem Einrichtungen und Institutionen aus dem Stadtteil mitwirken.

5.3.3.2 Der Stadtteil Malstatt und der Projektansatz

Malstatt war – bedingt durch die Nähe zur Burbacher Hütte – ein Arbeiterstadtteil Saarbrückens. Krisenhafte wirtschaftliche Entwicklungen ließen die Arbeitslosigkeit allerdings stark ansteigen. Malstatt umfasst insgesamt fünf Distrikte; der Distrikt Leipziger Wiese ist durch sozialen Wohnungsbau, der Distrikt unteres Malstatt überwiegend durch zum Teil renovierungsbedürftigen Altbaubestand gekennzeichnet. Die Anlaufstelle des Projekts befindet sich im Distrikt 123 im Unteren Malstatt. Hier leben 5593 Menschen (Stand: Dezember 2003). Davon sind 1388 Kinder und Jugendliche im Alter von 0 bis 14 Jahren. Die Arbeitslosigkeit beträgt in diesem Distrikt 20,7 %; die Jugendarbeitslosigkeit 13,2 % (zum Vergleich: 6,9 % in der Gesamtstadt Saarbrücken). Der Sozialhilfebezug liegt bei 23,8 %; die Quote für Kinder von 0 bis 5 Jahren beläuft sich dabei auf 49,4 % und für Kinder von 6 bis 17 Jahren 40 % (Freels u. a. 2005, 33).

Mit dem Modellprojekt zur Bekämpfung der Auswirkungen von Kinderarmut wird in Malstatt das Ziel verfolgt, materiellen und immateriellen Armutsfolgen bei Kindern und ihren Familien im Unteren Malstatt entgegenzuwirken. Im Einzelnen verfolgt das Modellprojekt u. a. folgende Ziele (Freels u. a. 2005, 34):

- die Verbesserung und Weiterentwicklung der Handlungs- und sozialen Kompetenz von Kindern und Eltern im Unteren Malstatt
- eine bestmögliche Aktivierung der Selbsthilfepotenziale der Zielgruppe
- die konzeptionelle Bearbeitung immaterieller Armutsaspekte (z.B. in den Bereichen Gesundheit, Bildung, Freizeit- und Sozialverhalten, elementare Kulturtechniken)
- Bestandsaufnahme und ständige Weiterentwicklung einer nachhaltigen Vernetzungsstruktur zur Verbesserung der Situation armer Familien im Stadtteil
- Aufbau und Weiterentwicklung eines Netzwerkes aus Informationen und Hilfeangeboten für die Familien des Unteren Malstatt (in Zusammenarbeit mit den Familien)
- Förderung der Integration insbesondere ausländischer Familien.

Basierend auf diesen Arbeitsprinzipien manifestieren sich die kon-

Abb. 2: Die Konzeption des Kinderhauses in Malstatt

Kinderhaus Malstatt		
Anlaufstelle Kinderhaus	**Gezielte Arbeit mit 10 Kindern und deren Familien**	**Vernetzung**
Alltagsprobleme besprechen Mittagessen Freizeitangebote Kreativitätsangebot	Hausaufgaben Familienarbeit Elternkurse Vernetzung Spiel- und Freizeit-angebote	Interviews Auswertung Projekte
Ca. 35 Kinder	10 Kinder und ihre Familien	Einrichtungen im Stadtteil
Dokumentation der Maßnahmen und Zielsetzungen		
Quelle: Freels u. a. 2005, S. 53		

zeptionellen Überlegungen des Malstatter Modellprojektes zur Bekämpfung der Auswirkungen von Kinderarmut in dem im Mai 2003 eröffneten Kinderhaus.[4] Weitere Aufgabenschwerpunkte sind die Elternarbeit und die Vernetzungsarbeit im Stadtteil (vgl. Abbildung 2, S. 268). In jedem der drei Bereiche wird ressourcenorientiert gearbeitet, d.h. es werden die jeweiligen Lebenskonzepte der Kinder und ihrer Familien einbezogen. Sie bilden die Grundlage für angestrebte Verhaltensmodifikationen.

Kernzielgruppe des Modellprojekts sind Kinder des Unteren Malstatt im Grundschulalter und ihre Eltern. Im Rahmen des Modellprojekts werden gemeinsam mit den Kindern und Eltern „Lebenswerte" (als fördernde und fordernde Bedingungen) identifiziert und ihre „Umsetzung" erprobt. Die in das Projekt einbezogenen Kinder und Eltern sollen sich ausprobieren können und positive Erfahrungen sammeln, die zur Weiterentwicklung ihres Selbstwertgefühls und in der Folge zur Förderung ihrer Selbstmanagement-Kompetenz führen.

4 Dabei konnte u.a. auch auf eine bereits zu Beginn der 1990er Jahre durchgeführte Studie des Stadtteilbüros Malstatt zur Armutsproblematik in Malstatt zurückgegriffen werden (Divivier u. a., 1993)

An drei Tagen in der Woche fungiert das Kinderhaus als offene Anlaufstelle für Kinder aus der Nachbarschaft. In dieser Zeit wird ein Mittagessen angeboten, das gemeinsam mit interessierten Kindern zubereitet wird, und eine niedrigschwellige Hausaufgabenbetreuung für jeweils zehn Kinder durchgeführt. Zusätzlich werden variierend Kreativitätsangebote, Konzentrationsübungen und die Teilnahme an kulturellen Veranstaltungen angeboten.

Außerhalb der festen Angebotszeiten ist kontinuierliche Familienarbeit vorgesehen. Sie bezieht sich in erster Linie auf die Familien der zehn zur Hausaufgabenbetreuung angemeldeten Kinder. Zentrales Anliegen ist dabei die Förderung von Selbsthilfepotenzialen der Familienmitglieder. Durch eine präzise Dokumentation der jeweiligen Ressourcen, Problemlagen und Lebenssituationen der Kinder, die an der Hausaufgabenbetreuung teilnehmen, sollen auch unter Berücksichtigung der Situation im Elternhaus Handlungsansätze sowie eine Weiterentwicklung der Konzeption des Modellprojekts abgeleitet werden.

Im Rahmen der Vernetzungsarbeit sind zusätzlich in Malstatt ansässige Institutionen und Personen Zielgruppe des Modellprojektes. Die Vernetzungsarbeit besteht in der Bestandsaufnahme und Weiterentwicklung einer nachhaltigen Vernetzungsstruktur, um die Situation von armen Familien im Stadtteil zu verbessern. Zudem sollen Erkenntnisse bezüglich struktureller Aspekte im Stadtteil gewonnen bzw. vertieft werden, um daraus Empfehlungen für sozialpädagogisches und sozialpolitisches Handeln ableiten zu können. Im ersten Schritt wurden Experteninterviews zum Thema „Kinder- und Familienarmut in Malstatt" durchgeführt; die Ergebnisse dieser Befragung bilden eine Basis für die Weiterentwicklung der Vernetzung im Stadtteil.

5.3.3. *Verlauf und Arbeitsweise der Projekte*

Die beiden Modellprojekte haben auf allen drei Ebenen Erfahrungen gesammelt, erste Erkenntnisse und Ergebnisse erzielt; einige davon sollen an dieser Stelle exemplarisch dargestellt werden.

5.3.3.1. Erste Erkenntnisse und Ergebnisse am Standort Alt-Saarbrücken

Im Modellprojekt Alt-Saarbrücken lässt sich im Bereich *„Pädagogische Arbeit mit Kindern"* Folgendes ausführen (Meiser u. a. 2005, 21 ff.):

- *„Gut, dass ihr da seid ...": Die Angebote des Modellprojekts finden bei den Kindern große Akzeptanz*

Das Modellprojekt hat ein kontinuierliches, pädagogisches Angebot für Kinder im Stadtteil aufgebaut. Von Beginn an zeigte sich eine hohe Akzeptanz des Angebotes bei den Kindern. Dies dokumentiert sich in der durch das Modellprojekt erreichten Anzahl von Kindern, aber auch in der regelmäßigen Teilnahme der Kinder am Gruppenangebot. Gerade letzteres ist insofern hervorzuheben, als sich viele Kinder aus dem Stadtteil bisher eher nicht an formellen Gruppen beteiligten bzw. sich oft nicht an die dortigen Regeln anpassen konnten. Die Anzahl der Kinder, die an den Angeboten teilnehmen, wächst stetig an. Viele bringen mittlerweile Freunde, Freundinnen und Verwandte zu den Gruppenstunden mit.

– *„Bleibt ihr da, oder seid ihr bald wieder weg ...?“: Die Projektmitarbeiterinnen und -mitarbeiter haben das Vertrauen einzelner Kinder gewonnen*
  Die Mitarbeiterinnen und Mitarbeiter des Modellprojektes sind mittlerweile für die Kinder wichtige Ansprechpartnerinnen und Ansprechpartner, Bezugs- und Vertrauenspersonen geworden. Für diese Kinder war es eine neue Erfahrung, dass jemand für sie da ist, ihnen zuhört, sich mit ihnen beschäftigt oder etwas mit ihnen unternimmt. In ihren Familien können viele von ihnen diese Erfahrungen aus den verschiedensten Gründen nicht machen. Für die kindliche Entwicklung sind solche Erlebnisse aber prägend und bereits verbunden mit der bangen Frage nach der Kontinuität.
– *„In der Gruppenstunde macht es echt Spaß und jede(r) kommt mal dran – ganz sicher ...“: Bei den Kindern sind positive Verhaltensänderungen zu verzeichnen*
  Im Verhalten der Kinder zeigt die pädagogische Arbeit des Projekts bereits nach relativ kurzer Laufzeit erste positive Auswirkungen. Die Kinder haben gelernt sich besser an Regeln zu halten, sie geben sogar das Erlernte selbstständig an andere weiter. Konflikte werden wahrnehmbar häufiger kommunikativ, anstatt schweigend oder durch körperliche Reaktionen bearbeitet.

Im Bereich der Eltern- und Familienarbeit zeichnen sich ebenfalls Wirkungen ab (Meiser u. a. 2005, 26 ff.):

– *„Die sind echt in Ordnung ...“: Die Fachkräfte sind von den meisten Eltern akzeptiert*
  Im Bereich der Elternarbeit brauchten die vertrauensbildenden Maßnahmen – im Vergleich zu den Kindern – deutlich länger, bis sie Wirkungen zeigten. Langsam aber stetig entwickelt sich mittlerweile der Kontakt zu den Eltern, immer häufiger werden die Projektmitarbeiterinnen und -mitarbeiter von Eltern in pädagogischen Fragen kon-

sultiert. Insbesondere wenn es um die Vermittlung zwischen einer Institution (meist Schule) und Eltern geht, wird die Unterstützung der Mitarbeiterinnen und Mitarbeiter angefragt. Auch die Beratung „nebenbei" gehört inzwischen zum Alltag in der Projektarbeit. Scheinbar belanglose Gespräche öffnen dabei die Tür für intensivere Kontakte und somit für geeignete Hilfeangebote.

– *„Manchmal haben die ganz gute Ideen wie es mit den ‚Rackern' besser läuft ...": Die Elternarbeit hat Auswirkungen auf das Erziehungsverhalten*
Eltern, die den Mitarbeiterinnen und Mitarbeitern lange Zeit durch sehr aggressives Verbalverhalten und auch durch körperliche Aggressivität gegenüber ihren Kindern aufgefallen sind, scheinen im Verlauf des Modellprojektes ihren Erziehungsstil überdacht zu haben. So erzählt z.B. ein Kind, dass es kürzlich zum ersten Mal etwas mit seinem Vater alleine unternommen habe. Der Vater wiederum berichtet, „jetzt viel weniger Probleme mit seinem Sohn" zu haben. Er unterstützt das Kinderprojekt mit kleinen Spenden und durch seine Mithilfe und besucht neuerdings sogar die Elternabende.

Die *Vernetzungsarbeit* im Stadtteil hat durch das Modellprojekt neue Impulse bekommen (Meiser u. a. 2005, 28 f.). Zu Projektbeginn wurden soziale und Bildungseinrichtungen im Stadtteil aufgesucht und das Thema Kinderarmut im bereits bestehenden Arbeitskreis „Moltkestraße" thematisiert. Dabei wird das Ziel einer inhaltlichen Neuausrichtung und qualitativen Erneuerung dieses Arbeitskreises verfolgt; gleichzeitig hat sich der Informationsfluss unter den Einrichtungen im Stadtteil deutlich verbessert. Dazu beigetragen hat sicherlich auch die behutsame Herangehensweise der Projektmitarbeiterinnen und -mitarbeiter, so z.B. die Berücksichtigung von Personalmangel und Arbeitsverdichtung in den an Vernetzung interessierten Einrichtungen.

Die beteiligten Einrichtungen haben gemeinsam konkrete armutsbezogene Probleme identifiziert und Lösungsansätze entwickelt. Unter anderem wurde das Thema „Elternarbeit" intensiv besprochen. Dabei ist man gemeinsam zu der Erkenntnis gelangt, dass Erziehungskompetenz sehr früh gefördert werden und die Basisarbeit dazu im Kindergarten geleistet werden muss. Übereinstimmendes Ziel ist es, die Eltern in der Wahrnehmung ihrer erzieherischen Verantwortung zu stärken. Ein Ergebnis der Bearbeitung dieses Themas war die Vereinbarung, gemeinsam an der Multiplikatorenschulung „Starke Eltern – starke Kinder" des Kinderschutzbundes teilzunehmen, um die dabei gewonnenen Erkenntnisse in die Präventionsarbeit mit den Eltern einfließen zu lassen.

5.3.3.2. Erste Erkenntnisse und Ergebnisse am Standort Malstatt

In Malstatt lässt sich der Bereich der pädagogischen Arbeit mit Grundschulkindern wie folgt charakterisieren (Freels u. a. 2005, 38 ff.):

- *„Warum ist das Kinderhaus nicht jeden Tag geöffnet ...?“: Die Angebote des Kinderhauses werden regelmäßig und intensiv genutzt*
  Der bereits zu Beginn des Projekts wahrnehmbar große Bedarf an einem umfassenden Angebot für Kinder im Stadtteil Malstatt ist im bisherigen Modellzeitraum weiter gestiegen. Die Anlaufstelle wird von bis zu 20 Kindern regelmäßig genutzt; weitere 10 bis 15 Kinder besuchen sie gelegentlich. Die Kinder zeigen besonderes Interesse an Gesellschaftsspielen, an Laufspielen, an einem gemütlichen Aufenthaltsort, am gegenseitigen Austausch, an der Möglichkeit Kontakte zu anderen Kindern zu finden und insbesondere an der Möglichkeit, Alltagssorgen und -probleme erzählen zu können.
- *„Wenn viele mithelfen geht's besser und wird's cooler ...“: Das Verhalten der Kinder hat sich spürbar verändert*
  Fast keines der Kinder war zu Beginn des Modellprojekts in der Lage, einfache Haushaltstätigkeiten zu übernehmen. Mittlerweile wissen alle Kinder, wie sie den täglichen Ablauf im Kinderhaus mitgestalten und unterstützen können. Zudem haben sie gelernt, ihre Konflikte untereinander so gut wie gar nicht mehr mit Schlägen und wüsten gegenseitigen Beschimpfungen zu lösen. Sie haben offensichtlich gelernt, selbstständig konstruktive Konfliktlösungen zu finden, oder sich an eine betreuende Person zu wenden.
- *„Bei uns schmeckt`s super ...“: Die Kinder erwerben Grundkenntnisse in gesunder Ernährung*
  Die Kinder zeigen großes Interesse an der gemeinsamen Zubereitung des Mittagessens, so dass ihnen auf diese Weise Aspekte gesunder Ernährung vermittelt werden können. Durch das gemeinsame Einkaufen lernen sie zudem, welche qualitativ hochwertigen Nahrungsmittel sie wo günstig einkaufen können. Die Kinder lernen auch nach und nach, verschiedene Gerichte selbstständig zu kochen. All dies trägt dazu bei, dass die teilnehmenden Kinder heute über ein Grundwissen zu gesunder Ernährung verfügen, und sie dies beim Einkaufen und Zubereiten der Nahrung auch umsetzen können.
- *„Kann ich den Geburtstagskuchen für die Mama im Kinderhaus backen ...?“: Die Kinder setzen das Gelernte in ihren Familien um*
  Das Einüben elementarer Kulturtechniken und (Essens-) Rituale hat sich deutlich bewährt. Einiges von dem Erlernten wird inzwischen auch in den Familien der Kinder umgesetzt, wie in Elterngesprächen

rückgemeldet wird. Einige Eltern haben entdeckt, so wird berichtet, dass sie ihre Kinder um Mitarbeit im Haushalt anhalten können, ohne auf großen Widerstand zu stoßen. Die Kinder berichten zu Hause von verschiedenen Gerichten, die im Kinderhaus bereitet wurden und wollen die Gerichte auch zu Hause essen.

Im Bereich Elternarbeit lassen sich folgende Erfahrungen berichten (Freels u. a. 2005, 40 ff.):

- *„Können Sie mal mitgehen ...?": Die Fachkräfte haben eine wichtige Funktion in der Vermittlung zwischen den Eltern und der Institution Schule*
  Eine gute Zusammenarbeit und regelmäßige Kontakte mit den Eltern und Lehrerinnen und Lehrern erfolgten im Rahmen der Hausaufgabenhilfe. Die Vermittlungstätigkeit der Projektmitarbeiterinnen und -mitarbeiter in schulischen Angelegenheiten wissen beide Gruppen (Eltern, Lehrkräfte) zu schätzen. Immer wieder gibt es Anfragen von Eltern, sie bei Schulgesprächen zu begleiten, vor allem als Unterstützung in schulischen Entscheidungsfragen für ihre Kinder und bei Konflikten.
- *„Bei der Volkshochschule hätte ich mich nie angemeldet, aber im Kinderhaus gehe ich beim Elternabend mal vorbei, die helfen mir auch sonst ...": Die Häufigkeit der Elternkontakte wächst*
  Das Projekt hat inzwischen im Stadtteil und bei den Familien einen guten Ruf und zu den allermeisten Familien ein gutes Verhältnis. Auf dieser Basis ist es gelungen, regelmäßige Elternkontakte aufzubauen, seit November 2004 findet regelmäßig ein Elternkurs statt. Dabei haben die Projektmitarbeiterinnen und -mitarbeiter die Konzeption des Elternkurses „Starke Eltern – starke Kinder" des Deutschen Kinderschutzbundes an die speziellen Bedarfslagen der Familien angepasst. Die bisherigen Elternkursveranstaltungen haben gezeigt, dass die Eltern an den pädagogischen Inhalten interessiert sind und mit einer niedrigschwelligen Zugangsweise am ehesten erreicht werden können.

Ähnlich wie in Alt-Saarbrücken ist in Malstatt eine Neuausrichtung der *Vernetzung im Stadtteil* initiiert worden, die der Fortsetzung bedarf (Freels u. a. 2005, 50). Die Erfahrungen aus der Arbeit im Kinderhaus und die Ergebnisse der Experteninterviews zum Thema „Situation armer Kinder in Malstatt" wurden Ende 2004 in einer Sondersitzung des Arbeitskreises „Soziale Einrichtungen in Malstatt" vorgestellt. Auch hier zeigte sich, dass alle Akteure täglich vielschichtig mit dem Thema *Kinderarmut* konfrontiert sind und Bedarf an Erklärungsmodellen bezüglich der Auswirkungen von Kinderarmut und daraus resultierenden Konsequenzen besteht. Auf einem stadtteilbezogenen „Fachtag" wurden die Interviewergebnisse im Detail vorgestellt und weitere Zusammenarbeit vereinbart. Die Ergebnisse werden durch Moderation von Mitarbeiterinnen und Mitarbeitern aus dem Kinderhausprojekt wieder in den AK „Soziale Einrichtungen" rückgekoppelt. Entsprechend wird – wie auch im Projekt Alt-Saarbrücken – der Fokus auf der Schaffung von Bedingungen für erfolgreiche Netzwerkarbeit liegen.

5.4. Armutsprävention als Herausforderung für Soziale Arbeit, Jugendhilfe und Sozialpolitik

Vernetzte Formen kindbezogener Armutsprävention und Lebensphasen begleitend angelegte zielgruppenadäquate Unterstützung ihrer Eltern gehören zum Herzstück einer zukunftsorientierten und aktivierenden Gesellschaftspolitik (Holz/Meier/Zander 2004). Der Aufbau dieser Formen ist, ohne dass hier weiter darauf eingegangen werden kann, in unmittelbarem Zusammenhang mit der materiellen Absicherung der Kinder bzw. der Familienhaushalte zu sehen. Vernetzte Formen und die Bereitstellung materieller Ressourcen (von Kindergeld über die Grundsicherungsdiskussion bis hin zum Familienlastenausgleich) werden auch zunehmend für die gesamte Kinder- und Jugendhilfelandschaft entscheidend sein. Bereits jetzt ist unabweisbar, dass die Armutsdynamik neue Handlungsanforderungen an die Jugendhilfe stellt – bei gleichzeitig stark zurückgehenden Finanzierungsmöglichkeiten.

5.4.1 Armutsprävention auf Stadtteilebene – aktuelles Resümee aufgrund der Modellprojekte in Saarbrücken

Feststellbar ist eindeutig, dass armutspräventive Hilfen und Settings im Umfeld von Familienhaushalten, d.h. Angebote für Kinder und Familien (in ihren heutigen Zusammensetzungen), fehlen oder mangelhaft sind. Die Chancen auf der Stadtteilebene den Auswirkungen von Kinderarmut zu begegnen sind unter Wahrung einiger der im Folgenden genannten Kriterien zu sehen.

Bezüglich der *Kinder* geht es um eine systematische Erweiterung ihres Einkommens- und Versorgungs-, Lern- und Erfahrungs-, Kontakt- und Kooperations-, Muße- und Regenerations- sowie ihres Dispositions- und

Entscheidungsspielraums (Zander 2002). Auf den Erwerb von Grundkompetenzen zur Alltagsbewältigung (z.B. bzgl. gesunder Ernährung, Essenszubereitung) ist Wert zu legen. Dabei sind kindspezifische Bewältigungsformen, auch im Unterschied zu den Eltern, altersbezogen zu berücksichtigen. Forschungsbedarf, so auch die Feststellung in den Projekten, besteht bezüglich des geschlechtsspezifischen Umganges mit der Bewältigung von Armut bei Mädchen und Jungen und entsprechendem pädagogischen Handeln.

Sozialen Angeboten im Stadtteil kommt die Rolle einer außerfamiliären präventiven Sozialisationsergänzung zu. Wird Niedrigschwelligkeit und Verlässlichkeit realisiert, so werden die Angebote von den Kindern direkt akzeptiert, bzw. besteht aufgrund der wenigen Angebote, z.B. in offener Kinder(treff)arbeit in benachteiligten Stadtteilen, nach kurzer Zeit eine kaum zu bewältigende Nachfrage.

Allerdings ist zu beachten, dass bei Kindern aus Migrationsfamilien spezifische Bedingungen vorliegen und kultursensible Teilnahme- und Teilhabemöglichkeiten geschaffen werden müssen. Mit dem Einbezug von z.B. semiprofessionellen Familienhelferinnen aus den jeweiligen Kulturkreisen, interkultureller Frauenarbeit etc. liegen erste positive Erfahrungen vor.

Die Saarbrücker Projekte enthalten Hinweise darauf, dass positive Verhaltensänderungen bei den Kindern durch neue Bezugspersonen relativ bald erreichbar sind, während die Be-/Aufarbeitung von Bildungsdefiziten mittel- und längerfristig angelegt sein muss. Hier bestätigt sich die eindeutige Feststellung, dass bildungsbezogene kompensatorische Angebote möglichst früh beginnen sollten.

Spezielle Chancen für kindbezogene Angebote bietet die Stadtteilebene bei einer Einbindung in Gemeinwesenarbeit mit ihren strukturbildenden Funktionen. Eine Mitwirkung der Kinder bei der Planung eines Spielplatzes, der Erstellung eines Stadtteilplanes für Kinder, in „Kinderparlamenten", bei der Eröffnung eines Kiosks an der Schule oder einer Kinderkantine im Stadtteil usw. kann durch Zusammenarbeit verschiedener Akteure realisiert werden.

Bezüglich der *Eltern* geht es bei der Armutsprävention um aufsuchende und anleitende Begleitung, und die Gemeinwesenarbeit sieht dazu ergänzend die Aktivierung der Eltern im Sinne eigener Lebensgestaltung und ggf. Mitgestaltung im Stadtteil vor.

In den beiden Projekten erwiesen sich auch hier die Niedrigschwelligkeit und Akzeptanz der Adressatinnen und Adressaten als zentrale Kriterien. Der Kontakt- und Vertrauensaufbau zu den Eltern dauert in der Regel aber wesentlich länger als der zu den Kindern. Wenn Eltern in ihrer

Rolle – und wie sie sie ausfüllen – Anerkennung erfahren und konkreter Nutzen im Alltag erfahrbar ist, können bisher negative Erfahrungen mit Institutionen überwunden werden. In neuen gesellschaftlichen Anforderungen an Eltern liegen Chancen für eine Rollenaufwertung, die genutzt werden sollten.

Unabdingbar ist die Anpassung von Bildungskonzepten, z.B. von Kursen zur Förderung der Eltern-, Erziehungs- und Haushaltsführungskompetenzen an die Lebensbedingungen und -erfahrungen der in Armut lebenden Familien. Koproduktion als konstitutives Element partnerschaftlicher Hilfe muss realisiert werden, wenn Ohnmachtserfahrungen überwunden werden sollen.

Die Stadtteil-/Gemeinwesenarbeit kann unterstützend wirken, wenn z.B. Beratung in finanziellen Fragen, die Mitwirkung in Initiativen (Müll, Wohnen, Spielplätze etc.) oder Beschäftigung in einer Stadtteilwerkstatt realisiert werden sollen. Durch das Erschließen neuer Tätigkeits- und Erfahrungsfelder kann eine Aktivierung bezüglich eigener Lebensgestaltung erreicht werden, die auch für die Vorbild- und Mediatorenrolle der Eltern für die Kinder wichtig ist.

Ein wesentlicher Aspekt der Saarbrücker Projekte ist in den beobachteten Transfers der Kinder in den Familienhaushalt zu sehen. Essensrituale, Kochrezepte etc. wurden „nach Hause mitgenommen" und teilweise Rezepte und Tipps von den Eltern (Bedingung: positiver Kontakt zu den Fachkräften) anschließend im Projekt nachgefragt. Weitere Transfers sollten gezielt konzipiert und entsprechende Möglichkeiten ausgebaut werden.

Die Vermittlerrolle der Mitarbeiterinnen und Mitarbeiter zu anderen Institutionen, insbesondere zur Schule, wurde durch die Projektdarstellung deutlich. Wenn hier Ängste abgebaut, Zugänge (wieder) hergestellt und der Informationsfluss, z.B. durch interkulturelle Elternabende, verbessert werden können, sind (Bildungs-) Ressourcen wieder zugänglich.

Bezüglich der *Vernetzung der Fachkräfte* im Stadtteil kann von einem gemeinsamen Interesse an einer Verbesserung der Situation von Eltern und Kindern ausgegangen werden. Im Alltag, so eine Erkenntnis der Experteninterviews in Malstatt, hat auch jede Institution im Rahmen ihrer Möglichkeiten und Grenzen Umgangsformen mit Armutsphänomenen entwickelt.

Die erneute Fokussierung auf das Thema Kinderarmut durch die Aktivitäten der Projekte stieß auf gute Resonanz und führte notwendigerweise zu Überlegungen bezüglich der Situation in der eigenen Einrichtung sowie zu ersten gemeinsamen Aktivitäten. Eine wichtige Erfahrung war dabei die Akzeptanz der persönlichen, professionellen und institutionellen Bedingungen der jeweiligen Beteiligten. Überforderungen sollten verhindert, Motivation für gemeinsames Handeln geschaffen werden.

In der auch teilweise neu entdeckten und neu zu definierenden Zusammenarbeit zwischen Personen und Institutionen, von Angestellten des Gesundheitsamtes, in Kindertagesstätten, Schulen bis hin zur Kontaktpolizei liegen neue Chancen, die es auszuloten gilt. Bedingungen erfolgreicher mittelfristiger Netzwerkarbeit werden weiterhin Thema der Arbeit der Projekte sein.

Auf bereits bestehende Fach-Arbeitskreise im Rahmen der Stadtteil-/Gemeinwesenarbeit konnte bei dieser Vernetzungsarbeit zurückgegriffen werden. Diese haben hierdurch auch ihre Funktionsfähigkeit bewiesen.

Schließlich ist das Thema Kinderarmut aus Stadtteilperspektive auch im Hinblick auf den Vergleich mit anderen Stadtteilen, insbesondere ihrer Infrastruktur, zu bewerten. Im Sinne einer *gesamtstädtischen Entwicklungsperspektive* ist die Frage der Steuerung von Investitionen, Geldern, Kompetenzen zu stellen. Die Problemverdichtungen sind offensichtlich – Gegenstrategien sind kaum erkennbar. Angesichts leerer kommunaler Kassen ist dies sicher keine einfache Aufgabe. Aber über Schwerpunkte wie Spielplatzsanierung und öffentliche Flächen, Förderung von Nachmittagsbetreuungen oder Ganztagsschulen sowie von Vereinen und Initiativen in bestimmten Stadtteilen und schließlich der Wohnungs- und Ansiedlungspolitik ist unter dem Stichwort „sozial- und wirtschaftlichorientiertes Kleinersetzen" sowie Priorität für Armutsprävention neu nachzudenken.

5.4.2 Konzeptionelle Weiterentwicklung von Angeboten der Sozialen Arbeit – Neue Verbindungen von Wissenschaft und Praxis gefragt

Was anhand erster Erfahrungen der Saarbrücker Projekte erläutert wurde, gilt für weitere Angebote Sozialer Arbeit: Es geht um eine konzeptionelle Weiterentwicklung von spezifischen Angeboten für Kinder und Jugendliche, die in familiären Armutslagen und/oder in „Sozialen Brennpunkten" aufwachsen. Dabei sind geeignete Konzepte zur Eltern- und Familienarbeit einzubeziehen und mit Netzwerkarbeit zu verbinden. Nicht gerade Optimismus, aber doch eine Feststellung ist angesichts der bundesweit vielfältigen Ansätze berechtigt: Das Bewusstsein für Handlungsnotwendigkeiten ist stark angestiegen. Es gibt bereits wirkungsvolle Ansätze, es muss nicht bei Null begonnen, aber überall konsequent und zielorientiert weitergearbeitet werden.

Die Bedeutung der Stadtteilebenen als Orte, an denen konkrete Einflussmöglichkeiten (wieder) erlebt werden können, sind bereits beschrieben worden. Einen weiteren Aspekt möchten wir noch einmal betonen:

- Die Konzepte zur Armutsprävention müssen so früh wie möglich beginnen – bei Kindern bereits im Kindergarten und bei den Eltern idealerweise bereits bei der Geburtsvorbereitung – und im Folgenden systematisch aufeinander aufbauen (siehe die „Präventionskette" in Monheim).

Perspektivisch wird es darüber hinaus um die Initiierung einer Fachdiskussion auf breiterer Ebene gehen. Wissenschaft und Praxis müssen gemeinsam theoriegeleitete und praxisorientierte Konzepte zur Armutsprävention bei Kindern entwickeln, wie dies die Initiative „Kindbezogene Armutsprävention – Grundideen und Ansätze praktischer Umsetzung" beispielhaft begonnen hat (Holz/Meier/Zander 2004). Neue Verbindungen von Wissenschaft und Praxis sind gefragt.

Auftraggeber und Programmverantwortliche benötigen dazu Informationen, um die Wirkungen laufender Maßnahmen der Kinder- und Jugendhilfe bezogen auf die hier diskutierten Zielgruppen (Kinder in sozial benachteiligten oder in Armut lebende Familien) fundiert planen, eine Bewertung des Programms vornehmen oder um sich von der Wirksamkeit der Programmaktivitäten überzeugen zu können (Beywl/Speer/Kehr 2004). Auftraggeber und Programmverantwortliche sind dabei aufgefordert, die Ergebnisse derartiger Evaluationen stärker als bisher tatsächlich zu nutzen und daraus konkrete Maßnahmen und Konsequenzen abzuleiten.

5.4.3 Weitere Herausforderungen für Soziale Arbeit und Sozialpolitik

Aus den im Verlauf des Artikels skizzierten Aktivitäten in Saarbrücken, aber auch den anderen vorgestellten Maßnahmen, lassen sich folgende weitere Herausforderungen für die Soziale Arbeit und die Sozialpolitik formulieren:

- *Sozialräumliche Vernetzung als relevanter Arbeitsansatz: auch die Trägerebene ist gefragt*

Auf der Trägerebene geht es um Ideen für eine stärkere Vernetzung vor Ort. Da die Verbesserung der Lebenssituation der Zielgruppe gemeinsames Interesse der Mitarbeitenden in Institutionen im Stadtteil ist, besteht potenziell die Möglichkeit effektiver Zusammenarbeit. Auf der Ebene der beteiligten Träger bedarf es dazu einer prinzipiellen Netzwerkbereitschaft (Groß/Holz/Boeckh 2005, 80). Das bedeutet zum einen, dass auch die eigenen Fachabteilungen und Einrichtungen auf eine fachgebietsübergreifende Netzwerkphilosophie vorbereitet werden müssen; zum anderen muss bei den Trägern und ihren Mitarbeitenden eine prinzipielle Bereitschaft bestehen, sich mit anderen Akteuren im Sozialraum auf gemeinsame Arbeitsbeziehungen festlegen zu lassen. Die institutionelle Bereitschaft ist Voraussetzung gelingender Netzwerkarbeit im Stadtteil.

- *Bekämpfung der Kinderarmut als kommunale Querschnittsaufgabe*

Das Motto „Soziale Arbeit als Koproduktion" (vgl. Kap. 5.2.1.2) der Stiftung SPI beschreibt eine Haltung, die sowohl für die Arbeit mit den Kindern und Familien als auch für die Zusammenarbeit der Institutionen und mit der Politik positiv zu bewerten ist. Allerdings müssen hier die jeweiligen Kommunen bzw. Gebieteskörperschaften entsprechende Rahmenbedingungen setzen. Die Jugend- und Sozialverwaltungen in benachteiligten Quartieren sind aufgefordert, ihre Fachkompetenzen in den Ämtern zu bündeln und die Bekämpfung der Kinderarmut als Querschnittsthema zu etablieren. Es geht um eine sektorübergreifende Kooperation, bei denen die Planungen z.B. in den Bereichen von Jugendhilfe, Schule und Ausbildung koordiniert und so ein neuer Zuschnitt von Verantwortlichkeit im Sozialraum hergestellt wird (BMFSFJ 2004). Entsprechende Konsequenzen für die Armuts-, Sozial- und Kinderberichterstattung sowie Jugendhilfeplanung sind unerlässlich.

- *Weitere Förderung von Programmen und Projekten zur Armutsprävention*

Der Bund und die Länder sind auch in Zukunft aufgefordert, Modellprogramme zu entwickeln, die auf die nachhaltige Verbesserung der Lebenschancen und Lebensbedingungen von Kindern und Jugendlichen abzielen. Modellprogramme wie „Entwicklung und Chancen junger Menschen in sozialen Brennpunkten" und das Armutspräventionsprogramm der Bundesregierung konnten bereits wichtige Impulse für eine dauerhafte Aktivierung gesellschaftlicher Kräfte setzen. Es bedarf einer Fortsetzung dieser Arbeit in Form weiterer Projekte und Initiativen, um das Eigeninteresse der Zielgruppen zu wecken, Selbstverantwortung weiter einzuüben und reale Veränderungsmöglichkeiten einzuräumen. Angesichts der Armutsdynamik und ihrer Auswirkungen auf die Kinder- und Jugendhilfe insgesamt ist über Modellprojekte hinaus über eine dauerhafte Teilfinanzierung präventiver Maßnahmen gemeinsam mit der kommunalen Ebene nachzudenken.

In den Saarbrücker Modellprojekten hat es mittlerweile einen deutlichen Schritt in diese Richtung gegeben. Seit 2007 wurden die Projekte unter dem Namen „Freiraum für Prävention" fortgeführt (bis 2009 in Kofinanzierung durch den Regionalverband Saarbrücken als zuständiger Landkreis und das Ministerium für Familie, Arbeit, Gesundheit und Soziales). In 2010 wird derzeit diskutiert und ist bereits im Jugendhilfeausschuss beschlossen die Projektförderung an die längerfristige Finanzierung der Saarbrücker Gemeinwesenprojekte (zunächst bis 2013) anzugleichen. Zu den beiden Modellstandorten in den Saarbrücker Stadtteilen Alt-Saarbrücken und Malstatt sind zudem in 2009 zwei neue Standorte hinzugekommen (der Stadtteil Brebach und die Stadt Völklingen-Mitte). Alleiniger öffentlicher Fördermittelgeber ist im Rahmen seiner Sozialraumorientierung seit 2010 der Regionalverband Saarbrücken (die Stadt Völklingen finanziert ergänzend für den eigenen Standort die Miete für das „Kinderhaus").[5] Auch auf Landesebene ist das Thema mittlerweile noch stärker in den Fokus gerückt. Dies belegt die Absichtserklärung im Koalitionsvertrag der neuen Landesregierung, im Laufe der Legislaturperiode in allen Landkreisen eine Anschubfinanzierung für die Einrichtung weiterer Projekte zur Prävention von Kinderarmut zu leisten.

Literatur

Beywl, Wolfgang/Speer, Sandra/Kehr, Jochen (2004): Wirkungsorientierte Evaluation im Rahmen der Armuts- und Reichtumsberichterstattung. Perspektivstudie, Köln. URL: http://www.bmas.de/portal/1850/property=pdf/wirkungsorientierte__evaluation__im__rahmen__der__armutsberichterstattung.pdf, 25.05.10.

BMAS – Bundesministerium für Arbeit und Sozialordnung (2001): Lebenslagen in Deutschland. Der erste Armuts- und Reichtumsbericht der Bundesregierung, Berlin / Bonn. URL: http://www.bmgs.bund.de/deu/gra/publikationen/p_19.php, 02.12.04.

BMFSFJ – Bundesministerium für Familie, Senioren, Frauen und Jugend (2004): Die Programmplattform „Entwicklung und Chancen junger Menschen in sozialen Brennpunkten" (E&C). URL: http://www.bmfsfj.de/Politikbereiche/kinder-und-jugend,did=3102html, 14.04.05.

BMFSFJ – Bundesministerium für Familie, Senioren, Frauen und Jugend (2001): Entwicklung und Chancen junger Menschen in sozialen Brennpunkten (E&C). URL: http://www.bmfsfj.de/Politikbereiche/kinder-und-jugend,did=3102html, 28.01.05.

Burchardt, Susann/Förster,Heike/Harmsen, Christiane/Mögling, Tatjana/Tillmann,Frank (2007): Das Bundesmodellprogramm „Entwicklung und Chancen junger Menschen und sozialen Brennpunkten" und „Lokales Kapital für soziale Zwecke" im Kontext neuer kommunalpolitischer Strategien, München. URL: http://www.dji.de/bibs/330_8677_Endbericht_EundC.pdf, 25.05.10.

Brocke, Hartmut (2003): Soziale Arbeit als Koproduktion, in: Stiftung Sozialpädagogisches Institut (SPI): Jahresbericht 2002/2003, Berlin, S. 8 – 21. URL: http://www.stiftung-spi.de/download/stiftung/jahresberichte/jb_2003.pdf, 25.05.10.

5 Weitere aktuelle Informationen zur Projektentwicklung und zu Projektwirkungen sind im neusten Sachstandsbericht von „Freiraum für Prävention" für das Jahr 2009 nachzulesen. Der Bericht steht auf der Homepage des iSPO-Instituts, das weiterhin mit der fachwissenschaftlichen Begleitung des Projekts betraut ist, zum Download bereit (www.ispo-institut.de).

Butterwegge, Christoph/Holm, Karin/Zander, Margherita (2004): Armut und Kindheit – ein regionaler, nationaler und internationaler Vergleich, 2. Aufl., Opladen.

Chassè, Karl August/Zander, Margherita/Rasch, Konstanze (2010): Meine Familie ist arm – Wie Kinder im Grundschulalter Armut erleben und bewältigen, Wiesbaden.

Divivier, Rosie/Hoffmann, Gerd/Holfeld, Annette/Kremp, Dirk/Krüger, Ulrike/Marx, Annemarie/Backes, Gertrud/Hellrigel, Ute/Weber, Adolf (1993): Von der Not im Wohlstand arm zu sein – eine Armutserkundung in Saarbrücken-Malstatt, Saarbrücken.

Freels, Casten/Benteyn, Inge/Stephan, Daniel/Valcic-Manstein, Stefanie/Hammes, Sabine/Leidinger-Weisang, Petra (2005): Zwischenbericht zum Modellprojekt in Malstatt, in: iSPO – Institut für Sozialforschung, Praxisberatung und Organisationsentwicklung (Hrsg.): 2. Zwischenbericht der beiden Modellprojekte zur Bekämpfung der Auswirkungen von Kinderarmut, Saarbrücken, S. 33 – 57. URL: http://www.ispo-institut.de/Downloads_1_1_1_1_1_1_1.html, 25.05.10.

Groß, Dirk/Holz, Gerda (2004): Wirkungsorientierte Evaluation des Armutspräventionsprogramms des Bundesministeriums für Familie, Senioren, Frauen und Jugend, Frankfurt a. M.

Groß, Dirk/Holz, Gerda/Boeckh, Jürgen (2005): Qualitätsentwicklung lokaler Netzwerkarbeit. Ein Evaluationskonzept und Analyseraster zur Netzwerkentwicklung, Frankfurt a. M.

Holz, Gerda/Schlevogt, Vanessa/Kunz, Thomas/Klein, Evelin (2005): Armutsprävention vor Ort – „Mo.Ki – Monheim für Kinder".

Evaluationsergebnisse zum Modellprojekt von Arbeiterwohlfahrt Niederrhein und Stadt Monheim, Frankfurt a.

Holz, Gerda/Richter, Antje/Wüstendörfer, Werner/Gierung, Dietrich (2005): Zukunftschancen für Kinder. Wirkung von Armut bis zum Ende der Grundschulzeit, Bonn/Berlin, Frankfurt a.M.

Holz, Gerda/ Meier, Uta/ Zander, Margeritha (2004): Thesenpapier zum Workshop am 26.11.04 „Kindbezogene Armutsprävention" – Grundideen und Ansätze praktischer Umsetzung. Frankfurt/Gießen/Münster.

Holz, Gerda/Skoluda, Susanne (2003): Armut im frühen Grundschulalter, Frankfurt a. M.

Hock, Beate/Holz, Gerda/Simmedinger, Renate/Wüstendörfer, Werner (2000): Gute Kindheit – Schlechte Kindheit? Armut und Zukunftschancen von Kindern und Jugendlichen in Deutschland, Frankfurt a. M.

Lichtenberg, Ingrid (2003): Das Aachener Modellprojekt „Kids und Knete", in: Deutsche Gesellschaft für Hauswirtschaft (Hrsg.): Armutsprävention – Aufgabe und Ergebnis aktivierender Gesellschaft, Aachen/Bonn, S. 91-92.

Meiser, Marco/Schröder, Lea/Hippchen, Thomas/Caspers-Selzer, Bettina (2005): Zwischenbericht zum Modellprojekt in Alt-Saarbrücken, in: iSPO – Institut für Sozialforschung, Praxisberatung und Organisationsentwicklung (Hrsg.): 2. Zwischenbericht der beiden Modellprojekte zur Bekämpfung der Auswirkungen von Kinderarmut, Saarbrücken, S. 12 – 32. URL: http://www.ispo-institut.de/Downloads_1_1_1_1_1_1_1.html, 25.05.10.

OECD – Organisation für wirtschaftliche Zusammenarbeit und Entwicklung (2004): Die Politik der frühkindlichen Betreuung, Bildung und Erziehung in der Bundesrepublik Deutschland, o. O. URL: http://www.bmfsfj.de/RedaktionBMFSFJ/Pressestelle/Pdf-Anlagen/oecd-studie-kinderbetreuung,property=pdf.pdf, 25.05.10.

Piorkowsky, Michael-Burkhard (2009): Lernen, mit Geld umzugehen, in: Aus Politik und Zeitgeschichte 26/2009, Themenheft „Geld", S. 40 – 46. URL: http://www.bpb.de/files/QNPDYV.pdf, 25.05.10.

Piorkowsky, Michael-Burkhard (2004): Konzertierte Aktion zur Armutsprävention. Das erste Armutspräventionsprogramm der Bundesregierung, Evaluation von hauswirtschaftlichen Praxisprojekten, Aachen/Bonn.

Richter, Antje (2000): Wie erleben und bewältigen Kinder Armut? Aachen.

Zander, Margherita (2005): Gemeinsame Ausgangshypothesen und Grundannahmen – Unterschiedliche Profilierung der Modellprojekte, in: iSPO – Institut für Sozialforschung, Praxisberatung und Organisationsentwicklung (Hrsg.): 2. Zwischenbericht der beiden Modellprojekte zur Bekämpfung der Auswirkungen von Kinderarmut, Saarbrücken, S. 7 – 11. http://www.ispo-institut.de/Downloads_1_1_1_1_1_1_1.html, 25.05.10.

Zander, Margeritha (2002): „Welche Spielräume haben Kinder?", in: Sozial Extra 4/2002.

Kurzprofil der Autorinnen und Autoren

Ursula Boos-Nünning

Professorin für das Fach Migrationspädagogik an der Universität Duisburg/Essen; spezialisiert auf die Bildungs- und Lebenssituation von Kindern und Jugendlichen mit Migrationshintergrund in Deutschland, speziell zu Mädchen und jungen Frauen; zahlreiche Veröffentlichungen in der Migrationsforschung und in der interkulturellen Pädagogik, neueste Veröffentlichung (zusammen mit Yasemin Karakasoglu) „Viele Welten leben. Zur Lebenssituation von Mädchen und jungen Frauen mit Migrationshintergrund". (Münster: Waxmann Verlag 2005).

Prof'in Dr. Ursula Boos-Nünning
Watelerstr. 54
41239 Mönchengladbach
E-mail: ursula.boos-nuenning@uni-due.de

Karl August Chassé

ist Sozialpädagoge, Professor für Theorie und Geschichte der Sozialen Arbeit, Kinder- und Jugendarbeit an der Fachhochschule Jena, Fachbereich Sozialwesen. Seine Arbeitsschwerpunkte sind Theorie der Sozialen Arbeit, Soziale Probleme, Armut, Kinderarmut, Randgruppen und Randgruppentheorie. Von ihm sind in den letzten Jahren u. a. erschienen:

Chassé, Karl August/Wensierski, Hans-Jürgen von (Hrsg.) (2009): Arbeitsfelder der Sozialen Arbeit. Eine Einführung. 4. überarb. Aufl., Juventa, Weinheim

Chassé/Zander/Rasch (2010): Meine Familie ist arm. Wie Kinder im Grundschulalter Armut erleben und bewältigen. (4. Aufl.), VS-Verlag, Wiesbaden.

Prof. Dr. Karl August Chassé
FB Sozialwesen
Fachhochschule Jena
Carl-Zeiss-Promenade 2
07745 Jena
E-Mail: Karl-August.Chasse@fh-jena.de

Rosie Divivier

ist Sozialpädagogin, Referentin für Gemeinwesenarbeit und Gemeindliche Diakonie beim Diakonischen Werk an der Saar (gGmbH). Ihre Arbeitsschwerpunkte sind: Gemeinwesenarbeit/Stadt(teil)entwicklung, Frauenbildungsarbeit, Geschlechterdifferenz, Projektentwicklung in Diakonie und Gemeinden, Armutsfragen. In diesem Kontext war sie (Mit-)Autorin bei verschiedenen Berichten/Veröffentlichungen: z.B.:

Stadtteilbüro Malstatt (1993): „Von der Not im Wohlstand arm zu sein" – eine Armutserkundung in Saarbrücken-Malstatt

Stadtteilbüro Malstatt und Forum GWA Saar (1998): Dokumentation der „1. Werkstatt Gemeinwesenökonomie und nachhaltige Stadtteilentwicklung"

Jahresberichte Stadtteilbüro Malstatt bis 2000 und jeweils aktuelle Jahresberichte des Diakonischen Werkes an der Saar (gGmbH).

Rosie Divivier, Dipl. Soz. Päd.
Diakonisches Werk an der Saar (gGmbH)
Rembrandtstr. 17–19
66540 Neunkirchen
E-Mail: rosie-divivier@dwsaar.de

Dirk Groß

ist Diplom-Soziologe, Referent für Wissenschaft und Analysen bei der Agentur für Qualitätssicherung, Evaluation und Selbstständigkeit von Schulen in Rheinland-Pfalz. Er beschäftigt sich seit Jahren mit Fragen der Evaluation in verschiedenen Gegenstandsfeldern (Soziale Arbeit, Schule, Verwaltung) und ist einer der Sprecher des Arbeitskreises „Soziale Dienstleistungen" der Gesellschaft für Evaluation. Sein Interesse gilt dabei vor allem der Vernetzung Sozialer Dienste sowie der Zusammenarbeit von Akteuren aus verschiedenen Politikfeldern (z.B. Jugendhilfe und Schule).

In diesem Kontext sind verschiedene Veröffentlichungen entstanden, z.B.

Qualitätsentwicklung für lokale Netzwerkarbeit. Ein Evaluationskonzept und Analyseraster zur Netzwerkentwicklung, Frankfurt a. M. 2005 (zusammen mit Gerda Holz und Jürgen Boeckh)

Armutspräventive Maßnahmen in städtischen Quartieren: Zusammenarbeit von stadtteilbezogener Arbeit und Schule, in: Die Grundschulzeitschrift, Themenheft Kinderarmut, 21. Jg., Heft 210 (2007)

Kinderschutz im Saarland. Dritter Kinder- und Jugendbericht des Saarlandes, hrsg. von der Saarländischen Landesregierung, Saarbrücken 2008 (zusammen mit Vanessa Schlevogt und Werner Göpfert-Divivier).

Dirk Groß, Dipl. Soz.
Agentur für Qualitätssicherung, Evaluation und Selbstständigkeit von Schulen (AQS)
Steinkaut 3
55543 Bad Kreuznach
Email: dirk.gross@aqs.rlp.de

Gerda Holz

ist Sozialarbeiterin und Politikwissenschafterin, im Institut für Sozialarbeit und Sozialpädagogik tätig. Arbeitsschwerpunkte sind: Evaluation und Begleitung von Modellprogrammen sowie Politikberatung auf kommunaler, Landes- und Bundesebene zu Fragen von Armut und sozialer Ausgrenzung. Sie leitet seit 1997 die AWO-ISS-Studien zu Armut bei Kindern im Vor- bzw. Grundschulalter und befasst sich mit der Frage des Konzepts und der Handlungsansätze einer kindbezogenen Armutsprävention.

Zahlreiche Veröffentlichungen, zuletzt erschienen:

Gerda Holz: Frühes Fördern in der Grundschule. Der Präventionsansatz des Projekts „Monheim für Kinder II“. München 2010;

Gerda Holz/Antje Richter-Kornweitz (Hrsg.): Kinderarmut und ihre Folgen – Wie kann Prävention gelingen? München 2010.

Claudia Laubstein/Jörg Dittmann/Gerda Holz: Jugend und Armut. Forschungsstand sowie Untersuchungsdesign der AWO-ISS-Langzeitstudie „Kinder- und Jugendarmut IV“ Frankfurt am Main 2010.

Gerda Holz
Weberstraße 33
60318 Frankfurt am Main
E-Mail: gerdaholz@t-online.de

Marita Kampshoff

ist Professorin für Schulpädagogik mit dem Schwerpunkt empirische Unterrichtsforschung an der PH Schwäbisch Gmünd.

Arbeitsschwerpunkte: genderbezogene Schul(leistungs)-und Unterrichtsforschung, Heterogenität in Schule und Unterricht, Chancengleichheit im Bildungswesen, Kinder- und Jugendforschung.

Veröffentlichungen z.B.:

Kampshoff, Marita: Geschlechterdifferenz und Schulleistung – deutsche und englische Studien im Vergleich. Wiesbaden: VS-Verlag 2007

Kampshoff, Marita/Lumer, Beatrix † (Hrsg.): Chancengleichheit im Bildungswesen. Opladen 2002

Kampshoff, Marita: Heterogenität im Blick der Schul- und Unterrichtsforschung. In: Budde, Jürgen/ Willems, Katharina: Bildung als sozialer Prozess - zwischen Ungleichheit und Entwicklungsperspektiven. Weinheim und München, Juventa Verlag 2009, S. 35-52

Prof’in Dr. Marita Kampshoff
Pädagogische Hochschule Schwäbisch Gmünd
Erziehungswissenschaft/Schulpädagogik
Oberpettringerstr. 200
73525 Schwäbisch Gmünd
E-Mail: Marita.Kampshoff@ph-gmuend.de

Irmhild Kettschau

vertritt das Lehrgebiet Sozioökonomie des Haushalts am Fachbereich Oecotrophologie der Fachhochschule Münster. Als Haushaltswissenschaftlerin hat sie mit Expertisen zur haushaltsbezogenen Armutsforschung und Armutsprävention am ersten und zweiten Armuts- und Reichtumsbericht der Bundesregierung mitgewirkt.

Verschiedene Veröffentlichungen zu diesem Themenbereich, u.a.:

Kettschau, Irmhild/Hufnagel, Rainer/Holz, Erlend (2004): Lebensgestaltung auf Haushaltsebene. Verknüpfung zwischen Armutsforschung und Zeitbudgetdaten. In: Lebenslagen von Familien und Kindern – Überschuldung privater Haushalte. Expertisen zur Erarbeitung des Zweiten Armuts- und Reichtumsberichtes der Bundesregierung. BMFSFJ, Hrsg., Materialien zur Familienpolitik, Nr. 19/2004, S. 1–80

Kettschau, Irmhild (2003): Haushaltsführung und Lebensgestaltung unter prekären Bedingungen – Haushaltswissenschaftliche und haushaltsdidaktische Ansätze. In: Methfessel, Barbara/Schlegel-Matthies, Kirsten (Hrsg.): Fokus Haushalt. Beiträge zur Sozioökonomie des Haushalts. Schneider Verlag Baltmannsweiler: Hohengehren, S. 101–116

Kettschau, Irmhild (2001): Armut in Familien. Haushaltswirtschaftliche und haushaltswissenschaftliche Aspekte. In: Lebenslagen von Familien und Kindern, Materialien zur Familienpolitik, Nr. 11 des BMFSFJ, Berlin

Prof'in Dr. Irmhild Kettschau
Fachhochschule Münster
Fachbereich Oecotrophologie
Corrensstr. 25
48149 Münster
E-Mail: kettschau@fh-muenster.de
Web: www.fh-muenster.de/FB8/

Aila-Leena Matthies

ist Professorin der Sozialen Arbeit an der Universität Jyväskylä, Univeristätszentrum Kokkola, Finnland und war zuvor für mehrere Jahre (1996 – 2007) als Professorin für Grundlagen und Methoden der Sozialen Arbeit an der Hochschule Magdeburg-Stendal, Fachbereich Sozial- und Gesundheitswesen tätig. Sie studierte Sozialpolitik/Sozialarbeit und Soziologie an der Universität Jyväskylä (Finnland).

Zahlreiche Veröffentlichungen u.a. in europäisch vergleichender Forschung über Soziale Dienste, Bürgerschaftliches Engagement, Gender-Aspekte, Bildungssysteme sowie zur Stadtteilarbeit, u.a. sind erschienen:

Zusammen mit Steffi Albers (2001): Teilhabe im Stadtteil. Bürgerengagement gegen soziale Ausgrenzung. Beiträge des EU-Forschungsprojektes New Local Policies against Social Exclusion in European Cities. Magdeburger Reihe. Schriften der Hochschule Magdeburg-Stendal

Zusammen mit Frauke Mingerzahn und Reinhard D. Armbruster (Hrsg.) (2004): Weiblichkeit und Männlichkeit in der Sozialen Arbeit. Magdeburger Reihe. Schriften der Hochschule Magdeburg-Stendal

Prof'in Dr. Aila-Leena Matthies
Professor of Social Work
University of Jyväskylä
Kokkola University Consortium Chydenius
PL 567
67701 Kokkola
Finland
E-Mail: aila-leena.matthies@chydenius.fi

Peter Rahn

ist Sozialpädagoge und Professor für Soziale Arbeit an der Fachhochschule St.Gallen. Seine Arbeits- und Forschungsschwerpunkte sind Theorien Sozialer Arbeit, Professionalität sowie Bewältigungsstrategien von Kindern und Jugendlichen in benachteiligten Lebenslagen.

In diesem Zusammenhang sind folgende empirische Arbeiten entstanden:

Rahn, Peter (2005): Übergang zur Erwerbstätigkeit. Bewältigungsstrategien Jugendlicher in benachteiligten Lebenslagen. VS Verlag für Sozialwissenschaften: Wiesbaden

Rahn, Peter & Chassé, Karl August (2009): Children in Poverty in Germany. Reflections on Recent Social Work Research. Journal of Social Work Practice Vol. 23, No. 2, pp. 243-252.

Prof. Dr. Peter Rahn
Fachhochschule St.Gallen
Fachbereich Soziale Arbeit
Industriestr. 35
CH 9401 Rorschach
E-Mail: peter.rahn@fhsg.ch

Antje Richter-Kornweitz

ist Dipl.-Pädagogin und Kinder- und Jugendlichenpsychotherapeutin, gegenwärtig tätig im Arbeitsbereich „Soziale Lage und Gesundheit" bei der Landesvereinigung für Gesundheit Niedersachsen e.V.. Sie befasst sich seit 1996 mit Armutsforschung, Gesundheits- und Resilienzförderung und hat zu diesen Schwerpunkten u. a. die folgenden Publikationen vorgelegt:

Richter, Antje (2000): Wie erleben und bewältigen Kinder Armut? Eine qualitative Studie über die Belastungen aus Unterversorgungslagen und ihre Bewältigung aus subjektiver Sicht von Grundschulkindern einer ländlichen Region. Aachen

In Zusammenarbeit mit Gerda Holz und Thomas Altgeld (2004): Gesund in allen Lebenslagen. Förderung von Gesundheitspotentialen bei sozial benachteiligten Kindern im Elementarbereich. Frankfurt a. M.

Richter, Antje: Armut und Resilienz – was arme Kinder stärkt. In: Dimmel, Nikolaus/ Heitzmann, Karin/Schenk, Martin (Hrsg.): Handbuch Armut in Österreich. S. 317-331. Studien Verlag. Innsbruck, Wien, Bozen. 2009.

Dr. Antje Richter
Soziale Lage und Gesundheit
Landesvereinigung für Gesundheit Nds.
Fenskeweg 2
30165 Hannover
E-Mail: antje.richter@gesundheit-nds.de

Tess Ridge

ist Dozentin für Sozialpolitik an der Universität von Bath (Großbritannien). Ihre Forschungsschwerpunkte sind Kinderarmut und soziale Ausgrenzung, Kinder- und Familienpolitik, Soziale Sicherungssysteme und vergleichende Sozialsystemforschung, insbesondere bezogen auf Leistungen für Kinder und Familien. Sie hat umfangreiche Forschungserfahrung mit Kindern und Familien. Vor kurzem hat sie ein dreijähriges Forschungsprojekt – finanziert durch das ESRC – abgeschlossen, mit dem sie eine kindzentrierte Herangehensweise an die Frage entwickelt hat, wie Kinder, insbesondere Kinder aus Familien mit niedrigen Einkommen, politische Beteiligungsprozesse erleben. Ausgewählte Publikationen:

Ridge, Tess (2005): 'Supporting Children? The Impact of Child Support Policies on Children's Well-Being in the UK and Australia', Journal of Social Policy 34 (1) pp.121–142.

Ridge, Tess (2005): 'Feeling Under Pressure: Low-Income Girls Negotiating School Life', in: G. Lloyd (ed.) 'Problem Girls' London: Routledge.

Ridge, Tess (2002): Childhood Poverty and Social Exclusion Bristol: Policy Press.

Dr. Tess Ridge
Department of Social and Policy Sciences
University of Bath
Bath, BA 7AY
E-Mail: Ridge@bath.ac.uk

Chiara Saraceno

ist Professorin für Soziologie an der Universität von Turin (Italien) und Vorsitzende des Doktoratsstudiengangs „Vergleichende Sozialforschung" sowie des „Zentrums für interdisziplinäre Gender- und Frauenstudien" (CIRSDe = Interdisciplinary center on gender and women's studies) der Universität. Sie ist viele Jahre lang Mitglied der „Italienischen Armutskommission" und von 1999 bis 2001 Vorsitzende dieser Kommission gewesen. Sie hat Italien im „Social Protection Committee" der EU und in der „Working Party on Social Policy" der OECD vertreten. Ihre Forschungsschwerpunkte sind: Gender und Familie, Sozialpolitik und Armut. Ihre Veröffentlichungen sind – in italienischer und englischer Sprache – bei bekannten wissenschaftlichen Verlagen und Zeitschriften erschienen, so u. a.:

Saraceno, Chiara (2003): Mutamenti della famiglia e politiche sociali in Italia, il Mulino

Saraceno, Chiara (2002): Rapporto sulle politiche contro la povertà e l'esclusione sociale. 1997–2001 (an edited book), Carocci

Saraceno, Chiara (2002): Social Assistance Dynamics in Europe (an edited book), Policy Press zusammen mit Manuela Naldini: (2001): Sociologia della famiglia, il Mulino.

Prof. Dott. Chiara Saraceno
Department of Social Sciences
University of Turin
Via S. Ottavio 50
10123 Torino, Italia
E-Mail: Chiara.Saraceno@unito.it

Elżbieta Tarkowska

ist Professorin für Soziologie am Institut für Philosophie und Soziologie der Polnischen Akademie der Wissenschaften, Warschau (Polen). Ihre Hauptforschungsgebiete sind Soziologie und Anthropologie der Zeit, life style Studien, Durkheimsche Schule der Soziologie und Armutsforschung in der postkommunistischen Welt. Sie hat eine Vielzahl von Publikationen, meist in Polnisch, einige davon in Englisch veröffentlicht, u. a. zu Lebenssituation von Kindern in armen Familien, Bildungschancen von Jugendlichen aus armen Familien sowie zum Phänomen der „sozial vererbten Armut".

Gegenwärtig leitet sie ein Forschungsprojekt zu „System of education in Poland towards poverty and social exclusion".

Sie ist Autorin oder Ko-Autorin und Herausgeberin folgender Bücher im Bereich der Armutsforschung:

(co-author and editor) (2000): Zrozumiec biednego. O dawnej i obecnej biedzie w Polsce [Understanding a Poor. Past and Present Poverty in Poland],;

(editor) (2002): Przeciw biedzie. Programy, pomysly, inicjatywy [Against Poverty. Programs, Ideas, Initiatives]

(co-author and co-editor with Katarzyna Korzeniewska) (2002): Lata tluste, lata chude. Spojrzenia na biede w spolecznosciach lokalnych [Lean Years, Years of Plenty ... Looking at Poverty in Local Communities]

(co-editor with Wielislawa Warzywoda-Kruszynska and Kazimiera Wódz) (2003): Biedni o sobie i swoim zyciu [The Poor on Themselves and Their Lives]

Elżbieta Tarkowska, Ph.D.,
professor of sociology,
Institute of Philosophy and Sociology,
ul. Nowy Swiat 72,
00-330 Warsaw,
Poland
e-mail address: etarkows@ifispan.waw.pl

Hans Weiß

ist Professor an der PH Ludwigsburg, Fakultät für Sonderpädagogik Reutlingen, in der Fachrichtung Körperbehindertenpädagogik tätig. Seine inhaltlichen Schwerpunkte sind vor allem: Zusammenarbeit mit Eltern und Familien behinderter und von Behinderung bedrohter Kinder, insbesondere in Armutslagen; Kinderarmut und Entwicklungsgefährdungen; interdisziplinäre Frühförderung; Resilienz bei (körper-) behinderten und sozial benachteiligten Kindern: Erziehung und Bildung von Kindern und Jugendlichen mit umfassenden Behinderungen.

Veröffentlichungen u.a.:

als Herausgeber (2000): Frühförderung mit Kindern und Familien in Armutslagen. Ernst Reinhardt München/Basel

zusammen mit Gerhard Neuhäuser und Armin Sohns (2004): Soziale Arbeit in der Frühförderung und Sozialpädiatrie. Ernst Reinhardt München/Basel

Weiß, Hans: Frühförderung als protektive Maßnahme – Resilienz im Kleinkindalter. In: Opp, G./Fingerle, M. (Hrsg.) (2008): Was Kinder stärkt. Erziehung zwischen Risiko und Resilienz. 3. Aufl. München, Basel, 158–174

Prof. Dr. Hans Weiß
Pädagogische Hochschule Ludwigsburg
Fakultät für Sonderpädagogik Reutlingen
Postfach 2344, 72713 Reutlingen
E-Mail: weiss@ph-ludwigsburg.de

Margherita Zander

ist Politikwissenschaftlerin, Professorin für Politik/Sozialpolitik an der FH-Münster; ihre Schwerpunkte in Forschung und Lehre sind: Armut, insbesondere Kinderarmut; Sozialstaatsentwicklung; Demografie und

Migration; Genderfragen; Resilienz und Resilienzförderung bei Kindern, die in Armut und sozialer Ausgrenzung aufwachsen.

Seit 1997 hat sie verschiedene öffentlich geförderte Forschungsprojekte zu Kinderarmut geleitet sowie Praxisprojekte zu Armutsprävention und Resilienzförderung wissenschaftlich begleitet. Aktuell: wissenschaftliche Begleitung eines Projektes mit dreijähriger Laufzeit: „Resilienzförderung mit Romaflüchtlingskindern" (Amaro Kher, Köln) und in Vorbereitung: Handbuch zu Resilienzförderung, erscheint demnächst im VS-Verlag.

Veröffentlichungen zu Kinderarmut und Resilienz:

Zander, Margherita: Armes Kind – starkes Kind? Die Chance der Resilienz, Wiesbaden 2008, 3. Aufl. 2010

K.A. Chassè/M. Zander/K. Rasch : Meine Familie ist arm. Wie Kinder im Grundschulalter Armut erleben und bewältigen, Opladen 2003 und 4. Aufl. Wiesbaden 2010

C. Butterwegge/K.Holm/M.Zander u.a.: Armut und Kindheit. Ein regionaler, nationaler und internationaler Vergleich, Opladen 2003 und 2. Aufl. Wiesbaden 2004.

Prof'in Dr. Margherita Zander
Fachhochschule Münster
Fachbereich Sozialwesen
Hüfferstr. 27
48149 Münster
E-Mail: m.zander@fh-muenster.de